Hiltrud Schröter

Das Gesetz Allahs

Hiltrud Schröter

Das Gesetz Allahs

Menschenrechte, Geschlecht, Islam und Christentum

ULRIKE **HELMER** VERLAG

Bibliografische Information der Deutschen Nationalbibliothek
Die Deutsche Nationalbibliothek verzeichnet diese Publikation in der Deutschen Nationalbibliografie; detaillierte bibliografische Daten sind im Internet über http://dnb.d-nb.de abrufbar.

Bibliographic information published by the Deutsche Nationalbibliothek
The Deutsche Nationalbibliothek lists this publication in the Deutsche Nationalbibliografie; detailed bibliographic data are available in the Internet at http://dnb.d-nb.de.

ISBN 978-3-89741-221-7

Covergestaltung: Atelier KatarinaS / NL
Druck und Bindung: Wilfried Niederland Verlagsservice, Frankfurt am Main
Printed in Germany

Gesamtverzeichnis sendet gern: Ulrike Helmer Verlag,
Altkönigstraße 6a, D-61462 Königstein/Taunus
E-mail: info@ulrike-helmer-verlag.de

www.ulrike-helmer-verlag.de

Inhalt

Einleitung – Von Elisabeth Selbert zurück zu Mohammed? ... 9

1. Scharia – Islamischer Glaube und Forschungsergebnisse ... 16

1.1 Allah-Gesetz und Menschenrecht ... 16
1.2 Bedeutung des Wortes *Scharia* ... 17
1.3 Inhaltlicher Bereich der Scharia ... 18
1.4 Die Quellen der Scharia ... 20
1.5 Rechtsschulen ... 29
1.6 Neue Forschungsergebnisse ... 30
1.7 Scharia und Politik ... 36

2. Islamisches und christliches Gottesbild ... 40

2.1 Selbstdarstellung Allahs im Koran. Gemeinsamkeit und Unvereinbarkeit mit dem Gott des Neuen Testaments ... 40
2.2 Die islamische Verfälschung biblischer Texte zum christlichen Gottesbild und ihre Vereinnahmung für die islamische Prophetenlehre ... 49

3. Sexualität, Heirat, Ehe und Familie im Islam ... 54

3.1 Familie ... 54
3.2 Heirat als Vertragshandeln in der Logik des Frauentauschs ... 57
3.3 Das islamische System der Geschlechtsvormundschaft ... 64
3.4 Polygynie ... 66
3.5 Kinderehen ... 67
3.6 Die Hochzeitsnacht und das Hymen ... 70
3.7 Umgang von Ehefrau und Ehemann miteinander ... 71
3.8 Das Scheidungsrecht des Ehemannes ... 76
3.9 Das Recht der Ehefrau auf Loskauf (*al-khul*) ... 80
3.10 Ehe auf Zeit (*mut´a*) ... 84
3.11 Frauenraub und Frauengeschenk ... 86

3.12 Erbrecht ... 87
3.13 Schutz des ungeborenen Kindes ... 90
3.14 Folgen des Allah-Gesetzes ... 92

4. Sexualität, Heirat, Ehe und Familie im Christentum ... 95
4.1 Im Neuen Testament: Logik der Anerkennung der Frau als Person ... 95
4.2 In der Lehre der römisch-katholischen Kirche und in der Orthodoxie: Ehe als Sakrament ... 102
4.3 Familie ... 106

5. Die Wurzeln der christlichen und islamischen Geschlechterordnung im Alten Testament ... 108
5.1 Logik der Anerkennung der Frau als Person ... 108
5.2 Logik des Frauentauschs ... 110
5.3 Zusammenfassung und Perspektive ... 114

6. Islamisches Strafrecht und Zeugenrecht ... 117
6.1 Enthauptung eines Minderjährigen ... 117
6.2 Grundzüge des islamischen Strafrechts ... 118
6.3 Das iranische Strafrecht ... 125
6.4 Kommentar ... 133

7. Der Hijab und das islamische Kopftuch ... 139
7.1 Der Hijab ... 139
7.2 Bekleidungsvorschrift im Koran ... 141
7.3 Die Befreiung vom Schleier und seine Renaissance ... 147
7.5 Objektive und subjektive Bedeutung ... 149
7.6 Argumente gegen das Kopftuch im Staatsdienst ... 151
7.7 Kopftuch und Schule ... 154

8. Im Namen der Ehre ... 156
8.1 »Ehrenmorde« ... 156
8.2 Zwangsverheiratungen ... 161
8.3 Hymenkult und falsche Jungfrauen ... 163

8.4 Biographische Literatur von Frauen zu Ehrverbrechen......... 165
8.5 Wissenschaftliche Literatur zum Thema »Ehre« 169
8.6 Struktur des Ehrenkodex.. 171
8.7 Kultur oder Islam? 172

9. Islamische und westliche Menschenrechtserklärungen im Vergleich 179
9.1 Allgemeine Erklärung der Menschenrechte (AEMR) und Zusatzerklärungen... 179
9.2 Allgemeine Erklärung der Menschenrechte im/des Islam (AEMRI) 186
9.3 Kairoer Erklärung über Menschenrechte im Islam – (Menschenrechtserklärung der OIC) 198
9.4 Arabische Charta der Menschenrechte 208
9.5 Islamische Charta des ZMD 213
9.6 Zusammenfassung und Erklärungsversuch 220

10. Das ewige islamische Paradies.. 223
10.1 Im Koran 223
10.2 In der Sunna 229
10.3 In der Exegese.. 233
10.4 Ende der Illusion?... 234

Schluss: Die Frau ist weniger wert als der linke Hoden des Mannes.. 237

Anhang 245
1. Chronik der juristischen Entscheidungen und der Gesetzgebung zum Kopftuch 245
2. Ehrungen für den Einsatz gegen Ehrverbrechen......................... 251

Anmerkungen 256

Personen- und Sachregister 269

Literatur 276

Einleitung – Von Elisabeth Selbert zurück zu Mohammed?

Gleiches gleich, Ungleiches aber nach seiner Eigenart behandeln – fast wäre dieser Grundsatz der Verschiedenheit Bestandteil des Grundgesetzes der Bundesrepublik Deutschland geworden, hätte nicht die Juristin Dr. Elisabeth Selbert das verhindert. Der Satz hätte es möglich gemacht, Frauen als gelegentlich Gleiche und gelegentlich Ungleiche zu definieren – genau so wie im Islam.

Im Winter 1948/49 trat die verfassunggebende Versammlung, die sich »Parlamentarischer Rat« nannte, in Bonn zusammen, um das Grundgesetz der Bundesrepublik Deutschland zu formulieren. Dem Rat gehörten 65 Mitglieder von CDU/CSU, SPD, FDP, DP, des Zentrums und der KPD an. Die Gleichberechtigung von Frauen und Männern im Gesetz zu verankern war eines ihrer Ziele. Zum Rat gehörten auch vier Frauen, die so genannten »Mütter des Grundgesetzes«: Elisabeth Selbert (SPD), Frieda Nadig (SPD), Helene Weber (CDU) und Helene Wessel (Zentrum).

Mit dem Gleichheitsgebot beschäftigte sich der Ausschuss für Grundsatzfragen, dem Elisabeth Selbert nicht selbst angehörte. Sie hatte dies nicht für nötig gehalten, schließlich war sie davon überzeugt, »dass die Festschreibung der Gleichberechtigung der Frau in der Verfassung ganz selbstverständlich sei, nachdem die Frauen soviel geleistet hatten in zwei Weltkriegen und ihre Gleichstellung im gesellschaftlichen Leben ja längst praktisch und faktisch anerkannt war.«[1] Umso mehr war sie über das Ergebnis entrüstet. Im 1. Absatz des als Gleichheitssatz bezeichneten Artikels hieß es laut dem Entwurf des Ausschusses: »Das Gesetz muss Gleiches gleich, es kann Verschiedenes nach seiner Eigenart behandeln.«

Elisabeth Selbert protestierte gegen diesen »Gummiparagraphen« vor allem, weil sie erkannte, dass damit das Patriarchat nicht zu beseitigen war. Ihr Ziel war die Durchsetzung des Gleichberechtigungsprinzips im Grundwertekatalog unserer Verfassung. Ihre Formulierung lautete schlicht und einfach: »Männer und Frauen sind gleichberechtigt.« Der Satz garantiert Gleichberechtigung trotz aller Verschiedenheit, also Gleichheit auch in der Differenz.

Der juristische Begriff der Gleichheit bedeutet nicht Identität und auch nicht Gleichmacherei, wie gern polemisiert wird. Gleichheit im juristischen Sinne ist vielmehr auf der Bedeutungsebene zwischen Identität und Ähnlichkeit angesiedelt. Damit schließt Gleichheit einerseits biologische und soziale Unterschiede ein, lässt andererseits aber Differenzierungen aus physischen Gründen zu, beispielsweise beim Schwangerschaftsurlaub. Gleichheit bedeutet daher nicht Identität, sondern Gleichberechtigung. Ungleichbehandlung aus funktionalen Gründen, etwa Erwerbsarbeit für den Mann und Hausarbeit für die Frau, wie im Koran angeordnet, ist im Sinne juristischer Gleichheit jedoch nicht zulässig. Der allgemeine Gleichheitsgrundsatz beinhaltet die Gebote der rechtlichen Gleichbehandlung, der Chancengleichheit und der Gleichverteilung.[2]

Der 2. Absatz des vom Ausschuss für Grundsatzfragen vorgelegten Entwurfs lautete: »Männer und Frauen haben die gleichen staatsbürgerlichen Rechte und Pflichten.« Damit wollte der Ausschuss die Gleichberechtigung der Frauen zwar im Staatsbürgerrecht festschreiben, nicht jedoch auf privater und gesellschaftlicher Ebene. Soweit hatten es die Frauen allerdings schon in der Weimarer Republik gebracht. Genau so weit sind heute die Frauen auch in vielen Ländern mit islamischer Rechtsordnung. Aber Elisabeth Selbert reichte das nicht. Sie erklärte: »Es ist eine Selbstverständlichkeit, dass man heute weitergehen muss als in Weimar und dass man den Frauen die Gleichberechtigung auf allen Gebieten geben muss. Die Frau soll nicht nur in staatsbürgerlichen Dingen gleichstehen, sondern muss auf allen Rechtsgebieten dem Mann gleichgestellt werden.«[3] So trat sie als Mitglied des Hauptausschusses am 3. Dezember 1948 an, um für die Aufnahme des Satzes *»Männer und Frauen sind gleichberechtigt«* in das Grundgesetz zu kämpfen. Ihr schlichter Satz schließt auch alle Rechtsbereiche ein.

Nach zähem Kampf zusammen mit Frauenverbänden, -vereinen und Gewerkschaftsfrauen wurde der Vorschlag Elisabeth Selberts schließlich von der Mehrheit der Parlamentarier am 18. Januar 1949 angenommen. Bis auf 12 Vertreter von CDU, KPD, DP und Zentrum stimmten alle Abgeordneten dafür. Der Satz »Männer und Frauen sind gleichberechtigt« wurde zum Art. 3 Abs. 2 des Grundgesetzes. Danach mussten viele Gesetze geändert werden. Rückblickend sagte Elisabeth Selbert: »Der Gleichberechtigungsgrundsatz ist nie wieder aus dem Grundgesetz rauszukriegen. Nie wieder! Ohne ihn wären alle Reformen, die uns heute Selbstverständlichkeiten sind, nicht möglich gewesen: die Abschaffung des Patriarchats durch das neue Ehe- und Familiengesetz, die Änderung des Paragraphen 218, das neue Namenrecht, die prinzipielle Lohngleichheit, die gleichen Bildungsmöglichkeiten für Jungen und Mädchen, jedenfalls gesetzlich. Es gibt eben noch größere und kleinere Dinge, die zu schaffen sind. Das ist die Sache der Frauen bei den Wahlen.«[4]

Die Gleichberechtigung von Frau und Mann als Verfassungsnorm und unmittelbar geltender Rechtssatz im Grundgesetz der Bundesrepublik Deutschland war ein großer Fortschritt auf dem Weg zur Gleichberechtigung als Menschenrecht. 1994 wurde GG Artikel 3 Absatz 2 »Männer und Frauen sind gleichberechtigt« ergänzt durch den folgenden Auftrag an den Staat: *»Der Staat fördert die tatsächliche Durchsetzung der Gleichberechtigung von Frauen und Männern und wirkt auf die Beseitigung bestehender Nachteile hin.«* Das bedeutet, der Staat hat die Pflicht, die Gleichberechtigung bzw. das Gleichheitsgebot nicht nur zu verteidigen, sondern auch zu fördern. Dieser Auftrag enthält Aufgabe und Ziel des Staates und damit auch der Beamten, besonders der Lehrerinnen und Lehrer an staatlichen Schulen.

In der islamischen Rechtskultur wird der von Elisabeth Selbert abgelehnte Grundsatz der Verschiedenheit auch heute noch weitgehend vertreten. Dominierend ist dort die Auffassung, dass die Differenz der Geschlechter so elementar sei, dass sie sich auf alle Bereiche des Lebens auswirke. Aus der biologischen Differenz von Frau und Mann wird auf unterschiedliche geistige Fähigkeiten und psychische Eigenschaften geschlossen, und es werden daraus unterschiedliche Rechte und Pflichten für Frauen und Männer abgeleitet. Nach islamischem Recht gibt es rechtsrelevante Unterschiede zwischen Männern und Frauen. Das Ungleichheitsdenken, dem auch der von Selbert abgelehnte Gummiparagraph »Das Gesetz muss Gleiches gleich, es kann Verschiedenes nach seiner Eigenart behandeln« entsprach, ist Bestandteil der Scharia.

Inzwischen jedoch wird das dank Selbert in der BRD gültige Grundrecht der Gleichberechtigung unterwandert, denn die Scharia ist mit dem Islam auch bei uns angekommen. Zum Beispiel heißt es in der am 3. Februar 2002 vom damaligen Vorsitzenden des so genannten Zentralrats der Muslime in Deutschland, Nadeem Elyas, auf einer Pressekonferenz vorgestellten Islamischen Charta: »Das islamische Recht gebietet, Gleiches gleich zu behandeln, und erlaubt, Ungleiches ungleich zu behandeln.« (Absatz 13)

Und der zum Islam konvertierte Jurist Murad Hofmann schreibt: »Aus islamischer Sicht wird die Frau gegenüber dem Mann zwar nicht diskriminiert, weil nach islamischem Recht Ungleiches ungleich und Gleiches gleich behandelt wird. Genau hier liegt der Hase im Pfeffer; denn die westliche Theorie leugnet rechtsrelevante Unterschiede zwischen Mann und Frau grundsätzlich, während der Islam diese Fiktion nicht ganz mit vollzieht.«[5] Dass ein Rechtssystem wie das unsere rechtsrelevante Geschlechtsunterschiede leugne, ist eine Unterstellung, die von muslimischen Apologeten gern vorgebracht wird.

Wie rechtfertigen muslimische Apologeten den Grundsatz der Verschiedenheit? Sie verweisen auf physische Unterschiede von Frau und Mann und leiten daraus vermeintliche psychische und intellektuelle Unterschiede ab. Danach ist die Frau sensibel, sentimental, leicht erregbar, durch ihren biologischen Rhythmus unzuverlässig, ist urteilsschwach und hat ein schlechteres Gedächtnis als der Mann. So sieht es auch Allah als Gesetzgeber und gebietet unterschiedliche Rechte und Pflichten für Frau und Mann. Das hat im Islam Auswirkung auf Familie, Sozialität, Politik, Recht, Religionsausübung und sogar auf die Vorstellungen von Menschenrechten und Paradies. Sie alle stimmen nicht überein mit christlichen und säkularen Vorstellungen im Westen.

In Deutschland leben etwa 3,2 Millionen Muslime. Sie bilden höchst heterogene Gruppierungen und weitgehend sehr verschiedene Persönlichkeiten. Der Islam beeinflusst ihr Leben mehr oder weniger. Viele haben sich im Westen säkularisiert, einige bereits im Herkunftsland, das heißt, sie folgen den rituellen Vorschriften des Islam nicht mehr, glauben aber durchaus an einen Gott, bemühen sich um Gerechtigkeit und Menschlichkeit und haben eigene Ausdrucksformen für ihre Religiosität gefunden. Der islamische Grundsatz der Verschiedenheit der Geschlechter beeinflusst aber vielfach immer noch ihr Leben, besonders das von muslimischen Frauen, auch dann, wenn diese sich selbst davon längst distanziert haben. Besonders bei der Wahl des Ehepartners, im koedukativen Schulunterricht und bei der Freizeitgestaltung können die alten Strukturen wieder ›zuschlagen‹.[6] Der Grundsatz der Verschiedenheit taucht heute außerdem in neuem Gewand unter dem Modewort »Geschlechtergerechtigkeit« auf und findet religionsübergreifend neue Helfer, besonders unter Frauen. Zum Beispiel fordert der Frauenausschuss im Rat der Islamischen Gemeinschaften (Schura) in Hamburg in einem Flyer vom 1. September 2005 die »Förderung geschlechtergerechter Verhältnisse«.

Die vorliegende Studie beschäftigt sich mit dem grundlegenden Unterschied zwischen dem Grundsatz der Verschiedenheit im Islam und dem

Grundsatz der Gleichheit im Westen – und mit den Auswirkungen dieses Unterschieds. Beide Prinzipien sind nicht nur ein Phänomen der Gegenwart, auch nicht nur der Jahrhunderte nach Jesus und Mohammed, sondern sie haben viele Jahrtausende alte Wurzeln in der Geschichte der Menschheit. Ein Blick tief in die Vergangenheit gehört also auf der Suche nach den Gründen und im Bemühen um Verstehen dazu. Mein Blick richtet sich dabei auf die beiden verschiedenen Schöpfungsgeschichten, uralte mythische Erzählungen im Alten Testament, die unterschiedlich übernommen wurden ins Neue Testament und in den Koran (Kapitel 5). Auch ein Vergleich der sich über Jahrtausende in Phänomenen des Alltags immer wieder neu reproduzierenden Eigenlogik der beiden unterschiedlichen Prinzipien gehört dazu (Kapitel 3 und 4). So wiederholt sich im Koran und im Islam die auch aus anderen Kulturen und aus dem Alten Testament bekannte Logik des Frauentauschs von Anfang an bis heute, die die Gleichberechtigung der Frau weitgehend verhindert und die Vorherrschaft des Mannes kontinuierlich reproduziert. Im Unterschied dazu hat sich aus der Logik der Anerkennung der Frau als Person, die keimhaft im Alten Testament enthalten ist und im Neuen Testament dominiert, die Gleichberechtigung von Frau und Mann entwickelt.

Struktur und Logik des Grundsatzes der Verschiedenheit der Geschlechter durchziehen im Islam alle Bereiche des Lebens, sogar die Vorstellungen des Paradieses im Jenseits (Kapitel 10). Grundlage dieses umfassenden Konzepts ist die Scharia, das islamische Recht, das auf dem Koran basiert. Nach islamischem Glauben enthält der Koran kein Menschenrecht, sondern Gottesrecht, das Allah-Gesetz. Der Koran wird gedeutet als Allahs Wort in arabischer Sprache mit Gültigkeit für alle Zeiten. Man kann ihn daher auch als Selbstdarstellung Allahs lesen und Eigenschaften seines Urhebers darin erkennen. Erfasst man Allahs Eigenart, die mit dem christlichen Gottesbild nicht identisch ist, teilweise ihm sogar radikal widerspricht, so wird manches eigentlich Unverständliche im Islam verständlich. Aus diesem Grund beginnt das Buch mit der Scharia und dem obersten Gesetzgeber Allah.

Der Vergleich von Islam und Christentum wird besonders im 2. Kapitel *Islamisches und christliches Gottesbild*, im 4. Kapitel *Sexualität, Heirat, Ehe und Familie im Christentum* und im 5. Kapitel *Die Wurzeln der christlichen und der islamischen Geschlechterordnung* durchgeführt, durchzieht aber letztlich alle hier behandelten Themen, ob Strafrecht, Zeugenrecht und Erbrecht, Schutz des ungeborenen Lebens, westliche und islamische Menschenrechtserklärungen und auch die Paradiesvorstellungen. Priorität hat aber in diesem Buch der Islam.

Ich zitiere oft und relativ viel aus dem Koran, in der Regel aus der Übersetzung von Adel Theodor Khoury[7], ohne diese Quelle jedes Mal anzugeben. Bei Verwendung anderer Übersetzungen gebe ich jeweils den Namen des Übersetzers an. Bei Zitaten aus den Übersetzungen von Khoury und Rudi Paret[8] weiche ich in einer Hinsicht ab: Ich folge nicht deren Übersetzung des Wortes »Allah« mit »Gott«. Ebenso nicht bei Übersetzungen von Hartmut Bobzin[9] und bei den hier verwendeten Hadith-Sammlungen. Diese Sammlungen von Erzählungen (*hadith*) bilden die Tradition des Islam. Sie berichten über Mohammeds Weg im Leben (*sunna*), also über seine Worte und Handlungen, die von Begleitern erlebt und über Generationen weitergegeben wurden, so dass die Erzählungen sich vermehrten und verbreiteten. Den Weg Mohammeds bezeichnet der Koran als Vorbild für die Gläubigen (Sure 33:21). Viele Koranverse enthalten den Befehl: »Und gehorchet Allah und dem Gesandten.«

Zum häufigen Zitieren aus Koran und Hadithsammlungen habe ich mich aus zwei Gründen entschieden. Zum einen, weil Koran und Sunna bei aller Verschiedenheit islamischer Kulturen und der Muslime für alle die gemeinsame Grundlage hinsichtlich ihres Glaubens und Handelns sind. Der Dekan der Da´wa-Fakultät an der Al-Azhar-Universität in Ägypten erklärte das 2005 so: »Man kann jede Meinung akzeptieren, außer sie verstößt gegen den Koran und die Aussprüche Mohammeds.«[10] Zum anderen, weil die Eigenart und Besonderheit des Korans nur so sichtbar und erkennbar wird. Dazu gehört z.B. auch die Selbstdarstellung des Gesetzgebers Allah. Für den Leser und die Leserin ist es vielleicht eintönig, wenn mehrere Koranverse mit derselben Bedeutung zitiert werden. Aber der Koran ist so: voller Wiederholungen. Er ist aber auch voller Widersprüche. Ähnlich verhält es sich mit der Sunna. Innerislamisch und in der westlichen Koranforschung ist man sich bei der Rekonstruktion der Bedeutung der Texte in Koran und Sunna nicht einig. Auf Unterschiede in der Auslegung weise ich in einigen Fällen hin. Die unterschiedlichen Interpretationen des arabischen Textes haben unterschiedliche Übersetzungen zur Folge. Aus diesem Grund zitiere ich manchmal aus mehreren Übersetzungen, auch aus englischen und französischen und einmal aus einer persischen.

In meinen Verweisen auf unterschiedliche theologisch-juristische und kulturelle Entwicklungen beziehe ich mich auf Lehrsätze der fünf größten Rechtsschulen im Islam sowie auf Fallbeispiele und juristische Texte aus

Afghanistan, Ägypten, Algerien, Iran, Jordanien, Marokko, Nigeria, Pakistan, Saudi-Arabien, Sudan, Syrien, Tunesien und der Türkei. Phänomene aus der Islamexpansion in Frankreich, Deutschland und Kanada ergänzen das Spektrum.

Viele haben zum Gelingen des Buches beigetragen. Ganz besonders danke ich muslimischen Frauen für ihre Berichte aus der Lebenspraxis, Riad Kheder für die Hilfe beim Lesen arabischer Texte und Reinhard Wenner für die theologische Beratung.

Ich schreibe dieses Buch aus Verantwortung für unsere Kinder und Enkelkinder, denen ich die Grundwerte unserer Kultur, zu denen die Gleichberechtigung von Frau und Mann und das generelle Tötungsverbot gehören, erhalten möchte, und in der Hoffnung, dass Aufklärung dazu beiträgt.

1. Scharia – Islamischer Glaube und Forschungsergebnisse

Allah: »Siegen werde Ich, Ich und meine Gesandten.«
(Koran 58:21)

Mohammed: »Wer mir gehorcht, gehorcht Allah. Und wer mir den Gehorsam verweigert, verweigert Allah den Gehorsam. Wer dem gehorcht, dem ich den Befehl übertragen habe, der gehorcht mir. Und wer sich ihm widersetzt, widersetzt sich mir.«
(Sahih al-Bukhari)

»Die beste Rede ist das Buch Allahs. Das beste Vorbild ist das Vorbild Mohammads. Und die schlechtesten aller Dinge sind Neuerungen, die in die Religion eingeführt werden.«
(Sahih al-Bukhari)

1.1 Allah-Gesetz und Menschenrecht

Gläubige Muslime unterscheiden zwischen Offenbarungsrecht und Menschenrecht. Sie sehen Allah als obersten Gesetzgeber an, der den Menschen mit dem Koran in arabischer Sprache göttliches, universal gültiges Recht herabgesandt hat. Aufgabe der Menschen sei es, das Allah-Gesetz für die jeweilige Praxis und für das von Menschen gemachte Juristenrecht auszulegen. Seine Legitimation findet dieser Glaube im Koran, in dem sich Allah als der oberste Gesetzgeber und Richter bezeichnet, der »Rechtsauskunft« gibt, »Rechtsbestimmungen« erteilt und »Urteil« spricht:

Sie fragen dich um Rechtsauskunft über die Frauen. Sprich: Rechtsauskunft über sie gibt euch Allah ... (Sure 4:127)

Sie fragen dich um Rechtsauskunft. Sprich: Allah gibt euch eine Rechtsauskunft ... (Sure 4:176)

Und haltet nicht am Eheband mit den ungläubigen Frauen fest, und fordert, was ihr ausgegeben habt, zurück. Auch sie sollen zurückfordern, was sie ausgegeben haben. Das ist das Urteil Allahs; er urteilt zwischen euch. (Sure 60:10)

Das sind die Rechtsbestimmungen Allahs. Wer die Rechtsbestimmungen Allahs übertritt, der tut sich selbst Unrecht. (Sure 65:1)

Nach muslimischem Glauben ist der Koran die Urnorm des Gesetzes, dessen Urschrift bei Allah aufbewahrt ist und die Mohammed in den beiden letzten Jahrzehnten seines Lebens mündlich in arabischer Sprache offenbart wurde.

1.2 Bedeutung des Wortes *Scharia*

Mit dem Wort *Scharia* bezeichnen Muslime das Gesetz Allahs im Unterschied zur von Menschen entwickelten Rechtswissenschaft (arab.: *fiqh*). Die Schrift- und Religionsgelehrten, die die göttlichen Gesetzestexte auslegen, heißen Ulema, die Gelehrten der Rechtswissenschaft sind die fuqaha (Sing.: *faqih*). Zentrale Aufgabe islamischen Rechts ist es zu zeigen, was erlaubt (*halal*) und verboten (*haram*) ist und welche Pflichten Muslime haben. Die Pflichtenlehre ist zumindest genauso bedeutsam wie die Lehre über die Rechte des Menschen. Zum Beispiel haben Männer die Pflicht, ihre Frauen finanziell zu versorgen, und Frauen haben ein Recht darauf. Frauen haben die Pflicht, ihrem Ehemann zu gehorchen, und er hat ein Recht darauf.

Und diejenigen von euch, die abberufen werden und Gattinnen zurücklassen, haben ihren Gattinnen eine Versorgung für ein Jahr zu vermachen, ohne sie (aus dem Haus) auszuweisen. (2:240)

Das Wort *Scharia* kommt einmal im Koran vor, in Sure 45, Vers 18:

Dann stellten Wir für dich eine Richtung (shari'a) in der Angelegenheit (Religion) fest. So folge ihr und folge nicht den Neigungen derer, die nicht Bescheid wissen.

Zwei andere Verse enthalten das von Scharia abgeleitete Verb (*shara'a* = vorschreiben). Die marokkanische Soziologin Fatema Mernissi schreibt dazu: »*Shara'a* heißt im Altarabischen zur Wasserquelle gehen; d.h. zu dem Element, das Leben garantiert und neue Energie gibt.« Die Scharia sei »das Gesetz und der Weg Gottes, die zu Glück, Harmonie und Wohlstand führen.«[11] Die ursprüngliche Wortbedeutung ist Wegweisung bzw. Weg, der zur Tränke führt, zu dem Wasser, das Quelle des Lebens ist. Moderne muslimische Denker wie Mohamed Merad und Mohamed Talbi sehen darin die Möglichkeit, die Scharia nicht als rigides Gesetz, sondern als religiös-ethische Wegweisung anzusehen, deren Kerngehalt zu erschließen ist. Eine »Entjuridifizierung« der Scharia halten sie für möglich.[12]

Teilweise anders interpretieren die schiitischen Machthaber im Iran den Sinn der Scharia. In der Zeitschrift Al-Fadschr des schiitischen Zentrums in Hamburg heißt es dazu: »Die Gesamtheit der auf Menschen bezogenen Werte, Prinzipien und Gesetzmäßigkeiten nennt man *Shari´a*. *Shari´a* bedeutet wörtlich Weg, der zur Quelle führt, und bezeichnet ursprünglich eine Verbindung von Ethik und Recht.« »Solange die Bereiche Ethik und Recht miteinander verbunden sind, bleibt *Shari´a* auch das, als was sie gedacht ist, ein Weg zu einer Wasserquelle, aus der immer neue Kraft für die Gemeinschaft fließt.«[13] An eine »Entjuridifizierung« ist hier nicht gedacht. Im Gegenteil: Ethik und Recht werden als integraler Bestandteil der Scharia angesehen. Anders gesagt: Die Scharia ist die Grundlage des Rechts. Das Bild vom geistigen Wasser, das zur Wahrheit führt, ist der Bibel entnommen, siehe z.B. Psalm 23, Jo 4:14 und 1 Kor 10:4.

1.3 Inhaltlicher Bereich der Scharia

Nach muslimischer Mehrheitsauffassung, sowohl bei Schiiten als auch bei Sunniten, bedeutet Scharia: der von Allah gewiesene Weg für alle Menschen und alle Zeiten, Allahs Rechtleitung. Sie regelt die Gesamtheit der islamischen Ordnung, sowohl das Leben in Familie und Gesellschaft, den Ritus als auch das Recht, und sie enthält Grundsätze für die Politik. Aus diesem breiten Spektrum erwächst der Totalitätsanspruch des Islam.

Zum Ritus gehören vor allem die so genannten Fünf Säulen des Islam: das Glaubensbekenntnis (*shahada*), das Ritualgebet (*salat*) fünfmal am Tag, das Fasten am Tag im Monat Ramadan (*saum*), die Steuer (*zakat*) und die Wallfahrt (*hadschdsch*) zur Kaaba nach Mekka. Die wichtigsten Teile des Scharia-Rechts sind das Ehe- und Familienrecht, das Strafrecht und das Strafverfahrensrecht. Letzteres ist im Koran rudimentär, nur für das Beweisrecht gibt es Vorschriften. Auch für das Steuerrecht enthält der Koran Hinweise. Zur Ordnung des Lebens gehören Vorschriften für Bekleidung, Ernährung und Sexualität, für den Umgang mit Juden, Christen und Ungläubigen, für den Dschihad und den missionarischen Auftrag (*da´wa, tabligh*). Eine Trennung von Kirche und Staat gibt es im Islam nicht. Mohammed war nicht nur Prophet und religiöses Oberhaupt seiner Gemeinde; die islamische Gemeinschaft (*umma*) ist nicht nur eine religiöse Gemeinschaft, sondern auch eine politische. Sie glaubt, allen anderen überlegen zu sein. In Vers 3:110 sagt Allah:

> *Ihr seid die beste Gemeinschaft, die je unter den Menschen hervorgebracht worden ist. Ihr gebietet das Rechte und verbietet das Verwerfliche und glaubt an Allah.*

Die Einheit von Staat und Religion nach dem Vorbild Mohammed und dem idealisierten Modell Medina herzustellen, blieb zwar in der Geschichte des Islam meist nur ein Ideal, aber bis heute streben fundamentalistischer und Reformislam deren Realisierung an. Ihr Ziel ist die Ausbreitung der Umma weltweit mit Scharia-Recht und Kalifat.

Anders das Christentum: Jesus selbst forderte die Trennung von Staat und Religion mit den Worten: »So gebt dem Kaiser, was des Kaisers ist, und Gott, was Gottes ist.« (Mt 22:21) Und: »Mein Reich ist nicht von dieser Welt.« (Joh 18:36) Er schuf damit die Grundlage für die spätere politische Entwicklung im Abendland.

Das Vorbild Mohammed war ganz im Gegensatz zu Jesus auch militärischer Führer, so wie es der Koran befiehlt. Die Schrift enthält Kampfbefehle Allahs für kriegerische Auseinandersetzungen, *qital* (Verb: *qatala*). Vom Kampf gegen Nicht-Muslime (*kafirun*) ist im Koran an 67 Stellen die Rede.[14] Dazu ein Beispiel aus Sure 9:

> *Kämpft gegen diejenigen, die nicht an Allah und nicht an den Jüngsten Tag glauben und nicht verbieten, was Allah und sein Gesandter verboten haben, und nicht der wahren Religion angehören – von denen, denen das Buch zugekommen ist, bis sie von dem, was ihre Hand besitzt, Tribut (dschizya) entrichten als Erniedrigte.* (9:29)

Der Vers beginnt mit dem Imperativ (*qatilu!*) des Verbs *qatala*. Der Kampf mit der Waffe soll geführt werden gegen alle, die »nicht der wahren Religion angehören«. Die »wahre Religion« ist im Sinne des Koran der Islam. Gekämpft werden soll also gegen alle Nicht-Muslime, und zwar nicht bis zu ihrer Vernichtung, sondern bis zu ihrer Unterwerfung und Zahlung des Tributs. Aus der Geschichte wissen wir, was das bedeutet: Die Erniedrigten, die *Dhimmis*, hatten als Tribut an den islamischen Staat die Kopfsteuer, *dschizya*, zu zahlen und Landbesitzer zusätzlich die Grundsteuer, *charadsch*. Der Koran legitimiert mit diesem Vers das System der Dhimmitude.[15] Der Vers macht aber auch verständlich, woher Artikel 1 der Kairoer Erklärung der Menschenrechte (1990) der Organisation der Islamischen Konferenz (OIC) seinen Geist nimmt. Da wird erklärt, »wahrer Glaube« sei die Garantie für Menschenwürde und damit auch für Menschenrechte. »Wahrer Glaube« und »wahre Religion« meinen den Islam. Wenn Nicht-Muslime auch heute keinen Tribut mehr zahlen, so sind sie doch immer noch Menschen zweiter Klasse, »Erniedrigte«, wie es das Allah-Gesetz vorschreibt, dem die Menschenrechtserklärung der OIC folgt (Kapitel 9.3 *Kairoer Erklärung der Menschenrechte im Islam*). Die Realität in islamischen Ländern entspricht diesen Vorstellungen überwiegend.

1.4 Die Quellen der Scharia

Der Koran

Der wichtigste Basistext der Scharia ist der Koran. Nach islamischem Glauben ist er das ewige und ungeschaffene Wort Allahs, das den Menschen als Offenbarung (*wahy*) in arabischer Sprache mitgeteilt wurde. Er ist die »Rechtleitung«, *al-huda*. Das arabische Substantiv *qur´an* ist abgeleitet vom Verb *qara´a*, das bedeutet: laut lesen, rezitieren. Koran kann man also übersetzen mit Rezitation. Nach Muhammad Salim Abdullah, dem Leiter des Zentralinstituts »Islam-Archiv-Deutschland« in Soest, handelt es sich bei dem Wort *qur´an* um ein Lehnwort aus dem Aramäischen.[16]

Der Koran enthält 114 Suren, die in der Regel der Länge nach geordnet sind und aus 6.348 Versen bestehen, die Muslime als *ayat* oder *ayat Allah* (Zeichen Allahs) bezeichnen. Der Glaube an die Offenbarung des Textes ist durch den Koran legitimiert. Dazu einige Textbeispiele:

> *Dies ist das Buch, an ihm ist kein Zweifel möglich, es ist eine Rechtleitung für die Gottesfürchtigen, ...* (2:2)

> *Er ist es, der das Buch auf dich herabgesandt hat. In ihm gibt es eindeutig festgelegte Zeichen – sie sind die Urnorm des Buches – und andere, mehrdeutige.* (3:7)

> *Dies sind die Zeichen des deutlichen Buches. Wir haben es als einen arabischen Koran hinabgesandt, auf dass ihr verständig werdet. Wir erzählen dir die schönste Erzählung dadurch, dass Wir dir diesen Koran*

offenbart haben. Du warst vordem einer von denen, die (davon) keine Ahnung hatten. (12:1-3)

Diejenigen, denen Wir das Buch zukommen ließen, freuen sich über das, was zu dir herabgesandt worden ist. (13:36)

Und so haben Wir ihn als eine Urteilsnorm in arabischer Sprache hinabgesandt. (13:37)

Allah löscht aus und bestätigt, was Er will. Bei Ihm steht die Urnorm des Buches (umm al-kitab = wörtlich: Mutter des Buches). (13:39)

Wir, ja Wir haben die Ermahnung hinabgesandt, und Wir werden sie gewiss bewahren. (15:9)

Sprich: Herabgesandt hat ihn der Geist der Heiligkeit von deinem Herrn mit der Wahrheit, um diejenigen, die glauben, zu festigen, und als Rechtleitung und Frohbotschaft für die Gottergebenen (16:102). Paret: *Sag: Der heilige Geist hat ihn von deinem Herrn mit der Wahrheit herabgesandt.* (16:102)

Und sie fragen dich nach dem Geist. Sprich: Der Geist ist vom Befehl meines Herrn. (17:85)

Sprich: Wenn die Menschen und die Djinn zusammen kämen, um etwas beizubringen, was diesem Koran gleich wäre, sie brächten nicht seinesgleichen bei, auch wenn sie einander helfen würden. (17:88)

Und Wir haben ihn als Koran in Abschnitte geteilt, damit du ihn den Menschen ohne Hast vorliest. Und Wir haben ihn nach und nach hinabgesandt. (17:106)

Und so haben Wir ihn als einen arabischen Koran hinabgesandt. (20:113)

Und Wir haben Mose und Aaron die Urteilsnorm zukommen lassen, und ein Licht und eine Ermahnung für die Gottesfürchtigen. (21:48)

Und diejenigen, die ungläubig sind, sagen: »Wäre doch der Koran auf ihn als Ganzes herabgesandt worden!« So (geschieht es aber), damit Wir dein Herz damit festigen. Und Wir haben ihn Abschnitt für Abschnitt vorgetragen. (25:32)

*Und er (der Koran) ist eine Herabsendung des Herrn der Welten; mit ihm ist der treue (*Paret: *zuverlässige) Geist herabgestiegen auf dein Herz, damit du einer der Warner seiest, in deutlicher arabischer Sprache. Und er ist in den Schriften der Früheren (erwähnt). War es ihnen denn nicht ein Zeichen, dass die Kinder Israels über ihn Bescheid wissen? Wenn Wir ihn auf einen der Nichtaraber hinabgesandt hätten und er ihn ihnen vorgelesen hätte, hätten sie nicht an ihn geglaubt.* (26:192-199)

Und es gibt nichts Unsichtbares im Himmel und auf Erden, was nicht in einem deutlichen Buch stünde. (27:75)

Allah hat die beste Botschaft herabgesandt, ein Buch mit gleichartigen, sich wiederholenden Versen, vor dem die Haut derer, die ihren Herrn fürchten, erschauert. Dann werden ihre Haut und ihr Herz weich und neigen sich dem Gedenken Allahs zu. Das ist die Rechtleitung Allahs. Er leitet damit recht, wen Er will. Und wen Allah irreführt, der hat niemanden, der ihn rechtleiten könnte. (39:23)

Beim deutlichen Buch! Wir haben es zu einem arabischen Koran gemacht, auf dass ihr verständig werdet. Es ist aufgezeichnet in der Urnorm des Buches bei Uns, erhaben und weise. (43:2-4)

Beim deutlichen Buch! Wir haben es in einer gesegneten Nacht hinabgesandt. (44:2 f.)

Euer Gefährte (Mohammed) geht nicht irre und ist nicht einem Irrtum erlegen, und er redet nicht aus eigener Neigung. Es ist nichts anderes als eine Offenbarung, die offenbart wird. (53:2-4)

Und Wir haben den Koran leicht zu bedenken gemacht. Aber gibt es denn jemanden, der es bedenkt? (54:17 = 54:22 = 54:32)

Das ist wirklich ein trefflicher Koran in einem wohlverwahrten Buch, das nur die berühren dürfen, die rein gemacht worden sind; Herabsendung vom Herrn der Welten. (56:77-80)

(...) es ist ein glorreicher Koran auf einer wohlverwahrten Tafel. (85:21 f.)

Er ist eine entscheidende Botschaft. (86:13)

Wir haben ihn in der Nacht der Bestimmung hinabgesandt. Woher sollst du wissen, was die Nacht der Bestimmung ist? Die Nacht der Bestimmung ist besser als tausend Monate. Die Engel und der Geist kommen in ihr mit der Erlaubnis ihres Herrn herab mit jedem Anliegen. Voller Frieden ist sie bis zum Anfang der Morgenröte. (Sure 97, *al-qadr = Die Bestimmung)*

Diese Zitate von Allahs Worten machen eine Eigenart des Koran sichtbar: Aussagen wiederholen sich. Der Text ist nicht sachlich oder chronologisch (nach der Entstehung der Verse) geordnet.

Der Sprecher des Textes ist nicht Mohammed, er ist vielmehr der Angesprochene. Das erkennt man hier besonders an den Versen 16:102, 17:85 und 17:88, die mit dem Imperativ »Sprich!« (*qul*) beginnen. Dieser Befehl soll nach Hartmut Bobzin im Koran 332-mal vorkommen, nach Ibn Warraq sogar 350-mal.[17] Es handelt sich also nicht um eine prophetische Sprache und auch nicht um einen prophetischen Text. Nach islamischer Doktrin ist der Koran Allahs Wort.

Beim aufmerksamen Lesen des Koran fällt jedoch auf, dass einige Textsequenzen nicht von Allah gesprochen sein können, sondern nur von Menschen. Das beginnt bereits mit der 1. Sure, *al-fatiha*, in der in Form eines Gebetes um Hilfe und Führung gebeten wird. In Sure 27 lautet Vers 91: *Wahrlich mir ist befohlen worden, dem Herrn dieser Ortschaft* (Mekka mit Kaaba, Sch.) *zu dienen, der sie für heilig erklärt hat und dem alles gehört.* Das wird Allah nicht von sich sagen, auch nicht die Worte in Sure 42 Vers 10: *Und worüber ihr auch uneins seid, das Urteil darüber steht Allah (allein) zu. Das ist eben Allah, mein Herr. Auf ihn vertraue ich, und zu ihm wende ich mich reumütig.* Außerdem haben Koranwissenschaftler festgestellt, dass der Imperativ *qul* (Sprich!) mehrmals nachträglich eingeschoben wurde, in Übersetzungen auch an Stellen, wo er im arabischen Koran nicht steht.[18]

Der Koran enthält Widersprüche. Mündlich offenbart wurde das Buch in *Abschnitten*, die *nach und nach hinabgesandt wurden* (17:106 und 25:32). Im Widerspruch dazu stehen Aussagen von der Sendung in einer gesegneten Nacht (44:2 f und Sure 97). Innere Widersprüche sind im Koran häufig, obwohl es in Sure 4:82 heißt: *Betrachten sie denn nicht sorgfältig den Koran? Wenn er von einem anderen als Allah wäre, würden sie in ihm viele Widersprüche finden.* Glaubt man diesem Vers, so müsste der Koran »von einem anderen als Allah« sein. In seinem Buch »*Faith and Deception*« (Glaube und Täuschung) zeigt Anwar Shaikh die inneren Widersprüche des Koran auf.[19]

Die »Urnorm« des Koran soll in arabischer Sprache im Himmel stehen. Der Koran soll als *arabischer Koran* (12:2) in *arabischer Sprache* (13:37) gesandt worden sein. Damit wurde das Arabische zur heiligen Sprache, *lingua sacra,* erhoben. Es ist die einzige Sprache, für die dieser Status beansprucht wird. Das hat zur Folge, dass der Koran weltweit nur in Arabisch rezitiert wird.

Die sprachliche Überlieferung hat ihre eigene Geschichte der Kanonisierung: Nach islamischer Doktrin sollen die auf Blättern, Steinen, Holz, Knochen und Stoff gesammelten Textfragmente und Sammlungen des Koran zusammen mit mündlichen Überlieferungen der Begleiter Mohammeds (*sabaha*) unter dem dritten Kalifen Uthman (644-656) als Buch zusammengestellt und kanonisiert worden sein. Alle anderen Texte wurden vernichtet. Seitdem soll es nur noch die Uthman´sche Fassung, die sogenannte

Uthmani geben. Abschriften dieses ersten für verbindlich erklärten Koran wurden an die Herrscher in den arabischen Zentren Kufa, Basra, Mekka und Damaskus geschickt, ein Koran blieb in Medina. Es gibt aber auch andere divergierende Überlieferungen der Entstehung des ersten kanonisierten Koran. In den genannten Zentren bildeten sich unterschiedliche Lesarten heraus, vor allem weil die arabische Schrift in jener Zeit noch nicht genügend ausdifferenziert war, sie hatte noch keine diakritischen Zeichen. Heute enthalten nahezu alle Koranausgaben in arabischer Sprache denselben Text. Sie folgen der 1923 an der Al-Azhar-Universität in Kairo auf der Grundlage der irakischen Textfassung von Kufa erstellten Version. Die Übersetzungen weichen voneinander ab, wie ich besonders am Beispiel der Bekleidungsverse im 7. Kapitel *Der Hijab und das islamische Kopftuch* zeigen werde.

Eine Anleitung für den Umgang mit dem Koran enthält die oben zitierte Sure 56:77-80. Daraus leiten Muslime ab, dass eigentlich nur sie selbst im Zustand ritueller Reinheit den Koran berühren dürfen. Sie verstehen sich als eine Gemeinschaft der Herausgehobenen, Überlegenen und Erwählten. Ganz besonders stärkt Sure 26:198 f. das Selbstbewusstsein der Araber: »*Wenn Wir ihn (den Koran) auf einen Nichtaraber hinabgesandt hätten, und er ihn ihnen vorgelesen hätte, hätten sie nicht an ihn geglaubt.*« Der Glaube an die Bevorzugung der Araber durch Allah wirkt bis heute nach. Artikel 1 der Arabischen Charta der Menschenrechte ist Ausdruck dieses durch den Koran legitimierten arabischen Selbstbewusstseins der Herausgehobenheit und Überlegenheit (Kapitel 9.4 *Arabische Charta der Menschenrechte*).

Außer den Vorschriften ritueller und rechtlicher Art enthält der Koran auch viele allgemeine Anweisungen, z.B. in Sure 2:177:

Frömmigkeit besteht nicht darin, dass ihr wendet
Eure Gesichter mal nach Osten, mal nach Westen!
Nein, Frömmigkeit gilt für dieses:
Wer glaubt an Allah, den Jüngsten Tag, die Engel,
Und das Buch und die Propheten,
Und wer da gibt sein Geld, auch wenn´s ihm noch so lieb ist,
An die Verwandten und die Waisen und die Armen,
Und an den Kämpfer auf dem Wege Gottes,
Und an die Bittenden, und zum Freikauf von Sklaven,
Und wer verrichtet das Gebet und gibt die Armensteuer,
Und wer die Pflichten einhält, die er einging,
Und wer geduldig ist in Not und Missgeschick
Und auch zur Zeit des Krieges,

Das sind die, die wahrhaftig sind,
Und das sind die, die fürchten.[20]

Wie das Alte Testament im Dekalog (Ex 20:1-17 und Dt 5:6-21) und das Neue Testament mit der Kurzfassung des Dekalogs im Markus-Evangelium (10:17-21) einen Katalog von ethischen Geboten enthält, so auch der Koran. Ich gebe einen Auszug wieder aus Sure 17:22-39 nach der Koranübersetzung von Max Henning:

Setze nicht neben Allah einen anderen Gott ...
Und bestimmt hat dein Herr, dass ihr ihm alleine dienet
und dass ihr gegen eure Eltern gütig seid,
sei es, dass der eine von ihnen oder beide bei dir ins Alter kommen ...
Und gib dem Verwandten, was ihm gebührt,
und den Armen und dem Kämpfer auf Gottes Weg ...
Tötet nicht eure Kinder aus Angst vor Verarmung ...
Und bleibt fern der Hurerei ...
Und tötet keinen Menschen, den euch Allah verwehrt hat,
es sei denn um der Gerechtigkeit willen ...
Und bleibt fern dem Gut der Waise, außer zu ihrem Besten,
bis sie das Alter der Reife erlangt hat.
Und haltet den Vertrag ...
Und gebet volles Maß, wenn ihr messet,
und wäget mit richtiger Waage ...
Und fuße nicht auf dem, wovon du kein Wissen hast ...
Und schreite nicht auf der Erde stolz einher ...[21]

Dieser islamische Gebotskatalog folgt dem jüdischen und christlichen Dekalog weitgehend. Die Ähnlichkeit mit den biblischen Geboten ist unübersehbar, wie der Vergleich mit dem Dekalog im Alten Testament (Ex 20:1-17 und Dt 5:6-21) und der Kurzfassung des Dekalogs im Neuen Testament, Markus-Evangelium (10:17-21), zeigt. Heribert Busse schreibt dazu: »Der Koran atmet in seiner Gotteslehre und in seinen ethischen Regeln den Geist des Dekalogs.«[22] Der Text soll aus der zweiten Periode von Mohammeds religiösem Wirken in Mekka stammen und ist wahrscheinlich stark durch die christlichen und jüdischen Gemeinden dort beeinflusst. Er spricht exemplarisch für die Richtigkeit der im Kapitel 1.6 *Neue Forschungsergebnisse* aufgezeigten Hypothese der historischen und linguistischen Koranforschung von der jüdisch-christlichen Grundlage in koranischen Texten. Aus der Perspektive neuer Koranforschung gesagt: Der Text lässt erkennen, dass christliche Texte als Vorlage für den erst im achten Jahrhundert zusammengestellten Koran dienten.

Die Sunna und das Vorbild Mohammed

Die zweite Quelle für die islamische Sozialordnung, für Ritus und Recht ist die Sunna (Gewohnheit, Brauch, Tradition). Sie enthält nicht das Wort Allahs, sondern die von Allah inspirierte Auslegung durch Mohammed. Sie ist durch den Koran legitimiert und besteht aus Textsammlungen in Form von Berichten und Erzählungen (*hadith*), die im sunnitischen Islam Aufzeichnungen von Worten, Handlungen und Entscheidungen Mohammeds enthalten und im zwölferschiitischen Islam außer diesen noch Worte der zwölf Imame, da es nach schiitischer Lehre »vierzehn Unfehlbare« gibt: Mohammed, seine Tochter Fatima und die zwölf Imame.[23]

Zum Koran steht die Sunna in interpretatorischem Bezug: Was im Koran allgemein, mehrdeutig und widersprüchlich formuliert ist, wird in der Sunna fallbezogen erläutert.

Im sunnitischen Islam ist die Sunna für den Muslim der verbindliche Weg, den Mohammed – als bester Interpret der Offenbarung – vorgelebt hat und dem zu folgen Pflicht der Gläubigen ist. Gehorsam fordert der Koran an vielen Stellen und in vielen Wiederholungen:

> *Wer dem Propheten gehorcht, gehorcht Allah.* (4:80)
>
> *Und gehorchet Allah und dem Gesandten.* (3:32; 33:33; 8:1; 8:46; 66,71)
>
> *Ihr habt im Gesandten Allahs ein schönes Vorbild, (und zwar) für jeden, der auf Allah und den Jüngsten Tag hofft und Allahs viel gedenkt.* (33:21)
>
> *Ein Gläubiger und eine Gläubige darf, wenn Allah und sein Gesandter eine Angelegenheit entschieden haben, nicht die Möglichkeit haben, in ihrer Angelegenheit frei zu wählen. Und wer gegen Allah und seinen Gesandten ungehorsam ist, der befindet sich in einem offenkundigen Irrtum.* (33:36)

Mehrere Verse enthalten Strafandrohungen bei Verstoß gegen das Gehorsamsgebot, z.B.:

> *Und wer gegen Allah und seinen Gesandten ungehorsam ist und seine Rechtsbestimmungen übertritt, den lässt Er in ein Feuer eingehen; darin wird er ewig verweilen. Und bestimmt ist für ihn eine schmähliche Pein.* (4:14)
>
> *Und wenn jemand sich Allah und seinem Gesandten widersetzt, so verhängt Allah eine harte Strafe.* (8:13)

Wisset ihr denn nicht, dass für den, der sich Allah und seinem Gesandten widersetzt, das Feuer der Hölle bestimmt ist, in dem er ewig weilen wird? Das ist die gewaltige Schande. (9:63)

Diejenigen, die sich Allah und seinem Gesandten widersetzen, werden niedergeworfen, wie die niedergeworfen wurden, die vor ihnen lebten. (58:5)

Diejenigen, die sich Allah und seinem Gesandten widersetzen, die gehören zu den Niedrigsten. Allah hat vorgeschrieben: ›Siegen werde Ich, Ich und meine Gesandten‹. Allah ist stark und mächtig. (58:21)

Und für diejenigen, die gegen Allah und seinen Gesandten ungehorsam sind, ist das Feuer der Hölle bestimmt. Darin werden sie auf immer ewig weilen. (72:23)

Mohammed ist demnach das von Allah eingesetzte Vorbild, dem die Muslime bei Strafandrohung zu folgen haben. Gläubige bemühen sich um eine *immitatio Mohammadi.*

Das in Koran und Sunna oft wiederholte Gehorsamsgebot gegenüber Allah, Mohammed und den »rechtmäßigen« Herrschern zeigt, dass es sich beim Islam sowohl um eine Herrschafts- und Gehorsamsreligion handelt als auch um eine Religion mit politischem Anspruch. Die vielen Androhungen von harten, sadistischen und barbarischen Strafen im Diesseits und Jenseits belegen eine in Koran und Sunna vorherrschende Ethik der Angst. Die Angst ist im Islam ein wichtiges Sozialisationsinstrument, insbesondere bei der Mädchenerziehung.[24]

Nach islamischer Lehre war Mohammed von 622 an in Medina religiöser, politischer und militärischer Führer. Nach seinem Tod 632 fehlten der Umma Vorbild und Leitung. Um in seinem Sinne die Ordnung der Gemeinde aufrecht zu erhalten, auch für die Zukunft und die geplante weltweite Expansion, wurden Mohammeds Worte und Taten teils gleich, teils aus der späteren Erinnerung heraus aufgeschrieben und gesammelt und so über Generationen weitergegeben. Damit bestand nicht nur das Risiko irrtümlich fehlerhafter Überlieferung, sondern auch die Möglichkeit, dass Texte zur Durchsetzung von Interessen bewusst verändert oder erfunden wurden. Die Zahl der gesammelten Berichte und Erzählungen (*hadith*) stieg im Laufe von 200 Jahren auf mehrere Hunderttausend an. Das führte zur Entwicklung von Methoden zur Überprüfung der Echtheit – Authentizität – der Texte. Die beiden bekanntesten Wissenschaftler auf diesem Gebiet waren al-Bukhari und Muslim ibn al-Hadjjadj.

Bukhari (810–870) stammte aus Buchara. Auf seinen Reisen nach Ägypten, Mekka und Medina, Basra, Kufa und Bagdad sammelte er Hadithe. Seine Sammlung wird neben der von Muslim (817–875), aus Naisabur bei Maschhad im Ostiran stammend, bei Sunniten am meisten geschätzt. Beide Sammlungen erhielten aufgrund der systematischen Überprüfung der Echtheit der Texte die Bezeichnung *sahih*, das Echte. Zur Überprüfung der Authentizität wurden Kriterien entwickelt, dazu gehören die Glaubwürdigkeit der Überlieferer, die Lückenlosigkeit der Überlieferungskette (*isnad*) und die Übereinstimmung mit Leben und Worten Mohammeds. Bukhari verfasste deshalb auch eine große Studie über das Leben der Überlieferer der Hadithe, »Die große Geschichte« (*at-taurikh al-kabir*).[25]

Im sunnitischen Islam gelten neben der Primärquelle Koran besonders die Sammlungen von Bukhari und Muslim als verbindlich in Glaubens- und Rechtsfragen, für die Ordnung der Umma und für ihren Umgang mit Nicht-Muslimen.

Außer den beiden Sammlungen von Bukhari und Muslim werden vier weitere mit eingeschränkter Authentizität anerkannt, deren Autoren alle aus dem östlichen Iran stammen: Abu Dawud (817–889) aus Sistan, Thirmidhi (824–872) aus Termez, Nasa´i (gest. 915) aus Nisa und Ibn Madja (825–887) aus Ghazwin.[26]

Insgesamt sollen es rund 40.000 Überlieferungen sein, die aus 600.000 kursierenden Texten herausgefiltert wurden. Sie haben kanonischen Status ähnlich dem Koran.

Kanonische Bedeutung haben im schiitischen Islam außerdem die »Vier Bücher«, in denen Worte der zwölf »unfehlbaren« Imame gesammelt wurden von al-Kulaini (gest. 940), Ibn Baboye al Qummi (ca. 918-991) und at-Tusi (995–1067).

Analogie und Konsens

Da die beiden materiellen Rechtsquellen – Koran und Sunna – im Laufe der Ausdehnung des Islam und der gesellschaftlichen Entwicklung keine Lösungen für alle Rechtsprobleme in konkreten Fällen anboten, erkannten die Rechtsgelehrten zwei weitere – immaterielle – Rechtsquellen für das islamische Recht an: die Analogie (*qiyas*) als dritte Quelle, die es erlaubt, neue Regeln aufzustellen, und den Konsens der Rechtsgelehrten (*ijma*) als vierte. Durch sie soll das islamische Recht flexibel und anpassungsfähig geblieben sein. Auch Teile des Gewohnheitsrechts sollen auf diese Weise Eingang in das Juristenrecht gefunden haben. Die weitgehend selbstständige rationale Auslegung von Koran und Sunna zum Zweck der Rechtsfindung bezeichnet man als *ijtihad*.

Diese Entscheidungen aus eigenem Ermessen und eigener Urteilsbildung in rechtlich-theologischen Fragen bei Konsultation der Quellen fanden Gegner und Befürworter. Bereits im zehnten Jahrhundert wurden die rationalen Rechtsquellen jedoch eingeschränkt zugunsten der Nachahmung (*taqlid*). Heute stehen beide Rechtspositionen – eigenständiges Denken oder Nachahmung – wieder zur Debatte.[27]

1.5 Rechtsschulen

Im Zuge der Ausbreitung des Islam und in der Auseinandersetzung mit regionalem Gewohnheitsrecht bildeten sich unterschiedliche Rechtstraditionen und Rechtsschulen heraus, von denen vier im sunnitischen und eine im schiitischen Islam bis heute von herausragender Bedeutung sind.

- Die *Hanafitsche Rechtsschule*, von Abu Hanifa (699–767) im Irak gegründet, erkennt die Vernunft als Mittel der Rechtsfindung an und akzeptiert weitgehend das jeweilige Gewohnheitsrecht. Hanafiten dominieren in der Türkei, sind aber auch auf dem Balkan, in Afghanistan, Ägypten, Pakistan, Zentralasien, Indien, China und Österreich vertreten.
- Die *Malekitische Rechtsschule*, gegründet von Malik ibn Anas (715–795), setzt verstärkt auf das Gewohnheitsrecht von Medina und den Konsens der Gelehrten. Die Malekiten dominieren in Nordafrika, Oberägypten, Mauretanien, Nigeria und im Sudan.
- Die *Schafi´itische Rechtsschule*, gegründet von Imam as-Schafi´i (767–820), fordert die strikte Orientierung an den vier Rechtsquellen. Die Schafi´iten sind verbreitet in Ägypten, verschiedenen arabischen Ländern, in Südostasien und auf Bahrain.
- Die *Hanbalitische Rechtsschule* geht zurück auf Ahmad ibn Hanbal (780–855). Sie besteht auf wortgetreuer Auslegung von Koran und Sunna und lehnt den Analogieschluss weitgehend ab. Sie versteht sich als »Reformbewegung«, die den Islam von historischem Ballast und von unislamischen Modernisierungen (*bid´a*) reinigen will zugunsten seiner idealisierten Urform, dem Medina-Modell. Sie dominiert in Saudi-

Arabien und prägt den wahabitischen Islam. Außerdem ist sie in den Golfstaaten, in Syrien, Irak, Teilen Ägyptens, Indiens, Afghanistans und Algeriens von Bedeutung, zunehmend auch in Europa, wo sie – wie die Ahmadiyya-Bewegung – als »Reformislam« auftritt und daher irrtümlicherweise – genau wie die genannte Kalifatbewegung – oft für einen modernen und offenen Islam gehalten wird.

- Die *Dscha´faritische Rechtsschule*, die bedeutendste Rechtsschule der Schia, wird auf den sechsten Imam Dscha´far as-Sadiq (gest. 765) zurückgeführt, der als der Begründer des schiitischen Rechts gilt. Sie ist hauptsächlich im Iran verbreitet, aber auch in Teilen des Irak und des Libanon, außerdem Pakistans, Indiens und Syriens. In der Verfassung des Iran von 1979 heißt es in Art. 12: »Die offizielle Religion des Iran ist der Islam und die Dscha´faritische Rechtsschule.«[28]
- Als Denk- und Rechtsschule heute verschwunden ist die *Mu´tazilitische Schule*, die auf die Theologen Wasil ibn ´Ata (699–748) und ´Amr ibn ´Ubayd (699–771) zurückging. Die Mu´taziliten deuteten den Koran rational, sahen ihn als inspiriert an und nicht als wortwörtlich von Allah diktiert. Die These vom Geschaffensein des Koran wurde im 9. Jahrhundert zum Staatsdogma erhoben, das vor allem der Kalif Mu´tasim allgemein durchzusetzen versuchte. Die Mu´taziliten wurden insbesondere durch den oben genannten orthodoxen Theologen Ahmad ibn Hanbal und die Hanbalitische Rechtsschule zum Scheitern gebracht. Die Mu´tazila wurde zur Häresie erklärt und ist bis heute verboten. Die rationale Denkweise starb aber nicht aus, sondern lebt im Islam überwiegend im Verborgenen weiter.

1.6 Neue Forschungsergebnisse

Die Authentizität der Erstfassung des Koran, der sog. Uthmani, wurde immer wieder in Frage gestellt. Zweifel äußerte bereits der berühmte Chronist und Exeget Tabari (838-923) in seinem 30-bändigen Koran-Kommentar (*tafsir*) wegen der vielen dunklen, unklaren Stellen. In den letzten Jahrzehnten hat die historische und linguistische Koranforschung besonders durch den Arabisten und Theologen Günter Lüling und durch den Experten für alte semitische Sprachen Christoph Luxenberg (Pseudonym) zur Beantwortung vieler Fragen beigetragen, aber auch neue Fragen provoziert und Bestandteile des islamischen Glaubens widerlegt.[29]

Zu den neuen wissenschaftlichen Forschungen über die Anfänge des Islam und des Koran kam im Jahre 2005 die von Karl-Heinz Ohlig und Gerd-R. Puin herausgegebenen Aufsatzsammlung *»Die dunklen Anfänge«* hinzu.[30] Die Autoren und Autorinnen sind Arabisten, Semitisten, Koranforscher, Religionswissenschaftler, Theologen, Historiker, Orientalisten und Numismatiker. Die Aufsatzsammlung enthält zwölf revolutionäre Beitrage über neue Forschungsergebnisse zur Entstehung des Islam. Danach gehört fast alles bisher Geglaubte und Gelehrte über Mohammed, seine Gemeinde in Mekka und Medina, über die Hidschra und die Entstehung von Koran und Sunna in die Welt der in der zweiten Hälfte des achten Jahrhunderts und später entstandenen Legenden, deren Inhalte historisierend in die erste Hälfte des siebten Jahrhunderts rückprojiziert wurden. Nichts davon ist historisch beweisbar. Alle schriftlichen so genannten »Quellen« wurden erst rund 200 Jahre nach den Anfängen des Islam verfasst. Sogar die Person Mohammed scheint eine Erfindung zu sein. Die früheste Zeit, in der über das Leben Mohammeds geschrieben wurde, ist das 9. und 10. Jahrhundert. Zu diesen Texten gehört vor allem die Sira, die Lebensgeschichte Mohammeds, von Ibn Hisham (gest. 834), die sich auf einen nicht erhaltenen Text aus dem Jahre 750 n. Chr. von Ibn Ishak (gest. 768) stützen soll. Etwa zur gleichen Zeit schrieb Al-Waqidi (gest. 823) eine Geschichte Mohammeds und seiner Feldzüge. Diese biographischen Texte entstanden also fast 200 Jahre nach Mohammeds Tod im Jahre 632. Ältere Dokumente über Mohammeds Leben und Wirken gibt es anscheinend nicht. Also ist der Zweifel an der Richtigkeit der biographischen Daten in den Geschichten über Mohammed von Ibn Hisham und Al-Waqidi berechtigt. Die Existenz Mohammeds bezweifeln beispielsweise Yehuda D. Nevo und Judith Koren 2003: »Muhammad is not a historical figur, and his official biographie is a product of the age in which it was written.«[31] Zu den Fakten, die dies bestätigen, gehört, dass der Eigenname Mohammed erstmals in der Geschichte im Jahre 67 (nach 622) auftaucht, und zwar in Herat (Afghanistan) als der Name eines Münz-Prägeherrn.[32] Auch das Jahr 622 als Beginn der islamischen Zeitrechnung überrascht bei genauem Hinsehen. Es ist das Jahr des Sieges des Byzantinischen Reiches über die Perser und damit der Beginn einer arabisch-christlichen Zählung nach dem Sonnenkalender. Erst später wurde das Jahr 622 islamisch umgedeutet, auf die Hidschra bezogen und die Jahreszählung dem Mondkalender angepasst.[33]

Die historisch-linguistische Koranforschung hat unter anderem folgende starke Hypothesen entwickelt:

- Es gibt keinen arabischen Ur-Koran aus dem 7. Jahrhundert.
- Das Wort Koran (*qur´an*) ist vom syro-aramäischen Wort *qeryana* abgeleitet, womit ein christliches liturgisches Buch mit Bibeltexten, Gebeten und Liedern bezeichnet wurde. Das Aramäische war noch im siebten Jahrhundert die wichtigste Sprache des Vorderen Orients und wurde sogar in den Berbergebieten Nord-Afrikas verstanden.[34] Seit tausend Jahren war es die *lingua franca* Vorderasiens.
- Der Ur-Koran wurde in einer aramäisch-arabischen Mischsprache geschrieben. Er entstand in einem christlichen syro-aramäischen Sprachumfeld und basiert auf einer Auswahl von Texten aus der Bibel und christlichen liturgischen Büchern.
- Die Bedeutung der dunklen Stellen, die etwa ein Viertel des Koran ausmachen sollen, ist zu erschließen, wenn man den Text als syro-aramäischen Text liest.
- Der Philologe Arthur Jeffery zählte bereits 275 Fremdwörter im Koran, die aus dem Aramäischen, Hebräischen, Altsyrischen, Äthiopischen, Persischen und Griechischen entlehnt worden sind.[35]
- Die frühen Textfragmente waren in der damals noch unvollkommenen arabischen Schrift geschrieben. Das bedeutet: Es gab nur 18 Schriftzeichen, keine diakritischen Zeichen zur Differenzierung der Konsonanten und keine Zeichen für kurze Vokale. Dasselbe Zeichen konnte für bis zu fünf Laute verwendet werden. Das führte zu unterschiedlichen Lesarten von Wörtern und ganzen Texten und auch des Koran.
- Die islamische Urgemeinde lebte nicht in einem überwiegend heidnischen und polytheistischen Umfeld mit der Kaaba in Mekka als Zentrum der Götzenverehrung, sondern in einem weitgehend christlichen Arabien mit der Kaaba als Kirche, in der die Trinität – die Dreifaltigkeit Gottes – und Heilige verehrt wurden. Nach dem Koran wurden dort die Göttinnen Lat, ´Uzza und Manat verehrt (53:19 f.).
- Die frühen, in der Mekkanischen Phase entstandenen Koranverse sind zum Teil metrische Texte aus der christlichen Liturgie, die später »verlesen« wurden.

Als Folge dieser wissenschaftlich erarbeiteten Hypothesen erscheinen zentrale symbolische Begriffe in einem neuen Licht: Zieht man die syro-aramäischen Entsprechungen heran, so werden die im Koran den gläubigen Männern im Jenseits versprochenen Jungfrauen (*huris*) zu weißen Weintrauben (siehe Kapitel 10 *Das ewige islamische Paradies*) und die Bekleidungsvorschrift für Frauen in Sure 24:31 wirft nicht die Frage nach Schleier oder Kopftuch auf, sondern verweist auf einen Keuschheitsgürtel (siehe Kapitel 7 *Der Hijab ...*).

Die Koranexegese stützt sich bis heute mehrheitlich wie selbstverständlich auf die Kairoer Koranausgabe von 1923. Ältere Koranfragmente werden bislang kaum wissenschaftlich analysiert. Was Textwissenschaft eigentlich ausmacht, nämlich das Ausgehen vom Basistext, wird vernachlässigt. Der Religionswissenschaftler Karl-Heinz Ohlig bezeichnet dies als »wissenschaftliches Kuriosum«. Ohlig schreibt: »Zwei Anträge bei der Forschungsgemeinschaft auf Förderung einer solchen kritischen Textanalyse wurden von den islamwissenschaftlichen Gutachtern abgelehnt, obwohl gemeinhin mit dem Versuch einer Annäherung an die ›ursprüngliche‹ Textgestalt alle weitere Exegese beginnen muss.«[36] Es besteht offensichtlich ein Interesse daran, den Schleier über den dunklen Anfängen des Islam und die Legenden zu erhalten.

Die Forschung zum frühen Islam verfügt nur über wenige Quellentexte, mit deren Hilfe sie die Vergangenheit rekonstruieren kann. Dazu gehören Münzen und vereinzelte Inschriften. Sie alle dokumentieren nach neuen Erkenntnissen für den syro-arabischen Raum im 7. und 8. Jahrhundert die Existenz einer christlichen Kultur mit der Verehrung Jesu unter dem Titel *abd(u) llah(i) wa-rasuluh(u)* (Knecht Gottes und sein Gesandter), nicht aber die Existenz einer neuen Religion »Islam« mit eigenem Prophet Mohammed. Im Gegenteil: Nach den Erkenntnissen des Philologen Christoph Luxenberg ist selbst das Wort *muhammad* neu zu lesen. Es handelt sich nicht um einen Eigennamen, sondern um eine Verbform, die bedeutet *zu loben ist / gepriesen sei*. So gelesen, bedeutet die Inschrift im Felsendom zu Jerusalem, der bisher als ältestes islamisches Gotteshaus gedeutet wurde, nicht *Mohammed ist der Knecht und Gesandte Allahs/Gottes*, sondern: *Gepriesen ist / Gelobt sei der Knecht und Gesandte Allahs/Gottes, Jesus*.[37]

Die Hadithforschung beginnt in der westlichen Islamwissenschaft nicht erst in der Moderne. Eine kurze Darstellung der bedeutendsten Forscher und ihrer Ergebnisse findet man im Kapitel *Das Quellenproblem* in Ibn Warraqs Werk »*Warum ich kein Muslim bin*«. Ich gehe hier nur kurz auf die beiden wichtigsten Forscher ein: Ignaz Goldziher (1850-1921) und Joseph Schacht (1902-1969).

Ignaz Goldziher wurde besonders durch seine Hadithforschung und die prägnante Darstellung der Ergebnisse bekannt. Bernhard Lewis urteilt dazu: »Goldzihers fundierte und brillante Studien über die Hadith haben zum ersten Mal gezeigt, dass diese Traditionen über Mohammed und seine Begleiter nicht die Umstände der Zeit wiedergaben, die sie beschrieben, sondern der Zeit, in der sie verfasst wurden – das heißt, sie brachten die in verschiedenen Kreisen gängigen Meinungen während der ersten 250 Jahre nach dem Tod des Propheten zum Ausdruck und trugen zu deren Verbreitung bei.« (Übers. H. Sch.)[38]

Goldziher selbst schreibt: »Die offizielle Einflussnahme auf Erfindung, Verbreitung und Unterdrückung von Überlieferungen begann schon früh. (...) Die Umayyaden und ihre politischen Gefolgsleute kannten keinerlei Skrupel bei der Verbreitung von tendenziösen Lügen in einem geheiligten religiösen Gewand, und es war ihnen nur darum zu tun, fromme Instanzen zu finden, die sich bereit erklärten, solche Verfälschungen mit ihrer unangezweifelten Autorität zu decken. An solchen hatte es keinen Mangel.«[39]

Joseph Schacht, der herausragende Forscher auf dem Gebiet des islamischen Rechts aus der Perspektive der Soziologie und Geschichte, setzte die Arbeit Goldzihers fort. Das Ergebnis seiner Hadith-Forschung fasst Schacht in dem Satz zusammen: »Uns werden keine rechtlichen Überlieferungen des Propheten begegnen, die mit Sicherheit als authentisch angesehen werden könnten.«[40] Nach Schacht sind auch die Überlieferungsketten, *isnad*, nicht authentisch, da sie »oft sehr nachlässig zusammengeflickt wurden. Jeder typische Vertreter einer Gruppe, deren Doktrin auf eine althergebrachte Autorität zurückprojiziert werden sollte, konnte willkürlich ausgewählt und in das *isnad* eingefügt werden. So kommt es, dass eine Reihe von auswechselbaren Namen in ansonsten identischen *isnad* vorkommen.«[41]

Vergleicht man die in der wissenschaftlichen Fachliteratur angegebenen Daten zu den Hadith-Sammlungen miteinander, so stellt man erhebliche Unterschiede fest. Nach Heinz Halm hat Bukhari 90.000 Hadith gesammelt und daraus 7.300 als echte ausgewählt. Abzüglich der Wiederholungen bleiben 2.762 Hadith.[42] Nach Fatema Mernissi hat Bukhari 600.000 Hadith gesammelt. Von ihnen blieben nach methodischer Überprüfung der Echtheit 7.275 als gültig übrig, von denen 4.000 wegen Wiederholung abzuziehen sind. Als authentisch können nach Mernissi also 3.275 Hadith gelten.[43] Bereits im 19. Jahrhundert erklärte Muir, dass man von den für authentisch gehaltenen 4000 Hadith wenigsten die Hälfte streichen müsste.[44]

Ob die von Halm ermittelten 2.762 authentischen Hadith im Einzelnen in den von Mernissi genannten 3.275 enthalten sind, hat wohl noch niemand überprüft. Ich vermute, dass dem nicht so ist. Wie könnte sonst der Rechtswissenschaftler und ehemalige tunesische Kultusminister Mohamed Charfi schreiben, in der Sunna gebe es nur eine Erzählung über die Todesstrafe durch Steinigung für Ehebruch? Mohammed habe sie an einem Mann namens Ma´iz vollstrecken lassen.[45] In unseren Hadithsammlungen, z.B. den Sahih al-Bukhari, findet sich aber auch die von Mohammed angeordnete Steinigung einer Frau, die unehelich ein Kind bekommen hat.[46] Und in seiner Abschiedspredigt sagte Mohammed: »Das Kind gehört ins Ehebett, und der Ehebrecher ist zu steinigen.«[47] (Siehe Kapitel 8 *Im Namen der Ehre*)

Neben der oben genannten historisch-linguistischen Koranforschung besteht also auch moderne kritische Sunnaforschung. Besonders Fatema Mernissi stellt die Authentizität frauenfeindlicher Hadith in Frage, die Mohammed fälschlicherweise zugeschrieben wurden. Sie sieht in ihnen Produkte altarabischer Männerfantasien zur Legitimation der Herrschaft des Mannes über die Frau. Zu diesen Hadith sollen nach Mernissi sogar Texte aus den Sahih al-Bukhari gehören, beispielsweise das bekannte Wort Mohammeds: »Ich habe einen Blick in die Hölle geworfen und bemerkt, dass dort die Frauen in der Mehrzahl sind.« Nach Mernissi sind diese Worte Ausdruck vorislamischer Frauenfeindlichkeit, die Mohammed überwinden wollte.[48] Wie die Koranübersetzungen, so soll also auch die Sunna ideologische Verzerrungen enthalten – Männerfantasien in Texten, die bisher als heilig angesehen wurden.

Grundsätzlich stellt sich die Frage, ob neben der orthodoxen Lesart von Koran und Sunna kritische historisch-linguistische Auslegungen von muslimischen Autoritäten zugelassen und anerkannt werden. Da der Koran von gläubigen Muslimen als Allahs Wort mit universaler Gültigkeit angesehen wird und die Vernunft nach verbreiteter islamischer Auffassung durch religiös begründete Schranken begrenzt sein sollte, werden sprachwissenschaftliche und historisch-kritische Analysen des Koran gemeinhin Gegenbewegungen hervorrufen, die an gewohnten Lesarten des Allah-Gesetzes festhalten wollen und bei der Durchsetzung ihrer Vorstellungen eventuell sogar mit Gewalt gegen andersdenkende Intellektuelle vorgehen. Das haben beispielsweise die Hinrichtung von Mahmud Taha 1985 im Sudan und die Ermordung des Schriftstellers Faradj Fuda 1992 in Ägypten gezeigt. Zur Ermordung Fudas schrieb Scheich Mohammed Al-Ghazali in seiner Fatwa, die vor dem Obersten Sicherheitsgericht in Kairo anlässlich der Verhandlung über die Ermordung des Schriftstellers Faradj Fuda vorgetragen wurde:

»Jeder Muslim, der offen gegen die Anwendung der *Scharia* eintritt, fällt vom Glauben ab und ist somit als Apostat / *Murtad* einzustufen, er muss deshalb getötet werden. Wer deshalb tötet, darf nicht bestraft werden ... Der kreuzzüglerische Kolonialismus steht hinter der Suspendierung der *Scharia* ... Wer das göttliche Gesetz ablehnt, gehört nicht mehr zur islamischen Umma ... ihm muss Gelegenheit zur Reue / *Tauba* gegeben werden; leistet er sie nicht, dann verdient er den Tod.«[49]

Auch im Westen ist die wissenschaftliche und politische Auseinandersetzung mit dem Islam für aufgeklärte Muslime und Nicht-Muslime nicht ungefährlich. Nicht aus Spielerei wählen Wissenschaftler und Autoren wie Christoph Luxenberg, Ibn Warraq und Michael Steiner ein Pseudonym. Kritisches Denken über den Islam wird auch heute noch als Häresie verpönt und kann nur vorsichtig angewandt werden. Muhammad Salim Abdullah begründete das bereits 1987 in seiner Einleitung zu der Koranübersetzung von Adel Theodor Khoury mit folgenden Worten: »Die Interpretationsfrage (...) bleibt zunächst ein kritisches Thema, gerade heute, da der Islam politisch erstarkt und mehr und mehr nostalgischen Denkweisen verfällt.«[50]

Man kann der Forschungsgruppe um Prof. Karl-Heinz Ohlig nur wünschen, dass sie weiterhin mit Mut in dem außergewöhnlich spannenden Forschungsfeld arbeitet und Unterstützung durch die Deutsche Forschungsgemeinschaft und notfalls Schutz erhält.

1.7 Scharia und Politik

Der Islam erhebt mehrere Ansprüche:

- Auf Vollkommenheit und Endgültigkeit des Koran, da er das Wahre aller vorausgegangenen Religionen in sich integriere und ihre Fehler beseitige. Daraus folgt letztendlich der Anspruch auf Aufhebung aller anderen Religionen.
- Auf Universalität des Islam, da die islamische Gemeinschaft Vorbild für die gesamte Menschheit sei und das Recht wie auch die Pflicht auf Oberhoheit und weltweite Verbreitung des Islam habe.
- Auf Totalität des Islam, weil er über Regeln und Gesetze für alle Bereiche des Lebens verfüge auf der Grundlage der Vorschriften des Obersten Gesetzgebers Allah.

Der Geltungsanspruch der Scharia ist nicht auf islamische Staaten beschränkt. Die Scharia gilt für die Gemeinschaft der Muslime (*umma*) weltweit. Das führt langfristig zur Forderung nach Ablösung des säkularen Rechts durch das islamische. Nach Bassam Tibi befinden wir uns in »der vierten Epoche der islamischen Rechtsgeschichte: der Rückkehr der Muslime zur Scharia unter den Bedingungen einer globalen Krise im Übergang zum 21. Jahrhundert.«[51]

Für die Rückkehr der Politik zur Scharia sei exemplarisch Ägypten genannt. In der Verfassung von 1971 heißt es in Artikel 2, dass »die Grundsätze der Scharia eine Hauptquelle der Gesetzgebung« seien. Nach der Änderung der Verfassung 1980 ist nicht mehr von »einer Hauptquelle« die Rede, sondern da ist die Scharia »die Hauptquelle«. Neben Ägypten ist der Islam in weiteren 18 Staaten Staatsreligion und die Scharia »die Hauptquelle« des Rechts: Afghanistan, Algerien, Bangladesch, Brunei, Iran, Irak, Katar, Kuwait, Malaysia, Malediven, Mauretanien, Marokko, Oman, Pakistan, Saudi-Arabien, Somalia, Sudan, Tunesien.

Über die Expansion des islamischen Rechts in der Diaspora, also in der Zeit der Minderheit, täuscht die Legalitätstaktik muslimischer Organisationen hinweg. In dieser Phase gilt für Muslime der *Vertragsstatus*. In der Islamischen Charta des Zentralrats der Muslime in Deutschland (ZMD), verabschiedet am 3. Februar 2002, heißt es zutreffend und eindeutig im 13. Abschnitt: »Das Gebot des islamischen Rechts, die jeweilige lokale Rechtsordnung anzuerkennen, schließt die Anerkennung des deutschen Ehe-, Erb- und Prozessrechts ein.« (Siehe Kapitel 9.5 *Menschenrechtserklärungen. Islamische Charta des ZMD*). Mit der »lokalen Rechtsordnung« ist das säkulare, von Menschen gesetzte Recht gemeint. Wie lange die Zeit der Anerkennung dieses Rechts im »Haus des Vertrages« (*dar al-ahd*) dauert, darin sind sich die muslimischen Rechtsgelehrten nicht einig. Aber ihr gemeinsames Ziel steht fest: die Einführung der Scharia weltweit. (Zum Vertragsrecht gibt es in Koran und Sunna mehrere Texte, etwa in den Suren 4:92, 5:1, 7:102, 8:56 ff., 8:72, 9:1 und 9:4-12.)

Zu den universalen Menschenrechten und zur deutschen säkularen Rechtsordnung stehen Koran und Sunna in teilweisem Widerspruch, besonders wegen der fehlenden Gleichberechtigung von Frau und Mann und von Muslimen und Nicht-Muslimen, wegen der Körperstrafen und der fehlenden Toleranz dort, wo der Islam an der Macht ist; auch wegen der fehlenden Fähigkeit zur rationalen Auseinandersetzung mit Kritik. Kritik löst bei einem Teil der Muslime Gewalt aus, wie die Reaktionen auf die

Mohammed-Karikaturen und auf die Rede des Papstes vom 12. September 2006 zeigen. Das ist vor allem ein innerislamisches Problem.

Wie bereits gesagt, ist der Geltungsanspruch der Scharia nicht auf mehrheitlich islamische Staaten beschränkt. Fundamentalistische Muslime stellen im gesamten Westen Forderungen. Die Entwicklung in Kanada könnte zukunftsweisend sein: Wegen seiner multikulturellen Offenheit hatten dort islamistische Gruppierungen wie das *Council on American Islamic Relations Canada* und der *American Islamic Congress* schon seit einigen Jahren die Einführung von Scharia-Gerichten gefordert und vorbereitet. Unterstützung sollen sie von der in Saudi-Arabien beheimateten Weltliga der Muslime erhalten haben. Im Jahr 2004 war es dann soweit: Kanada erlaubte als erstes demokratisches Land die Anwendung der Scharia für Kanadier islamischen Glaubens zur Regelung von Zivilstreitigkeiten, nicht zur Bestrafung von Straftaten. Daraufhin gründeten islamische Organisationen ein »Islamisches Institut für zivile Gerichtsbarkeit« in Toronto. Es erhielt die Aufgabe, Schlichtungsstellen zu schaffen für die Lösung von Konflikten nach islamischem Familien-, Eigentums-, Erb- und Arbeitsrecht. Das bewirkte Proteste islamischer Frauengruppen, besonders vom Rat der muslimischen Frauen, angeführt von der aus Marokko stammenden Fatima Houda-Pepin. Die Frauen erklärten, die Scharia sei ein frauenfeindlicher Gesetzeskodex, der Frauen diskriminiere, weil er

- es Eltern erlaube, Mädchen schon vor der Pubertät zu verheiraten,
- Männern mehrere Ehefrauen zugestehe,
- die Scheidung nur Ehemännern gestatte,
- den Vätern automatisch das Sorge- und Vormundschaftsrecht gebe,
- die Söhne doppelt so viel erben lasse wie die Töchter.

Die Musliminnen Kanadas wollten sich in die Gesellschaft integrieren und dieselben Rechte haben wie alle anderen kanadischen Frauen auch. Auf einer Protestveranstaltung sagte eine Immigrantin aus dem Iran zu den Scharia-Gerichten Kanadas: »Das ist eine Ohrfeige für all jene, die auf der Suche nach einem sicheren Hafen in dieses Land eingewandert sind.« Die Anti-Scharia-Kampagne war erfolgreich. Das Parlament der Provinz Quebec verbot daraufhin Scharia-Gerichte. Am 11. September 2005 verkündete Ontarios Premierminister Dalton McGuinty: »Es wird kein Scharia-Gesetz in Ontario geben. Es wird in Ontario keine religiösen Schlichtungen geben. Es wird nur ein Gesetz für alle in Ontario geben.« Seit 1991 hatte ein Schlichtungsgesetz (*Arbitration Act*) die Einrichtung von religiösen Schlichtungsstellen zugelassen. Das Gesetz wird nun geändert werden.[52]

Die schleichende Anerkennung der Scharia verändert sukzessive unsere Lebensweise und unser Recht.

Die aus der Türkei stammende Sozialwissenschaftlerin Necla Kelek, die 2005 den Geschwister-Scholl-Preis erhielt, beobachtet die Islamexpansion sehr aufmerksam. Aus ihrem Buch »Die fremde Braut« entnehme ich die folgenden 1999 an Demokraten gerichteten Worte des türkischen Imams von Izmir: »Dank eurer Gesetze werden wir euch beherrschen.«[53]

2. Islamisches und christliches Gottesbild

»Allah führt irre, wen er will.«
(Koran 14:4 u. a.)

»Allah verleiht seinen Gesandten Gewalt,
über wen er will. (Koran 59:6)

»Allah ist mächtig und übt Rache.«
(Koran 3:4)

»Allah ist der beste derer, die Ränke
schmieden.« (Koran 3:55)

Das islamische Gottesbild umfasst ein weites Spektrum. Ich gehe hier nur auf die Selbstdarstellung Allahs im Koran ein, auf Gemeinsamkeit und Unvereinbarkeit mit dem Gott des Neuen Testaments sowie auf islamische Fehlauslegungen biblischer Texte zum christlichen Gottesbild und ihre Vereinnahmung für die islamische Prophetenlehre. Meine Textgrundlagen sind der Koran und das Johannes-Evangelium im Neuen Testament.

2.1 Selbstdarstellung Allahs im Koran. Gemeinsamkeit und Unvereinbarkeit mit dem Gott des Neuen Testaments

Gott wird im Islam und im Christentum als Schöpfer aller Welten, gesetzgebender, barmherziger und liebender Gott und als Richter angesehen. Außer diesen gemeinsamen Eigenschaften hat Allah aber auch mit dem Gott der Christen unvereinbare Besonderheiten. Dazu gehört, dass Allah im Islam als absolut transzendente Macht gedeutet wird, die sich den Menschen nur durch ihre Offenbarungen zeigt. Christen glauben außerdem an die Menschwerdung Gottes in Jesus.

Da der Koran beansprucht, Wort Allahs zu sein, kann er auch als Selbstdarstellung Allahs gelesen werden. Bezüglich des Selbstbildes Allahs zeigen die im Kapitel Scharia zitierten Koranverse und andere Folgendes:

Der Sprecher spricht von sich im Singular (ER, IHM) und Plural (WIR, UNS), nennt sich Allah, dein Herr, euer Herr, Herr der Welten, treuer / zuverlässiger Geist, Geist der Heiligkeit und Heiliger Geist. In noch nicht zitierten Versen spricht Allah von sich auch in der 1. Person Singular: *Sei dankbar MIR und deinen Eltern. Zu MIR führt der Lebensweg* (31:14, auch 29:8 und 31:15). Allah ist demnach Einzahl und Mehrzahl, Einheit in der Zweiheit oder sogar in der Vielheit. Beim Plural könnte es sich um den vom Alten Testament übernommenen Majestätsplural (*plural maiestaticus*) handeln. Der Gott Israels spricht bereits im ersten Schöpfungsmythos von sich im Plural, er sagt: »Lasst uns den Menschen machen nach unserem Bilde, uns ähnlich.« (Gen 1:26) Der Islam vertritt einen strengen Monotheismus und bekämpft jede Art von Vielgötterei, so auch den Monotheismus des Christentums, dessen Trinitätslehre er fälschlich als Dreigötterei auslegt. So heißt es im Koran: *Ungläubig sind diejenigen, die sagen, »Allah ist der Dritte von dreien«, wo es doch keinen Gott gibt außer einem einzigen Gott.* (5:73)

Dennoch gibt es im Koran Verse, die Übereinstimmung mit der Dreifaltigkeitslehre des Christentums enthalten. Zum Beispiel gibt der Koran auf die Frage, durch wen Mohammed ihn erhalten habe, drei unterschiedliche Antworten: durch Gabriel, durch einen mächtigen und edlen Gesandten und durch den Heiligen Geist:

> *Sprich: Wenn einer dem Gabriel Feind ist – denn er hat ihn (den Koran) auf dein Herz herabkommen lassen und mit der Erlaubnis Allahs als Bestätigung dessen, was vor ihm vorhanden war und als Rechtleitung und Frohbotschaft für die Gläubigen.* (2:97)

> *Belehret hat ihn einer, der starke Kraft hat, der Macht besitzt. Er stand aufrecht da, am obersten Horizont. Dann kam er näher und stieg nach unten, so dass er (nur) zwei Bogenlängen entfernt war und noch näher. Da offenbarte Er seinem Diener, was Er offenbarte. (...) Wahrlich, er sah etwas von den größten Zeichen seines Herrn.* (53:5-18)

> *Das ist die Rede eines edlen Gesandten, der Kraft besitzt und beim Herrn des Thrones hochgestellt ist, dem man gehorcht und der treu ist. Euer Gefährte ist kein Besessener. Er hat ihn gewiss am deutlichen Horizont gesehen, und er hält nicht aus Geiz das (das ihm offenbarte) Verborgene zurück.* (81:19-24)

Sprich: Herabgesandt hat ihn (den Koran) der Geist der Heiligkeit von deinem Herrn mit der Wahrheit, um diejenigen, die glauben, zu festigen, und als Rechtleitung und Frohbotschaft für die Gottergebenen. (16:102)

Sag: Der heilige Geist hat ihn von deinem Herrn mit der Wahrheit herabgesandt. (16:102, Paret)

Und er (der Koran) ist eine Herabsendung des Herrn der Welten; mit ihm ist der treue Geist herabgestiegen auf dein Herz ... (26:192)

In deren Herzen hat Er den Glauben geschrieben und sie mit einem Geist von sich gestärkt. (58:22)

Da stellen sich mehrere Fragen: Sind Gabriel, der mächtige Gesandte und der heilige Geist identisch? Wer ist der heilige Geist im Koran? Wen meint Allah, wenn er von ihm spricht? Ist der heilige Geist Teil des »Herrn der Welten«? Ist er ein anderes Wesen? Eine eindeutige Antwort gibt der Koran nicht. Nach einem Faltblatt des schiitischen Islamischen Zentrums in Hamburg ist Gabriel der personifizierte Geist Allahs.[54]

Gott, der sich den Menschen mitteilt, bezeichnet die christliche Trinitätslehre als »Heiliger Geist«. Er bildet zusammen mit Gott Vater und Jesus die Dreifaltigkeit des einen Gottes. Der Koran folgt offensichtlich der christlichen Lehre von der Herabsendung des Heiligen Geistes, so dass es berechtigt ist, diesbezüglich von einer Gemeinsamkeit zwischen christlicher Dreifaltigkeitslehre und koranischem Gottesbild zu sprechen.

Weitere Gemeinsamkeiten mit dem Neuen Testament enthält der Koran bezüglich Jesu, wenn es heißt:

Als die Engel sagten: »O Maria, Allah verkündet dir ein Wort von Ihm, dessen Name Christus (der Messias, der Gesalbte) Jesus, der Sohn Marias, ist; er wird angesehen sein im Diesseits und Jenseits, und einer von denen, die in die Nähe (Allahs) zugelassen werden. (3:45)

Christus Jesus, der Sohn Marias, ist doch nur der Gesandte Allahs und Sein Wort, das Er zu Maria hinüberbrachte, und ein Geist von Ihm. So glaubt an Allah und seine Gesandten. Und sagt nicht: Drei. (4:171)

In diesen beiden Koranversen wird der Sohn Marias *Christus*, d. h. Messias, Gesalbter, genannt. Außerdem wird er als das *Wort Allahs* bezeichnet, womit die Verse der Logostheologie am Anfang des Johannes-Evangeliums folgen. Dort ist Jesus das Fleisch gewordene Wort Gottes. Das Johannes-Evangelium beginnt mit den Worten:

Im Anfang war das Wort, und das Wort war bei Gott, und Gott war das Wort. Dieses war im Anfang bei Gott. Alles ist durch es geworden, ohne es ist nichts geworden. (...) Und das Wort ist Fleisch geworden und hat unter uns gewohnt, und wir haben seine Herrlichkeit geschaut, als des Eingeborenen vom Vater, voll Gnade und Wahrheit.

Islamische und christliche Lehre stimmen darin überein, dass Jesus Sohn der Jungfrau Maria ist und durch das Wort Gottes / Allahs gezeugt wurde. In der Bibel wie im Koran ist aus dem Wort Gottes Fleisch geworden, nämlich Jesus. Der Unterschied besteht aber darin, dass diese Art der Zeugung im Neuen Testament als Vaterschaft bezeichnet wird, von Muslimen nicht, da sie nur den biologischen Erzeuger Vater nennen. Christen sprechen im Sinne dieser geistigen Zeugung von Gott Vater und Gottes Sohn, Muslime nicht. Aber inhaltlich, also bezüglich der Lehre über die Zeugung Jesu durch das Wort Gottes, stimmen Christentum und Koran überein.

Auch im dritten Satz des zitierten Koranverses 4:171 – »*Und sagt nicht: Drei*« – stimmen Islam und Christentum überein. Nach christlicher Lehre handelt es sich nicht um »drei«. Es geht in der christlichen Lehre von der Dreifaltigkeit Gottes nicht um eine Triade von drei Göttern, wie sie in vielen Religionen existiert und im Koran abgelehnt wird, sondern um die Einheit in drei Personen, anders gesagt, um die Dreifaltigkeit des einen Gottes: Vater, Sohn und Heiliger Geist. Dieser Glaube beruht auf den Aussagen Jesu über seinen himmlischen Vater und den Heiligen Geist. Die Trinitätslehre basiert auf der Selbstoffenbarung Gottes in drei Personen (Mt 28:19, Jo 14:1-31, 15:26, 16:13-15).

Die christliche Lehre von der Identität Jesu mit dem Wort Gottes und von der Herabsendung des Heiligen Geistes und die Bezeichnung Jesu als Christus ist auch Bestandteil des Koran. Er enthält also die wichtigsten Elemente der christlichen Lehre von der Dreifaltigkeit Gottes, der Trinität. Das berechtigt zu der Hypothese: Wenn der Koran das Wort Allahs ist, dann hat Allah diese Trinitätslehre bestätigt. Aber bis heute wurde sie von Muslimen nicht anerkannt.

Aus der Erkenntnis der Gemeinsamkeit und Verschiedenheit in der Gotteslehre sagt Muhammad Salim Abdullah in seiner Einleitung zur Koranübersetzung von Khoury: »Im Christentum wurde das Wort Fleisch, im Islam zum Buchstaben, zu einem Buch, dem Koran.« (S. xx). Ergänzen kann man: Auch im Islam wurde aus dem Wort Fleisch, nämlich Jesus, wie die Koranverse 3:45 und 4:171 belegen.

Eine von der islamischen Doktrin abweichende Deutung legt die Ahmadiyya-Bewegung des Islam vor. Danach ist das arabische Wort *kalimatullah* (= Wort Allahs) ein Ehrentitel. Mirza Ghulam Ahmad (1835–1908), der Gründer der Bewegung, der sich als Messias und Wiedergeburt Jesu bezeichnete, lehrte: »Ein großes Missverständnis herrscht heute vor, wenn das Wort ›*Kalimatullah*‹, also das ›Wort Gottes‹ in Verbindung mit Jesus gebracht wird, da fälschlicherweise angenommen wird, Jesus habe über bestimmte spezielle Qualitäten verfügt. Wahr ist indes, dass diese Bezeichnung in Verbindung mit jedem beliebigen Menschen gebraucht werden kann, sobald sich dieser von den Fesseln der Unreinheit der Seele und seiner eigenen Unvollkommenheit befreit hat. Denn wenn dieser erhabene Zustand der Seele erreicht ist, wird jeder Mensch zum ›*Kalimatullah*‹, mithin zum wahrhaften ›Wort Gottes‹«.[55] Diese Aussage ist Bestandteil der Konstruktion des Feinbildes Christentum der Ahmadiyya-Sekte und der Selbstinszenierung ihres Gründers als »*Kalimatullah*«. Außerdem kommt das Wort *kalimatulla* gar nicht im Koran vor. In den beiden Versen 3:45 und 4:171 wird Jesus »Wort von Ihm« und »Sein Wort« genannt. Das hat allerdings die Bedeutung »Wort Allahs«.

Kommen wir nun zu den Unvereinbarkeiten: Unvereinbar mit der Lehre Jesu ist die Lehre Allahs über Rechtleitung und Irrleitung. »Ich bin der Weg, die Wahrheit und das Leben«, sagt Jesus in seiner Abschiedsrede (Jo 14:6). Dieser Weg ist nach der Lehre Jesu immer der rechte Weg der Liebe und der Gewaltlosigkeit.

Anders ist es bei Allah. Das Konzept des Weges hat der Islam übernommen. Allah hat viele Eigenschaften, von denen sich einige in seinen 99 Namen wiederfinden. Er ist *al-hadi* und *al-raschidu*, der Führer auf dem rechten Weg, wie es der Koran sagt:

> *Wir haben sie (die Propheten) erwählt und zu einem geraden Weg geleitet. Das ist die Rechtleitung Allahs. Er leitet damit recht, wen von seinen Dienern Er will.* (6:87 f.)

Das Schlusswort klingt nach Willkür. Der Weg Jesu ist nach seinen Worten immer der rechte und gewaltlose Weg, der Weg der Wahrheit. Der Weg, den Allah leitet, ist das nicht immer. Es kann Rechtleitung und Irrleitung sein. Allah sagt von sich selbst, dass er die Menschen in die Irre führt. Das ist unvereinbar mit dem christlichen Gottesbild. Zur Irrleitung Allahs einige seiner Worte aus den ersten 45 Suren des Koran:

> *Wollt ihr denn rechtleiten, wen Allah irregeführt hat? Wen Allah irreführt, für den findest du keinen Weg.* (4:88)

> *Allah führt irre, wen Er will, und wen Er will, den bringt Er auf einen geraden Weg.* (6:39)

> *Und die, die Er irreführt, das sind die Verlierer.* (7:178)

Wen Allah irreführt, der hat niemanden, der ihn rechtleiten könnte; und Er lässt sie im Übermaß ihres Frevels herumirren. (7:186)

Sprich: Allah führt irre, wen Er will, und leitet zu sich, wer sich Ihm reumütig zuwendet. (13:27)

Wen Allah irreführt, der hat niemanden, der ihn rechtleiten könnte. (13:33)

Allah führt irre, wen Er will, und Er leitet recht, wen Er will. (14:4)

Allah führt die, die unrecht tun, in die Irre. (14:27)

Du magst dich noch so sehr bemühen, sie rechtzuleiten, Allah leitet nicht recht, wen Er irreführt. (16:37)

Wen Er irreführt, für den wirst du keinen Freund finden, der ihn den rechten Weg weisen könnte. (18:17)

Allah führt irre, wen Er will, und Er leitet recht, wen Er will. (35:8)

Und wen Allah irreführt, der hat niemanden, der ihn rechtleiten könnte. (39:23)

Wen Allah irreführt, der hat niemanden, der ihn rechtleiten könnte. (39:37)

Wen Allah irreführt, der hat daraufhin keinen Freund. (42:44)

Wen Allah irreführt, für den gibt es keinen Ausweg. (42:46)

Hast du den gesehen, der sich zu seinem Allah seine Neigung gemacht hat, den Allah aufgrund von Wissen irregeführt, dem Er das Gehör und das Herz versiegelt und auf dessen Augenlicht eine Hülle gelegt hat? (45:23)

Diese Aussagen enthalten Indikatoren für Willkür ihres Sprechers. Nach islamischer Doktrin ist dieser Sprecher Allah. Wenn das stimmt, dann unterscheidet sich Allah sowohl durch seine Irrleitung als auch durch seine Willkür vom Gott des Neuen Testaments. Allah beschreibt sich im Koran auch als ein Wesen mit negativen menschlichen Eigenschaften, als Rächer und Ränkeschmied. Darin ist er sogar den Menschen überlegen:

Und Allah ist mächtig und übt Rache. (3:4)

Allah ist der beste derer, die Ränke (Intrigen, Machenschaften) schmieden. (3:55)

Eine weitere Unvereinbarkeit mit Jesus ist Allahs Verleihung der Gewalt an seine Gesandten. Zum Beispiel sagt Allah im Kontext der Vernichtung des jüdischen Stammes Banu An-Nadir von sich selbst:

Allah verleiht seinen Gesandten Gewalt, über wen Er will. (59:6)

Bei der Vernichtung der Nadir hat Mohammed nach dem Koran nicht nur die Juden ermordet, sondern auch ihre Palmen teilweise fällen lassen. (59:2-7) Allah bestätigt ausdrücklich die Rechtmäßigkeit der Aktion, indem er sagt:

Was ihr an Palmen umgehauen habt oder auf ihrem Stamm habt stehen lassen, es geschah mit der Erlaubnis Allahs, auch damit Er die Frevler zuschanden mache. (59:5)

Da stellt sich die Frage: Was bedeutet Allahs Irrleitung und Verleihung und Legitimation von Gewalt für den Umgang von Muslimen mit Nicht-Muslimen? Hierzu ein Beispiel: Im Garten des Orientalisten und Autors Hans-Peter Raddatz fällten während seiner Abwesenheit Unbekannte Bäume. Dies geschah, nachdem Raddatz fünf kritische Bücher zum Islam geschrieben hatte. Aufgrund dieser Bücher verbreitete der Moslem Yavuz Özuguz den folgenden Text im Internet: »Wenn der Islam so ist, wie Raddatz es immer wieder vorstellt, dann möge der allmächtige Schöpfer alle Anhänger jener Religion vernichten! Und wenn Herr Raddatz ein Hassprediger und Lügner ist, dann möge der allmächtige Schöpfer ihn für seine Verbrechen bestrafen und diejenigen, die trotz mehrfacher Hinweise auf die verbreiteten Unwahrheiten von Raddatz immer noch bestehen, auch.« Der Autor empfand dies als eine verschleierte Morddrohung und erstattete Anzeige. Daraufhin erhob die Staatsanwaltschaft Oldenburg Anklage wegen öffentlicher Aufforderung zu einer Straftat. Das Landgericht in Oldenburg hält Özuguz' Text nicht für einen Mordaufruf und entschied deshalb im August 2006, ein Verfahren wegen Aufrufs zum Mord nicht zu eröffnen. Die Staatsanwaltschaft legte beim Oberlandesgericht sofort Widerspruch ein. Dieses bestätigte die Entscheidung des Landgerichts (Beschluss vom 23.10.2006 – 1WS 422/06).

Was haben die Worte von Raddatz mit seinen Bäumen zu tun? Die Antwort gibt der Koran in Sure 14:24-26. Da vergleicht Allah das Wort mit dem Baum:

Hast du nicht gesehen, wie Allah ein Gleichnis von einem gefälligen Wort anführt? Es ist ein guter Baum, dessen Stamm fest ist und dessen Zweige in den Himmel reichen. Er bringt seinen Ernteertrag zu jeder Zeit, mit der Erlaubnis seines Herrn. Und Allah führt für die Menschen Gleichnisse an, auf dass sie es bedenken. Mit einem schlechten Wort ist es wie mit einem schlechten Baum, der über der Erde herausgerissen wurde und keinen festen Grund mehr hat. (14:24-27)

Allah stellt sich im Koran also auch vor als Irreführer, Willkürgott, Rächer und Ränkeschmied und als Verleiher von Gewalt an seine Gesandten. Außerdem präsentiert er sich als Kaufmann besonderer Art, so unter anderem in Sure 4, Vers 74 und Sure 9, Vers 111. Allah sagt:

> *So sollen denn diejenigen auf Allahs Weg kämpfen, die das diesseitige Leben für das Jenseits verkaufen. Und wer auf Allahs Wegen kämpft und dann getötet wird oder siegt, dem werden Wir geroßartigen Lohn geben.* (4:74).

> *Allah hat von den Gläubigen ihre eigene Person und ihr Vermögen dafür erkauft, dass ihnen das Paradies gehört, insofern sie auf dem Weg Allahs kämpfen und so töten und getötet werden. Das ist ein ihm obliegendes Versprechen in Wahrheit in der Tora und im Evangelium und im Koran. Wer hält seine Abmachungen treuer ein als Allah? So seid froh über das Kaufgeschäft, das ihr abgeschlossen habt. Und das ist der großartige Erfolg* (9:111).

Bei diesem »Kaufgeschäft« kauft Allah Menschen, um sie im Kampf einzusetzen, und bezahlt sie mit dem Paradies. Verständlich ist, dass sich auf diesen Vers schon Selbstmordattentäter berufen haben. Der »Kaufmann« Allah behauptet fälschlicherweise, sein »Kaufgeschäft« stimme überein mit der Wahrheit in Tora und Evangelien. Der für einen Gott wohl einmalige Sprachduktus lässt die Hypothese zu, dass es sich beim Islam um eine Kaufmannsreligion handelt. In der englischen Koranübersetzung von Al-Hilali sind diesem Koranvers passende Hadithe zugefügt, zum Beispiel dieser:

> »(…) ein Mann kam zum Propheten und sagte: Kannst du mir sagen, wo ich sein werde, wenn ich Märtyrer werden sollte? Der Prophet antwortete: ›Im Paradies.‹ Der Mann warf einige Datteln, die er in seiner Hand hatte, fort und kämpfte, bis er als Märtyrer starb.« (Übersetzung Sch.)

> »*(…)* a man came to the Prophet and said: ›Can you tell me where I will be if I should get martyred?‹ The Prophet replied: ›In Paradise.‹ The man threw away some dates he was carrying in his hand, and fought till he was martyred. (Sahih Al-Bukhari, Vol. 5, Hadith No. 3462)«

Die islamische Märtyrerideologie ist von besonderer Eigenart. Das Wort »Märtyrer« hat im Islam eine andere Bedeutung als im Christentum. Während der christliche Märtyrer keine Gewalt anwendet, sondern sich widerstandslos hingibt, ist der islamische Märtyrer ein Kämpfer, auch mit der

Waffe, der sein irdisches Leben einsetzt, um das ewige paradiesische zu erlangen.

Solche Worte Allahs und Mohammeds sind kein Einzelfall in Koran und Sunna. Zum Beweis zitiere ich noch die Verse 4 ff. aus Sure 47:

> *Wenn ihr auf die, die ungläubig sind, trefft, dann schlagt ihnen auf die Nacken. (...) Denen, die auf dem Weg Allahs getötet werden, lässt Er ihre Werke nicht fehlschlagen. Er wird sie rechtleiten und ihre Angelegenheiten in Ordnung bringen, sie ins Paradies eingehen lassen, dass Er ihnen zu erkennen gegeben hat.* (47:4 ff.)

Mit dem Schlagen auf den Nacken ist das Töten durch Enthauptung gemeint, so wie es Terroristen bereits vorgeführt haben. Ihnen hat Allah die »Rechtleitung« ins Paradies versprochen. Al-Hilali fügt in diesem Koranvers die folgenden Worte ergänzend ein:

> »(...) Allah hat euch befohlen, den Jihād gegen die Nicht-Muslime fortzusetzen, bis sie den Islam annehmen und von der Bestrafung im Höllenfeuer errettet sind oder wenigstens unter euren Schutz kommen (...) (Übers. H. Sch.)«[56]

Nicht-Muslime (*disbelievers*) sollten wohl besser jede Hoffnung auf ein Ende des Gewalt-Terrors aufgeben, es sei denn, sie konvertieren zum Islam. Der Glaube, Koran und Sunna würden Mord und Selbstmord im Kampf gegen die Ungläubigen verbieten, ist Wunschdenken.

Beim Lesen der zitierten Worte Allahs stellen sich viele Fragen: Kann ein Mensch einem Gesetzgeber, der in die Irre führt und Gewalt verleiht, der Rächer und Ränkeschmied ist und Menschen für den Kampf kauft, glauben? Ihm Vertrauen schenken? Ihn als Gott verehren? Können Rechtleitung und Irrleitung in der Hand eines einzigen Gottes sein? Spricht aus den koranischen Worten der Dualismus, die Lehre von zwei entgegengesetzten Prinzipien, die das Weltgeschehen bewirken? Vereint Allah beide Prinzipien in sich? Wenn Allah so wäre, wie er sich selbst beschreibt, ist er dann nicht Gott und Satan zugleich? Ist er außerdem der im Koran mehrfach erwähnte heilige Geist? Hat der Islam auch eine Dreifaltigkeit? Besteht die islamische Trinität aus Schöpfer, Geist und Satan?

Nach der Lehre des Christentums führt nicht Gott, sondern Satan die Menschen in die Irre und verführt sie zur Anwendung von Rache, Intrigen und Gewalt. Gott ist die Liebe, er lässt den Menschen Freiheit, verzeiht den reuigen Sündern ihre Schuld und erlöst sie vom Übel. Er schickt den Heiligen Geist, den »Parakleten«, als den Helfer und Tröster. Das Neue Testament schildert Gott als liebenden Vater, der dem verlorenen Sohn entgegen geht (Lk 15:32) und seinen Sohn sendet, um die Welt zu erlösen.

2.2 Die islamische Verfälschung biblischer Texte zum christlichen Gottesbild und ihre Vereinnahmung für die islamische Prophetenlehre

Die christliche Lehre über Gott wird durch islamische Lesart immer wieder in folgenden Punkten missinterpretiert: Zum einen wird dem Christentum Dreigötterei – Gott, Jesus und Maria – unterstellt, zum anderen wird durch Textfälschung bzw. falsche Lesart der Bibel der Heilige Geist zum Propheten Ahmad / Mohammed uminterpretiert und in der Ahmadiyya-Bewegung zu Ahmad, dem Gründer dieser islamischen Sekte.

Die Verfälschung beginnt bereits im Koran. Da stellt Allah Jesus die folgende Frage:

> *»O Jesus, Sohn Marias, warst du es, der zu den Menschen sagte: Nehmt euch neben Allah mich und meine Mutter als Götter?«* (5:116)

Jesus verneint das im Koran. Im Neuen Testament und nach christlicher Lehre gibt es keine Göttin. Dennoch spukt die Irrlehre von den drei Göttern der Christen – Vater, Sohn und Maria – im Islam weiter.[57] Grundsätzlich irritiert, dass Allah überhaupt eine derartige Frage an Jesus stellt. Sie wirft die Vermutung auf, dass der Fragesteller die christliche Lehre von der Dreifaltigkeit Gottes – Vater, Sohn und Heiliger Geist – nicht kennt. Oder warum verfälscht er die christliche Trinität in die Triade von Allah, Jesus und Maria? Er zeigt sich in diesem Koranvers nicht als allwissend, sondern als unwissend. Der Autor des Verses hat entweder die Bibel nicht gelesen oder er hat sie falsch verstanden. Vielleicht hat er seine falsche Lesart von einer christlichen Sekte übernommen, deren es zur Zeit Mohammeds mehrere gab, z.B. von den Kollyridianerinnen in Arabien, die Maria vergöttlichten.[58]

Aus der Irrlehre von der Dreigötterei im Christentum ist die nächste Fehlauslegung erwachsen: Christen seien Polytheisten. Das folgende Beispiel enthält diesen Vorwurf mitsamt der Androhung der Vernichtung des Christentums. Wörtlich heißt es in dem Leserbrief eines Moslems: »Deutschland werden wir reinigen von den Ungläubigen. Allah wird das polytheistische Christentum vernichten.«[59]

Der Basistext für eine weitere Verfälschung des christlichen Gottesbildes ist nicht der Koran, sondern eine Aussage im Johannes-Evangelium über den Heiligen Geist, die dort mehrmals vorkommt. Es sind Worte Jesu aus seiner Abschiedsrede an die Jünger:

> »Wenn ihr mich liebt, werdet ihr meine Gebote halten, und ich werde den Vater bitten, und er wird euch einen anderen Helfer geben, damit er in Ewigkeit bei euch bleibe, den Geist der Wahrheit (...).« (Jo 14:15 f.)

> »Der Helfer aber, der Heilige Geist, den der Vater in meinem Namen senden wird, der wird euch alles lehren und euch an alles erinnern, was ich gesagt habe.« (Jo 14:26)

> »Wenn der Helfer kommt, den ich euch vom Vater senden werde, der Geist der Wahrheit, der vom Vater ausgeht, der wird von mir Zeugnis ablegen.« (Jo 15:26)

> »Es ist gut für euch, dass ich weggehe. Denn wenn ich nicht weggehe, wird der Helfer nicht zu euch kommen. Wenn ich aber weggehe, werde ich ihn euch senden.« (Jo 16:7)

> »Wenn jener aber kommt, der Geist der Wahrheit, wird er euch zur vollen Wahrheit führen. Denn er wird nicht von sich aus reden, sondern er wird reden, was er hört und das Zukünftige wird er euch verkünden. Er wird mich verherrlichen, weil er von dem Meinigen nehmen und euch verkündigen wird. Alles, was der Vater hat, ist mein. Deshalb habe ich gesagt: ›Er nimmt von dem Meinigen und wird euch verkünden.‹ Eine kleine Weile, und ihr seht mich nicht mehr. Und wieder eine kleine Weile, und ihr werdet mich sehen.« (Jo 16:13-16)

Aus dem »Helfer« macht der Koran »Ahmad« und die islamische Koranexegese »Mohammed«:

> *Und als Jesus, der Sohn Marias, sagte: O Kinder Israels, ich bin der Gesandte Allahs an euch, um zu bestätigen, was von der Tora vor mir vorhanden war, und einen Gesandten zu verkünden, der nach mir kommt: sein Name ist Ahmad (*Fußnote: Oder: *der Hochgelobte).* (61:6)[60]

Als Beleg für diese Worte Jesu wird in der muslimischen Koranexegese bis heute an die oben zitierten Worte Jesu im Johannes-Evangelium angeknüpft, und sie werden fälschlicherweise als Prophezeiung über den Islam ausgelegt. Das altgriechische Wort für Helfer lautet *parakletos* (seine lateinische Schreibweise: *paraklitos*). In der Bibel bezeichnet das Wort *parakletos/Paraklet* den Beistand bzw. den Helfer. Damit ist der Heilige Geist gemeint. Muslimische Exegeten verwechseln das Wort *parakletos* mit dem ähnlich geschriebenen Wort *periklytos*, das »hoch berühmt, ruhmvoll, herrlich« bedeutet. Im Arabischen bedeutet Ahmad der Preiswürdige. Ahmad ist einer der Namen Mohammeds. Durch diesen Lesefehler wird aus der Ankündigung des Heiligen Geistes durch Jesus für muslimische Exegeten eine Ankündigung Mohammeds.

Die Ahmadiyya-Sekte nutzt den zitierten Koranvers (61:6) zusammen mit der falschen Lesart des biblischen Textes für ihre eigene Lehre. Sie zieht daraus den Schluss:

> »Wahr, dass ›Ahmad‹ einer der Namen des Propheten Mohammad war, aber sein wirklicher Eigenname war ›Mohammad‹. Er hatte immerhin die Ankunft eines Stellvertreters von ihm vorausgesagt, der bestimmt war, zu kommen und die richtige Bedeutung der Lehre des Qur-ans darzulegen und den Islam unter seinen trägen Anhängern zu erneuern. Sein Name war Ahmad und er war der Begründer der Ahmadiyya-Bewegung des Islam.«[61]

Um sich zu rechtfertigen, behaupten Ahmadis, die christliche Bibelexegese habe später die zitierten Worte aus dem Johannes-Evangelium »fälschlicherweise auf den Heiligen Geist bezogen«.[62]

Diese die Bibel verfälschende Lesart taucht im Islam häufig auf. Dazu noch zwei Beispiele:

Bundesweit verbreitete der türkische Verlag Hakikat Yayincilik, Istanbul, im Jahr 2005 eine 24-seitige Broschüre mit dem Titel »Die Aufforderung zur Rechtleitung und wahren Errettung«. Mit teilweise drastischen Worten und vielen Koran-Zitaten fordert die Schrift Nicht-Muslime zur Umkehr auf. Den christlichen Trinitätsglauben nennt der Text eine »große Irreleitung«. Auf den Seiten 1 und 16 des Pamphlets wird behauptet, in der Bibel werde Mohammed angekündigt. Jesus habe gesagt, er sei »Bringer der frohen Botschaft eines Gesandten ... Sein Name wird Ahmed sein.« Als Beleg für diese Ankündigung Mohammeds wird wieder beim altgriechischen Wort *parakletos* (lateinische Schreibweise: *paraklitos*) angeknüpft, und man kommt in dem Heftchen denn auch zu dem Fehlschluss: »Das griechische Wort Paraklet bzw. paraklitos ist der Name desjenigen, den Jesus ankündigt. Es entspricht genau dem Wort Ahmed im Arabischen. Beabsichtigt ist hier unser Prophet Mohammed.« Ergänzend wird auf Seite 1 des Pamphlets der Vorwurf erhoben, die Christen glaubten nicht »an ihr eigenes Buch«.[63]

Eine besondere Variante des Lesefehlers beim griechischen Wort *parakletos* verbreiten die Wahabiten weltweit in ihrer arabisch-englischen Koranausgabe aus dem König-Fahd-Komplex für den Druck vom Koran, Medina. Es ist die Koranübersetzung von Al-Hilali, aus der ich oben zitiert habe. In dieser Korandruckerei wurden nach eigenen Angaben bis zum Jahr 1425/AH bzw. 2005 rund 22 Millionen Korane in 47 asiatischen, europäischen und afrikanischen Sprachen gedruckt. Weitere Übersetzungen sind in Arbeit. Die Koranausgaben werden weltweit als Geschenk von König Fahd verbreitet. Von der arabisch-englischen Ausgabe mit der Übersetzung von Dr. Muhammad Taqi-du-Din al Hilali, aus der ich hier mehrfach zitiere, wurden zwei Millionen Exemplare verschenkt.[64] Im Anhang gibt es ein Kapitel »Biblische Prophezeiung über die Ankunft Mohammeds« (*Biblical Prophecy on the Advent of Muhammad*), in dem die oben zitierten Worte aus dem Johannes-Evangelium interpretiert werden als Ankündigung Mohammeds. Daraus ein Auszug:

> Die Person, von der Jesus prophezeite, sie werde nach ihm kommen, wird in der Bibel »Parqualeta« (Sic!) genannt. Dieses Wort wurde von späteren Interpreten und Übersetzern gestrichen und manchmal in »Geist der Wahrheit« geändert und manchmal in »Tröster« und zu anderen Zeiten in »Heiliger Geist«. Das Originalwort ist Griechisch und seine Bedeutung ist »einer, den Menschen überall preisen«. Die Bedeutung des Wortes entspricht dem Wort »Mohammed« (im Arabischen). (Übers. H. Sch.)
> This »person« whom Jesus prophesied will come after him is called in the Bible »Parqaleeta« (Sic!). This word was deleted by later interpretors and translators and changed at times to »Spirit of Truth«, and at other times, to »Comforter« and sometimes to »Holy Spirit«. The original word is Greek and its meaning is »one whom people praise exceedingly«. The sense of the word is applicable to the word »Muhammad« (in Arabic).[65]

Von Mohammed bis zu den Saudis gelang es im Islam und in seinen Sekten nicht, die christliche Lehre der Dreieinigkeit nachzuvollziehen. Wahrscheinlich hat Mohammed sich einst an christlichen Sekten orientiert. Was im Koran zur Dreigötterei des Christentums steht, stammt aus den Lehren von Häresien. Was der Koran, die Sunna und Muslime am Christentum als Verfälschung der Offenbarung, als Dreigötterei und Polytheismus kritisieren und verurteilen, entspricht weder dem Neuen Testament noch dem Glauben und der Lehre der Kirchen. Bibelstellen, die Muslime ihrer Prophetenlehre zugrunde legen, sei es für die Ankündigung Mohammeds für den Islam und Ahmads für die Ahmadiyya, werden fortgesetzt falsch gelesen und die Auslegungsfehler werden verbreitet und geglaubt.

Zusammenfassend kann man über den islamischen obersten Gesetzgeber sagen: Er zeigt in seiner Selbstdarstellung in mehreren Koranversen Gemeinsamkeit mit der christlichen Trinität, bestehend aus Schöpfergott, Jesus und Heiligem Geist, auch als liebender und barmherziger Gott. Aber in Willkür, Irrleitung, Gewaltverleihung und im Schmieden von Rache und Ränken zeigen sich aus christlicher Sicht satanische Züge. Wenn die vielen Belege dafür im Koran Worte Allahs sind, dann hat Allah ein Doppelgesicht – wie der Islam: eine Seite des Friedens, der Barmherzigkeit und der Rechtleitung und eine andere Seite der Willkür, Gewalt und Irrleitung.

Allah spricht im Koran wie Jesus in der Bibel in mehreren Gleichnissen. Der Vergleich vom Wort mit dem Palmbaum zeigt exemplarisch den totalitären Anspruch des Allah-Gesetzes: Wer ihm nicht folgt, wird vernichtet – wie »der schlechte Baum«. Jede menschliche Ausdrucksgestalt – vom Wort über die Zeichnung bis zur Staatsform – hat dem Allah-Gesetz im Koran zu folgen. Alle vom Menschen geschaffenen Werke, die das nicht beachten, sind zu zerstören – wie die Bäume im Garten des kritischen Autors. Andersdenkende sind in Allahs Worten: *Taub, stumm, blind und haben keinen Verstand* (Koran 2:171).

Mit dieser Verknüpfung von Rechtleitung und Irrleitung regelt Allah auch die islamische Ordnung der Geschlechter.

3. Sexualität, Heirat, Ehe und Familie im Islam

»Wenn ihr eine Gattin anstelle einer anderen
eintauschen wollt und ihr der einen von ihnen
einen Qintar (viel Geld, Elyas) gegeben habt,
dann nehmt nichts davon zurück.«
(Koran 4:20)

»Denen unter ihnen, die ihr genossen habt,
sollt ihr – das ist eine Rechtspflicht –
ihren Lohn geben.«
(Koran 4:24)

»Die Männer stehen über den Frauen.«
(Koran 2:228 und 4:34, Paret)

3.1 Familie

Aus islamischer Sicht ist die Familie die kleinste soziale Einheit und Fundament der menschlichen Gemeinschaft, besonders der islamischen Ordnung. Das Kind entwickelt in der Familie seine Fähigkeiten zur Integration in die Gemeinschaft. Frau und Mann können sich nur vervollkommnen, wenn sie in der Ehe miteinander verbunden sind. Der Koran gebietet und verspricht:

> *Und verheiratet die Ledigen unter euch und die Rechtschaffenen von euren Sklaven und euren Sklavinnen. Wenn sie arm sind, wird Allah sie durch seine Huld reich machen. Und Allah umfasst und weiß alles. Diejenigen, die keine Möglichkeit zum Heiraten finden, sollen keusch bleiben, bis Allah sie durch seine Huld reich macht* (24:32 f.).

Die Ehe mit dem Ziel der Familiengründung wird als einzig natürliche Lebensweise angesehen und die Sexualität als ein gutes Geschenk Allahs. Jeder Mensch hat ein Recht darauf. Jede Form von sexueller Beziehung außerhalb der Ehe ist verboten und Sünde. Homosexualität verbietet der Koran mehrmals auf gleiche Weise anhand der aus dem Alten Testament (Gen 19) entnommenen Geschichte Lots und der Städte Sodom und Gomorra.[66] Homosexualität gehört zur Unzucht, die mit Peitschenhieben oder Tötung zu bestrafen ist. Sexuelle Askese wird im Islam mehrheitlich abgelehnt. Ehelosigkeit führt in islamischen Gesellschaften oft zu sozialer Isolierung und für Frauen meist zu Schwierigkeiten bei der Wohnungs- und Arbeitsplatzsuche.

Frau und Mann sollen füreinander unentbehrlich sein und sich gegenseitig Wärme und Schutz geben wie ein Gewand:

> *Sie sind eine Bekleidung für euch, und ihr seid eine Bekleidung für sie.* (2:187)

Gleichberechtigung gibt es in der islamischen Familie nicht. Sie ist ein hierarchisch geordnetes System mit dem Vater als Oberhaupt. Die Familienmitglieder sind füreinander verantwortlich und haben unterschiedliche Rechte und Pflichten. Zu den Pflichten des Mannes gehört die finanzielle Versorgung der Familie. Zu den Pflichten der Frau gehört die Versorgung der Familie im Haus. Die Erziehung der Kinder ist Aufgabe von Mutter und Vater. Von allen Geboten im Dekalog des Alten Testaments (Ex 20:2-7 und Dt 5:6-18) ist das vierte, das Gebot des Gehorsams gegenüber den Eltern, im Koran am häufigsten erwähnt. Hinzu kommt die Forderung nach guter Behandlung der Eltern, besonders im Alter, auch in Verbindung mit einem Gebet für die Eltern.

> *Und dein Herr hat bestimmt, dass ihr nur Ihm dienen sollt, und dass man die Eltern gut behandeln soll. Wenn einer von ihnen oder beide bei dir ein hohes Alter erreichen, so sag nicht zu ihnen: ›Pfui!‹, und fahre sie nicht an, sondern sprich zu ihnen ehrerbietige Worte. Und senke für sie aus Barmherzigkeit den Flügel der Untergebenheit und sag: ›Mein Herr, erbarm dich ihrer, wie sie mich aufgezogen haben, als ich klein war.‹* (Koran 17: 22 f. Siehe auch 4:36 und 46:15-18)

Die Mütter werden im Koran besonders hervorgehoben:

> *Und Wir haben dem Menschen aufgetragen, seine Eltern gut zu behandeln. Seine Mutter hat ihn ja unter wiederholter Schwäche getragen. Und seine Entwöhnung erfolgt binnen zwei Jahren. – Sei dankbar Mir und deinen Eltern. Zu Mir führt der Lebensweg.* (31:14)

Auch in der Sunna wird den Müttern besondere Anerkennung geschenkt:

> »Djahima kam zum Propheten und sagte: O Gesandter Allahs, ich möchte in den Feldzug mitziehen, so bin ich gekommen, dich um Rat zu bitten. Er sagte: Hast du noch eine Mutter? Er sagte: Ja. Er sagte: Dann bleibe bei ihr, denn das Paradies liegt zu ihren Füßen.« (Nasa´i)[67]

Im koranischen Erbrecht werden die Mütter besonders berücksichtigt. Ihre privilegierte Behandlung werde ich im Kapitel über das Erbrecht zeigen (3.12). Allgemein fordert der Koran guten Umgang mit der Verwandtschaft (17:26).

Die Verantwortung der Familienmitglieder füreinander beeinflusst bis heute die Gesetzgebung in islamischen Ländern. Zum Beispiel lautet Art. 158 des syrischen Familiengesetzes: »Das Kind, männlich oder weiblich, sofern es über die erforderlichen Mittel verfügt, ist verpflichtet, die Verantwortung für seine armen Eltern zu übernehmen.«[68] Ohne das Sozialnetz der Familie funktioniert in islamischen Ländern fast nichts. Die Verantwortung füreinander könnte man durchaus auch als einen christlichen Grundsatz bezeichnen. Unser säkulares Sozialsystem hat die persönliche wechselseitige Fürsorgepflicht weitgehend anonymisiert, gerät aber damit zunehmend in finanzielle Schwierigkeiten.

Noch wichtiger als die Familie ist jedoch die Religion. Der Koran schränkt die Pflichten der Kinder gegenüber ihren Eltern ein, wenn diese Nicht-Islamisches von ihren Kindern verlangen:

> *Und wir haben dem Menschen aufgetragen, seine Eltern gut zu behandeln. Wenn sie dich aber bedrängen, Mir das beizugesellen, wovon du kein Wissen hast, dann gehorche ihnen nicht.* (29:8 = 31:15)

Das ist auch im Alten Testament mehrfach ähnlich gefordert, auch Jesus verlangt die Trennung von den Eltern um des Glaubens willen (Mt 10:37, Lk 14:26).

So wie im Christentum gehört auch im Islam der Geschlechtsakt in die Ehe und wird als Bestandteil des göttlichen Schöpfungsgeschehens angesehen. Anders gesagt: Sexuelle Betätigung und Zeugung sollen der Ehe vorbehalten sein. Sexuelle Handlungen außerhalb der Ehe werden als Unzucht bezeichnet und nach dem Koran mit 100 Peitschenhieben bestraft und nach Mohammed mit Steinigung. (Siehe 6. Kapitel *Strafrecht* und 8. Kapitel *Im Namen der Ehre*) Die Regelung des Sexualtriebs erfolgt in Christentum und Islam verschieden. Selbstbeherrschung, besonders des Mannes, wird im Christentum gefordert. Der Islam setzt auf räumliche Geschlechtertrennung und andernfalls auf Verhüllung der Frau, wie ich ausführlich im 7. Kapitel *Der Hijab und das islamische Kopftuch* zeigen werde.

Um das Ziel der Umma, die Formung der globalen Gemeinschaft der Gläubigen, zu erreichen, bedarf es einer bestimmten Sozialisation, besonders der Mädchen. Dazu gehört das Abschleifen naturwüchsig vorhandener Individuierungstendenzen zugunsten der Entwicklung von Fügsamkeit und einer auf Familie und Sippe bezogenen Gruppenidentität. Durch religiöse Indoktrination werden äußere Autoritäten verinnerlicht, deren Stimme im Innern als eigener Wille eingeschätzt wird. Jungen werden zur Vorherrschaft über die Frauen und zu Kontroll- und Strafinstanzen erzogen. Islamische Erziehungsvorstellungen sind mit denen des Westens teilweise nicht vereinbar, besonders nicht mit Koedukation im Bereich von Sport und Biologie und mit dem Erziehungsziel der Herausbildung des individuierten Subjekts, anders gesagt: der Persönlichkeit.

3.2 Heirat als Vertragshandeln in der Logik des Frauentauschs

Die Heirat ist nach dem Allah-Gesetz etwas ganz anderes als nach der Lehre Jesu und der römisch-katholischen und orthodoxen Kirchen: Im Islam stellt sie einen privatrechtlichen Vertrag zwischen Männern dar, im Christentum mehrheitlich ein Sakrament, das sich die Brautleute wechselseitig spenden. Das hat unterschiedliche historische und theologische Hintergründe und unterschiedliche Folgen für die Entwicklung des Verhältnisses von Frau und Mann zueinander, in Gesellschaft und Familie, im Ehe-, Familien-, Erb- und Scheidungsrecht und bei Bildungsprozessen.

Das Allah-Gesetz legitimiert den Frauentausch und geht vom Frauenkauf als Normalfall aus. Das Vorbild Mohammed praktizierte den Frauenraub und hatte etwa ein Dutzend Ehefrauen gleichzeitig sowie zusätzlich Sklavinnen als Konkubinen – alles mit Allahs Einwilligung. Er verbietet nicht die Sklaverei, sondern gibt den Sklavenhaltern Verhaltensregeln (Koran 24:32). Exemplarisch sei auf Mohammeds Umgang mit den Frauen von drei jüdischen Stämmen, den Banu Qainuqa (624), den Banu Nadir (625) und den Banu Quraiza (627) hingewiesen. Herbert Busse beschreibt dies so: »Die Männer wurden fast ohne Ausnahme niedergemacht, die Frauen und Kinder versklavt, der Besitz unter den Muslimen verteilt.«[69] Jeder Muslim – auch Mohammed – durfte nach dem Gesetz Allahs beliebig viele Sklavinnen haben, auch für sexuelle Kontakte.

Mit Frauentausch ist im Koran der Tausch von Ehefrau gegen Ehefrau gemeint. Hat der Ehemann genug von der einen oder anderen Gattin, so empfiehlt ihm der Koran den Umtausch. Die bereits geleistete Bezahlung für die sexuelle Leistung der Frau muss der Mann ihr lassen. So regelt es der Gesetzgeber Allah:

Und wenn ihr eine Gattin gegen eine andere eintauschen wollt und ihr der einen von ihnen einen Zentner (Paret: Qintar) habt zukommen lassen, so nehmt nichts davon. (...) Wie könnt ihr es nehmen, wo ihr bereits zueinander eingegangen seid und wo sie von euch eine feste Verpflichtung entgegengenommen haben (Koran 4:20).

Nachdem Mohammed mit Sonderregelung Allahs etwa ein Dutzend Frauen geheiratet hatte und sich außerdem noch mit Sklavinnen sexuell erfreuen konnte, erließ Allah speziell für ihn ein Tauschverbot für Ehefrauen. Seine sexuell genossenen Sklavinnen durfte er jedoch auch weiterhin gegen neue eintauschen:

Es ist dir (Mohammed) danach nicht mehr erlaubt, Frauen zu heiraten und sie gegen (andere) einzutauschen, auch wenn ihre Schönheit dir gefallen sollte, mit Ausnahme dessen, was deine rechte Hand (an Sklavinnen) besitzt (Koran 33:52).

Auch die folgenden Worte Allahs sind wohl an Mohammed gerichtet. Trotz der teilweisen Unklarheiten ist doch eindeutig, dass der Tausch von ungläubigen Gattinnen nicht nur erlaubt, sondern sogar empfohlen wird, wenn muslimische Frauen zur Auswahl stehen:

Möge sein Herr ihm, wenn er euch (alle) entlässt, zum Tausch andere Gattinnen geben, die besser sind als ihr: muslimische Frauen, die gläubig und demütig ergeben sind, bereit zur Umkehr sind, (Allah) dienen und umherziehen, ob sie früher verheiratet waren oder Jungfrauen sind (Koran 66:4).

Die archaische Heirat, der Tausch Tochter gegen Tochter zwischen Männern und Familien, die in vielen Kulturen verbreitet war,[70] wird bis heute in islamischen Ländern praktiziert, und zwar besonders dort, wo von der Familie des Bräutigams der Brautpreis für eine Jungfrau nicht erbracht werden kann.[71] Nach der Sunna ist diese Form des Frauentauschs verboten:

»Der Gesandte Allahs verbot aš-Šigar. Aš-Šigar ist jenes Vorgehen, dass ein Mann seine Tochter mit einem anderen Mann verheiratet, der wiederum ihm seine Tochter zur Frau gibt, wobei beide Seiten auf die Entrichtung eines Brautgeldes verzichten.« (Al-Bukhari)[72]

Wichtiger als der Tausch ist im Allah-Gesetz der Frauenkauf gegen einen Brautpreis (arab. *mahr*). Es handelt sich dabei nicht um den Erwerb der Frau, sonst könnte der Ehemann sie verschenken oder verkaufen. Gekauft wird der Geschlechtsbereich der Frau und damit das Recht auf Sexualität und Gebärfähigkeit. Eine junge Frau in Marokko hat mir das sehr anschaulich erklärt: Sie legte beide Hände ausgestreckt auf ihren Unterleib und sagte:

»Dieser Teil des Körpers der Frau gehört nicht ihr selbst, sondern der Familie und ist der Schatz der Familie. Das Hymen ist gleichsam die Pforte zu diesem Schatz, zu dem nur einer Zugang hat, der Ehemann. Aufgabe des Mädchens ist es, diesen Schatz zu hüten. Es wird dabei von der ganzen Familie unterstützt. Von klein auf kriegt das Mädchen zu hören, dass es aufpassen müsse, damit bloß nichts kaputt gehe.«[73]

Das Mädchen und die Frau sind nicht Besitzerin ihres eigenen Genitalbereichs, sondern nur Wächterin dieses »Schatzes« der Familie. Während die männliche Sexualität unbewacht ist, wird die weibliche Sexualität kontinuierlich bewacht. Dabei helfen alle Familienmitglieder mit, besonders die Männer, zuerst der Vater und die Brüder und später der Ehemann. Sie bewachen die Ehefrauen, die Schwestern und die Töchter und damit den »Familienschatz«, von dem ihre Ehre abhängt. Die Frau hat kein Verfügungsrecht über diesen Teil ihres eigenen Körpers. Bewacht sie ihren Genitalbereich unzureichend oder gestattet sie sogar einem Mann, ausgenommen ihrem Ehemann, den Zugang, so hat sie den »Schatz der Familie« zerstört und damit ihre eigene Ehre, außerdem die Ehre und das soziale Ansehen ihrer Herkunftsfamilie und, falls sie verheiratet ist, auch die Ehre ihres Ehemannes. Zwischen »Schatz« und Ehre besteht ein direkter Zusammenhang. Dadurch ist die Frau das Medium der Ehre des Mannes und ihrer Familie. Diese Ethik der Ehre gilt in Kulturen, in denen die Geschlechterordnung nach der Logik des Frauentauschs, die ich weiter unten erklären werde, geregelt ist. Die Logik des Frauentauschs, die Ethik der Ehre und die Ideologie vom Schatz der Familie stammen aus archaischer Geschlechterordnung. Diese Strukturen wurden vom Islam nicht bekämpft, sondern übernommen und wiederbelebt. Ich sage ausdrücklich »wiederbelebt«, weil die Lehre Jesu bereits 600 Jahre vor Mohammed damit gebrochen hatte, wie ich noch zeigen werde.

In Kulturen, in denen die Frau als Person angesehen wird, hat sie das Verfügungsrecht über ihren ganzen Körper, also auch über den »Schatz«. Da gelten weder die Frauentauschlogik noch das Konzept der Ehre. Die Logik der Anerkennung der Frau als Person schließt die Logik des Frauentauschs mitsamt ihren Ehrvorstellungen aus. Im Islam dominiert jedoch von Mohammed bis heute die Logik des Frauentauschs, nicht nur in Koran und

Sunna, sondern auch in der Lebenspraxis. Inzwischen breitet sie sich im Zuge der Islamexpansion auch bei uns aus, und die Probleme liberaler muslimischer Frauen wachsen dadurch kontinuierlich, besonders in islamischen Parallelgesellschaften.

Das Recht auf Zugang zum »Schatz« erwirbt der Mann durch das Zahlen des Brautpreises, dessen Höhe und oft auch dessen Zahlungsmodus im Ehevertrag festgeschrieben sind. Der Jurist Georges-Henri Bousquet erklärt das so: Die Ehe ist für einen Muslim »ein Vertrag, wodurch er das Fortpflanzungsorgan einer Frau erwirbt, zum ausdrücklichen Zweck der Nutznießung.«[74] Diesen Heiratsvertrag unterschrieben in allen islamischen Kulturen früher der Bräutigam, der Vormund der Braut – in der Regel ihr Vater – und oft auch zwei männliche Zeugen. Wo man nicht schreiben konnte, wurde der Vertrag von Männern per Handschlag besiegelt.

Die oben zitierte marokkanische Frau denkt unbewusst in der »Logik des Frauentauschs«, wie der Fachbegriff der Soziologie oder Ethnologie für diese Heiratsform lautet. Dabei tauschen gemäß dem Ethnologen Claude Lévi-Strauss »die Männer die Frauen aus und nicht umgekehrt.«[75] Die Ehe »resultiert aus der Tatsache, die praktisch in allen menschlichen Gesellschaften besteht: Damit ein Mann eine Gattin erhält, muß diese direkt oder indirekt von einem anderen Mann abgetreten werden, der in den einfachsten Fällen ihr gegenüber die Position eines Vaters oder Bruders hat.«[76]

Der Soziologe Max Weber erläuterte dazu:

> »Der Austausch der eigenen Schwester gegen die Schwester des anderen Teiles (der Sippe, des Stammes, Sch.) dürfte der älteste Sexualkontrakt sein, aus dem sich dann der Eintausch (...) gegen Naturalien und schließlich die normale Eheform, der Kauf der Frau entwickelte, der z.B. in Indien ebenso wie in Rom als spezifisch plebejische Form der Eheschließung neben der vornehmen Eheschließung: Raub- oder Sakramentalehe sich behauptete.«[77]

Zur Frauentauschlogik gehört also, dass die Frau gegen einen Brautpreis in die Familie des Bräutigams gegeben wird. Ausdrücklich erwähnt sei: Der Brautpreis ist Eigentum der Frau. In der Sprache der Sunna: »Ein Mann hält bei einem anderen Mann um dessen Tochter oder Schutzbefohlene an. Das Brautgeld wird festgelegt, und dann heiratet er sie.«[78] Der Frauengeber gibt die Braut, der Frauennehmer zahlt den Brautpreis (Koran: *mahr*).

So erging es auch Umm Salma, einer Witwe mit vier Kindern, um deren Hand Mohammed 626 anhielt. Sie hatte keinen Vater mehr, benötigte aber einen männlichen Vormund, der den Heiratsvertrag – damals mündlich –

schloss und sie »geben« konnte. In der Literatur ist der Fall so beschrieben: »Der Sohn Umm Salmas gab sie dem Propheten zur Braut.«

Nüchtern gesagt: Bei dieser Heirat wird ein Gebrauchswert erworben. Der muss eine bestimmte Verfasstheit haben: Er muss gebärfähig sein und am besten jungfräulich. Ohne den Zustand der Jungfräulichkeit sinkt sein Wert. Das Wort ›Braut‹ bedeutete ursprünglich ›gekaufte Frau‹.

Der Bräutigam bleibt immer am Wohnsitz seiner Familie, die Wissenschaft nennt das *Patrilokalität*. Die Braut wird von ihrer Familie in die Familie des Bräutigams gegeben und hat dort die Aufgabe, durch die Geburt von Söhnen die männliche Deszendenzlinie zu verlängern, wissenschaftlich *Patrilinearität* genannt. Der Brautkauf ist ein Kauf mit Rückgaberecht. Funktioniert der »Schatz« nicht, so kann die gegebene Frau zurückgegeben werden, denn die Ehe ist im Unterschied zur Eltern-Kind-Beziehung kündbar. Im Fall der Rückgabe soll die Frau von ihrem Brautpreis leben können. Er sollte daher ein langlebiges Gut sein: Gold, Schmuck, Kamele, Schafe usw. Der Tausch – Frau gegen Gold oder andere Wertsachen – ist also kein Äquivalententausch. Vielmehr gibt er der Frau eine gewisse ökonomische Sicherheit, denn das in der Ehe erarbeitete Gut gehört dem Mann. Die Ehe ist im Islam keine Zugewinngemeinschaft. Die Frau wurde und wird nicht als Subjekt angesehen, das seinen Lebensunterhalt selbst verdienen kann, was sich heute teilweise ändert. Ihre Aufgabe ist es, die Familie im Haus zu versorgen und ihrem Ehemann als immer verfügbares »Saatfeld« zu dienen, wie es im Koran in Sure 2 Vers 223 heißt. Hier der Vers aus deutscher, englischer und französischer Koranübersetzung:

> *Eure Frauen sind für euch wie ein Saatfeld. Geht zu eurem Saatfeld, wo immer ihr wollt.*
>
> *Your wifes are your tilth for you, so go to your tilth, when or how you will. (Anm.: have sexual relations with your wives in any manner as long as it is in the vagina and not in the anus.)*[79]
>
> *Vos femmes sont un champ de labour pour vous. Venez a votre champ de labour comme vous le voulez.*

Sie ist das »Saatfeld« und er also vergleichbar mit dem Landwirt und Landbesitzer. Die Frau hat ihrem Ehemann immer sexuell zur Verfügung zu stehen. Verweigert sie sich ihm, so hat das Strafen im Diesseits und Jenseits zur Folge. Die Sunna droht mit folgenden Worten: »Wenn ein Mann seine Frau auffordert, zu ihm ins Bett zu kommen, sie sich aber weigert, so werden die Engel sie bis zum Morgengrauen verfluchen.«[80] Die uneingeschränkte sexuelle Verfügbarkeit der Frau – abgesehen von den Phasen ritueller Unreinheit – ist religiös gefordert.

Der Pflicht der Frau zur sexuellen Verfügbarkeit entspricht die Pflicht des Mannes zur finanziellen Versorgung seiner Frau. Sie hat ein Recht auf angemessene Wohnung, Kleidung, Ernährung und auf Schutz. Die Ehe ist eine materielle und sexuelle Versorgungsinstitution. Von gleichberechtigter Partnerschaft in der Ehe ist im Koran nicht die Rede.

Beim Heiratsgeschäft spielen drei materielle Werte eine Rolle: Brautpreis (arab.: *mahr*), Morgengabe und Mitgift. Oft – auch bei Koranübersetzungen – werden die Begriffe falsch verwendet.

- Die Mitgift wird der Braut von der gebenden Seite mitgegeben. Sie kann mit ihrem Mann zusammen entscheiden, was damit gemacht wird.
- Den Brautpreis erhält sie von ihrem Ehemann, er gehört ihr allein. In der Regel verwahrt ihre Familie den Brautpreis für den Fall, dass die Tochter zurückgegeben wird, damit sie davon leben kann.
- Die Morgengabe überreicht der Bräutigam der Braut am Morgen nach der Hochzeitsnacht.

Wird die Braut zum ersten Mal geheiratet, so wird in einigen islamischen Gesellschaften bis heute noch der durch die Defloration entstandene Blutfleck erwartet und demonstriert. War die Braut nicht mehr Jungfrau, und der Bräutigam macht dies öffentlich bekannt, so ist das eine Katastrophe für sie und ihre Familie, sie sind entehrt, besonders die Männer. Vater und Brüder haben dann in Erziehung und Kontrolle der Tochter und Schwester versagt. Nur durch Blut können sie die Ehre wiederherstellen.

Das Allah-Gesetz folgt konsequent der Logik des Frauentauschs. Oft ist im Koran von Sexualität und Bezahlung die Rede: bei Heirat, Entlassung, Scheidung, Auflösung der Ehe mit ungläubigen Frauen und beim Loskauf von Frauen aus der Ehe. Die folgenden vier Koranverse dokumentieren die Bedeutung der Bezahlung für Sexualität in der Ehe, die Rechtlosigkeit der Frau beim Heiratsgeschäft und die Erlaubnis für den Muslim, auch christliche und jüdische Frauen gegen Bezahlung zu heiraten. Umgekehrt ist das den muslimischen Frauen verboten (Koran 60:10), da sich die Religion nach islamischer Vorstellung vom Vater auf die Kinder vererbt. Die Religion der Mutter spielt hierbei keine Rolle. Außerdem sind muslimische Frauen Eigentum der Umma. Sie haben die Aufgabe, die Umma biologisch zu vergrößern.

> *Erlaubt ist euch (...), dass ihr euch mit eurem Vermögen (Frauen) sucht in der Absicht, (sie) unter Schutz zu stellen (Paret: als ehrbare Ehemänner) und nicht Unzucht zu treiben. Denen unter ihnen, die ihr genossen habt, sollt ihr – das ist eine Rechtspflicht – ihren Lohn geben.* (4:24)

> *So heiratet sie mit der Erlaubnis ihrer Herren und gebt ihnen ihren Lohn in rechtlicher Weise, als unter Schutz gestellte Frauen* (Paret: *als ehrbare Frauen*), *die nicht Unzucht treiben und sich keine Liebhaber nehmen.* (4:25)

> *Erlaubt sind euch die unter Schutz gestellten Frauen aus den Reihen derer, denen vor euch das Buch zugekommen ist, wenn ihr ihnen ihren Lohn zukommen lasst und mit ihnen in der Absicht lebt, (sie) unter Schutz zu stellen, nicht Unzucht zu treiben und (sie) nicht als heimliche Konkubinen zu nehmen.* (5:5)

> *Und gebt den Frauen ihre Morgengabe als Geschenk. Wenn sie euch freiwillig etwas davon überlassen, so könnt ihr es verbrauchen, und es wird euch zur Freude und zum Wohl sein.* (4:4)

Es kann durchaus sein, dass sich Frauen in derartigen Ehen und straff organisierten hierarchischen Familienverhältnissen wohlfühlen. Sie finden darin Ordnung und auch eine gewisse Entlastung, da der Ehemann die Verantwortung trägt für die ökonomische Versorgung der Familie, für die Erziehung der Kinder und für den Stichentscheid im Konfliktfall. Konvertitinnen gehen freiwillig in solche islamischen Lebensverhältnisse und können darin glücklich sein.

Der zitierte Koranvers 4:24 wird von Schiiten als Legitimation der Ehe auf Zeit (*mut´a*) angesehen. Darauf gehe ich weiter unten im Abschnitt über die Ehe auf Zeit ein.

Verboten ist allen Muslimen Geschlechtsverkehr außerhalb der Ehe. Als Strafe dafür ordnet der Koran 100 Peitschenhiebe an:

> *Wenn eine Frau und ein Mann Unzucht begehen, dann geißelt jeden von ihnen mit 100 Hieben. Habt kein Mitleid mit ihnen angesichts (der Rechtsbestimmungen) der Religion Allahs, so ihr an Allah und den Jüngsten Tag glaubt. Und bei der Vollstreckung der Pein an ihnen soll eine Gruppe von den Gläubigen zugegen sein.* (24:2)

Das Vorbild Mohammed verschärfte die Strafe, forderte die Steinigung und ließ sie in seiner Anwesenheit durchführen, so berichtet die Sunna mehrmals:

> »Eine Frau kam zum Propheten. Sie war infolge eines Ehebruchs schwanger. Sie sagte: ›O Gesandter Gottes, ich habe eine gesetzliche Strafe verdient, so verhänge sie über mich.‹ Der Gesandte Gottes rief ih-

ren Sachverwalter zu sich und sagte: ›Sei gut zu ihr. Und sobald sie ihre Niederkunft gehabt hat, bringe sie zu mir.‹ Er tat so. Da befahl der Prophet, und ihre Kleider wurden um sie festgebunden. Dann befahl er, und sie wurde gesteinigt. Dann hielt er das Gebet für sie.« (Muslim)[81]

Bis zum Ende seines Lebens hielt Mohammed an der Steinigung als Strafe für Ehebruch fest. Noch in der Abschiedspredigt auf seiner letzten Wallfahrt nach Mekka im Jahre 632 sagte er: »Das Kind gehört zum Ehebett, und der Ehebrecher ist zu steinigen.«[82]

»Unzucht« zählt außerdem nach dem Allah-Gesetz zu den Ehehindernissen und macht den Täter zu einem minderwertigen Menschen – wie die Ungläubigen:

> *Der Mann, der Unzucht begangen hat, darf nur eine Frau, die Unzucht begangen hat, oder einen Polytheisten heiraten. Die Frau, die Unzucht begangen hat, darf nur ein Mann, der Unzucht begangen hat, oder ein Polytheist heiraten. Den Gläubigen ist dies verboten.* (24:3)

> *Schlechte Frauen gehören zu schlechten Männern, und schlechte Männer gehören zu schlechten Frauen. Gute Frauen gehören zu guten Männern, und gute Männer gehören zu guten Frauen.* (24:26)

Bei der Beurteilung der Körperstrafen ist allerdings das strenge islamische Beweisrecht zu beachten, das die Bestrafung nahezu unmöglich macht. So schreibt der Koran den prinzipiell doppelten Zeugenbeweis vor (2:282), bei Sexualdelikten sogar den vierfachen (4:15). Hinzu kommen kurze Verjährungsfristen und Körperstrafen bei Verleumdung:

> *Diejenigen, die den unter Schutz gestellten Frauen (das sind die ehrbaren Ehefrauen) Untreue vorwerfen und hierauf nicht vier Zeugen beibringen, die sollt ihr mit achtzig Hieben geißeln. Nehmt von ihnen nie mehr eine Zeugenaussage an – das sind die (wahren) Frevler – mit Ausnahme derer, die danach umkehren und Besserung zeigen.* (24:4 f.)

3.3 Das islamische System der Geschlechtsvormundschaft

Unterschieden wird im islamischen Recht zwischen der gesetzlichen Vertretungsmacht (*wilaya*), zu der auch das Vermögenssorgerecht gehört, und der Personensorge (*hadana*) für die leiblichen und psychischen Bedürfnisse des Kindes. Der Vater – oder sein männlicher Stellvertreter – hat die Vertretungsmacht und die Mutter das Sorgerecht, das sie allerdings durch Scheidung verlieren kann und durch Wiederverheiratung mit Sicherheit verliert. Ein fremder Mann im selben Haushalt mit der Tochter eines anderen Mannes widerspricht der islamischen Sexualordnung.

Außerdem wird in islamischen Kulturen unterschieden zwischen Altersvormundschaft und Geschlechtsvormundschaft. Der Junge wird je nach nationaler Gesetzgebung mit vierzehn, sechzehn oder achtzehn Jahren volljährig und benötigt dann keinen Vormund mehr. Anders ist es beim Mädchen. Die Muslima hat unabhängig von ihrem Alter, also lebenslänglich, einen Vormund, den Geschlechtsvormund, der männlich und Muslim sein muss. Das islamische System der Geschlechtsvormundschaft schränkt die Rechte der Frau ein. Der Koran enthält viele Verse in dieser Logik, z.B. Sure 2:237.

Im Westen gibt es im Unterschied dazu nur noch die für Jungen und Mädchen gleich geregelte Altersvormundschaft. Die Geschlechtsvormundschaft, die es in unterschiedlichen Ausformungen im Römischen Recht, im germanischen Stammesrecht und im deutschen Recht früher auch gab, ist im Westen teils schon im Mittelalter, teils in der frühen Neuzeit abgeschafft worden.[83]

Beeinflusst durch den Westen, hat sich das islamische System der Geschlechtsvormundschaft teilweise verändert: In der Türkei unterschreibt die Braut seit 1926 den Ehevertrag selbst, in Tunesien seit 1956 und in Marokko seit der Änderung des Familienrechts – *mudawana* – im Jahr 2004. Der Gesetzesänderung ging ein Jahrzehnte langer Kampf der marokkanischen Frauenbewegungen voraus. In Ägypten ist die Abschaffung und Neueinführung der Vormundschaft beim Heiratsvertrag zu einem politischen Dauerkonflikt geworden – wie die Kinderheirat. Die Gesetze werden immer wieder geändert, mal modernisiert, mal reislamisiert. Andrea Büchler fasst das optimistisch so zusammen: »Doch immerhin ist eine Tendenz erkennbar, bei der Eheschließung stärker als nach traditionellem Recht darauf zu achten, dass der Wille der Frau berücksichtigt wird. Die jüngere Generation vertritt zudem zunehmend das Konzept der Liebesheirat und damit auch dasjenige der Ehe als individuelle Entscheidung.«[84]

In Europa hingegen erhält das islamische System der Geschlechtsvormundschaft wachsende Bedeutung, besonders in türkischen Familien. Das hängt nicht nur mit der Erziehung in ländlichen Regionen der Herkunftsländer zusammen, sondern auch mit der Lehre der islamischen Rechtsschulen. In der Türkei dominiert die Hanafitische Rechtsschule. Sie lehrt, dass eine Frau zwar den Ehevertrag selbst abschließen kann, aber nur mit Zustimmung ihres gesetzlichen Vormundes. Das gilt auch dann, wenn die Frau die Volljährigkeit erreicht hat. Im Zuge der politischen Reislamisierung der Türkei nimmt auch die Bedeutung der Hanafitischen Rechtsschule wieder zu. Die Rechtsschulen der Hanbaliten, Malikiten und Schafi´iten befinden, dass eine Frau grundsätzlich ihren Ehevertrag nicht selbst abschließen kann. Dies stehe nur ihrem Geschlechtsvormund zu. Die staatliche Rechtsprechung in der Türkei und in Nord-Afrika folgt aber nicht immer den Rechtsschulen. Dennoch ist die Macht des Vaters ungebrochen. Nach algerischem Recht kann er der jungfräulichen Tochter eine Eheschließung verbieten. De facto ist er dazu in allen islamischen Ländern in der Lage.

Eine etwa fünfzigjährige Professorin in Marokko erklärte mir vor der Änderung des dortigen Familienrechts im Jahre 2004: »Wenn ich noch mal heiraten wollte, so bräuchte ich einen Vormund. Er muss männlich sein und Muslim. Es könnte mein Sohn sein, aber auch ein Junge von der Straße. Vorbedingung: Er ist wenigstens 14 Jahre alt und Muslim.«

3.4 Polygynie

Während für die Ehefrau die Monogamie vorgeschrieben ist, erlaubt das Allah-Gesetz dem Mann die Polygamie mit bis zu vier Frauen gleichzeitig, allerdings nur unter der Bedingung der Gleichbehandlung:

> *Und wenn ihr fürchtet, gegenüber den Waisen nicht gerecht zu sein, dann heiratet, was euch an Frauen beliebt, zwei, drei oder vier. Wenn ihr aber fürchtet, (sie) nicht gleich zu behandeln, dann nur eine, oder was eure rechte Hand (an Sklavinnen) besitzt.* (4:3)

Der Koran fordert zwar vom Ehemann die Gleichbehandlung seiner Ehefrauen, doch was ist damit gemeint? Ökonomische, emotionale, sexuelle Gleichbehandlung? Welche Rechtsmittel hat die Frau, um dies einzuklagen? Diese Fragen beantwortet das Allah-Gesetz nicht. Außerdem: Kein Thema ist die Reziprozität der Gattenbeziehung. Die Frau hat dem Mann sexuell immer zur Verfügung zu stehen, auch dann, wenn er bei einer anderen ist. Die polygame islamische Ehe ist immer ein Verhältnis der sexuellen Ungleichheit – ein Vorgeschmack auf das ewige islamische Paradies.

Mit Polygynie, Sklaverei und Scheidung durch Verstoßung der Ehefrau übernahm der Islam Bräuche der heidnischen Stämme in Arabien, die nach der Lehre Jesu und in christlichen Gemeinden zu Mohammeds Zeit bereits aufgehoben waren. Eine Wirkung auf den Islam scheint die christliche Lehre dennoch gehabt zu haben. In dem folgenden Vers erkennen moderne Interpreten des Koran eine indirekte Empfehlung zur Monogamie, Interpreten mit islamisch traditionellem Rechtsverständnis sehen darin allerdings nur eine moralische Aufforderung ohne rechtliche Konsequenzen:

> *Und ihr werdet es nicht schaffen, die Frauen gleich zu behandeln, ihr mögt euch noch so sehr bemühen.* (4:129)

Die Türkei hat die Polygamie 1926 verboten, Tunesien 1956 und sie sogar unter Strafe gestellt. Neben den staatlichen Eheschließungen gibt es im islamischen Raum jedoch auch die Imam-Ehen. Zweitehen werden vor dem Imam abgeschlossen und sozial anerkannt. In der Türkei werden von Zeit zu Zeit die Imam-Ehen auch staatlich anerkannt. In Ägypten herrschte seit den 1920er Jahren ein turbulentes Hin und Her bezüglich der Polygamie. Seit 1985 haben die Frauen Erfolg in der Stärkung ihrer Rechte als Ehefrauen. Heiratet ihr Mann ohne ihre Zustimmung weitere Frauen, so können sie die Scheidung beantragen.[85] Konservative Muslime sehen darin eine Verwestlichung, moderne islamische Frauenorganisationen einen Schritt auf dem Weg zur Gleichberechtigung. In anderen Ländern gibt es gewisse Hürden vor Abschluss der Zweitehe, zum Beispiel die nötige Zustimmung der Erstfrau oder Genehmigung durch einen Richter. Insgesamt ist die Tendenz zur Monogamie dominierend. Grundsätzlich hat der Mann aber nach dem Allah-Gesetz das Recht auf Polygynie. Ein Gebot zur Einschränkung der Sexualität mit Sklavinnen enthält der Koran nicht. Allah legitimiert den uneingeschränkten Sex mit Sklavinnen und empfiehlt den Sklavenbesitzern die Verheiratung rechtschaffener Sklavinnen und Sklaven (24:32).

3.5 Kinderehen

Im Rahmen meines Forschungsprojekts in Nord-Marokko (1989–1994) und meiner Biographieforschung über muslimische Frauen (1990–2001) an der Universität in Frankfurt/Main lernte ich viele Frauen kennen, die im Alter von 11 bis 14 Jahren verheiratet worden waren und inzwischen 40 bis 80 Jahre alt waren. »Als Vierzehnjährige galt ich schon als alte Braut«, sagten mir Berberinnen aus dem Rif-Gebirge in Nord-Marokko. Eine wurde mit elf Jahren an einen Witwer mit zwei Kleinkindern verheiratet, bekam in den folgenden zehn Jahren noch sechs eigene Kinder und bewältigte ihr Los zusammen mit einem Dienstmädchen, das im mittleren Kindesalter zu ihr kam. Sie erzählte mir das in Nador, wo ich als Gast mehrere Wochen in ihrer Familie wohnte und die hart geprüfte Frau liebgewann. Nachdenklich auf ihre »Kindheit« rückblickend, wirkte sie sehr irritiert. »Ich habe es geschafft, aber ich würde so etwas nie mit meinen Töchtern machen«, sagte sie mit Tränen in den Augen. Bei allem Entsetzen über dieses Frauenschicksal habe ich sie aber auch bewundert. Inzwischen ist sie fünfzig, verwitwet und lebt von den Geschenken ihrer Kinder, von denen einige in Marokko und andere in Deutschland und Frankreich leben, teils legal, teils illegal.

Im Islam wird zwischen Eheschließung und Ehevollzug unterschieden. Eine Eheschließung ist zwischen Eheunmündigen möglich, also zwischen noch nicht geschlechtsreifen Personen, sogar zwischen Kleinkindern. Für den Ehevollzug ist nach hanafitischer Rechtslehre die Geschlechtsreife notwendig, die beim Mädchen mit vollendetem 9. Lebensjahr und beim Jungen mit vollendetem 12. Lebensjahr eintritt.

In der islamischen Republik Iran wurde das legale Heiratsalter für Mädchen von 18 Jahren auf 9 Jahre gesenkt (Art. 1210 Iran. ZGB und Art. 49 Iran. Strafgesetz von 1991). In Ägypten gilt seit 1931 das vollendete sechzehnte Lebensjahr für Frauen und das vollendete achtzehnte für Männer als gesetzliches Ehemündigkeitsalter. Ehen, die früher vollzogen werden, sind aber dadurch nicht ungültig. Sie werden einfach nicht registriert, und es entstehen keine gerichtlich durchsetzbaren Ansprüche, wie zum Beispiel das Recht auf Gehorsam oder auf Unterhalt.

Auch in der Europäischen Union gibt es islamische Kinderehen. Bekannt wurde die Ehe eines 22-jährigen Griechen mit einer Elfjährigen in Düsseldorf. Beide hatten im August 2004 in einer griechischen Region die Ehe geschlossen, in der es nach islamischem Recht üblich ist, Minderjährige zu verheiraten. Nach Angaben der Stadtverwaltung Düsseldorf konnte sich der Ehemann auf einen Vertrag aus dem Jahr 1914 berufen, der der muslimischen Minderheit in Griechenland das Recht einräumt, minderjährige Mädchen zu verheiraten.[86]

Eine weitere Besonderheit aus dem islamischen Kulturkreis ist die Möglichkeit der Vertretung bei der Eheschließung. Sie ist uns im Migrationskontext auch bereits begegnet. Heiratsmündige Frauen und Männer können eine andere Person beauftragen, für sie die Eheschließung vorzunehmen. »Diese Art der Vertretung ist in zahlreichen Familiengesetzen vorgesehen und hat durchaus eine gewisse Praxis«, schreibt Andrea Büchler.[87]

Die Kinderehen sind nicht nur ein kulturell bedingtes Phänomen, sondern auch ein durch Koran und Sunna legitimiertes. Mohammed heiratete im Alter von 50 Jahren die sechsjährige Aischa und vollzog als 53-jähriger die Ehe mit der Neunjährigen, die seine Lieblingsfrau wurde. Das Allah-Gesetz legitimiert Kinderehen in Sure 65:4 im Rahmen der Vorschriften für die Entlassung der Ehefrauen:

> *Und wenn ihr bei denjenigen von euren Frauen, die keine Menstruation mehr erwarten, (irgendwelche) Zweifel hegt, soll ihre Wartezeit (im Fall der Entlassung) drei Monate betragen. Ebenso bei denen, die (ihres jugendlichen Alters wegen noch) keine Menstruation gehabt haben.* (65:4, Paret)[88]

Implizit bedeutet das: Die Verheiratung noch nicht geschlechtsreifer Mädchen ist koranisch legitimiert. Ehen mit Mädchen im Kindesalter sind von Allah zugelassen, ebenso ihre Entlassung durch den Ehemann. Die englische Übersetzung bestätigt diese Leseart ausdrücklich mit der Ergänzung: »*i.e. they are still immatured*«, was heißt: sie sind noch nicht geschlechtsreif. Das Alter des Mannes spielt dabei keine Rolle, er kann wie das Vorbild Mohammed im Alter eines Großvaters oder Urgroßvaters sein. Das Wohlbefinden dieser Mädchen ist kein Thema. Wie in anderen Fällen lässt die deutsche Koranübersetzung aus dem König-Fahd-Komplex, die von Nadeem Elyas verfasst wurde, mit Rücksicht auf das Empfinden des deutschen Lesepublikums die Erklärung (»*they are still immatured*«) weg. Da heißt der Vers:

> *Und diejenigen von euren Frauen, die keine Monatsblutung mehr erwarten, wenn ihr im Zweifel seid, so ist ihre Wartezeit drei Monate; und ebenso derjenigen, die noch keine Monatsblutung haben.* (65:4, Elyas)

Das koranisch legitimierte sexuelle Vergnügen junger und alter Männer mit noch nicht geschlechtsreifen Mädchen ist jedoch unvereinbar mit den Menschenrechten des Kindes. Im Zuge der Reislamisierung und Islamexpansion dürfte dieses Übel immer wieder neu produziert und legitimiert werden. Der Präzedenzfall Mohammed–Aischa wird mit Legitimation durch das Allah-Gesetz weiterhin Nachfolger finden. Zweifellos gibt es auch in nicht-islamischen Ländern sexuellen Missbrauch, aber er ist da keinesfalls göttlich oder prophetisch legitimiert und wird als Verbrechen bestraft. Nach islamischem Recht ist die Verheiratung neunjähriger Mädchen jedoch auch heute noch erlaubt, wie ich exemplarisch am iranischen Strafgesetz zeigen werde (Kapitel 6.3).

3.6 Die Hochzeitsnacht und das Hymen

Wie eine typische ägyptisch-islamische Hochzeitsnacht verlaufen kann, entnehmen wir dem Buch eines Ägypters, Ahmed Ginaidi, und seiner zum Islam konvertierten deutschen Frau Christa Ginaidi:

> »Leider sind beide nicht allein. Die Jungfrau wird von Hebammen oder Verwandten so fest gehalten, dass ihr Mann, der um seinen Mittel- und Zeigefinger ein weißes Tuch gewickelt hat, mit diesen beiden Fingern in die Vagina seiner Jungfrau hineinstößt, um die Jungfrauenhaut zu penetrieren. Dabei wird das Tuch mit Blut getränkt und von den Eltern der Jungfrau den Hochzeitsgästen öffentlich gezeigt. Die Brauteltern wollen hiermit den Gästen und der ganzen Welt mitteilen, dass sie die Ehre ihrer Tochter bis zu ihrer Hochzeitsnacht bestens für ihren zukünftigen Mann aufbewahrt haben. Ab jetzt geben sie ihre Elternverantwortung an ihren Mann weiter. In dieser Hochzeitsnacht kommt es natürlich nicht zu einer echten sexuellen Beziehung zwischen den Brautleuten. Man erreicht hiermit höchstens einen Schock für die junge Frau.
> Durch diese Tradition ist es natürlich für junge Menschen sehr schwierig, voreheliche Kontakte zu haben. Im Gegenteil, die Mädchen, die durch Schulsport oder irgendwelche körperliche Aktivitäten das Hymen verletzt haben, sorgen mit Hilfe ihrer Mütter bzw. anderer weiblicher Verwandter dafür, dass in der Hochzeitsnacht durch Täuschung, z.B. durch Einführen von Hühnerblut in kleinen hauchdünnen Blasen in die Vagina das weiße Tuch auf den Fingern des Mannes mit Blut beschmiert wird. Ich weiß, dass zurzeit eine Menge Mediziner in den Großstädten Ägyptens von der Lösung dieser Probleme gut leben.«[89]

Die Beschreibung ist dem Buch »Die Situation der Frau im Islam und im Christentum« entnommen und darf als authentisch gelten, obwohl seine Verfasser nicht im Verdacht stehen, islamischen Patriarchalismus kritisieren zu wollen. Ihr Buch ist vielmehr eine begeisterte Schwärmerei für den Patriarchalismus und ein Pamphlet gegen das Christentum und die Gleichberechtigung der Frau.[90]

Die Entjungferung ist um so brutaler, je radikaler die Mädchen genital verstümmelt und zugenäht sind – und das sind in Ägypten immer noch die meisten. Eine Frau aus Tunesien, die einer Akademikerfamilie mit mehreren Ärzten entstammt, berichtete im Rahmen meiner Biographieforschung, dass die Hymenreparatur in ihrem Land dic am häufigsten vorkommende Operation sei (Kapitel 8.3 *Hymenkult und falsche Jungfrauen*).

3.7 Umgang von Ehefrau und Ehemann miteinander

Sexuelle Ebene

Der Sexualität wird im Islam hervorragende Bedeutung zugeschrieben. Sie gilt als Geschenk Allahs, sofern sie in der Ehe gelebt wird. Keinesfalls wird für eine asketische Lebensweise plädiert. Dennoch ist auch zeitweise Enthaltsamkeit im Koran geregelt. Sie ist vorgeschrieben am Tag im Monat Ramadan, also während der Zeit des Fastens (2:187), und während der Wallfahrten nach Mekka (*hadschdsch* und *umra*) (2:197). Außerdem ist der Frau während der Menstruation (2:222) und 40 Tage nach der Geburt eines Kindes Geschlechtsverkehr verboten sowie das Fasten im Monat Ramadan, das rituelle Gebet und das Betreten einer Moschee, da sie in dieser Zeit als rituell unrein gilt.

Der Geschlechtsakt bewirkt nach muslimischem Glauben die große rituelle Unreinheit. Vor dem Gebet und anderen religiösen Handlungen muss sie durch Waschung des ganzen Körpers beseitigt werden.

Die islamischen Vorstellungen von Unreinheit durch Ausfluss, sei es durch Samenerguss, Menstruation oder Entbindung, sind Wiederbelebungen von Reinheitsvorschriften des Alten Testaments, allerdings in abgeschwächter Form. Besonders das Buch Leviticus, das dritte Buch im Pentateuch, enthält Speiseverbote und Reinheitsgebote (Lv 13-15). Diese Kultgesetze wurden von Jesus aufgehoben. In den Evangelien nach Matthäus (Mt 15:10-20) und Markus (Mk 5:25-34) wird das exemplarisch aufgezeigt an der Geschichte der Frau mit Blutfluss. Auch in der Römischen Kirche gab es offiziell keine Lehre von Unreinheit durch Schwangerschaft, wie es die evangelische Theologin Elsdörfer in ihrem Buch »*Frauen in Christentum und Islam*« suggeriert.[92]

Im Islam wird der Sexualakt zur religiösen Handlung durch ein Gebet, das in der Sunna als Wort Mohammeds tradiert ist:

> »Wenn ihr zu euren Frauen geht, dann sagt: ›Im Namen Allahs! O Allah, schütze mich vor dem Teufel, und schütze auch das vor dem Teufel, was du für uns bestimmt hast!‹ Und wenn es euch beschieden ist, dass ihr ein Kind bekommt, so wird der Teufel ihm niemals schaden können!« (Al-Bukhari)[93]

Außerdem wird dem Mann empfohlen, beim Orgasmus den Namen Allahs anzurufen.[94]

Das Sexuelle, das Geld, das Heilige und die Unreinheit stehen im Islam in einer in sich widersprüchlichen Verbindung.

Für die Männer zur Zeit Mohammeds gab es aufgrund einer Offenbarung eine besondere Einschränkung: Die Ehefrauen Mohammeds waren ihnen nach dessen Tod verboten:

> *Und es steht euch nicht zu, dem Gesandten Allahs Leid zuzufügen, und auch nicht jemals seine Gattinnen nach ihm zu heiraten. Das wäre bei Allah etwas Ungeheuerliches* (33:53).

Von einem möglichen Wunsch nach Wiederverheiratung bei diesen Frauen ist nicht die Rede. Immerhin war Aischa erst 19 Jahre alt, als sie Witwe wurde.

Kategoriale Ebene

Der Koran begründet die Vormachtstellung des Mannes und sein Züchtigungsrecht gegenüber seinen Frauen besonders mit den beiden folgenden Versen:

> *Die Männer stehen eine Stufe über ihnen. Und Allah ist mächtig und weise* (2:228).

> *Die Männer stehen über den Frauen, weil Allah sie (von Natur vor diesen) ausgezeichnet hat und wegen der Ausgaben, die sie von ihrem Vermögen gemacht haben. Die rechtschaffenen Frauen sind demütig ergeben und bewahren das, was geheimgehalten werden soll, da Allah es geheim hält. Ermahnt diejenigen, von denen ihr Widerspenstigkeit befürchtet, und entfernt euch von ihnen in den Schlafgemächern und schlagt sie* (4:34, Paret).

Aus diesen Versen werden überlegene rationale Fähigkeiten des Mannes abgeleitet, seine größere Macht des Wissens, seine Pflicht zur Überwachung und zum Schutz der Frauen und zur finanziellen Versorgung der Familie. Fähigkeiten, Rechte und Pflichten des Mannes werden als Bestandteil der natürlichen, von Allah geschaffenen Ordnung der Welt angesehen. Zu den Aufgaben der Frau gehören die Hausarbeit und die Erziehung der Kinder. Der Gehorsam gegenüber ihrem Ehemann gehört zu ihren Pflichten, und im Konfliktfall hat der Ehemann das letzte Wort, den Stichentscheid. Die Frau hat hingegen das Recht auf finanzielle Versorgung und Schutz, kann es aber verlieren, wenn sie ihrem Mann nicht gehorcht und sexuell nicht zur Verfügung steht. Das ist bis heute so. Zum Beispiel heißt es im ägyptischen *Code du Statut Personelle* in Art. 67: »Eine Frau verliert ihr Recht auf Unterhalt, wenn sie sich ohne legitimen Grund ihrem Ehemann verweigert.«[95]

Außerdem sehen viele Muslime in Sure 4:34 eine Legitimation des Ehemannes zum Strafen, auch mit Schlägen. Besonders in von Stammeskulturen geprägten islamischen Gesellschaften hat der Mann bis heute das Straf- und Gewaltmonopol – nicht der Staat und schon gar nicht die Frau.

In der Sunna gibt es Worte Mohammeds, die Frauen radikal abwerten. Ich zitiere hier einige nach Fatema Mernissis Buch »*Der politische Harem*«:

> »Niemals wird das Volk zu Wohlstand gelangen, dass seine Geschäfte einer Frau anvertraut.« (S. 67)
>
> »Der Hund und der Esel und die Frau unterbrechen das Gebet, wenn sie vor dem Gläubigen vorbeigehen, denn sie stellen sich zwischen ihn und die Qibla.« (S. 88)
>
> »Das Unglück liegt in drei Dingen: dem Haus, der Frau und dem Pferd.« (S. 103)
>
> »Ich hinterlasse dem Mann keine schädlicheren Unruhestifter als die Frauen.« (S. 104)
>
> »Ich habe einen Blick in die Hölle geworfen, und ich habe bemerkt, dass dort die Frauen in der Mehrzahl sind.« (S. 104)

Diese Verse sind alle aus den Sahih al-Bukhari und werden also als authentisch angesehen. Fatema Mernissi versucht nachzuweisen, dass sie nicht Worte Mohammeds, sondern Ausdruck vorislamischer Frauenfeindlichkeit sind, die Mohammed überwinden wollte: »In vielen Hadithen tauchte wieder die abergläubische Angst vor dem Weiblichen auf, die der Prophet besiegen wollte.« (S. 103) Sie fragt: »Welche Schlussfolgerung ist nun daraus zu ziehen, dass selbst die *Sahih*, die echten Hadithe, genau unter die Lupe genommen und kritisch betrachtet werden müssen?« (S. 104) Eine eindeutige Antwort gibt sie darauf nicht. Mernissi gehört wie die iranische Juristin und Nobelpreisträgerin Shirin Ebadi und die ägyptische Ärztin, Politikerin und Autorin Nawal el Saadawi zu den Frauen, die versuchen, die Benachteiligung der Frauen nicht dem Islam, sondern der vorislamischen Ordnung und den Männerinteressen im Frühislam zuzuschreiben. Sie wollen wie einige andere auch mit dem Islam die Gleichberechtigung der Frau durchsetzen. Das ist verständlich, denn will man sein Leben und seine Karriere schützen und dennoch für Frauen in islamischen Ländern Verbesserungen durchsetzen, dann muss man wohl diese Position vertreten, besonders als Frau. Es scheint ein Teufelskreis zu sein, aus dem es kein Entrinnen gibt, es sei denn durch ein bitteres Ende: durch Apostasie und damit durch die Hinrichtung. Andrea Büchler beendet ihre Studie über das islamische Familienrecht mit dem Schlusssatz: »Nachvollziehbare und akzeptierte rechtliche Reformen im Bereich des Familienrechts sind deshalb zumindest heute ohne Rückbindung an den Islam nur schwer denkbar.«[96]

Emotionale Ebene

Auf der Ebene der Gefühle werden Frau und Mann im Koran als gleichwertig betrachtet. Häufig wird vom Mann ein liebevoller Umgang mit seinen Ehefrauen gefordert. Sie sollen einander ergänzen und füreinander unentbehrlich sein.

> *Erlaubt ist euch, in der Nacht während der Fastenzeit Umgang mit euren Frauen zu haben. Sie sind eine Bekleidung für euch, und ihr seid eine Bekleidung für sie.* (2:187)

> *Und es gehört zu seinen Zeichen, dass er euch aus euch selbst Gattinnen erschaffen hat, damit ihr bei ihnen wohnet. Und Er hat Liebe und Barmherzigkeit zwischen euch gemacht.* (30:21)

Der Koran enthält zwei verschiedene Mythen über die Erschaffung der Frau. In dem einen wurde sie auf die gleiche Weise erschaffen wie der Mann, in dem anderen aus seiner Rippe. Zur Begründung der Gleichwertigkeit wird der eine Mythos, zur Begründung der Überlegenheit des Mannes der andere herangezogen. Die emotionale Zuneigung wird hier aus dem zweiten Mythos gefolgert. Ich gehe darauf im Kapitel 5 *Wurzeln im Alten Testament*, ausführlich ein.[97]

Trotz vieler frauenfeindlicher Verse enthält die Sunna die Aufforderung an den Mann, seine Frauen gut zu behandeln:

> »Und behandelt die Frauen fürsorglich und liebevoll! Die Frauen wurden aus einer Rippe geschaffen, und das am stärksten gebogene Teil der Rippe ist das obere. Wenn du versuchst, sie gerade zu biegen, wirst du sie zerbrechen. Überlässt du sie aber sich selbst, dann bleibt sie gekrümmt. Behandelt die Frauen also fürsorglich und liebevoll.« (Al-Bukhari)[98]

Religiöse Ebene

Aus islamischer Sicht ist der Mensch von Natur aus Moslem. Kinder sind also von Geburt an Muslime. Sie erben die Religion ihres muslimischen Vaters. Er ist für ihre religiöse Erziehung verantwortlich. Die Religion der Mutter spielt in einer bireligiösen Ehe mit islamischem Vater keine Rolle. Die Konsequenzen dieses islamischen Selbstverständnisses sind für eine nicht-muslimische Mutter gravierend. Eine Fatwa von Scheich Dr. Nassr Farid Wasil, Dozent für islamisches Recht und ehemaliger erster Rechtsgutachter Ägyptens, zeigt das eindeutig:

Frage: »Mein Bruder hat eine nichtislamische Europäerin geheiratet. Ich möchte wissen, welche Rechte eine nichtmuslimische Ehefrau hat.«

Antwort: Wasil verkündet, eine nichtmuslimische Ehefrau wie z.B. eine Jüdin oder Christin hätte die gleichen Rechte wie muslimische Ehefrauen. Ausnahme sei jedoch: »Sie darf ihre Kinder nicht religiös prägen (beeinflussen). Sie darf nicht versuchen, ihre Kinder von ihrer Religion zu begeistern oder sie davon zu überzeugen. Sie darf ihre Kinder nicht zu ihrem Gebetshaus (z.B. einer Kirche) mitnehmen. Sie darf nicht zulassen, dass sie ihre Religion praktizieren. Sie darf nicht fragen: Wieso darf mein muslimischer Ehemann unseren Kindern seine Religion (den Islam) beibringen, während ich ihnen meine Religion nicht beibringen darf? Der Grund (dieses Verbotes) liegt darin, dass die Kinder die Religion ihres Vaters übernehmen. Falls der muslimische Ehemann bemerkt, dass die religiösen Praktiken seiner Ehefrau seine Kinder prägen, muss er sie auffordern, diese Handlungen fernab ihrer Kinder auszuüben.«[99]

Die Fatwa ist ganz im Sinne von Artikel 10 der Kairoer Menschenrechtserklärung der OIC (Organisation der Islamischen Konferenz), der 57 islamische Staaten angehören. Der Artikel lautet:

> »Der Islam ist die Religion der unverdorbenen Natur. Es ist verboten, auf einen Menschen in irgendeiner Weise Druck auszuüben oder die Armut oder Unwissenheit eines Menschen auszunutzen, um ihn zu einer anderen Religion oder zum Atheismus zu bekehren.« (Kapitel 9.3)

Sowohl die Fatwa als auch die Menschenrechtserklärung der OIC sind mit unseren Rechtsvorstellungen zur Religionsfreiheit nicht vereinbar.

3.8 Das Scheidungsrecht des Ehemannes

Nach dem Allah-Gesetz hat der Ehemann das Recht, eine ihm gegebene Frau zurückzugeben. Der Koran folgt darin der Logik des Frauentauschs. Die Ehe ist nicht unauflöslich wie in der Katholischen Kirche, sondern ein Vertrag, den der Mann kündigen kann, wann immer er will. Das Recht des Ehemannes auf Entlassung seiner Frau ist im Koran so selbstverständlich, dass danach sogar eine Sure benannt ist: Sure 65 hat den Namen *al-talaq*, die Entlassung. Ihr erster Vers lautet:

> *O Prophet, wenn ihr die Frauen entlasst, dann entlasst sie unter Beachtung ihrer Wartezeit, und berechnet die Wartezeit (sorgfältig)* (65:1).

Der Ehemann hat nach dem Koran drei Möglichkeiten der Entlassung: Er kann jederzeit und ohne Angabe von Gründen die *Verstoßungsformel* »Du bist geschieden« aussprechen. Nach dreimaliger Anwendung der Formel ist die Ehe geschieden. Spricht er die Formel einmal aus, so kann er in der dreimonatigen Wartezeit das eheliche Miteinander jederzeit wieder aufnehmen, ohne sich der Frau zu erklären. Andernfalls wird die Scheidung rechtsgültig. Ebenso ist es nach dem zweiten Ausspruch der Formel. Beim dritten Mal gilt die Scheidung. Spricht der Mann die Formel beim ersten Mal gleich dreimal aus, so ist die Scheidung sofort rechtsgültig. Die Verstoßung ist ein Recht des Mannes, sie bedarf keiner Zeugen, ist heutzutage auch per Telefon oder SMS möglich. In den drei Monaten Wartezeit befindet sich die Frau natürlich in einem äußerst belastenden Schwebezustand. Viele Frauen haben immer Angst vor Entlassung. Geregelt ist die Verstoßung außer in Sure 65 auch in Sure 2:

> *Die Entlassung darf zweimal erfolgen. Dann müssen sie (die Frauen) entweder in rechtlicher Weise behalten oder im Guten freigegeben werden. Und es ist euch nicht erlaubt, etwas von dem, was ihr ihnen zukommen ließet, zu nehmen, es sei denn, beide fürchten, die Bestimmungen Allahs nicht einzuhalten.* (2:229)

Die zweite Variante der Entlassung ist die so genannte *Rückenformel*: »Du sollst mir wie der Rücken meiner Mutter sein.« Das bedeutet: Wie die Mutter sexuell verwehrt. In zwei Versen geht der Koran darauf ein:

> *Allah hat keinem Mann zwei Herzen in seinem Innern gemacht. Und Er hat eure Gattinnen, von denen ihr euch durch den Rückenspruch trennt, nicht (wirklich) zu euren Müttern gemacht.* (33:4)

Diejenigen, die sich von ihren Frauen durch den Rückenspruch scheiden und dann doch zu dem zurückkehren, wovon sie reden, haben einen Sklaven freizulassen, bevor sie beide einander berühren. Damit werdet ihr ermahnt. (58:3)

Die dritte Variante ist der *Verfluchungsschwur*:

Im Falle derer, die ihren Gattinnen Untreue vorwerfen, aber keine Zeugen haben außer sich selbst, besteht die Zeugenaussage eines solchen Mannes darin, dass er viermal bei Allah bezeugt, er gehöre zu denen, die die Wahrheit sagen, und beim fünften Mal (bezeugt), der Zorn Allahs komme über ihn, wenn er ein Lügner sein sollte. Von ihr wehrt es die Pein ab, dass sie viermal bei Gott bezeugt, er sei ein Lügner, und zum fünften Mal (bezeugt), der Zorn Allahs komme über sie, wenn er zu denen gehören sollte, die die Wahrheit sagen. (24:6-9)

Auf den ersten Blick sieht das nach Gleichbehandlung der Geschlechter aus. Die Frau entgeht zwar den im Koran vorgeschriebenen 100 Peitschenhieben für Ehebruch (24:2) und der in der Sunna angeordneten Steinigung, aber die Prozedur ist damit nicht beendet. Danach hat der Mann dreimal die Verstoßungsformel auszusprechen, und die Frau ist damit entlassen. Sie ist eine Verstoßene, verliert das Recht auf Unterhalt und in der Regel auch ihre Kinder.

Geschichten dazu finden sich in der Sunna nach Bukhari, zum Beispiel diese:

»Ich und viele andere Leute waren dabei, als ´Uwaimir und seine Frau in Gegenwart des Gesandten Allahs den Verfluchungsschwur leisteten. Anschließend sagte ´Uwaimir: ›O Gesandter Allahs, wenn ich sie jetzt noch als Frau behalten würde, hätte ich einen Meineid geleistet!‹ Und er sprach dreimal hintereinander die Scheidung aus, bevor der Gesandte Allahs ihn dazu auffordern konnte.«[100]

Keine der drei Entlassungsvarianten kann die Frau gegen ihren Mann anwenden. Das zeigt einmal mehr ihren Objektstatus; sie ist »Saatfeld« im Besitz des Gutsherren. Die Scheidungsgewalt liegt allein beim Mann.

Die Entlassung von Frauen, mit denen noch keine sexuelle Beziehung eingegangen wurde, ist dem Mann grundsätzlich möglich. Finanziell müssen sich dann die Vertragspartner einigen.

Es ist für euch kein Vergehen, wenn ihr die Frauen entlasst, solange ihr sie noch nicht berührt oder für sie noch keine Morgengabe ausgesetzt habt. Und sichert ihnen – der Wohlhabende nach seinem Maß und der Unbemittelte nach seinem Maß – eine Versorgung auf rechtliche Weise (...). Und wenn ihr sie entlasst, noch ehe ihr sie berührt habt, während ihr für sie eine Morgengabe ausgesetzt habt, so steht ihnen die Hälfte von dem (zu), was ihr ausgesetzt habt, es sei denn, sie lassen etwas (davon nach) oder der, unter dessen Obhut die Eheschließung steht, lässt (etwas davon) nach. (2:236 f.)

Der Wechsel der Religion, sei es vom Islam zu einer anderen oder umgekehrt, hat Auswirkungen auf Ehe, Brautpreis und Morgengabe. Da es einer Muslima grundsätzlich nicht erlaubt ist, mit einem Nicht-Moslem verheiratet zu sein, muss die verheiratete Frau nach ihrer Konversion zum Islam ihren nicht-muslimischen Mann verlassen. Sie hat dann nicht nur das Recht dazu, sondern auch die Pflicht. Dem verlassenen Mann sollte der Brautpreis erstattet werden. Wird sie danach von einem Muslim geheiratet, so hat dieser Brautpreis und Morgengabe zu bezahlen.

O ihr, die ihr glaubt, wenn gläubige Frauen als Auswanderer zu euch kommen, dann prüft sie. (...) Wenn ihr feststellt, dass sie gläubig sind, dann schickt sie nicht zu den Ungläubigen zurück. Zur Ehe sind weder diese Frauen ihnen erlaubt, noch sind sie diesen Frauen erlaubt. Und lasst ihnen (den früheren Männern dieser Frauen) jedoch zukommen, was sie (seinerzeit für diese Frauen) ausgegeben haben. Es ist für euch kein Vergehen, sie zu heiraten, wenn ihr ihnen ihren Lohn zukommen lasst. Und haltet nicht am Eheband mit den ungläubigen Frauen fest, und fordert, was (ihr bei der Eheschließung) ausgegeben habt zurück. Auch sie sollen zurückfordern, was sie ausgegeben haben (60:10).

Verlässt eine Frau den Islam und ihren muslimischen Ehemann, so hat dieser das Recht, Brautpreis und Morgengabe zurückzufordern. Erhält er sie nicht zurück, so ist nach dem Allah-Gesetz eine »Strafaktion« mit »Beute« durchzuführen. Ich zitiere den Koranvers in der deutschen Übersetzung von Khoury, außerdem in der englischen Übersetzung von Al-Hilali und in der deutschen Fassung von Nadeem Elyas, die beide vom König-Fahd-Komplex für den Druck vom Koran, Medina, verbreitet werden:

Und wenn euch etwas von euren Gattinnen an die Ungläubigen abhanden kommt und ihr nach einer Strafaktion Beute macht, dann lasst denen, deren Gattinnen fortgegangen sind, soviel zukommen, wie sie ausgegeben haben (60:11, Khoury).

And if any of your wives have gone from you to the disbelievers, (as apostates and you asked them to return back your Mahr but they refused) – then you went out for a Chazwah (military expedition) (against them and) gained booty; then pay from that booty to those whose wives have gone, the equivalent of what they had spent (on their Mahr) (60:11, Al-Hilali).

Und wenn euch etwas von euren Gattinnen bei den Ungläubigen verloren geht (D.h.: Wenn jemand von euren Gattinnen zu den Ungläubigen fortläuft und ihr die geleistete Morgengabe nicht wieder bekommen könnt) und ihr dann (in) eine(r) Strafmaßnahme (Beute) macht, dann gebt denjenigen, deren Gattinnen fortgegangen sind, soviel, wie sie (zuvor für sie) ausgegeben haben (60:11, Elyas).

Der Koranvers zeigt einmal mehr, dass die Ehefrau nach dem Allah-Gesetz vom Mann gekauftes Gut ist und daher ihren Besitzer nicht verlassen kann ohne finanzielle Entschädigung, die in der Regel aus der Rückgabe des Brautpreises (*mahr*) besteht. Der Vers folgt der Logik des Frauentauschs. Erfolgt die Rückerstattung nicht, dann erlaubt Allah dem Mann, zur Strafe einen Beutezug durchzuführen. Die Erklärung »military expedition« in der englischen Koranausgabe wurde wohl aus strategischen Gründen in der deutschen Übersetzung aus demselben Haus weggelassen. Alle drei Übersetzungen lassen eine weitere Eigenart der islamischen Geschlechterordnung erkennen: Nur der Mann kann in den Krieg ziehen und Kriegsbeute machen, die Frau kann nur Kriegsbeute sein bzw. ihren Besitz den Kriegern als Beute abliefern. Anders ist das heute bei den Selbstmordattentaten (Kapitel 10.4).

Die muslimische Ehe gilt bei Apostasie grundsätzlich als geschieden. Bekannt wurde der Fall des ägyptischen Linguistikprofessors Nasr Hamid Abu Zaid, dessen Koran-Hermeneutik von orthodoxen islamischen Theologen als Apostasie bewertet wurde, und der deshalb 1995 vom Kairoer Familiengericht in zweiter Instanz zwangsweise geschieden wurde. Das Urteil wurde im August 1996 vom Verfassungsgerichtshof bestätigt. Abu Zaid floh mit seiner Ehefrau nach Holland, wo er Islamwissenschaft lehrt.[101]

Mit Hilfe staatlicher Gesetzgebung wird in einigen Staaten im islamischen Kulturraum versucht, das Recht des Mannes auf Entlassung / Verstoßung der Ehefrau einzuschränken, besonders der willkürliche Umgang mit dem Allah-Gesetz. Aber nur in Tunesien und in der Türkei ist die außergerichtliche Scheidung verboten. Das betrifft jedoch nur die staatlich geschlossenen Ehen und nicht die Imam-Ehen, die staatlich nicht registriert sind.

Bis heute sind sich führende islamische Theologen darin einig, dass das Allah-Gesetz nur dem Mann das Scheidungsrecht erteilt und nicht der Frau. Im Jahre 2005 verfasste Muhammad Abdul-Gani Schama, Dozent an der Al-Azhar-Universität in Kairo, die folgende Scheidungsfatwa:

»Das islamische Gesetz verlieh lediglich dem Ehemann das Scheidungsrecht, weil dieser für die Finanzierung seiner Familie zuständig ist (...). Die Gerechtigkeit verlangt, dass das Scheidungsrecht allein dem Ehemann zusteht. Er muss seiner Ehefrau *Mu'akhar* (eine Geldsumme als Entschädigung nach der Scheidung) auszahlen. Deshalb macht er sich viele Gedanken, ob er seine Frau verstoßen soll oder nicht. Wenn die Frau jedoch das Scheidungsrecht hätte, würde sie dieses missbrauchen, weil sie ihrem Ehemann kein *Mu'akhar* zahlen muss. Es muss auch bedacht werden, dass die Frau, egal wie kultiviert oder weise sie sein mag, ein Wesen bleibt, dass oft von seinen Emotionen und nicht von seiner Rationalität beherrscht wird. Die Frau besitzt nicht so viel Geduld und Weisheit wie ein Mann. Infolge dessen würde sie beim Verfügen über das Scheidungsrecht dieses missbrauchen. Es ist bedauerlich, dass einige Männer sich wie Frauen von ihrer Umgebung beeinflussen lassen. So werden sie schnell zornig und benutzen das Scheidungsrecht unüberlegt.«

Mohammad Abdul-Gani Schama behauptet außerdem, dass die Anzahl der Männer, die das Scheidungsrecht missbrauchten, sehr gering sei.[102]

Zu ergänzen ist noch das folgende Allah-Gebot:

Will ein Muslim eine von ihm entlassene Ehefrau wieder heiraten, so muss sie zuvor von einem anderen Mann geheiratet und entlassen worden sein. (2:230)

3.9 Das Recht der Ehefrau auf Loskauf (*al-khul*)

Im Unterschied zum Mann verfügt die Frau also über kein Scheidungsrecht. Sie kann ihren Ehemann nicht verstoßen und nicht entlassen. Sie kann auch nicht einfach weggehen, denn sie ist gekauftes Gut und keine eigenständige Person. Aber sie kann sich loskaufen. Dafür gibt sie dann in der Regel ihren Brautpreis teilweise oder sogar ganz zurück. Den Loskauf (*khul*) erlaubt der Koranvers 2:229:

Und wenn ihr fürchtet, dass die beiden die Bestimmungen Allahs nicht einhalten werden, so besteht für sie beide kein Vergehen in bezug auf das, womit sie sich loskauft.

Auch Mohammed erlaubte den Loskauf:

»Wie Ibn Abbas erzählt, kam die Frau des Thabit bin Qais zum Propheten und sagte: »Oh Gesandter Allahs! Ich bezichtige Thabit nicht der Fehler in seinem Charakter oder seiner Religion, doch mir als Muslimin misfällt es, fortgesetzt unislamisch zu leben (wenn ich bei ihm bleibe).« Da sagte Allahs Gesandter zu der Frau von Thabit: »Willst du den Garten, den dein Ehemann dir als Brautpreis gegeben hat, zurückgeben?«

Sie sagte: »Ja.« Dann sagte der Prophet zu Thabit: »O Thabit! Nimm diesen Garten an und entlasse sie.« (Übers. Sch.)[103]

Der Hadith über den Loskauf der Frau von Thabit wurde den Anmerkungen zu Sure 2:239 der von den Saudis weltweit verschenkten englischen Koranausgabe aus dem König-Fahd-Komplex für den Druck vom Koran, Medina, entnommen. Die deutsche Ausgabe aus demselben Haus mit der Übersetzung von Nadeem Elyas enthält den Hadith nicht.

Mohammed schaffte Präzedenzfälle durch seine Entscheidungen und Handlungen, nicht nur für Kinderehen, sondern auch für den *khul*. Im zitierten Hadith geht es um einen Präzedenzfall im islamischen Vertragsrecht, und zwar um die von einer Frau erwünschte Kündigung eines Ehevertrags. Mohammed tritt als Vertreter der Frau auf, da sie, das ist implizit im Text gesagt, ihre Rechte nicht selbst vertreten kann. Sie ist kein Verhandlungspartner. Sie kann den von Mohammed vorgeschlagenen Modus – Entlassung gegen Rückgabe des Brautpreises – ihrem Ehemann nicht selbst vortragen. Ein männlicher muslimischer Vormund, in diesem Fall Mohammed selbst, vertritt die »unmündige« erwachsene Ehefrau. Über das Tausch-Angebot, Rückgabe des Gartens gegen Entlassung, kann dann der Ehemann entscheiden und, wenn er will, es annehmen und die Entlassung aussprechen. Der Hadith bestätigt noch einmal die Struktur des Heiratsgeschäfts im Islam. Es folgt der Logik des Frauentauschs und das bedeutet:

- Beim Heiratsvertrag ist die Frau Vertragsobjekt
- Vertragspartner sind Männer, in der Regel der Bräutigam und der Vormund der Frau
- Beim Brautkauf wird das zeitlich unbegrenzte und alleinige Nutzungsrecht des »Schatzes«, des Gebärteils der Frau, gekauft
- Das Scheidungsrecht hat nur der Mann
- Die Frau hat das Recht zum Loskauf (*khul*)
- Vertragspartner beim Loskauf der Frau sind Männer
- Beim Loskauf wird das eigentlich unbegrenzte Nutzungsrecht beendet
- Der Brautpreis (*mahr*) ist kein Geschenk, sondern Tauschware
- Die Rückgabe des Brautpreises beim Loskauf ist Entschädigung für die vorzeitige Beendigung des Nutzungsrechts
- Beim Loskauf profitiert der Mann, da er den bei der Hochzeit gezahlten Preis für die Nutzung des »Schatzes« nachträglich zurückerstattet bekommt, auch nach jahrelanger »Benutzung«.

Im vorgelegten Fall – »Schatz« gegen Garten – könnte die Frau von Thabit das Grundstück wahrscheinlich besonders nach der Scheidung gut gebrauchen. Aber da der Wunsch nach Entlassung nicht vom Mann ausgeht, sondern von der Frau, muss sie zahlen, obwohl ihr »Schatz« seit der Hochzeit benutzt worden ist. Sie ist eben nicht Herrin über ihren Körper.

Wenn der Loskauf in Koran und Sunna auch erlaubt ist, so ist er doch vielen Frauen nicht möglich, da ihnen das Geld dazu fehlt. In armen Familien wird der *mahr* meist im Familienalltag aufgebraucht. Umso mehr sind die Frauen abhängig vom Ehemann und zum Gehorsam verpflichtet, auch dann, wenn die Ehe für sie unerträglich geworden ist, wenn der Mann von seinem koranisch legitimierten Recht auf Züchtigung Gebrauch macht (4:34), wenn sie ihre eigenen Wünsche begraben oder den Ehemann mit einer zweiten, dritten oder gar vierten Ehefrau teilen müssen. Empfohlen wird daher, Scheidungsgründe ebenso wie die Zukunft der Kinder bei Trennung der Eltern bereits im Ehevertrag festzuschreiben. Denn ein Recht auf ihre Kinder hat die Mutter nach dem Allah-Gesetz nicht, schon gar nicht, wenn sie zum Christentum konvertiert. Das Kind gehört dem Vater und der Umma. Die Gebärfähigkeit der Frau dient der biologischen Islamexpansion.

Andrea Büchler charakterisiert den Loskauf mit folgenden Worten:

> »*Khul´* ist nach dem Verständnis aller vier sunnitischen Rechtsschulen das Versprechen des Mannes, die Scheidung auszusprechen, sobald er die vereinbarte Entschädigungsleistung der Frau erhalt. (...) Grundsätzlich ist auch bei dieser Scheidungsform das Einverständnis des Mannes erforderlich, zumal er die Scheidungsformel auszusprechen hat.«[104]

Das Recht der Frau auf Loskauf ist kein archaisches islamisches Phänomen, das inzwischen überwunden wäre. Büchler informiert in ihrer genannten Studie im Kapitel *Der Loskauf* über die Rechtslage dazu in mehreren Ländern. Zu Ägypten schreibt sie:

> »Die neueste Entwicklung in diesem Bereich bildet das im Jahr 2000 vom ägyptischen Parlament nach kontroverser Debatte verabschiedete ›Gesetz Nr. 1 zur Neuregelung einiger Fragen des Personalstatuts‹. Dieses Gesetz, dessen Verfassungsmäßigkeit im Jahr 2002 durch den ägyptischen Verfassungsgerichtshof bestätigt wurde, regelt erstmals den Loskauf, *khul´*, außerhalb einer Vereinbarung. Erklärtes Ziel der Reform war es, die Ehescheidung für Frauen zu erleichtern: Die Frau kann nun – erzielen die Ehepartner keine Einigung – ohne das Einvernehmen des Ehemannes und ohne entsprechende Vereinbarung die Scheidung erwirken, sofern sie die Brautgabe zurückgibt und auf sämtliche weiteren finanziellen Ansprüche verzichtet. (...) Zu-

dem wird ihr nach wie vor die gesellschaftliche Unterstützung fehlen. (...) Die jetzt verwirklichte *khul´*-Scheidung knüpft an das klassische islamische Recht an und hat durchaus eine restriktive Ausgestaltung erfahren, bedeutet aber dennoch eine entscheidende Fortentwicklung des Rechts zugunsten von mehr Geschlechtergleichheit.«[105]

Das neue Gesetz ist konform mit der Scharia.

In einigen anderen islamischen Ländern hat die Frau unter bestimmten Bedingungen die Möglichkeit, eine gerichtliche Scheidung (*faskh*) zu beantragen.[106] Die Malekitische Rechtsschule hat das immer schon genehmigt. In Marokko zum Beispiel muss die Frau dann Scheidungsgründe benennen. Akzeptiert werden nachweisbare Misshandlung und mangelhafte Versorgung durch den Ehemann, seine Inhaftierung, lange grundlose Abwesenheit sowie Impotenz. In der Regel verliert die Frau, wenn sie die Scheidung selbst beantragt, Kinder, Wohnung, Unterhalt, Brautpreis und Geschenke ihres Mannes. Sie beginnt allein ein neues schweres Leben, meist ohne private Geborgenheit und berufliche Sicherheit. Im Interesse der Frau können Scheidungsmodalitäten bereits in den Heiratsvertrag aufgenommen werden. Zum Beispiel das Recht der Frau auf Scheidung im Fall einer zweiten Heirat ihres Ehemannes.

Der Loskauf (*khul*) ist Bestandteil der vom Internationalen Islamrat 1981 veröffentlichten *Allgemeinen Erklärung der Menschenrechte im Islam* (AEMRI). (Vgl. Kapitel 9.2) Dort heißt es in Artikel 20 d: »Der Ehefrau steht es zu, von ihrem Ehemann die Beendigung des Ehevertrags in Freundlichkeit durch *hul´* (Selbstloskauf der Frau aus der Ehe gegen Entgelt) zu verlangen.« Selbst die für Deutschland geschönte Version der AEMRI, herausgegeben vom Islamischen Zentrum München, zählt den Loskauf zu den Menschenrechten. Artikel XX c lautet: »Jede verheiratete Frau ist berechtigt, die Auflösung der Ehe zu verlangen und durchzuführen (*khul´a*) im Einklang mit dem Gesetz.« Mit »Gesetz« ist die Scharia gemeint, wie den Erläuterungen zu entnehmen ist. Der *khul* zeigt exemplarisch, wie sich in Deutschland und überall im Westen die Scharia als parallele Rechtskultur ausbreitet.

3.10 Ehe auf Zeit (*mut´a*)

> *Erlaubt ist euch (...), dass ihr euch mit eurem Vermögen (Frauen) sucht in der Absicht, (sie) unter Schutz zu stellen und nicht Unzucht zu treiben. Denen unter ihnen, die ihr genossen habt, sollt ihr – das ist eine Rechtspflicht – ihren Lohn geben. Es besteht für euch kein Vergehen, wenn ihr, nachdem die Rechtspflicht festgesetzt ist, darüber hinaus etwas in gegenseitigem Einvernehmen vereinbart. Allah weiß Bescheid und ist weise* (Koran 4:24).

Im schiitischen Islam wird dieser Koranvers als Rechtfertigung der *Mut´a*-Ehe, der Ehe auf Zeit, angesehen. Die *mut´a* ist eine Sonderform der Ehe. Für sie gelten Sonderbedingungen. Die Vertragspartner – *Mut´a*-Frau und *Mut´a*-Mann – schließen einen Ehevertrag ab, der eine Art Mietvertrag ist, in dem die Dauer der Ehe oder eine bestimmte Anzahl von Sexualkontakten und die Besoldung der Frau festgelegt werden. Die Zeitehe kann Stunden, Monate oder Jahre dauern. Bei kurzer Ehe ist die Besoldung der Frau am Ende üblich. Zum Vertragsabschluss werden weder Zeugen noch Imam oder Richter benötigt. Auch braucht die Frau keinen Geschlechtsvormund, es sei denn, sie ist noch nicht volljährig, was sie im Iran aber schon mit neun Jahren ist. (Siehe: *Kinderehen*) Der Vertragstext ist formlos und variabel und kann mündlich oder schriftlich vereinbart werden. Er kann zum Beispiel folgenden Wortlaut haben: »Ich, Mohammed, schließe mit dir, Fatima, für zwei Wochen und für 100.000 Rial eine *Mut´a*.« – »Ich, Fatima, nehme die *Mut´a* an.«

Außerdem können im Vertrag die Bezahlung einer Unterkunft bzw. ein Beitrag zum Unterhalt der Frau festgelegt sein. Dazu ist der Mann aber im Unterschied zur Normalehe nicht verpflichtet.

Es gibt für Frau und Mann zwei grundsätzlich andere Vorbedingungen für die Zeitehe. Der Mann kann durchaus zum Zeitpunkt des Vertragsabschlusses mit ein bis vier Frauen auf unbegrenzte Dauer verheiratet sein und gleichzeitig noch mit beliebig vielen Zeit-Ehefrauen, ähnlich wie bei den Huris im Paradies. Die Frau dagegen muss unverheiratet sein. Außerdem darf der Moslem, wie bei Normalehen, auch Christinnen, Jüdinnen und Zoroastrierinnen, also Frauen aus den Buchreligionen, auf Zeit heiraten. Die Muslima darf nur mit einem Moslem einen Ehe-Zeitvertrag abschließen. Auch hier zeigen sich die Besitzansprüche der moslemischen Männer deutlich. »Ihre« Frauen entlassen sie auch nicht auf Zeit aus ihrer Herrschaft, so als seien sie Sklavinnen.

Frauen gehen *Mut'a*-Ehen in der Regel nicht als Erst-Ehen ein, sondern erst als Witwe oder nach einer Scheidung. Die Gründe können finanzielle Not, Schutzlosigkeit, aber auch Zuneigung sein. Andere Gründe können sich aus der strikten Geschlechtertrennung im schiitischen Islam ergeben. Um zusammen arbeiten, reisen oder Freizeit verbringen zu können, werden Schein-*Mut'a*-Ehen ohne sexuelle Kontakte abgeschlossen. Treffpunkte zum Kennenlernen sollen bevorzugt Moscheen oder Kulträume mit Heiligenschrein sein.

Eine Scheidung gibt es bei der Zeitehe nicht. Nach Ablauf der Vertragsfrist ist sie beendet. Verlängerung ist nicht möglich, aber es kann von denselben Partnern ein neuer Vertrag abgeschlossen werden. Kinder aus solchen Ehen gelten als legitim, also als ehelich. Sie gehören dem Vater, wie Kinder aus Normalehen auch, haben die gleichen Rechte wie diese, bleiben aber in der Regel bei der Mutter. Erkennt der Vater sie nicht als seine Kinder an, so können weder die Mutter noch die Kinder dagegen rechtlich vorgehen. Erbrechtliche Ansprüche erwirbt die Frau keine. Die *Mut'a* soll besonders beliebt sein bei Geschäftsleuten auf Reisen und bei Mullahs. In meiner Biographieforschung wurde sie mir bekannt durch Frauen, die in Gefängnissen des Iran vom Personal in eine *Mut'a*-Ehe gezwungen wurden.

Sunniten halten diese Form der Ehe für eine durch Koran und Sunna nicht zu rechtfertigende Form der Prostitution. In der Schia distanzieren sich die Ismaeliten von dieser Sonderform der Ehe. Die Zeitehe gehört in der Auseinandersetzung zwischen den großen islamischen Konfessionen zu den dauerhaften Streitthemen.

In der Sunna wird sie mehrfach thematisiert. Danach hat das Vorbild Mohammed sie zunächst erlaubt und später verboten. Dazu zwei Texte aus der authentischen Hadithsammlung nach Bukhari:

> »Wir waren mit dem Gesandten Allahs auf einem Kriegszug und hatten keine Frauen dabei. Daher sagten wir zum Propheten: ›Ist es nicht besser, wenn wir uns kastrieren lassen?‹ Er verbot uns das, erlaubte aber, Frauen für eine begrenzte Zeit zu ehelichen. In diesem Zusammenhang rezitierte er: ›Ihr Gläubigen! Verwehrt euch nicht die guten Dinge, die Allah euch erlaubt hat! Und begeht keine Übertretung! Allah liebt die nicht, die Übertretungen begehen.‹« (5:87)[107]

Danach soll Mohammed seine Meinung geändert haben. Es wird berichtet: »Ali hat eindeutig darauf hingewiesen, dass der Prophet seine Genehmigung der Zeitehe zurückgenommen hat.«[108]

Imam Dscha'far as-Sadiq (gest. 765), der sechste Imam nach Zählung der Schia und Begründer des schiitischen Rechts, soll zur *Mut'a* gesagt haben: »Ich möchte nicht, dass ein einziger Mann diese Welt verlässt, ohne die Zeitehe praktiziert zu haben, und sei es auch nur ein einziges Mal.«[109]

3.11 Frauenraub und Frauengeschenk

Mohammed lebte von 595 bis zum Tod seiner ersten Ehefrau Khadidscha ungefähr im Jahre 624 in monogamer Ehe. Danach soll er elf oder zwölf Frauen geheiratet und mit neun Ehefrauen gleichzeitig zusammengelebt haben: Sauda, Aischa, Hafsa, Zainab, Umm Salama, Zainab bint Dschahsch, Dschuwairiyya, Safiyya, Umm Habiba, Mariya, Maimuna und Raihana.

> »Anas berichtet: Gewöhnlich wohnte der Prophet in einer Nacht allen seinen Frauen bei. Und er hatte neun Frauen.« (Al-Bukhari)[110]

Drei Frauen kamen aus der Kriegsbeute: Dschuwairiyya, die auf dem Feldzug gegen den Stamm Banu Mustaliq gefangen genommen wurde, Saffiya aus dem Kampf gegen die Juden von Khaibar, und die dritte, Raihana, stammte aus der Beute von der Vernichtungsaktion gegen die Banu Quraiza. Mehrere arabische Berichterstatter schreiben über die Jüdin Raihana: »Nachdem die Muslime die männlichen Glieder des jüdischen Stammes vernichtet hatten, wurde sie von Mohammed aus der Beute ausgewählt.«[111]

Frauen wurden auch mit Zustimmung Mohammeds an ihn verschenkt. So soll der byzantinische Statthalter von Ägypten ihm vier Sklavinnen geschenkt haben. Am bekanntesten ist die wegen ihrer Schönheit von Mohammed bevorzugte koptische christliche Sklavin Mariya, von der er einen Sohn hatte, der allerdings im Kindesalter starb. Allah geht auf den Konflikt zwischen der Ehefrau Hafsa und der Sklavin Mariya in Sure 66 Vers 1 ein. Khoury beschreibt den Kontext dazu in der Anmerkung: »Um seiner Gattin Hafsa zu gefallen, hatte Muhammed versprochen, auf den sexuellen Verkehr mit seiner koptischen christlichen Sklavin Maria zu verzichten.«[112] Aber Allah offenbarte ihm dazu die folgenden Worte:

> *O Prophet, warum erklärst du für verboten, was Allah dir erlaubt hat, im Streben danach, deinen Gattinnen zu gefallen?* (66:1)

Indirekt ist das eine Legalisierung von Frauenraub, Frauengeschenk und Frauenversklavung. Unpassenderweise wurde die Sure »Das Verbot« (*al-tahrim*) benannt.

3.12 Erbrecht

Revolutionär für die islamische Gemeinde war die folgende »Rechtsauskunft« Allahs:

> *O ihr, die ihr glaubt, es ist euch nicht erlaubt, die Frauen wider ihren Willen zu erben.* (4:19)

Mit diesem Koranvers wurde die Leviratsehe verboten, ein großer Fortschritt für Frauen. Sie wurden zuvor in heidnischen Stammeskulturen auf der Arabischen Halbinsel als Teil der Erbmasse angesehen und konnten im Fall des Todes ihres Ehemannes an einen Verwandten vererbt werden. In der Regel erbte der älteste Sohn die Witwe oder auch mehrere. War sie nicht seine Mutter, so konnte er sie heiraten oder sie an seinen Halbbruder, Cousin oder Neffen weitergeben, wenn dieser sie heiraten wollte. Durch das neue Gebot wurde die Position der Männer verschlechtert: Die Erbmasse verringerte sich. Eine weitere Verschlechterung brachte den Männern die »Rechtsvorschrift« in Vers 7 von Sure 4. Danach wurde die Frau als Erbin anerkannt und mithin als Rechtsperson, wenn auch nicht als gleichberechtigte. Rechtsperson war sie vor Mohammed in den heidnischen Stämmen nicht. Mohammed verkündete diese zweite revolutionäre »Rechtsauskunft« Allahs:

> *Den Männern steht ein Teil von dem, was die Eltern und die Angehörigen hinterlassen, zu, und den Frauen steht ein Teil von dem, was die Eltern und die Angehörigen hinterlassen, zu, mag es wenig oder viel sein; (dies gilt) als Pflichtteil.*

Das Allah-Gesetz unterscheidet zwischen Pflichtteilen und Vermächtnis. Zu den Erben der Pflichtteile gehören Eltern, Geschwister, Gatte oder Gattinnen und die Kinder der Verstorbenen. Außer bei den Eltern erben die männlichen Erben doppelt so viel wie die weiblichen bei gleichem Verwandtschaftsgrad. Das entspricht der systemimmanenten Logik. Im koranischen Erbrecht ist die Frau als Rechtsperson anerkannt, aber rechtlich benachteiligt. Apologeten des Islam begründen dies mit dem islamischen

Grundsatz der Verschiedenheit, wonach Gleiches gleich und Ungleiches ungleich zu behandeln ist. Die ungleichen Verpflichtungen führen im Erbrecht zu ungleichem Anrecht. Die Aufteilung des Erbes ist kompliziert. Grundzüge des islamischen Erbrechts sind in Sure 4 (*al-nissa*, Die Frauen) in den Versen 7 bis 12, 19 und 176 geregelt. Detaillierte Rechtsvorschriften dazu enthalten in Sure 4 die Verse 11-13 und 176.

Betrachtet man die Rechtsvorschriften Allahs genau, so fällt eine Ausnahme auf, und zwar bei den Eltern. Beerben sie ihren Sohn, so erhalten Vater und Mutter nach dem Koran das Gleiche:

> *Den beiden Eltern steht jedem von ihnen ein Sechstel dessen, was er hinterlässt zu, wenn er Kinder hat; wenn er keine Kinder hat und seine Eltern ihn beerben, so steht seiner Mutter ein Drittel zu. Hat er Brüder, so steht seiner Mutter ein Sechstel zu.* (4:11)

Motiviert kann das nur sein durch eine hohe Wertschätzung der Mutterschaft und durch die Anerkennung der Arbeit der Mutter für die Familie und damit für die Gesellschaft. Das koranische Erbrecht stärkt die Position der Mutter im patrilinearen System und ihr Recht, auch als Witwe im Haus des verstorbenen Ehemannes weiter wohnen zu können. Die Rechtsvorschriften in Sure 4:11-13 lassen jedoch – wenn man die Angaben durchrechnet – Fragen offen. Wohl deshalb gibt es in Sure 4:176 eine Ergänzung. Sie beginnt mit der für den Koran typischen Eröffnung einer »Rechtsauskunft« Allahs:

> *Sie fragen dich um Rechtsauskunft. Sprich: Allah gibt euch eine Rechtsauskunft über die seitliche Verwandtschaft. Wenn jemand stirbt, ohne ein Kind zu haben, und er eine Schwester hat, dann steht ihr die Hälfte dessen, was er hinterlässt, zu.* (4:176)

Es folgen weitere fallbezogene Vorschriften. Besonders formal ist der zitierte Vers aufschlussreich. Mit der zweiteiligen Eröffnungsformel – »Sie fragen dich um (...). Sprich: (...)« – werden im Koran häufig Antworten auf Rechts-, Wissens- und Glaubensfragen eingeleitet, z.B. nach der Erlaubnis zum Kämpfen im Ramadan (2:217), dem angemessenen Verteilen der Beute (8:1), dem Umgang mit der Menstruation (2:222) und nach der Auferstehung (17:49, 17:51). In kcincm Fall stellen die Fragenden oder Mohammed die Frage selbst. Es ist also kein prophetischer Text. Frage und Antwort spricht nach dem Glauben der Muslime der Gesetzgeber Allah selbst. Öfter als die gesamte Formel ist nur, wie bei der Bekleidungsvorschrift in Sure 33:59, die zweite Hälfte der Eröffnung, der Befehl, eingesetzt: »Sprich!«

(*qul*). Dieser Befehl soll im Koran 332 mal enthalten sein.[113] Derartige sprachliche Konstruktionen gibt es in der Bibel nicht.

Ziel des islamischen Erbrechts ist es, das Vermögen in der Familie aufzuteilen und es bzw. die Familie gleichzeitig zusammenzuhalten. Eine junge Frau, Tochter eines verstorbenen Haus- und Gartenbesitzers, erklärte mir das in Marokko so:

> »Meine Mutter hat quasi ein Zimmer geerbt, seine Brüder und Schwestern die Küche und zwei Zimmer, seine Söhne die Einrichtung, meine Schwestern je ein Beet, meine Großeltern das Dach und ich einen Obstbaum. Verfügen kann ich über meinen Erbteil nicht, genauso wenig wie die andern.«

Die marokkanische Soziologin Fatema Mernissi, deren Bücher in der islamischen Welt teilweisen verboten sind, schreibt zum islamischen Erbrecht:

> »Die Frau hatte in der vorislamischen Tradition keinerlei Recht zu erben. Dies war in allen Fällen eine Angelegenheit der Männer, der des Klans des Ehemanns oder ihres eigenen. (...) Die Männer lehnten sich gegen die (neuen) Gesetze auf, denn, würden sie sie akzeptieren, unterstützten Mohammed und Allah bald auch andere Forderungen der Frauen, wie z.B. das Recht auf Kriegsführung und Kriegsbeute.«[114]

Aufgehoben wurden diese Koranverse aber nicht.

Was zunächst für Frauen wie ein Fortschritt aussieht, kann auch ins Gegenteil umschlagen: Wo Töchter an Vettern ersten Grades verheiratet werden, aber mehr Mädchen als Jungen in der Verwandtschaft sind, besteht bei einer Verheiratung der Tochter in eine fremde Familie das Risiko des Verlusts ihres Erbteils an die Familie des Frauennehmers und damit der Zersplitterung des Familienbesitzes des Frauengebers. Der 1946 in Indien geborene und in Pakistan aufgewachsene Ibn Warraq beschreibt, wie in Pakistan verfahren wird, um das zu verhindern: Die Töchter werden nicht in eine andere Familie »gegeben«, sondern mit dem Koran vermählt. Diese »Bräute des Korans« werden in einer Hochzeitsfeier, die der wirklichen Hochzeit ähnelt, nicht mit einem Mann, sondern mit der Schrift verheiratet. Danach dürfen sie keinen Mann mehr sehen, leben unter Verschluss und haben ihr Leben mit dem Studium des Korans zu verbringen. In der Provinz Sind soll es etwa 3000 solcher Bräute, meist Töchter von Großgrundbesitzern, geben. Eine von ihnen sagte: »Ich wünschte, ich wäre zu der Zeit geboren, als die Araber ihre Töchter lebendig begruben. Selbst das wäre besser gewesen als diese Qual.«[115]

Ein typischer Erbrechtskonflikt war der Fall von Siham Qandah in Jordanien. Sie ist Christin und hat Tochter und Sohn, die 2006 im Alter von 16 und 15 Jahren waren. Als der ebenfalls christliche Ehemann und Vater starb, behauptete der zum Islam konvertierte Bruder von Frau Qandah, der Verstorbene sei kurz vor seinem Tod zum Islam konvertiert. Damit waren die ehelichen Kinder automatisch auch Muslime, die Mutter verlor das Sorgerecht und die Witwenrente, der Bruder von Frau Qandah bekam die Kinder zugesprochen und erhielt die Rente, die er für die Kinder einsetzen sollte. Eine christliche Witwe kann in Jordanien keinen Moslem beerben. Siham Qandah widersprach der Behauptung der Konversion ihres Mannes zum Islam, hatte aber keinen Erfolg. Die Mutter und die beiden Kinder lebten seitdem versteckt und kämpften mit Hilfe von mehreren Menschenrechtsorganisationen Jahre gegen diese Entscheidung. Nachgewiesen wurde schließlich, dass die Rente vom »Erben« missbräuchlich verwendet worden war. Am 12. April 2005 wurde der Witwe von einem Gericht in Amman das Sorgerecht für ihre Kinder zugesprochen. Der Richterspruch ist nach Einschätzung der Internationalen Gesellschaft für Menschenrechte (IGFM) vor allem auf das lang anhaltende internationale Interesse an diesem Fall zurückzuführen.[116] Der kontinuierliche Druck der Menschenrechtsorganisationen hat dazu wesentlich beigetragen.

Auch für das koranische Erbrecht wird von Muslimen der Anspruch erhoben, dass es ein Gesetz Allahs ist und universale und zeitlose Gültigkeit besitzt. Es wird, wie das islamische Recht allgemein, in der Diaspora, also in der Zeit des Vertrages im *dar al-ahd*, zugunsten der jeweiligen säkularen »lokalen Rechtsordnung« zurückgestellt. Das islamische Recht muss jedoch dort gelten, wo die Muslime die Mehrheit bilden und der Islam an der Macht ist. Frauen und Christen sind dann auch erbrechtlich benachteiligt.[117]

3.13 Schutz des ungeborenen Kindes

Nach dem Koran ist das Leben vom Zeitpunkt der Empfängnis an zu schützen; denn es ist von Anfang an Schöpfung Allahs (23:12-14 und 56:57-59). Der Mensch ist Eigentum seines Schöpfers (10:68) und sein Diener (19:93).

> *Wir sind es doch, die euch erschaffen haben. Würdet ihr es doch für wahr halten! Habt ihr gesehen, was (für einen Samen) ihr zum Erguss*

bringt? Seid ihr es, die ihn erschaffen oder sind nicht vielmehr Wir es, die (ihn) erschaffen? (56:57-59)

Preis sei Ihm! Er ist auf niemanden angewiesen. Ihm gehört, was in den Himmeln und was auf Erden ist. (10: 68)

Niemand in den Himmeln und auf der Erde wird zum Erbarmer anders denn als Diener kommen können. (19:93)

Nach dem Koran besitzt niemand das Recht, Kinder zu töten, auch nicht die Eltern (vgl. auch 17:33):

(...) und tötet nicht eure Kinder aus Angst vor Verarmung – euch und ihnen bescheren Wir doch den Lebensunterhalt. (6:151)

Und tötet nicht eure Kinder aus Furcht vor Verarmung. Ihnen und euch bescheren Wir doch den Lebensunterhalt. Sie töten ist eine große Sünde. (17:31)

Eine Schwangerschaftsunterbrechung ist nur erlaubt, wenn das Leben der Mutter in Gefahr ist und nicht anders gerettet werden kann. Dann folgt man der »theologischen Regel«: »In der Notlage kann das Verbotene erlaubt werden.«[118] Anders gesagt: »Der Grund für die Ausnahme ist, dass man von zwei Übeln das geringere zu wählen hat.«[119]

Allerdings gibt es unterschiedliche Auffassungen bezüglich des »Einhauchens der Seele«. Man unterscheidet ungeborenes Leben vor und nach Einhauchung der Seele und orientiert sich dabei an einem Wort Mohammeds: »Die Schöpfung eines jeden von euch wird im Leibe seiner Mutter in vierzig Tagen als Samentropfen zusammengebracht, danach ist er ebenso lang ein Blutklumpen, danach ist er ebenso lang ein kleiner Klumpen Fleisch, dann wird zu ihm der Engel gesandt, der ihm den Lebensgeist einhaucht.«[120]

Zu diesem Spruch gibt es zwei unterschiedliche islamische Interpretationen:

1. Die Seele wird nach 40 Tagen eingehaucht.
2. Die Seele wird nach 3 mal 40 Tagen, also nach 120 Tagen eingehaucht.

Daraus ergeben sich unterschiedliche Positionen der islamischen Rechtsschulen:

- Die Hanafitische Rechtsschule (Türkei, Balkan, Afghanistan, Pakistan, Bangladesch) erlaubt die Abtreibung in den ersten drei Monaten.
- Die Schafi´itische Rechtsschule (Ägypten, Syrien, Indonesien) verbietet die Abtreibung grundsätzlich. Nach Einhauchen der Seele wird das Vergehen schwerwiegender.

- Die Malikitische Rechtsschule (Nord- und Schwarzafrika) verbietet den Schwangerschaftsabbruch grundsätzlich.
- Die Hanbalitische Rechtsschule (Saudi-Arabien, Golfstaaten, Teile Afrikas) verbietet die Abtreibung grundsätzlich und sieht darin eine Sünde.
- Die Dscha´faritische Rechtsschule (Iran, Irak) verbietet die Abtreibung und deutet sie als Sünde und strafbare Handlung.

Auch Missbildung des Kindes wird nach verbreitetem Recht nicht als Abtreibungsgrund akzeptiert. Bei schwerwiegender medizinischer Indikation ist Abtreibung erlaubt, wenn nur so das Leben der Mutter gerettet werden kann. In dieser Hinsicht stimmt der Islam mit der Lehre der Katholischen Kirche überein. In vielen islamischen Ländern, z.B. in Ägypten, Marokko, Algerien, Saudi-Arabien und Iran, aber auch in der laizistisch ausgerichteten Türkei ist die Abtreibung unter Strafandrohung verboten. Illegale Abtreibungen werden tabuisiert. Bezüglich der Familienplanung erlaubt der Islam jedoch Ovolationshemmung und Verhütung.

3.14 Folgen des Allah-Gesetzes

Die Folgen des Allah-Gesetzes wirken bis heute in der Umma:

- Dem Mann wird in den meisten islamischen Ländern in der Ehe die Polygynie zugestanden; er darf bis zu vier Frauen gleichzeitig haben, wenn er für ihren Lebensunterhalt aufkommen und sie gleich behandeln kann. Die Frau darf nur einen Mann haben.
- Die sexuelle Selbstbestimmung der Frau ist bei der Wahl des Ehepartners eingeschränkt, sie darf nur einen Moslem heiraten. Der Mann kann auch eine nicht-moslemische Frau heiraten.
- Es gibt eine geschlechterspezifische Arbeitsteilung. Der Arbeitsbereich der Frau ist an erster Stelle die Familie und der Haushalt, der Mann arbeitet im öffentlichen Bereich. Will die Frau erwerbstätig sein, so benötigt sie die Zustimmung des Ehemannes.
- Das Erziehungsrecht haben Vater und Mutter. Entscheidungen über die Erziehung der älteren Kinder stehen dem Vater zu. Deshalb muss er Muslim sein. Er ist der gesetzliche Vertreter (*wali*) der Kinder.
- Bei der Familienführung hat der Mann das Aufsichtsrecht und die Aufsichtspflicht. Im Konfliktfall liegt der Stichentscheid bei ihm.
- Der Mann vertritt die Familie in der Öffentlichkeit.

- Beim Heiratsgeschäft erwirbt der Mann für den Brautpreis (*mahr*) das zeitlich unbegrenzte Recht auf Sexualität und Gebärfähigkeit der Frau.
- Der Heiratsvertrag ist ein zivilrechtlicher Vertrag zwischen Männern. Die Frau braucht zur Unterzeichnung dieses Vertrages einen Vormund. Vorbedingung: Er muss männlichen Geschlechts, mindestens 14 Jahre alt und Muslim sein. Inzwischen gibt es Ausnahmen von dieser Regel: seit 1926 in der Türkei, seit 1956 in Tunesien und seit 2004 in Marokko.
- Das Scheidungsrecht hat allein der Mann. Er kann die Frau ohne Angabe von Gründen aus der Ehe entlassen. In modernisiertem, am Westen orientiertem Scheidungsrecht (Marokko, Tunesien) gibt es für die Frau einige wenige Scheidungsgründe, z.B. Impotenz des Mannes. Bei Scheidung gehören dem Mann die Kinder, die Wohnung wird ihm in der Regel zugesprochen. Die Frau wird zurückgegeben.
- Die Frau hat das Recht auf Loskauf (*khul*) aus der Ehe.
- Die Bewegungsfreiheit der Frau ist eingeschränkt. Ohne den Schutz durch einen männlichen Familienangehörigen darf sie sich meist nicht über Nacht von zu Hause entfernen.
- Sie muss sich in der Öffentlichkeit verhüllen zum Schutz vor sexueller Gewalt. Dem Mann wird die Beherrschung seines Trieblebens nicht abverlangt. Daher auch die Forderung nach Geschlechtertrennung.
- Um Frauen entsprechend fügsam zu machen, bedarf es einer spezifischen Mädchensozialisation. Dazu gehören: Gewöhnung an Gehorsam, Disziplin, viel Arbeit, das Abschleifen der naturwüchsig immer vorhandenen Individuierungstendenzen, religiöse Indoktrination, Verinnerlichung von Autoritäten, die mit Hilfe autosuggestiver Mechanismen als eigener Wille angesehen werden, und die Androhung von Strafen im Diesseits und Jenseits. Die Angst ist ein wichtiges Erziehungsinstrument.
- Der Mann ist Kontroll- und Strafinstanz. Um ihm die Aufgabe zu erleichtern, werden islamische Frauen u.a. mit Kopftüchern markiert.
- Weicht die Frau von den islamischen Vorschriften für Sexualität und Ehe ab, so wird das als Versagen der Männer ihrer Familie angesehen und als Verletzung der Ehre. Die Frau ist das Medium der Ehre des Mannes und der Familie.
- Es ist dem Islam historisch gelungen, die Familie zu stabilisieren und die Männer in die Familie einzubinden. Dafür wurden ihnen Vorrechte gegenüber der Frau zuerkannt. Der Grundsatz der Gleichberechtigung in der Ehe besteht in Koran und Sunna nicht. Dennoch erkennt die Mehr-

heit der Muslime im Westen dieses Prinzip an und lebt danach. Sie stoßen damit allerdings auf wachsenden Widerstand innerhalb der Umma, deren Sakraljuristen mehrheitlich den Grundsatz der Verschiedenheit von Frau und Mann vertreten.

4. Sexualität, Heirat, Ehe und Familie im Christentum

»Deshalb wird ein Mann Vater und Mutter
verlassen und seinem Weibe anhangen,
und die beiden werden ein Fleisch.«
Jesus[122]

»Die Ehe macht nicht der Beischlaf,
sondern der Wille.«
Johannes Chrysostomus[123]

4.1 Im Neuen Testament: Logik der Anerkennung der Frau als Person

Im Unterschied zu Koran und Sunna und zu im Islam verbreiteten Traditionen brach das Neue Testament bereits 600 Jahre vor Mohammed mit der Logik des Frauentauschs. Es gibt im Neuen Testament weder eine Legitimation für Frauentausch, Frauenkauf oder Frauenraub noch für die Polygamie des Ehemannes und die Entlassung bzw. Verstoßung der Frau aus der Ehe. Die archaische Heirats- und Ehepraxis wird komplett beendet, und es folgt eine neue Lehre in der Logik der Anerkennung der Frau als gleichwertige Person, die in der gesamten westlichen Welt zu einer der Grundlagen der Gleichberechtigung von Frau und Mann wurde. Die Wurzeln dazu wie auch zur islamischen Lehre von der Überlegenheit des Mannes sind im Alten Testament, der hebräischen Bibel, enthalten (vgl. nächstes Kapitel).

Einen für die Entwicklung des Verhältnisses von Frau und Mann im Christentum bedeutsamen Text enthalten die Evangelien nach Matthäus und nach Markus. Darin geht es um Fragen der Pharisäer an Jesus zur Entlassung der Frau aus der Ehe. In seiner Antwort erinnert Jesus an die alten Erzählungen über die Erschaffung von Frau und Mann im Alten Testament, die ich im folgenden Kapitel wörtlich wiedergebe. Ohne auf die Mythen im Einzelnen einzugehen, trifft Jesus eine bedeutungsschwere Auswahl:

»1 Als Jesus diese Worte beendet hatte, zog er weg von Galiläa und begab sich in das Gebiet von Judäa jenseits des Jordans. 2 Und große Volksscharen folgten ihm nach, und er heilte sie dort. 3 Da traten Pharisäer an ihn heran, um ihn auf die Probe zu stellen, und sagten: ›Ist es erlaubt, seine Frau aus jedem beliebigen Grund zu entlassen?‹ 4 Er aber antwortete und sprach: ›Habt ihr nicht gelesen, dass der Schöpfer sie von Anbeginn an als Mann und Weib geschaffen hat 5 und gesagt hat: Deshalb wird ein Mann Vater und Mutter verlassen und seinem Weibe anhangen, und die beiden werden ein Fleisch sein. 6 Also sind sie nicht mehr zwei, sondern ein Fleisch. Was nun Gott verbunden hat, das soll der Mensch nicht trennen.‹ 7 Da sagten sie zu ihm: ›Wozu hat dann Mose vorgeschrieben, einen Scheidebrief auszustellen und (sie) zu entlassen?‹ 8 Er antwortete ihnen: ›Wegen eurer Herzenshärte hat Mose euch erlaubt, eure Frauen zu entlassen. Ursprünglich aber war es nicht so. 9 Ich aber sage euch: Wer seine Frau entlässt, außer wegen Unzucht, und eine andere heiratet, begeht Ehebruch.‹« (Mt 19:1-9)

Fast derselbe Text steht im Markus-Evangelium.[124] Jesus wählt also den Mythos aus Genesis 1 aus, nach dem Frau und Mann auf gleiche Weise von Gott erschaffen worden sind. Den Mythos aus Genesis 2, nach dem die Frau aus der Rippe des Mannes erschaffen wurde, übernimmt Jesus nicht. Daraus nimmt er nur den Schlusssatz: »Deshalb wird ein Mann Vater und Mutter verlassen und seinem Weibe anhangen, und die beiden werden ein Fleisch sein.« Mit dieser Auswahl aus den alten Texten begründet Jesus seine Lehre von der Gleichwertigkeit von Frau und Mann von Anfang an und von der Monogamie und Unauflöslichkeit der Ehe. Im Unterschied zum Koran spricht er auch von der Entlassung des Mannes durch die Frau und nicht nur von der Entlassung der Frau durch den Mann, die häufig ein Thema Allahs, besonders im Zusammenhang mit Geld, ist und für die er dem Mann drei Wege zur Wahl anbietet, wie ich im vorausgehenden Kapitel gezeigt habe. Kurz: Jesus denkt in der Anerkennungslogik, Allah in der Frauentauschlogik.

Auch Paulus zitiert den Schlusssatz der Schöpfungsgeschichte aus Genesis 2. In seinem Brief an die Epheser schreibt er:

»›Deshalb wird ein Mann seinen Vater und seine Mutter verlassen und seinem Weibe anhangen, und sie werden ein Fleisch sein.‹ Dies Geheimnis ist groß; ich deute es auf Christus und die Kirche.« (Eph 5:31 f.)

Das griechische Wort *σαρζ* (sarx), das Luther, Buber und die Jerusalemer Bibel mit *Fleisch* übersetzen, hat eine wesentlich größere Bedeutungsbreite als seine deutsche Übersetzung. Es bezeichnet den ganzen Menschen als leiblich-seelische Einheit. So sollen Frau und Mann in der Ehe eine leiblich-seelische Einheit sein. Im Lukas-Evangelium heißt es dazu kurz:

> »Jeder der seine Frau entlässt und eine andere heiratet, bricht die Ehe, und wer eine von ihrem Mann Entlassene heiratet, bricht die Ehe.« (Lk 16:18)

Nirgendwo in Koran und Sunna finden wir diese Auffassung: Der Mann verlässt, wenn er heiratet, sein Elternhaus und geht zu seiner Frau. Er geht nicht befristet, sondern für ein Leben lang. Er bringt auch nicht seinen Harem mit, sondern lebt monogam und wird mit seiner Ehefrau ein Paar fürs Leben; die Scheidung ist bei uns rein staatlich geregelt. Für Mohammed dagegen sind Monogamie und Unauflöslichkeit der Ehe weder Thema noch Praxis. Obwohl er Jesus für einen Propheten hält, bleibt er bei archaischen Vorstellungen in der Logik des Frauentauschs. Nach islamischer Meinung ist die Bibel auch darin »verfälscht« worden. Aber es wird wohl so sein, dass den Anhängern Mohammeds die Einschränkung ihrer männlichen Vorherrschaft über Frauen und der Sex mit mehreren Frauen wichtiger war als die Gleichberechtigung und Gleichbehandlung von Frau und Mann. Das ist bis heute so geblieben.

Die Steinigung als Strafe für Ehebruch hat Jesus ebenfalls abgeschafft. Im Johannes-Evangelium ist das exemplarisch beschrieben:

> »2 In der Frühe erschien er (Jesus) wieder im Tempel, und alles Volk
> kam zu ihm. Und er setzte sich und lehrte sie. 3 Die Schriftgelehrten und
> die Pharisäer brachten eine Frau herbei, die beim Ehebruch ertappt wor-
> den war, stellten sie in die Mitte 4 und sagten zu ihm: ›Meister, diese
> Frau ist auf frischer Tat beim Ehebruch ertappt worden. 5 Im Gesetz
> aber hat uns Mose geboten, eine solche zu steinigen. Was sagst du da-
> zu?‹ 6 Das sagten sie, um ihn zu versuchen, damit sie eine Anklage ge-
> gen ihn hätten. Jesus aber bückte sich nieder und schrieb mit dem Finger
> auf die Erde. 7 Als sie jedoch hartnäckig weiterfragten, richtete er sich
> auf und sprach zu ihnen: ›Wer von euch ohne Sünde ist, werfe als erster
> einen Stein auf sie.‹ 8 Dann bückte er sich wieder nieder und schrieb auf
> die Erde. 9 Als sie aber das gehört hatten, gingen sie weg, einer nach
> dem andern, angefangen von den Ältesten, und er blieb allein zurück
> und die Frau, die in der Mitte stand. 10 Da richtete sich Jesus auf und
> sprach zu ihr: ›Frau, wo sind sie? Hat keiner dich verurteilt?‹ 11 Sie aber
> sprach: ›Keiner, Herr!‹ Da sprach Jesus zu ihr: ›Auch ich verurteile dich
> nicht. Geh und sündige von jetzt an nicht mehr.‹« (Jo 8:2-11)

Über das Zusammentreffen einer anderen Sünderin mit Jesus erzählt das Lukas-Evangelium (7:36-50). Ihr vergibt Jesus, weil sie glaubt und liebt.

Noch 600 Jahre später hielt Mohammed dagegen an der Steinigung fest und wertete sie auf als Weisung Allahs. Er befahl, sie in seiner Anwesenheit auszuführen bis zum Tod der Frau, die unehelich ein Kind bekommen hatte.

Diese Brutalität forderte Mohammed bis ans Ende seines Lebens, wie seine Abschiedspredigt von 632 in Mekka zeigt, aus der ich im vorigen Kapitel zitiert habe. Ich wiederhole hier den wichtigsten Satz: »Das Kind gehört zum Ehebett und der Ehebrecher ist zu steinigen.«

Jesu Worte zeigen Verständnis für die Sünderin, sie sind Ausdruck des Erbarmens und Verzeihens, fordern von den Männern Selbstbesinnung und verhindern den Ausbruch von Aggression und Gewalt. Mohammed fordert zur Gewalt auf – damals leibhaftig und heute durch seinen Vorbildstatus – und hat damit Erfolg: Gesteinigt wird immer noch in einigen islamischen Ländern.

Heute kämpfen Menschenrechtsorganisationen gegen die Steinigung. Die Betroffenen sind in der Regel Frauen, da die uneheliche Schwangerschaft als Beweis für Unzucht gilt. Dem Mann, der seine Unschuld beteuert, wird geglaubt; vier männliche muslimische Zeugen des Sexualaktes, die nötig wären, um den Erzeuger zu steinigen, gibt es in der Regel nicht.

Als Beweis für die vergleichbare Grausamkeit in der christlichen Bibel wird von Apologeten des Islam in der Debatte häufig eine Stelle aus der Bergpredigt Jesu nach dem Matthäus-Evangelium zitiert. Darin sagt Jesus:

> »27 Ihr habt gehört, dass gesagt wurde: ›Du sollst nicht ehebrechen.‹ 28 Ich aber sage euch: Jeder der eine Frau begehrlich anblickt, hat in seinem Herzen schon die Ehe gebrochen. 29 Wenn dich daher dein rechtes Auge zur Sünde reizt, so reiß es aus und wirf es von dir. Es ist besser für dich, dass eines deiner Glieder verloren geht, als dass dein ganzer Leib in die Hölle geworfen wird. 30 Und wenn dich deine rechte Hand zur Sünde reizt, so hau sie ab und wirf sie von dir. Denn es ist besser für dich, dass eines deiner Glieder verloren geht, als dass dein ganzer Leib in die Hölle fährt.« (Mt 5:27-30)

Hier geht es jedoch nicht um eine Körperstrafe, wie sie der Koran fordert. Vielmehr ist hier auf drastische Weise die Forderung nach Selbstbesinnung und Selbstdisziplin an den Mann gestellt. Bevor sich einer tatsächlich ein Auge ausreißt und die rechte Hand abhackt, wird er sich zusammenreißen, sein Vorhaben bedenken, dem Reiz der Sünde nicht erliegen und sein Triebleben beherrschen. Eine derartig massive Forderung nach männlicher Selbstdisziplin enthält der Koran nicht; vielmehr wird die Frau verpflichtet, sich zu verhüllen oder im Haus zu verbergen bzw. in der Öffentlichkeit einen männlichen Beschützer zu ertragen, um den Mann vor Verlust seiner Ehre zu bewahren. Das Christentum fordert vom Mann weit mehr Disziplin als der Islam. Der Christ ist für seine Moral und Ehre selbst verantwortlich, im Islam ist die Frau das Medium der Ehre des Mannes. Selbstbeherrschung und Sublimierung des Trieblebens können aber als Voraussetzung für höhere kulturelle und intellektuelle Leistungen gelten. Ausführlich gehe ich darauf im Kapitel über die Bekleidungsvorschriften ein.

Paulus vergleicht die Ehe mit der Verbindung Christi zu seiner Kirche (Eph 5: 28-33). Wie Gottes Bund mit ihr endgültig und unwiderruflich ist, so soll es auch die Ehe sein. Im ersten Kapitel seines ersten Briefes an die Korinther greift er die Lehre Jesu auf und schreibt ein konsequentes Plädoyer für die Monogamie und für die Unauflöslichkeit der Ehe. Mit der fremd anmutenden Rede vom »Verfügungsrecht« über den Leib des Ehepartners im folgenden Text will er besonders das Prinzip ehelicher Wechselseitigkeit betonen. In der islamischen Ehe, die dem Mann das Recht auf Polygamie gewährt, gibt es keine eheliche Reziprozität. Die Frauen müssen immer verfügbar sein, und wenn ihr gemeinsamer Ehemann zu einer anderen Frau geht, haben sie kein Recht auf ihn, auch nicht auf einen anderen, sondern sie müssen sich nach dem Allah-Gesetz für ihren Ehemann bereit halten. Dieses islamische Ehekonzept könnte für einige Männer ein attraktiveres Angebot sein als das christliche.

> »1 Auf euer Schreiben (erwidere ich folgendes): Ein Mann tut gut daran, keine Frau zu berühren. 2 Um aber Unzuchtsünden zu vermeiden, soll jeder Mann seine eigene Ehefrau und jede Frau ihren eigenen Ehemann haben. 3 Der Mann leistet seiner Frau die schuldige Pflicht, ebenso aber auch die Frau dem Manne. 4 Die Frau hat kein Verfügungsrecht über ihren Leib, sondern der Mann; ebensowenig hat der Mann ein Verfügungsrecht über seinen Leib, sondern die Frau. 5 Entziehet euch einander nicht, es sei denn mit gegenseitigem Einverständnis auf einige Zeit, um euch dem Gebete zu widmen und um dann wieder zusammenzukommen, damit der Satan euch nicht infolge eurer Unenthaltsamkeit versuche. 6 Das sage ich euch als Zugeständnis, nicht als Gebot.« (1 Kor 7:1-6)

Paulus wiederholt die Lehre Jesu im folgenden Text:

> »10 Den Verheirateten befehle nicht ich, sondern der Herr: die Frau trenne sich nicht von ihrem Manne. 11 Wenn sie sich aber doch getrennt hat, so soll sie unverheiratet bleiben oder sich mit ihrem Mann aussöhnen. Ebenso soll der Mann die Frau nicht entlassen.« (1 Kor 7:10 f.)

Ein neuer Aspekt ist der der Heiligung Ungläubiger durch die Ehe mit einem Christen. Das steht radikal im Gegensatz zur islamischen Auffassung. Vielleicht kann man sagen, dass sich hier schon die Auffassung der katholischen Kirche von der Eheschließung als Sakrament ankündigt.

> »12 Den übrigen aber sage ich, nicht der Herr: Hat ein Bruder eine ungläubige Frau und ist diese einverstanden, mit ihm zusammenzuleben, so soll er sie nicht entlassen. 13 Und hat eine Frau einen ungläubigen Mann und dieser ist einverstanden, mit ihr zusammenzuleben, so soll sie den Mann nicht entlassen. 14 Denn der ungläubige Mann ist durch seine Frau geheiligt, und die ungläubige Frau ist durch den Bruder geheiligt.« (1 Kor 7:12-14)

Paulus unterscheidet explizit zwischen der Lehre Jesu und seiner eigenen Meinung. Jesus hat ihn nicht in die Schar der Zwölf berufen. Paulus gehörte anfangs zu den Verfolgern der christlichen Gemeinde und war beteiligt an der Ermordung des Stephanus, vgl. Apg 7:58. Nach Jesu Tod hatte er auf dem Weg nach Damaskus, etwa im Jahre 36, eine Erscheinung Jesu, die seine Bekehrung und Sendung als Apostel der Heiden bewirkte. Darauf folgten viele Missionsreisen, vor allem nach Kleinasien und schließlich wegen seines Prozesses auch nach Rom. Den neu gegründeten Gemeinden schrieb er Briefe, Gelegenheitstexte, die spontane Antworten auf Fragen und konkrete Situationen enthalten und Ausdruck der um die Wahrheit ringenden Persönlichkeit des Paulus sind. Sie enthalten daher auch Widersprüche. Sie sind keine theologischen Abhandlungen und schon gar nicht – wie es Muslime vom Koran behaupten – Gottes Wort. Die Textsorte ist also eine völlig andere, und das muss man bei der Interpretation der Briefe beachten. Irrtum ist in diesen menschlichen Texten nicht ausgeschlossen und daher sind auch nicht alle Aussagen des Paulus von zeitloser Gültigkeit. In die Kategorien der Wahrheitssuche und der zeitbedingten Antworten sind auch seine Texte im ersten Brief an die Korinther über den Schleier der Frauen beim Gebet (11:13-16), über die Frau als »Abglanz des Mannes« (11:7-12) und über den Mann als »Haupt der Frau« im Brief an die Epheser (5:21-33) einzuordnen. Teile davon werden von Apologeten des Islam gerne zitiert, um den Schleier der Frau und die Überlegenheit des Mannes in der christlichen Bibel zu »beweisen«, ohne den Zusammenhang und die Textsorte zu beachten. Beides wird von Paulus noch im selben Brief widerlegt, die Forderung nach dem Schleier mit den Worten: »Wir haben einen solchen Brauch nicht und die Gemeinden Gottes auch nicht.« Seine Überlegungen zur Überlegenheit des Mannes über die Frau widerlegt er selbst auf diese Weise: »Wie nämlich die erste Frau aus dem Manne stammt, so ist wiederum seither der Mann durch die Frau; alles aber ist aus Gott.« (1 Kor 11:12) Paulus betont die Gleichheit der »Kinder Gottes« unabhängig von ethnischer Zugehörigkeit, sozialem Status und Geschlecht. In diesem Sinne schreibt er an die Galater: »Ihr seid also alle Kinder Gottes durch den Glauben ... Da gibt es nicht mehr Juden und Griechen, Sklaven und Freie, Mann und Weib. Denn ihr alle seid einer in Christus Jesus.« (Gal 3:28)

Auch der folgende Rat des Paulus für Witwen ist als persönliche Meinung zu verstehen:

> »39 Eine Frau ist gebunden, solange ihr Mann lebt; wenn aber ihr Mann entschlafen ist, steht es ihr frei, sich zu verheiraten, mit wem sie will, nur soll es im Herrn geschehen. 40 Glücklicher aber ist sie, wenn sie so bleibt, nach meiner Meinung. Ich glaube doch auch den Geist Gottes zu besitzen.« (1 Kor 7:39 f.)

Weniger der Rat ist hier das Bedeutsame, sondern die wie selbstverständlich der Frau zuerkannte Entscheidungsfreiheit bei der Wahl des Lebensweges und Eigenständigkeit in der Lebensführung. Nach christlicher Lehre ist die Ehe jedoch der menschlichen Willkür entzogen, denn sie ist Bestandteil der göttlichen Schöpfungsordnung. Der Geschlechtsverkehr außerhalb der Ehe wird als Sünde betrachtet. Die barbarischen Körperstrafen dafür aber schafft Jesus ab. Das Neue Testament ist daher Quelle und Grundlage für die im christlichen Westen, wenn auch auf Umwegen und durch Rückschläge und schlimmes menschliches Versagen unterbrochene, aber letztendlich erfolgreiche Entwicklung hin zur Gleichberechtigung von Frau und Mann vor dem Gesetz.[125]

Zu den schwärzesten Kapiteln der Kirchengeschichte gehören Inquisition und Hexenwahn, zu dem die Hexenbulle von Papst Innozenz VIII. aus dem Jahre 1484 und der von den Dominikanern Jacob Sprenger und Heinrich Krämer (Henricus Istitoris) 1489 verfasste »Hexenhammer« (Malleus maleficarum) beitrugen. Verfolgung, Folterung und Ermordung von vermeintlichen Häretikern und Hexen hat die Kirche inzwischen zutiefst bereut. Daran erinnern unter anderem Mahnmale in und an Kirchen, z. B. seit 1999 die Skulptur »Angesichts Elisabeth Strupp« an der Marienkirche in Gelnhausen. Die Pfarrersfrau wurde am 3.8.1599 ermordet, weil sie sich für die im so genannten »Hexenturm« eingekerkerten Frauen eingesetzt hatte und weil man sie für eine Zauberin hielt.

Mahnmale für verfolgte, ausgepeitschte, enthauptete, gekreuzigte und gesteinigte Muslime und Nicht-Muslime habe ich selbst an Moscheen in liberalen Ländern der islamischen Welt bisher nicht gefunden.

4.2 In der Lehre der römisch-katholischen Kirche und in der Orthodoxie: Ehe als Sakrament

Die Geschichte der Eheschließung in der Kirche ist Bestandteil der Entwicklung der Sakramentenlehre. Für die Entwicklung des Geschlechterverhältnisses sind die Anerkennung des Konsens von Braut und Bräutigam als allein ehebegründend und der Modus der Spendung des Sakraments von herausragender Bedeutung weit über die Grenzen der Kirchen hinaus.

Sowohl nach der Lehre der alten Kirche als auch der katholischen und der orthodoxen Kirchen wurde die Ehe von Jesus zum Sakrament erhoben. Das Neue Testament berichtet zwar nirgendwo, dass Jesus dies explizit gesagt hat, aber der Epheserbrief des Paulus, in dem er im fünften Kapitel die Liebe Jesu zu seiner Kirche mit der Liebe des Ehemannes zu seiner Ehefrau vergleicht, gibt der Kirche die Gewissheit, dass die Ehe im Sinne Jesu ein Sakrament ist (Eph 5:25-33). Außerdem nimmt Paulus in diesem Text den Schlusssatz des zweiten Schöpfungsmythos (Gn 2:24) auf: »Deshalb wird ein Mann seinen Vater und seine Mutter verlassen und seinem Weibe anhangen, und die zwei werden ein Fleisch sein.« Paulus fährt fort: »Dies Geheimnis ist groß; ich deute es auf Christus und die Kirche (Eph 5:32).« Das Wort Sakrament kommt vom lateinischen *sacramentum*, das für das griechische Wort *mysterion* steht und die Bedeutung *Geheimnis* hat. Unter Sakrament verstehen die Kirchen ein sichtbares heiliges Zeichen einer unsichtbaren Wirklichkeit, das von Jesus gestiftet wurde. Anders gesagt, es ist eine symbolische Handlung, deren Kern auf Jesu Lehre basiert und deren Ausgestaltung im sakramentalen Ritus Aufgabe der Kirche ist. Joseph Ratzinger, Papst Benedikt XVI., sagte als Kardinal dazu:

> »Wo zwei Menschen sich einander geben und miteinander Kindern das Leben schenken, ist auch das Heilige, das Mysterium des Menschseins berührt, das über mein bloßes Selbstverfügen hinausreicht. Ich gehöre einfach nicht mehr nur mir selber. In jedem Menschen ist ein göttliches Geheimnis da. Deswegen ist das Miteinander von Mann und Frau auch ins Religiöse, ins Heilige, in die Verantwortung vor Gott hineingehalten. Es bedarf der Verantwortung vor Gott – und erhält eben im Sakrament diese seine eigentliche und tiefe Verwurzelung und Begründung.«[126]

Bereits der Bischof und Kirchenlehrer Augustinus von Hippo (354-430) bezeichnete die Ehe als *sacramentum.*

Ein besonderes christliches Eheschließungsritual kannte die frühe Kirche nicht. Es gab den priesterlichen Ehesegen, der aber fakultativ war. Daneben entwickelte sich profanes und regional verschieden gestaltetes Brauchtum mit familiären und lokalen Zeremonien um den Konsens und Ehevertrag zwischen den Familien und zur Ausschmückung der Übergabe der Braut.

Mit der Ausbreitung des Christentums wurde der priesterliche Ehesegen allmählich verbindlich und zog profanes Brauchtum an und in die Kirchen. Um 726 wird die kirchliche Eheeinsegnung in einer Erklärung des byzantinischen Kaisers Leon III. als »ehebegründende Rechtshandlung« im Sinne der staatlichen Gesetzgebung bezeichnet, neben den Rechtsformen des schriftlichen Ehevertrags und der mündlichen Konsensabgabe vor Zeugen.[127]

Einen entscheidenden Schritt in Richtung Gleichberechtigung der Frau unternahm die Kirche im Westen: Sie erkannte den Konsens des Brautpaares als ehebegründend an. Schon im Jahre 866 erklärte Papst Nikolaus I. den Ehekonsens als den Willensakt, durch den Mann und Frau sich einander schenken und annehmen, um die eheliche Schicksalsgemeinschaft zu gründen.[128] Dabei berief sich Papst Nikolaus I. auf wesentlich ältere kirchliche Dokumente. Das beweist zum Beispiel die päpstliche Antwort *Ad consulta vestra* auf Fragen zur Eheschließung von Fürst Bogoris von Bulgarien, der mit seinem Volk den christlichen Glauben angenommen hatte. Der Papst schrieb mit Datum vom 13. November 866:

> »Nach den Gesetzen soll allein die Einwilligung derer genügen, um deren Verbindung es sich handelt; wenn bei Hochzeiten allein diese Einwilligung fehlen sollte, so ist alles übrige, auch wenn es mit dem Beischlaf selbst begangen wurde, vergebens, wie der große Lehrer Johannes Chrysostomus bezeugt, der sagt: ›Die Ehe macht nicht der Beischlaf, sondern der Wille.‹«[129]

Johannes Chrysostomus lebte von ungefähr 354 bis zum Jahre 407. Die Anerkennung des Konsens von Braut und Bräutigam als ehebegründend ist also bereits Bestandteil der Lehre der Kirche in den ersten Jahrhunderten nach Jesus.

Die Anerkennung des Ehekonsens der Brautleute als allein ehebegründend beinhaltet die Anerkennung der Gleichwertigkeit des Willens von Frau und Mann und die Anerkennung beider als gleichberechtigte Person.

Dadurch waren Konsens und Vertrag der Eltern oder der Herrschaft oder eines Vormundes nicht mehr erforderlich. Diese revolutionäre kirchliche Entscheidung förderte den gesellschaftlichen Wandel. Sie machte armen und abhängigen Menschen ein legitimes Zusammenleben und legitime Nachkommenschaft möglich anstelle oft lebenslanger Ehelosigkeit, die einige in die Klöster, andere in die Prostitution hatte gehen lassen. Bürgertum und Adel standen dagegen im Widerspruch zur Kirche, da das Heiratsgeschäft mit Töchtern oft eine günstige machtpolitische Strategie und lukrative Sache war. Sie bekämpften die kirchliche Eheschließung als »Winkelehe« und »Entführung« und drohten mit Enterbung.[130]

Die Kirche aber blieb bei ihrer Entscheidung für den Konsens des Brautpaares als Voraussetzung für die Begründung der Ehe und entwickelte das kirchliche Ritual, dessen wichtigster Bestandteil das wechselseitig gegebene Ja-Wort der Brautleute vor einem Priester und zwei Zeugen ist. Es beinhaltet das Versprechen, miteinander und füreinander lebenslänglich in Liebe und Verantwortung zu leben, und es beinhaltet ein Ja zu gemeinsamen Kindern. Einheit und Unauflöslichkeit der Ehe werden mit der kirchlichen Eheschließung anerkannt. Ist in Notfällen, etwa im Krieg oder in der Diaspora, kein Priester erreichbar, so kann das Ehesakrament auch ohne ihn von den Brautleuten durch die übereinstimmende Willenserklärung wechselseitig gespendet werden – so wie die Taufe auch von jedem Christen und jeder Christin ohne Priester gespendet werden kann.

Nicht nur die Ehe als Sakrament, sondern auch die Siebenzahl der Sakramente wurde bis ins Mittelalter immer wieder in Frage gestellt. Die römische Kirche und die orthodoxen Kirchen blieben jedoch bei der Zuordnung der Ehe zu den Sakramenten. Die Kirche definiert etwas gewöhnlich erst, wenn es zu Kontroversen gekommen ist. Die Synode von Verona (1181 bis 1185), die Papst Lucius III. leitete, veröffentlichte 1184 eine Erklärung über die Ehe als Sakrament neben den anderen sechs: Eucharistie, Taufe, Beichte und »den übrigen kirchlichen Sakramenten«.[131]

Die Reformatoren hielten nicht an der Ehelehre der römischen Kirche fest. Die Ehe gilt ihnen als weltliches Ding. Der Ehevertrag zwischen zwei Heiratswilligen (nicht zwischen dem Vormund der Braut und dem Bräutigam) wird derzeit in Deutschland vor dem Zivilbeamten auf dem Standesamt geschlossen und erhält danach in der Kirche den Segen Gottes. Aber auch für die Reformatoren ist die Ehe eine von Gott eingesetzte Grundordnung des Lebens und eine ganzheitliche Gemeinschaft. In allen Kirchen ist die Frau als Rechtsperson anerkannt und benötigt keinen Vormund. Auf dem Konzil von Trient (1545–1563) hat die katholische Kirche die Sakramentalität der Ehe bekräftigt und sie gegen die Reformatoren als Dogma erklärt.

Nach dem Kirchenrecht der lateinischen Kirche ist die Ehe ein Sakrament, das durch den freiwilligen Konsens-Austausch der Eheleute zustande kommt (*Consensus facit matrimonium).*

Im Kirchenrecht ist dieser Wille zur Heirat in seinen verschiedenen Aspekten definiert:

> »Unter *consensus matrimonialis* wird ein Willensakt verstanden, der *drei Dimensionen* hat: Er beinhaltet die Zustimmung als Person zur Ehe (inhaltliches Element); er enthält die Einwilligung zur Ehe mit dem konkreten Partner, er bedeutet die Übereinstimmung mit dem Willen des Partners in bezug auf die Konstituierung der Ehe miteinander.«[132]

Wenn eine Person unter Zwang eine Ehe eingeht, kann sie für nichtig erklärt werden. Der Frauenraub zählt im Kirchenrecht der lateinischen Kirche gemäß c. 1089 CIC (Codex Juris Canonici) zu den trennenden Ehehindernissen. Unauflöslich ist die Eheschließung, wenn die Ehe vollzogen worden ist, vgl. c.1061 CIC. Im Mittelalter gab es den Disput, ob es bei der Eheschließung auf die übereinstimmenden Willenserklärungen ankomme oder auf den anschließenden Geschlechtsverkehr. Die Kirche hat das »Problem« dadurch gelöst, dass sie beide Elemente für maßgeblich erklärt hat. Wenn eine Ehe aus psychischem oder körperlichem Grund nicht vollzogen werden kann, gilt sie nicht als unauflöslich. Nichtvollzug und Unfruchtbarkeit dürfen aber nicht in Eins gesetzt werden, vgl. c. 1084 § 3 CIC. Eine Ehe ist kirchenrechtlich erst vollzogen, wenn der Geschlechtsverkehr *humano modo*, das heißt auf menschenwürdige Art und Weise, vollzogen worden ist, vgl. ebenfalls c. 1061 CIC. Eine Vergewaltigung z.B. in der Hochzeitsnacht ist kein Ehevollzug *humano modo*. Das *hymen virginitatis* spielt im Kirchenrecht für die Eheschließung keine Rolle.[133]

Ich habe bereits darauf hingewiesen, dass nach der Lehre des Neuen Testaments dem Christ und der Christin eine Ehe mit Andersgläubigen erlaubt ist. Die Kirche erkennt das ebenfalls an. Eine Muslima, die mit einem Katholik verheiratet ist, kann ihre religiösen Pflichten erfüllen. Das gewährleistet bereits das Grundrecht der Glaubensfreiheit gemäß Art. 4 GG. Nach islamischer Doktrin hingegen ist die Heirat einer Muslima mit einem Nicht-Moslem, also auch mit einem Christen, verboten – ein Verstoß gegen Menschenrechte und Grundgesetz. Das Heiratsverbot steht im Koran in Sure 60 Vers 10.

Zusammenfassend kann man sagen: Nicht nur durch Jesus, sondern auch durch die Kirche ist die Logik des Frauentauschs überwunden worden mittels der Logik der Anerkennung der Frau als Person. Das wird sichtbar im Modus der Spendung des Ehesakraments, das sich Braut und Bräutigam wechselseitig selbst spenden. Mit der Anerkennung des Konsens der Brautleute als allein ehebegründend leisteten die Kirchen einen wichtigen Beitrag auf dem Weg zur Gleichberechtigung von Frau und Mann vor dem Gesetz. Georges-Henri Bousquet betont in seinem Werk »L´Ethique Sexuelle de l´Islam« immer wieder, dass das christliche Konzept der Ehe keine Gemeinsamkeit hat mit dem muslimischen.[134]

4.3 Familie

Grundlage der christlichen Lehre von der Familie ist das vierte Gebot des Dekalogs: »Du sollst Vater und Mutter ehren, auf dass es dir wohl ergehe und du lange lebest auf Erden.« Dieses Gebot ist das einzige, das mit einer Verheißung verbunden ist. Papst Benedikt XVI. sagte dazu: »Dieses Gebot ist in der Tat die *Magna Charta* der Familie. Hier ist eine Grundordnung festgestellt. Die wesentliche Zelle der Sozialität und Gesellschaft, sagt sie uns, ist die Familie, sind Eltern und Kinder. Und nur in dieser Grundordnung können die menschlichen Grundtugenden eingeübt werden. Nur darin wächst das rechte Verhältnis der Geschlechter und der Generationen zueinander. (...) Das vierte Gebot enthält aber auch ein stilles Kapitel über den Umgang mit dem alten, dem nicht mehr nützlichen, dem machtlos gewordenen Menschen. Es wird großer Wert darauf gelegt, die alt gewordenen Eltern zu ehren.«[135]

Das Kind entsteht aus dem Geheimnis der Liebe. Daraus folgt der letztlich auch geheimnisvolle und wunderbare Vorgang der Entstehung eines neuen Menschen und seiner Geburt. Nach christlicher Auffassung muss das Leben unverfügbar sein. Das gilt auch für das Leben vor der Geburt. Kinder werden als Geschenk Gottes angesehen. Ihre Erziehung durch die Eltern sollte Führung zum Eigenen sein. Sie sollte das Kind nicht zur Fügsamkeit zwingen. Sie sucht vielmehr danach, dem Kind seine Eigenart zu lassen und seinen eigenen Weg zu ermöglichen. Die katholische Kirche warnt vor der gentechnischen Montage des Menschen, weil auf diese Weise das Kind nicht mehr aus der Freiheit des Schöpfers kommt, die sich auch in der Unberechenbarkeit der Natur zeige. Die wechselseitige Verantwortung der Familienmitglieder füreinander über Generationen ist wesentlicher Bestandteil christlicher Sozialethik.

Fragen des Werteerhalts und des Wieder-bewusst-Machens von Werten der christlichen Familienethik werden allmählich wieder aktueller, besonders provoziert durch die Krisen der modernen, individualisierten Gesellschaft, die demoskopische Entwicklung, aber auch durch die Auseinandersetzung mit dem Islam.

5. Die Wurzeln der christlichen und islamischen Geschlechterordnung im Alten Testament

»Darum wird der Mann seinen Vater und seine
Mutter verlassen und seinem Weibe anhangen,
und sie werden zu einem Fleisch.«
Zweiter Schöpfungsmythos (Gen 2:24)

»Geh zu deinem Schwiegervater!
Sie sind jetzt deine Eltern.«
Aus den Abschiedsworten
Raguels zu seiner Tochter (Tob 10:12)

Seit uralten Zeiten gibt es zwei unterschiedliche Lehren über Frau und Mann – Lehren, die bis heute fortbestehen. Die eine ist enthalten in der christlichen Bibel, die andere im Koran. Beide Lehren haben ihre Quellen im Alten Testament. Dort finden wir sowohl die Logik des Frauentauschs als auch die Logik der Anerkennung der Frau als Person. Bereits das Buch Genesis, das erste Buch des Pentateuch, enthält beides.

5.1 Logik der Anerkennung der Frau als Person

Das Alte Testament enthält zwei Schöpfungsmythen. In ihnen wird die Erschaffung der Frau und ihr Verhältnis zum Mann unterschiedlich dargestellt. Der Mythos in Genesis 1 erzählt von der Erschaffung von Frau und Mann auf gleiche Weise nach dem Bilde Gottes am sechsten Schöpfungstag:

> »26 Nun sprach Gott: ›Lasst uns den Menschen machen nach unserem Bilde, uns ähnlich.‹ ... 27 Und Gott schuf den Menschen nach seinem Bilde, nach dem Bilde Gottes schuf er ihn, als Mann und Frau schuf er sie. 28 Gott segnete sie, und Gott sprach zu ihnen: ›Seid fruchtbar und mehret euch und erfüllet die Erde und macht sie euch untertan!‹« (Gen 1:26-28)

Die Erschaffung auf gleiche Weise und die Ähnlichkeit mit Gott werden zur Grundlage für die Anerkennung der Gleichheit von Mann und Frau bei gleichzeitiger Verschiedenheit, nicht nur vor Gott, sondern auch in der Ehe, wic in Genesis 4:1 dargestellt ist:

> »1 Der Mensch erkannte sein Weib Eva. Sie empfing und gebar Kain. Da sprach sie: ›Einen Mann habe ich durch Jahwe erhalten.‹ 2 Und sie gebar nochmals, seinen Bruder Abel.« (Gen 4:1 f.)

Das hebräische Verb *jada´* (erkennen) hat zwei Bedeutungen, *sexuell verkehren* und *anerkennen als Person.* Sinngemäß steht in der Genesis nicht nur, Adam schlief mit seinem Weib, sondern auch: *Er anerkannte sein Weib.* In diesen uralten Texten ist der Keim für die Entwicklung der Beziehung von Frau und Mann hin zur Gleichberechtigung bereits enthalten. Außerdem werden mit den Worten »durch Jahwe« Empfängnis und Geburt als Bestandteil des göttlichen Schöpfungswillens anerkannt und als geheiligt gedeutet.

Diesen Mythos von der auf gleiche Weise erfolgten Erschaffung von Frau und Mann übernimmt Jesus, wie die Evangelien nach Matthäus und Markus berichten. Auch der Koran übernimmt ihn, und zwar in den Suren 4:1, 6:98 und 7:189. Er verändert ihn aber: Frau und Mann werden zwar auf gleiche Weise geschaffen, aber nicht unmittelbar aus Allah, sondern »aus einem Wesen« (Henning, Khoury, Paret), »aus einem einzigen Wesen« (Elyas, Ahmadiyya), »von Einem Lebendigen« (Rückert). Die Verkündung dieser Verse fand zu verschiedenen Zeiten statt: die Suren 6 und 7 in der dritten mekkanischen Wirkungsperiode, Sure 4 in der medinensischen und ist daher der jüngere Text. Sowohl in frühen als auch in spät verkündeten Korantexten wird also die Erschaffung auf gleiche Weise dargestellt. Der Grundsatz der Gleichheit von Frau und Mann ist somit auch hier enthalten.

Als Konsequenz aus der Gleichheit bricht in Genesis 2 der Schlusssatz der zweiten Schöpfungserzählung mit der Patrilokalität, einem wichtigen Element der Logik des Frauentauschs neben der Patrilinearität:

> »24 Darum wird der Mann seinen Vater und seine Mutter verlassen und seinem Weibe anhangen, und sie werden zu einem Fleisch.« (Gen 2:24)

Die Rede vom einen Fleisch kann als Metapher für die Unauflöslichkeit der Ehe gedeutet werden. Diesen Satz übernehmen Jesus und Paulus auch, wie ich bereits gezeigt habe. Der Koran übernimmt ihn nicht. Er passt nicht in seine Logik des Frauentauschs. Koran und Sunna enthalten keine Logik der Anerkennung der Frau als Person.

5.2 Logik des Frauentauschs

Nach der Frauentauschlogik verlässt nicht der Mann die Familie, sondern die Frau. Sie wird »gegeben«, genauer gesagt, ihre Familie gibt sie für einen Brautpreis in die Familie des Mannes, wo sie durch Söhne die männliche Deszendenzlinie zu verlängern hat (Patrilinearität). Der Wohnort des Mannes ist und bleibt seine Herkunftsfamilie (Patrilokalität). Im Grunde bleibt die Ehefrau dort immer die Fremde, sie verbleibt immer Teil ihrer Herkunftsfamilie, da die Eltern-Kind-Beziehung im Unterschied zur Ehe unkündbar ist. Der Heiratsvertrag ist ein Vertrag mit Rückgaberecht, die Frau kann zurückgegeben werden. Außerdem ist er ein Vertrag zwischen Männern, in der Regel zwischen dem Bräutigam und dem Vormund der Braut, anders gesagt: zwischen dem Frauengeber und dem Frauennehmer. Der Geber ist der Vater der Braut oder ihr Bruder. Gibt es weder Vater noch Bruder, so kann es ein anderer männlicher Verwandter und Vormund sein, evtl. sogar der Sohn der Braut.

Mehrere Geschichten im Alten Testament folgen der Logik des Frauentauschs, die immer eine hierarchische Geschlechterordnung mit der Überlegenheit des Mannes voraussetzt. Grundlage sind zwei Texte in der Genesis. Der eine ist der zweite Schöpfungsmythos in Genesis 2:7-23. Danach wurde zuerst der Mann erschaffen und dann aus seiner Rippe die Frau als seine Hilfe. Gedeutet werden kann diese Geschichte als Ausdruck der von Anfang an gegebenen Geschlechterhierarchie.

> »7 Dann bildete Jahwe Gott den Menschen aus Staub von dem Erdboden und blies in seine Nase den Lebenshauch. So wurde der Mensch ein lebendes Wesen. ... 18 Dann sprach Jahwe Gott: ›Es ist nicht gut, dass der Mensch allein sei. Ich will ihm eine Hilfe machen, die ihm entspricht.‹ ... 21 Nun ließ Jahwe Gott einen Tiefschlaf über den Menschen fallen, dass dieser einschlief, und er nahm eine von seinen Rippen und schloss das Fleisch an ihrer Stelle zu. 22 Dann baute Jahwe Gott die Rippe, die er vom Menschen genommen hatte, zu einem Weibe und führte es zum Menschen. 23 Da sprach der Mensch: ›Das ist Bein von meinem Bein und Fleisch von meinem Fleisch! Diese soll Weib heißen, weil sie vom Manne genommen ist.‹ (Gen 2:7-23)

Diesen Mythos übernehmen Jesus und das Neue Testament nicht. Der Koran übernimmt ihn dreimal: in den Suren 16:72, 30:20 f und 42:11.

Beide Schöpfungsmythen aus dem Alten Testament stehen also je dreimal im Koran. Aber die Eigenlogik des ersten Mythos mit der Gleichheit von Frau und Mann ist im Koran nicht weitergedacht worden. Nur die Logik des zweiten Mythos, in dem die hierarchische Ordnung von Mann und Frau angelegt ist, wurde weiter entfaltet.

Der zweite Text im Alten Testament, der die Vorherrschaft des Mannes begründet, steht in Genesis 3:16. Er berichtet über die Strafe Jahwes nach dem Sündenfall. Sie bringt eine Verschärfung der hierarchischen Geschlechterordnung: Danach ist das Geschlechterverhältnis durch Abhängigkeit und Herrschaft bestimmt: »Nach deinem Mann wird dein Verlangen sein, er aber wird über dich herrschen.« (Gen 3:16) Abhängigkeit und Herrschaft bestimmen die islamische Geschlechterordnung.

Im Alten Testament finden sich mehrere Texte in der Logik des Frauentauschs, z.B. im 2. Buch Mose (Exodus), das Vorschriften und Gesetze enthält, so auch für den Fall der Vergewaltigung:

> 15 »Wenn jemand eine Jungfrau, die nicht verlobt war, verführt und ihr beiwohnt, so soll er den Preis entrichten und sie zur Frau nehmen. 16
> Weigert sich aber ihr Vater, sie ihm zu geben, so soll er einen Betrag zahlen entsprechend dem üblichen Preis für die Jungfrauen.« (Ex 22:15 f.)

Die Struktur der Frauentauschlogik ist immer die gleiche: Geber ist der Vormund der Frau, in der Regel ihr Vater oder Bruder, den Brautpreis zahlt der Nehmer der Frau. Das Heiratsgeschäft wird zwischen Männern ausgehandelt, der Zustand des Hymens entscheidet mit über die Höhe des Brautpreises: Für Jungfrauen ist er höher als für Entjungferte. So ist es in den ältesten Büchern des Alten Testaments, aber auch in später verfassten, sowie in Koran und Sunna und im Islam teilweise bis heute, jedoch nicht im Neuen Testament. Im konkreten Fall kann der Brautpreis ganz anders aussehen, wie z.B. im 18. Kapitel des 1. Buches Samuel, in dem die Verheiratung der Tochter Michal von König Saul mit David beschrieben ist.[136]

Auch die Geschichten über Abraham und Sarai vor dem Pharao und vor König Abimelech folgen der Logik des Frauentauschs. Abraham zog mit seiner Frau Sarai wegen einer Hungersnot im Lande Kanaan nach Ägypten. Dort ereignete sich Folgendes:

> »11 Da er sich Ägypten näherte, sprach er zu seiner Frau Sarai: ›Ich weiß wohl, dass du eine schöne Frau bist. 12 Wenn nun die Ägypter dich sehen, werden sie denken, das ist seine Frau. Sie werden mich töten, dich aber am Leben lassen. 13 Sag doch, du seist meine Schwester, damit es mir um deinetwillen gut gehe und ich um deinetwillen am Leben bleibe.‹ 14 Als nun Abraham nach Ägypten kam, sahen die Ägypter, dass die Frau sehr schön war. 15 Es sahen sie auch hohe Hofbeamte des Pharao und rühmten sie dem Pharao. Da wurde die Frau in den Palast des Pha-

rao gebracht. 16 Abraham aber tat er um ihretwegen Gutes. Es wurden ihm Schafe und Rinder, Esel, Knechte und Mägde, Eselinnen und Kamele geschenkt. 17 Jahwe aber schlug den Pharao und auch sein Haus wegen Sarai, der Frau des Abraham, mit schweren Plagen. 18 Da ließ der Pharao Abraham rufen und sprach: ›Was hast du mir angetan? Warum hast du mir nicht mitgeteilt, dass sie deine Frau ist? 19 Warum hast du gesagt: Sie ist meine Schwester, so dass ich sie mir zur Frau nahm? Nun, da hast du deine Frau, nimm sie und geh!‹ 20 Darauf beauftragte der Pharao Männer, die ihn und seine Frau und all seine Habe zurückbrachten.« (Gen 12:11-20)

Bei diesem Heiratsgeschäft zwischen Männern ist Abraham der Frauengeber und der ägyptische Pharao der Frauennehmer. Der Fall zeigt, dass das Verheiraten nicht nur im Interesse von Braut und Bräutigam arrangiert wird, sondern vor allem eine strategische Handlung im Interesse des Frauengebers sein kann. Abraham gibt seine Halbschwester und Frau Sarai zu seinem eigenen Schutz. Das Heiratsgeschäft macht die männlichen Vertragspartner zu Verbündeten, auch wenn sie zuvor Feinde gewesen sein sollten. So wie es in dem bekannten Satz heißt: »Andere machen Kriege, du glückliches Österreich heirate!« (*... tu felix Austria, nube!*) Die Frau selbst ist beim Heiratsgeschäft Objekt.

Möglich ist ein solcher Handel mit der Schwester oder Tochter, nicht aber mit der Ehefrau. Sie ist kein Besitz, den man verschenken oder verkaufen kann; denn gekauft ist nur der »Schatz«, das Geschlechtsteil der Frau, anders gesagt: das Recht auf Sexualität und Gebärfähigkeit. Im Gegenzug ist der Mann verpflichtet, seine Frau finanziell zu versorgen und zu schützen – wie im Islam bis heute. Das Geschäft mit Ehefrauen ist sogar streng verboten. Das zeigt auch die Geschichte mit Abraham und König Abimelech von Gerar im Negev in Genesis 20:1-18. Auch dort gibt Abraham seine schöne Frau Sara als seine Schwester aus und Abimelech lässt sie holen. Doch bevor er sich ihr nähert, spricht Jahwe im Traum zu ihm:

»3 Fürwahr, du musst um der Frau willen, die du geholt hast, sterben; denn sie ist eine Ehefrau.« (Gen 20:3)

Auf Abimelechs Beteuerung seiner Unschuld und auf seine Bitten hin spricht Jahwe:

»Gib nun die Frau dem Manne zurück! Da er ein Prophet ist, möge er Fürsprache für dich einlegen, damit du am Leben bleibst. Gibst du sie aber nicht zurück, so wisse, dass du sterben musst, du und alles, was dein ist.« (Gen 20:7)

Im folgenden klärenden Gespräch zwischen dem König und dem Propheten antwortet Abraham:

»11 ›Ich dachte, an diesem Ort sei gar keine Gottesfurcht; man werde mich um meiner Frau willen töten. 12 Auch ist sie wirklich meine Schwester, eine Tochter meines Vaters, nur nicht die Tochter meiner Mutter. So konnte sie meine Frau werden. 13 Als Gott mich fern vom Hause meines Vaters umherirren ließ, sagte ich zu ihr: Erweise mir diesen Gefallen: Sage überall, wohin wir kommen, von mir: Er ist mein Bruder.‹ 14 Darauf nahm Abimelech Schafe und Rinder, Knechte und Mägde und gab sie Abraham; auch gab er ihm seine Frau Sara zurück.« (Gen 20:11-14)

Der Beischlaf mit der Ehefrau eines anderen ist sowohl im Alten Testament als auch im Koran eine schwere Sünde, die härteste Strafen für den Ehebrecher und in der Geschichte mit dem Pharao sogar für sein ganzes Haus zur Folge hat. Die Frau selbst ist dabei Objekt. Sie wird nicht entschädigt, nur ihr Ehemann. Bestenfalls wird sie zurückgegeben. Nach Mohammed ist die Ehebrecherin zu steinigen, nach dem Koran mit 100 Peitschenhieben zu bestrafen – selbst bei Vergewaltigung.

Der Frauentauschlogik folgt auch die dramatische und zugleich schöne Familiengeschichte im Buch Tobit, das im 4. bis 3. Jahrhundert v. Chr. in der jüdischen Diaspora geschrieben wurde, möglicherweise in Ägypten. Das Buch Tobit zeugt von viel Familiensinn und einer hochstehenden Auffassung von Ehe und Familie. Im 7. Kapitel dieses Buches nun gibt Raguel seine Tochter Sarra dem Tobit zur Frau mit den Worten:

»11 Sie ist dir gegeben von heute an für immer. Der Herr des Himmels sei euch diesen Abend gnädig, Kind, und schenke euch seine Gnade und seinen Frieden. ... 12 Ich vertraue sie dir an; Gesetz und Bestimmung im Buche des Mose weisen sie dir als Frau zu. Nimm sie und führe sie reinen Gewissens zu deinem Vater! Der Gott des Himmels verleihe euch in Frieden zu reisen.« (Tob 7:11 f.)

Und weiter wird berichtet:

»13 Dann wandte er sich an die Mutter und ließ sie ein Blatt zum Schreiben holen. Er setzte den Heiratsvertrag auf, durch den er Tobias seine Tochter zur Frau gab, entsprechend der Bestimmung im Gesetz Mose.« (Tob 7-13)

Und zu seiner Tochter sagt Raguel im 9. Kapitel die bewegenden Abschiedsworte:

»12 ›Geh zu deinem Schwiegervater! Sie sind jetzt deine Eltern, wie die, die dir das Leben schenkten. Geh hin in Frieden! Lass mich gute Kunde über dich vernehmen, solange ich lebe.‹ Dann küsste er sie und verabschiedete sie.« (Tob 10-12)

Sowohl in diesen ausgewählten Sätzen als auch in der ganzen Geschichte sind nur Männer am Vertragshandeln beteiligt, der Vater der Braut und der Bräutigam. Die Tochter wird nicht um ihre Meinung gefragt, sie sagt von sich aus nichts und fügt sich schweigend. Die Mutter holt im Auftrag der Vertragspartner das Papier für den Heiratsvertrag. So ist es auch heute noch weitgehend in Ägypten.

Selbst im Kriegsfall folgt man im Alten Testament den Regeln der Logik des Frauentauschs, wie diese Antwort im 5. Buch Mose, Deuteronomium, Kapitel 20, zeigt:

»7 Und wer hat sich ein Weib verlobt, es aber noch nicht heimgeführt? Er trete ab und kehre heim, damit er nicht im Kriege umkomme und ein anderer es heimführe!« (Dt 20:7)

5.3 Zusammenfassung und Perspektive

Das Heiraten nach der Logik des Frauentauschs war offensichtlich eine historische Selbstverständlichkeit. So war es Sitte zu alttestamentlichen wie auch zu mohammedanischen Zeiten. Leider ist dieses patriarchalische Prinzip bis heute in vielen Ländern der Welt noch nicht überwunden. Mehr noch: In der Gegenwart erfährt es infolge der Ausbreitung des Islam in Europa eine Wiedergeburt in Gestalt von erzwungenen Verheiratungen. Diese Tendenz wird nicht nur von Patriarchatsanhängern unterstützt, sondern letztlich auch von westlich denkenden Menschen, die die Maxime der Menschenrechte einer falsch verstandenen multikulturellen Toleranz opfern. Lehre und Nachfolge Jesu sind damit nicht vereinbar. Er setzte die im Alten Testament im Keim vorhandene Anerkennungslogik fort, aus der sich die Gleichberechtigung der Frauen entwickelte, und schaffte damit die Frauentauschlogik ab.

Gleichwohl enthält die Kirchengeschichte düstere Kapitel – Entmündigung und Tötung von Frauen bis hin zum Hexenwahn geschahen fälschlicherweise mit Bezug auf die Lehre des Christentums. Derartiger Missbrauch der Religion war ein Verbrechen. Was Menschen in der Kirchengeschichte aus der christlichen Lehre abgeleitet haben, waren tiefgreifende

Fehlauslegungen. Die Originalbotschaft enthält nur die Anerkennungslogik, die zur Grundlage für die Gleichberechtigung der Frau wurde. Die Originalbotschaft des Islam hingegen enthält nur die Frauentauschlogik; das hat dazu geführt, dass Frauen in Ländern mit islamischem Recht bis heute nicht gleichberechtigt sind. Diese Unterschiede in der Geschlechterordnung setzen sich jeweils fort in den Menschenrechtserklärungen des Westens und in den islamischen Menschenrechtserklärungen.

Wurzeln der Frauentauschlogik und der Anerkennungslogik im Alten Testament, Neuen Testament und Koran

NT	Koran
Erster Schöpfungsmythos (Mt 19:1-9, Mk 10:1-12) Schlusssatz des 2. Mythos (Mt 19:4, Mk 10:7, Eph 5:31) Insgesamt Struktur der *Anerkennungslogik* (auch Lk 16:18)	Erster Schöpfungsmythos (4:1, 6:98, 7:189) Zweiter Schöpfungsmythos (16:72, 30:20 f., 42:11) Insgesamt Struktur der *Frauentauschlogik*

↑————————↑

AT

Anerkennungslogik

Erster Schöpfungsmythos (Gn 1;26-28):
Erschaffung von Mann und Frau auf gleiche Weise nach dem Bilde Gottes.
Schlusssatz des 2. Schöpfungsmythos (Gn 2;24): »Darum wird der Mann Vater und Mutter verlassen und seinem Weibe anhangen, und sie werden zu einem Fleisch.«
»Der Mensch erkannte *(ja´da)* sein Weib Eva ...« (Gn 4:1)
Das hebräische Verb *ja´da* hat zwei Bedeutungen:
Er erkannte sie als Person. Er schlief mit ihr.

Frauentauschlogik

Zweiter Schöpfungsmythos (Gn 2;7-23):
Erschaffung der Frau aus dem Mann.
Herrschaft des Mannes über die Frau (Gn 3:16):
»Nach deinem Manne sei dein Verlangen, er aber wird dich beherrschen.«
Außerdem: Gn12:11-20; 20:3-14; Ex 22:15 f; Dt 20:7;
1 Sm 18:17-27; Tobit 7:11 ff.

6. Islamisches Strafrecht und Zeugenrecht

»Bei der Steinigung wird der Mann bis unter den Gürtel und die Frau bis unter die Brust in eine Grube eingegraben. Dann wird die Steinigung vollstreckt.«
Iranisches Strafgesetz von 1991, Art. 102

6.1 Enthauptung eines Minderjährigen

Am 19. Dezember 2005 verbreitete die Baseler Zeitung die folgende Nachricht:

> »Mit einem Spendenaufruf in den örtlichen Medien versucht eine Familie in Saudi-Arabien, ihren minderjährigen Sohn vor der Enthauptung zu retten. Fawas Mohammed (17) hatte im Alter von 15 Jahren im Streit einen Schulfreund mit dem Messer getötet und war dafür von einem Scharia-Gericht zum Tod durch das Schwert verurteilt worden. (...) Die Angehörigen seien bereit, auf die Vollstreckung des Urteils zu verzichten, wenn die Familie des Täters ihnen spätestens bis März 2006 ein Blutgeld in Höhe von 3,5 Millionen Rial (777 000 Euro) zahle. So viel Geld hat die Familie des Täters nicht. (...) Fawas beteuert, er habe seinen Freund, den er damals schwer verletzt zum Krankenhaus gebracht hatte, nicht töten wollen.«[137]

Der Fall zeigt drei dem westlichen Recht fremde Prinzipien des islamischen Strafrechts: die Strafmündigkeit von Jugendlichen, das archaische Prinzip der Wiedervergeltung (arab. *qisas*), wonach Gleiches mit Gleichem zu vergelten ist, und den Ersatz der Todesstrafe oder Körperverletzung durch die Zahlung von Blutgeld (arab. *diya*). Im Jahr 2005 wurden in Saudi-Arabien, wo Scharia-Gerichte über Leben und Tod entscheiden, 83 Menschen enthauptet.[138]

6.2 Grundzüge des islamischen Strafrechts

In ihren Grundstrukturen stimmen das schiitische und das sunnitische Strafrecht weitgehend überein. Sie basieren beide auf Koran und Sunna. In der Rechtsprechung wird das islamische Strafrecht jedoch außer in Saudi-Arabien, dem Norden Nigerias, in Teilen des Sudan und im Iran nirgendwo konsequent befolgt. Westliches Recht und Gewohnheitsrecht der Stämme fließen in die Entscheidungen und Urteile ein. Der Koran kennt keine Gefängnisstrafe und schreibt andere Strafen vor; dazu gehören auch die Körperstrafen, die von Menschenrechtsorganisationen als barbarisch bezeichnet und bekämpft werden.

Grundlage des islamischen Strafrechts ist die Unterteilung in *Hadd*-Delikte, *Qisas*-Delikte und *Ta´zir*-Delikte.

Hadd-Delikte / Grenzdelikte

Hadd-Delikte (Plural: *hudud* = Grenzen), Grenzvergehen, sind schwere Straftaten, für die das Strafmaß im Koran festgelegt ist. Sie werden so bezeichnet, weil sie – aus der Sicht von Muslimen – nicht menschliches Recht, sondern das Recht Allahs verletzen. Sie werden als besonders schwere Verbrechen angesehen. Die im Koran vorgeschriebenen Strafen gelten als ewig und unveränderbar und müssen verhängt und vollstreckt werden. Zum Beispiel heißt es in Sure 5 Vers 38: *Und hackt dem Dieb und der Diebin die Hände ab* (...). Ein Spielraum bleibt allerdings: Was als Diebstahl zu gelten hat, wird im Koran nicht gesagt. Zu den *Hadd*-Vergehen gehören Mord (*qatl*, Koran 2:178; 4:92; 5:32, 45; 6:151), Geschlechtsverkehr außerhalb der Ehe und Verleumdung wegen Unzucht (*zina*, 4:15; 24:4; 17:32; 4:15; 24:2), Diebstahl einer behüteten Sache von Wert (*sariqa*, 5:38; 2:188), schwerer Straßen-Raubmord (*qat´ at-tariq*, 5:33 f.) und Hochverrat, dazu zählen: der Abfall vom Glauben (Apostasie), der Kampf gegen Allah und Verderbenstiften auf Erden (5:33). *Hadd*-Strafen sind: Steinigung, Kreuzigung, Enthauptung, Abschneiden von Hand oder Fuß, Auspeitschen und Verbannung.

a) Mord

Das *Hadd*-Delikt Mord gehört gleichzeitig zu den *Qisas*-Delikten und wird von mir in dem Zusammenhang erörtert.

b) Geschlechtsverkehr außerhalb der Ehe

Der Geschlechtsakt außerhalb der Ehe gehört nach Koran und Sunna zu den schweren Verbrechen. Auffallend sind bei den *Hadd*-Strafen für Ehebruch die Widersprüche zwischen dem Allah-Gesetz im Koran und den Strafbestimmungen Mohammeds. Allah ordnet für Ehebruch 100 Peitschenhiebe an. Außerdem dürfen Ehebrecher nur noch Unzüchtige und Polytheisten heiraten. Im Koran heißt es dazu:

> *Wenn eine Frau und ein Mann Unzucht begehen, dann geißelt jeden von ihnen mit hundert Hieben. Habt kein Mitleid mit ihnen angesichts (der Rechtsbestimmungen) der Religion Allahs, so ihr an Allah und den Jüngsten Tag glaubt. Und bei der Vollstreckung der Pein an ihnen soll eine Gruppe von den Gläubigen zugegen sein. Der Mann, der Unzucht begangen hat, darf nur eine Frau, die Unzucht begangen hat, oder eine Polytheistin heiraten. Die Frau, die Unzucht begangen hat, darf nur ein Mann, der Unzucht begangen hat, oder ein Polytheist heiraten. Den Gläubigen ist das verboten* (24:2-3).

Eine von vier Zeugen des Ehebruchs beschuldigte Frau, die nicht geständig ist, ist im Haus einzusperren, bis der Tod sie abberuft oder Allah ihr einen Ausweg verschafft (Koran 4:15).

Von Steinigung für Ehebruch ist im Koran nirgendwo die Rede. Anders bei Mohammed: Er forderte die Steinigung und ließ sie in seiner Anwesenheit durchführen, so berichtet die Sunna mehrmals:

> »Eine Frau kam zum Propheten. Sie war infolge eines Ehebruchs schwanger. Sie sagte: ›O Gesandter Gottes, ich habe eine gesetzliche Strafe verdient, so verhänge sie über mich.‹ Der Gesandte Gottes rief ihren Sachverwalter zu sich und sagte: ›Sei gut zu ihr. Und sobald sie ihre Niederkunft gehabt hat, bringe sie zu mir.‹ Er tat so. Da befahl der Prophet, und ihre Kleider wurden um sie festgebunden. Dann befahl er, und sie wurde gesteinigt. Dann hielt er das Gebet für sie.« (Muslim)[139]

Bis zum Ende seines Lebens hielt Mohammed an der Steinigung als Strafe für Ehebruch fest. Noch in der Abschiedspredigt auf seiner letzten Wallfahrt nach Mekka im Jahre 632 sagte er: »Das Kind gehört zum Ehebett, und der Ehebrecher ist zu steinigen.«[140]

Auch zur Sunna stehen Mohammeds Steinigungen teilweise im Widerspruch; denn da heißt es:

> »Das Blut eines Muslim darf nur in drei Fällen legitimerweise vergossen werden: wenn es um einen älteren Ehebrecher geht, als Strafe für einen Mord und bei demjenigen, der von seiner Religion abfällt und seine Gemeinschaft verlässt.« (Bukhari und Muslim)[141]

Verstieß das Vorbild Mohammed gegen den Koran? Mehrere islamische Autoren und Wissenschaftler haben sich mit dem Problem beschäftigt. Der Mohammed-Biograph Ibn Hisham (gest. 834), der die verloren gegangene Mohammed-Biographie von Ibn Ishaq (gest. 768) überarbeitet hat, schreibt, es habe Koranverse zur Steinigung gegeben, sie seien aber verloren gegangen. Der islamische Philologe Al-Suyuti (gest. 1505) behauptet das Gleiche. Ich gebe hier einen Text von Michael Steiner (Pseudonym, verstorben im Iran) wieder, in dem er Ibn Hisham und Al-Suyuti zu dieser Problematik zitiert:

»Die Schriften über die Verse der ›Steinigung‹ und das ›Stillen‹ waren im Besitz Aischas. Als Mohammed starb und die Menschen mit der Vorbereitung des Begräbnisses beschäftigt waren, wurden die Schriften von einer Ziege gefressen. Ibn Hisham: V 8, 2

Dass es Verse über die Steinigung im Zusammenhang mit der Sure 33 (Die Verbündeten) gegeben hat, wird auch von Ubayy ibn Ka´b in einem anderen Dokument erwähnt:

Dieser berühmte Begleiter (des Propheten) fragte einen Moslem: ›Wieviel Verse enthält die Sure der Verbündeten?‹ Er sagte: ›72 oder 73.‹ Er (Ubayy) sagte ihm: ›Sie (die Sure) war beinahe so lang wie die Sure der Kuh (287 Verse) und enthielt die Verse der Steinigung.‹ Der Mann fragte: ›Was sind die Verse der Steinigung?‹ Er sagte: ›Wenn ein Mann und eine Frau Ehebruch begehen, so steinige sie zu Tode.‹ Suyuti: Itqan. Teil 3«[142]

Aus diesen und anderen Belegen zieht Steiner den Schluss, dass der heutige Koran unvollständig ist und dass Teile des Urkoran vom dritten Kalifen Uthman verbrannt wurden.

Der tunesische Rechtswissenschaftler Mohamed Charfi, Anhänger eines modernen Reformislam, vertritt nicht die Position des klassischen muslimischen Rechts, das die Steinigung als Strafe für Ehebruch festschreibt. Er erkennt dessen Begründung nicht an, die sich auf den oben nach Suyuti zitierten und nicht im Koran vorhandenen Koranvers – *Wenn ein Mann und eine Frau Ehebruch begehen, so steinige sie zu Tode* – beruft.[143] Außerdem steht der verlorene Koranvers im Widerspruch zum vorhandenen Vers 24:3, wonach es einem Muslim nicht erlaubt ist, eine unzüchtige Frau zu heiraten. Das dürfen nur Männer, die selbst Unzucht begangen haben und Atheisten. Damit wäre die unzüchtige Frau quasi aus der Umma ausgestoßen. Hätte Allah die Steinigung für Ehebruch vorgeschrieben, so würde sich die Heiratsfrage von selbst erledigen. Widersprüche sind im Koran jedoch häufiger zu finden.

Die Frage, ob Mohammed gegen das Allah-Gesetz verstoßen hat, indem er es verschärfte, oder ob Steinigungsverse des Koran verloren gegangen sind, wird wohl nie endgültig beantwortet werden. Modernisierer unter den islamischen Machthabern nutzen diese Unsicherheit ebenso wie die Wiederhersteller der alten Ordnung für die Durchsetzung ihrer jeweiligen Politik und Rechtsvorstellungen.

c) Verleumdung wegen Unzucht

Wer eine Person der Unzucht beschuldigt, aber keine vier männlichen muslimischen Zeugen bringen kann, wird mit 80 Peitschenhieben bestraft. Dieses Gebot ist eine große Gefahr für vergewaltigte Frauen. Klagen sie den Täter an, können aber keine vier männlichen Zeugen erbringen, so werden sie mit 80 Peitschenhieben bestraft, und der Vergewaltiger bleibt unbestraft.

d) Schwerer Diebstahl

Als Strafe für schweren Diebstahl schreibt der Koran das Abhacken der rechten Hand vor: *Und hackt dem Dieb und der Diebin die Hände ab zur Vergeltung für das, was sie erworben haben, dies als abschreckende Strafe von Seiten Allahs* (5:38). Bei Wiederholung wird der linke Fuß amputiert. Folgende Bedingungen müssen erfüllt sein: Der Dieb muss strafmündig und seiner Sinne mächtig sein, das gestohlene Gut muss einen bedeutenden Wert haben und behütet gewesen sein, und die Tat sollte nicht aus Hunger oder anderer Not begangen worden sein. Bezüglich der Bestrafung des schweren Diebstahls stimmen Allah-Gesetz und Mohammed in den Hadithsammlungen von Bukhari, Muslim, Abu Da´ud, Tirmidi und Nasai überein. Sie schreiben: »Selbst wenn Fatima, die Tochter Mohammeds, stehlen würde, so würde auch ihr die Hand abgehackt werden.« Dieser Hadith hat bis heute herausragende politische und juristische Bedeutung. Er wurde sogar in Artikel 3 der Allgemeinen Erklärung der Menschenrechte des Islam (AEMRI) aufgenommen als Beweis für die Gleichheit aller Menschen vor der Scharia (siehe Kapitel 9.2).

e) Schwerer Straßen-Raubmord

Wegelagerei mit Raub, Verletzung und evtl. Mord wird je nach Schwere des Verbrechens mit Verbannung, Amputation, Tötung und Kreuzigung bestraft. Die Kreuzigung wird durch Anbinden vollstreckt. Sie dauert drei

Tage. Stirbt der Gekreuzigte vor Ablauf der Frist, so wird er abgehängt. Lebt er nach drei Tagen noch, so wird er freigelassen.

f) Alkohol- und Drogengenuss
Je nach Überlieferung werden die Vergehen mit 40 oder 80 Peitschenhieben bestraft. Je nach Interpretation fallen die Delikte auch in den Bereich der Ermessensstrafen (Ta´zir-Strafen).

g) Abfall vom Glauben
Für Muslime, die den Glauben vortäuschen und sich dann abwenden, sieht der Koran die Todesstrafe vor: (...) *Wenn sie sich abkehren, dann greift sie und tötet sie, wo immer ihr sie findet* (4:88 f.). Nach allen vier sunnitischen wie auch der schiitischen Rechtsschule ist der Abfall vom Islam (Apostasie) mit der Todesstrafe zu bestrafen. Das trifft Apostaten besonders in den Ländern, in denen der Islam Staatsreligion ist. Da ist die Abwendung vom Islam gleichzeitig Absage an den Staat und damit keine Privatangelegenheit mehr. Im Koran gibt es außer dem zitierten Vers 4:88 keine eindeutige Androhung der Todesstrafe für Apostaten, wohl aber in der Sunna.

h) Kampf gegen Allah und Verderbenstiften auf Erden
Wer den Islam bekämpft, sei es durch Kriegsführung oder andere Handlungen, zu denen auch christliche Missionstätigkeit gehört, ist mit schwersten Körperstrafen zu beseitigen: *Die Vergeltung für die, die gegen Allah und seinen Gesandten Krieg führen und auf der Erde umherreisen, um Unheil anzustiften, soll dies sein, dass sie getötet oder gekreuzigt werden, oder dass ihnen Hände und Füße wechselseitig abgehackt werden, oder dass sie aus dem Land verbannt werden.* (Koran 5:33) Die Formulierung *Unheil auf der Welt anstiften* lässt Interpretationswillkür gegen alles, was unislamisch ist, zu. Das Abhacken von Händen und Füßen und Hinrichtungen – auch in Form von Kreuzigungen – sind durch diese Worte Allahs legitimiert. Eine räumliche Begrenzung auf islamische Länder enthält der Koranvers nicht. Die Lizenz zur Vergeltung mit Gewalt hat universale Gültigkeit.

i) Homosexualität
Sie gilt im schiitischen Recht als *Hadd*-Delikt. Im sunnitischen Islam ist das umstritten. Nach iranischem Strafrecht (Art. 108-134) wird gleichgeschlechtlicher Verkehr zwischen Männern mit dem Tod bestraft. Ein nichtmuslimischer Partner wird auch dann mit dem Tod bestraft, wenn seine

sexuellen Handlungen mit einem Moslem nicht zum Geschlechtsverkehr führen. Gleichgeschlechtliche Handlungen zwischen Frauen werden mit Peitschenhieben bestraft.

Qisas-Delikte / Vergeltung nach dem Talionsprinzip oder Blutgeld (*diya*)

Qisas-Delikte sind Mord, Totschlag und Körperverletzung. Sie sind nach dem Talionsprinzip durch Wiedervergeltung zu bestrafen oder ersatzweise durch das Zahlen von Blutgeld (*diya*). Dabei sind muslimische Frauen und Nicht-Muslime in der Regel nur halb so viel wert wie muslimische Männer. Das Talionsprinzip ist aus vorislamischer Zeit als Blutrache bekannt. Der Koran hat es insofern eingeschränkt, als die Strafe in der Regel nur noch am Täter vollzogen werden darf. *Qisas*-Strafen sind Vergeltungsstrafen nach dem Talionsprinzip oder das Zahlen von Blutgeld.

a) Mord
Der Koran verbietet das unberechtigte Töten und den Mord. Nach der richterlichen Feststellung des Tatbestandes – vorsätzlicher Mord – wird der Mörder zur Vergeltung an die Verwandten des Ermordeten freigegeben. Das Strafmaß darf die Straftat nicht überschreiten. Es darf also nur der Mörder getötet werden und nicht weitere Familienangehörige. Zur Abmilderung des *jus talionis* können die Angehörigen des Ermordeten anstelle der Todesstrafe ein Blutgeld verlangen, so schreibt es der Koran vor: *O ihr, die ihr glaubt, vorgeschrieben ist euch bei Totschlag die Wiedervergeltung: der Freie für den Freien, der Sklave für den Sklaven, das Weib für das Weib. Wenn einem von seinem Bruder etwas nachgelassen wird, so soll die Betreibung (des Blutgeldes) auf rechtliche Weise und die Leistung an ihn auf gute Weise erfolgen* (2:178).

b) Totschlag
Für Totschlag aus Versehen darf der Täter nicht mit dem Tod bestraft werden. Der Koran bietet Sühneleistung an: *Wer einen Gläubigen aus Versehen tötet, hat einen gläubigen Sklaven zu befreien oder ein Blutgeld an seine Angehörigen zu übergeben. (...) Wer es nicht vermag, hat zwei Monate hintereinander zu fasten* (4:92). Die Höhe des Blutgeldes ist in der Regel in Gesetzesbüchern festgelegt. Weiter unten gehe ich am Beispiel des irani-

schen Strafrechts auf die Höhe des Blutgeldes ausführlich ein. Der Koranvers provoziert die Frage: Was geschieht mit dem Moslem der einen Ungläubigen aus Versehen tötet? Dafür enthält das Allah-Gesetz kein Strafmaß.

c) Körperverletzung
Bei Körperverletzungen ist das *jus talionis* – Auge um Auge, Zahn um Zahn – anzuwenden. Eine Entschädigung durch das Zahlen eines festgelegten Blutgeldes (*diya*) ist möglich und koranisch legitimiert (4:92).

Ta'zir-Delikte / Ermessensdelikte

Ta'zir-Delikte – Ermessensvergehen – sind alle anderen Straftaten, z.B. Verkehrsdelikte, Beleidigung, Betrug. Auch Homosexualität, Prostitution, Schwangerschaftsabbruch, Verkündung von Häresien und christliche Missionierung im Islamland werden dazu gezählt. Ihre Sanktionierung liegt im Ermessen des Richters. Besonders in den islamischen Ländern, die kein kodifiziertes Strafgesetzbuch haben, ist der Ermessensspielraum des Richters sehr groß, er reicht von der Geldstrafe bis zur Hinrichtung. Einzige Voraussetzung für den Strafrahmen ist seine Vereinbarkeit mit islamischen Grundsätzen. Einzige Bedingung für das Strafmaß: Es muss der Höhe nach unter der Hadd-Strafe liegen. Durch diesen nahezu unbegrenzten Ermessensspielraum verfügen Richter über außergewöhnliche Macht. Durch das *Ta'zir*-Prinzip ist das islamische Strafrecht aber auch flexibel und konnte ab dem 19. Jahrhundert europäisches Strafrecht übernehmen.

Beim Vergleich von islamischem mit westlichem Recht kann man sagen: Die Bewertung der Strafhandlungen und die Körperstrafen im islamischen Recht sind mit westlichen Rechtsgrundsätzen und mit unseren Menschenrechtsvorstellungen nicht vereinbar. Apologeten des Islam verteidigen die Körperstrafen meist wegen ihrer abschreckenden Wirkung. Auch weisen sie auf die Beweisvoraussetzungen (vier Augenzeugen des Tatvorgangs oder Geständnis und kurze Verjährungsfristen) hin, durch die Körperstrafen meist verhindert werden. Tatsache ist aber, dass Körperstrafen, selbst wenn sie nur als Drohinstrument eingesetzt werden, im Widerspruch zu modernen Menschenrechtsvorstellungen stehen. Auch die Autoren der Allgemeinen Erklärung der Menschenrechte im Islam (AEMRI), auf die ich noch ausführlich eingehe, haben offensichtlich ihr Problem mit den Körperstrafen, lehnen sie aber nicht generell ab. In Artikel 5 d heißt es: »Es gehört zu den Prinzipien der Scharia, dass die *hudud*-Strafen vermieden werden: ›Wendet die *hudud*-Strafen von den Muslimen ab, wenn ihr könnt, wenn es dafür einen Ausweg gibt, so macht diesen dafür frei.‹« (Hadit nach al-Baihaqi und al-Hakim) Leider gehören die genannten Überlieferer nicht zu den authentischen Hadith-Autoren und eine derartige Aussage enthält der Koran schon gar nicht.

Die Hoffnung auf Abschaffung der Körperstrafen bleibt eine Illusion, solange höchste Autoritäten unter den islamischen Juristen und Theologen sich für ihre Beibehaltung einsetzen, wie beispielsweise der höchste Geistliche der Al-Azhar-Universität, Muhammad Sayyed Al-Tantawi, der am 31. April 2005 der arabischen Zeitschrift *al-khaleej* mitteilte: »Kein Mensch – egal wie intelligent, wie gut ausgebildet und von hoher Stellung er sein mag – darf eine Strafe abschaffen, die in Allahs Buch (dem Koran) und der Sunna (Tradition) vorgeschrieben ist.«[144] Seine Aussage klingt wie eine autoritäre Antwort an die Verfasser der AEMRI.

Es stellt sich nun die Frage, ob und wie die Strafbestimmungen aus Koran und Sunna in einem modernen Staat Grundlage des Strafrechts sein können. Hierzu werde ich im Folgenden einen exemplarischen Einblick in die Strafgesetzbücher der Islamischen Republik Iran geben.

6.3 Das iranische Strafrecht

Zur Geschichte

Bereits gegen Ende der Qajarendynastie (1796–1921) in Persien kam es zu schweren Spannungen zwischen der Intelligenz und dem Klerus. Die einen strebten einen säkularen liberalen Staat an, die anderen einen religiösen mit islamischem Recht. Schon lange zuvor hatte ein Dualismus zwischen religiösem und säkularem Recht bestanden. Im Jahr 1907 wurde im Verfassungsänderungsgesetz die Rechtsprechung durch weltliche Beamte verankert. Am 21. Februar 1921 wurde die Qajarenherrschaft mit Hilfe der Engländer durch Reza Khan gestürzt. 1926 ließ dieser sich als Reza Schah in

Teheran krönen und begründete die Pahlavi-Dynastie. Er ließ das Wirtschafts-, Straf- und Zivilrecht auf der Grundlage des französischen Rechts und unter teilweiser Einbeziehung von kodifiziertem islamischem Recht neu verfassen. 1929 ordnete er das Tragen westlicher Kleidung an und verbot 1936 den Tschador. Vorbild des Schah für die Modernisierung des Staates war Kemal Atatürk. 1934 verfügte der Autokrat die Änderung des Staatsnamens Persien in Iran. 1941 zwangen ihn britische und sowjetische Truppen zugunsten seines Sohnes Mohammed Reza (1941–1979) zum Rücktritt und ins Asyl nach Johannesburg in Südafrika, wo er 1944 starb.

Der junge Schah stützte sich politisch immer mehr auf den Westen. Gleichzeitig wuchs seine Distanz zum Volk, das zunehmend verarmte und seine alten Bindungen zum Klerus festigte. Führende Kraft im Widerstand wurde Ayatollah Ruhollah Khomeini, der zunächst in der Türkei, dann im Irak und schließlich in Paris im Exil lebte. Durch mehrere Volksaufstände sah sich der Schah am 16. Januar 1979 gezwungen, das Land zu verlassen. Am 1. Februar 1979 kehrte Khomeini, von den Massen bejubelt, in den Iran zurück. Ende März 1979 wurde die *Islamische Republik Iran* gegründet.

Für einen islamischen Staat ist das islamische Recht konstitutiv. In der neuen Verfassung von 1979 wurde daher die Wiedereinführung des islamischen Rechts, einschließlich des islamischen Strafrechts, als Postulat erhoben. Zunächst entstanden Teil-Gesetze zu mehreren Strafrechtsbereichen. Erst 1991 wurden sie zu einem Gesetz zusammengefasst, zum *Gesetz über die islamischen Strafen vom 8. Mordad 1370/30; Juli 1991.*[145] Außerdem gibt es das *Gesetz über die islamischen Strafen (ta´zirat) vom 18. Mordad 1362/9; August 1983*. Das 83er Gesetz überschneidet sich teilweise mit dem Gesetz von 1991, besonders bezüglich des Delikts *Verderbenstiften auf Erden.*

Der folgende Einblick in das iranische Strafrecht stützt sich auf die Übersetzung der Strafgesetze von Sylvia Tellenbach. Alle Zitate sind dieser Übersetzung entnommen. Die Auswahl der Artikel habe ich nach folgenden Gesichtspunkten getroffen: Sie geben einen Einblick in typisch islamische

- Delikte (Sexualdelikte, Küssen, Abweichung von »religionsgesetzlich vorgeschriebener« Kleidung, Kampf gegen Allah und Verderbenstiften auf Erden)
- Strafen (Steinigung, Kreuzigung, Verstümmelung, Auspeitschen, Verbannung, Blutrache und Blutgeld)
- Erziehungsinstrumente (Androhung von Gewalt im Diesseits und Jenseits)

- Beweisrecht bzw. Zeugenrecht
- Privilegierung des Mannes und Abwertung der Frau, hier im Zeugenrecht und bei der Berechnung des Blutgeldes
- Diskriminierung von Nicht-Muslimen im Zeugenrecht und bei der Bestrafung
- Verstöße gegen westliche Menschenrechtsvorstellungen.

Gesetz über die islamischen Strafen von 1991

Das Gesetz besteht aus vier Büchern. Ihre Kapitelüberschriften, nach dem Inhaltsverzeichnis wiedergegeben, lauten:

Erstes Buch: Allgemeine Vorschriften und anderes. Art. 1-62

Zweites Buch: Die hadd-Strafen. Art. 63-203

1. Kapitel: Die hadd-Strafen für unerlaubten Geschlechtsverkehr
2. Kapitel: Die hadd-Strafen wegen Homosexualität
3. Kapitel: Lesbische Liebe
4. Kapitel: Kuppelei
5. Kapitel: Verleumdung
6. Kapitel: Die hadd-Strafen für das Trinken berauschender Getränke
7. Kapitel: Kampf gegen Gott und Verderbenstiften auf Erden
8. Kapitel: Die hadd-Strafe für Diebstahl

Drittes Buch: Die Vergeltung. Art. 204-293

1. Kapitel: Die Vergeltung
2. Kapitel: Die Vergeltung für Glieder

Viertes Buch: Blutgeld. Art. 294-497

1. Kapitel: Definition und Fälle von Blutgeld
2. Kapitel: Die Höhe des Blutgeldes für eine Tötung
3. Kapitel: Die Frist für die Blutgeldzahlung
4. Kapitel: Die Zahlungspflicht bei Blutgeld
5. Kapitel: Haftungsgründe
6. Kapitel: Teilnahme an der Tötung oder der Körperverletzung
7. Kapitel: Mittelbare Verursachung einer Straftat
8. Kapitel: Zusammentreffen von indirekter Ursache und direkter Begehung bzw. Zusammentreffen mehrerer indirekter Ursachen
9. Kapitel: Das Blutgeld für Glieder
10. Kapitel: Das Blutgeld für Verletzungen

11. Kapitel: Das Blutgeld für Verletzungen, die eine Veränderung der Farbe der Haut oder eine Entzündung verursachen
12. Kapitel: Das Blutgeld für einen Schwangerschaftsabbruch
13. Kapitel: Das Blutgeld für Verletzungen, die einem Toten zugefügt werden

Gesetz über die islamischen Strafen (*ta´zirat*) von 1983

- Die ta´zir-Strafen
- Straftaten gegen die innere Sicherheit des Landes
- Angriff und Beleidigung von politischen Organen
- Straftaten gegen die öffentliche Ruhe:
  Münzfälschung
  Urkundenfälschung
  Zerbrechen oder Beschädigung von Siegeln und Diebstahl von Schriftstücken aus amtlichen Stellen
  Entweichen von Personen, die sich kraft Gesetzes in Haft befinden, und Verbergen von Strafgefangenen
  Anmaßung von Titeln und Ämtern
  Zerstörung von Staatseigentum
- Verfehlungen von Ministern und Beamten:
  Überschreitungen der Grenzen des eigenen Amtsbereich durch Beamte und Verfehlungen bei Erfüllungen ihrer Pflicht
  Unterlassene Erfüllung von gesetzlichen Pflichten
  Amtsmissbrauch gegenüber dem Staat
- Straftaten gegen Beamte:
  Widerstand gegen die Staatsgewalt
  Beleidigung
- Kriminelle Vereinigung oder Verabredung eines Verbrechens
- Straftaten gegen Personen und gegen Kinder
- Straftaten gegen das Schamgefühl, die allgemeine Sittlichkeit und die Familienpflichten
- Falscheid und Offenbarung von Geheimnissen
- Gewalt und Drohung
- Bankrott und Betrug
- Vertrauensmissbrauch
- Betrug und Fälschung im Handel
- Brandstiftung, Zerstörung und Beschädigung von Sachen und Tieren
- Verleumdung, Beleidigung und Beschimpfung
- Öffentlicher Konsum von alkoholischen Getränken und Glücksspiel
- Straftaten beim Führen von Fahrzeugen

Auszüge aus dem Gesetz über die islamischen Strafen von 1991

Strafen und Maßnahmen zur Sicherung der Erziehung

Art. 12 – Die Strafen dieses Gesetzes sind in folgende fünf Kategorien eingeteilt: *Hadd*-Strafen; Vergeltung; Blutgeld; *Ta'zir*-Strafen; Abhaltende Strafen.

Art. 13 – *Hadd*-Strafen werden diejenigen Strafen genannt, deren Art und Maß in der Scharia* festgelegt ist.

*Das göttliche islamische Recht (im Gegensatz zur Rechtswissenschaft: *fiqh*)

Art. 14 – Vergeltung ist eine Strafe, zu der der Täter verurteilt wird, und die seiner Tat entsprechen muss.

Art. 15 – Blutgeld ist eine Vermögensstrafe, die vom Gesetzgeber für eine Straftat festgelegt ist.

Art. 16 – *Die ta'zir*-Strafe ist eine Züchtigung bzw. eine Strafe, deren Art und Maß nicht in der Scharia bestimmt, sondern dem Ermessen des Richters anheimgestellt ist, wie z.B. Gefängnisstrafe, Geldstrafe oder Auspeitschung, die jedoch der Höhe nach unter der *hadd*-Strafe liegen muss.

Art. 17 – Die abhaltende Strafe ist eine Züchtigung bzw. Strafe, die von der Obrigkeit zur Wahrung der Ordnung unter Berücksichtigung des Interesses der Gesellschaft für Verstöße gegen staatliche Bestimmungen und Vorschriften festgelegt wird, wie z.B. Gefängnisstrafe, Geldstrafe, Betriebsschließung, Entzug von Erlaubnissen und Aberkennung von bürgerlichen Ehrenrechten, Verbot oder Verpflichtung, sich an einem bzw. mehreren Orten aufzuhalten, und dergleichen.

Grenzen der strafrechtlichen Verantwortlichkeit

Art. 49 – Kinder sind im Falle der Begehung einer Straftat frei von strafrechtlicher Verantwortlichkeit. (...) Als Kind wird eine Person angesehen, die die gesetzliche Strafmündigkeit noch nicht erreicht hat.

Anmerkung: Mündig ist nach islamischem Recht derjenige, der die Geschlechtsreife erlangt hat; unabhängig davon finden sich dazu Altersangaben, die für Mädchen 9, für Knaben 15 Jahre betragen (vgl. Art. 1210 iran. ZGB).

Gerichtliche Beweismittel für den unerlaubten Geschlechtsverkehr

Art. 74 – Der unerlaubte Geschlechtsverkehr wird durch vier rechtschaffene männliche Zeugen oder durch drei rechtschaffene männliche und zwei rechtschaffene weibliche Zeugen bewiesen, und zwar sowohl in dem Fall, in dem auf die Tat die *hadd*-Strafe der Auspeitschung, als auch in dem Fall, in dem auf die Tat die *hadd*-Strafe der Steinigung steht.

Art. 75 – Steht auf den unerlaubten Geschlechtsverkehr nur die *hadd*-Strafe der Auspeitschung, so kann er auch durch das Zeugnis von zwei unbescholtenen Männern und vier unbescholtenen Frauen bewiesen werden.

Art. 76 – Das Zeugnis von Frauen allein oder zusammen mit dem Zeugnis eines einzigen unbescholtenen Mannes beweist den unerlaubten Geschlechtsverkehr nicht, vielmehr wird gegen derartige Zeugen die *hadd*-Strafe wegen Verleumdung angewendet.

Art. 77 – Das Zeugnis des Zeugen muss klar und zweifelsfrei sein und auf eigener Beobachtung beruhen; ein Zeugnis vom Hörensagen ist unbeachtlich.

Hadd-Strafen für unerlaubten Geschlechtsverkehr

Art. 82c – Der unerlaubte Geschlechtsverkehr eines Nichtmuslims mit einer Muslimin führt zur Hinrichtung für denjenigen, der den Geschlechtsverkehr vollzieht.

Art. 83 – a) Der unerlaubte Geschlechtsverkehr eines Mannes, der *muhsin* ist, d.h. eines Mannes, der eine ständige Gattin hat, ihr beigewohnt hat und ihr zu jeder Zeit, die er möchte, beiwohnen kann, zieht die Steinigung nach sich.

b) Der unerlaubte Geschlechtsverkehr einer Frau, die *muhsina* ist, d.h. einer Frau, die einen ständigen Ehemann hat, der mit ihr die Ehe, während sie geistig gesund war, vollzogen hat, und die die Möglichkeit hat, mit ihrem Mann Geschlechtsverkehr zu haben, zieht die Steinigung nach sich, wenn sie unerlaubten Geschlechtsverkehr mit einem mündigen Mann hatte.

Art. 88 – Die *hadd*-Strafe für den unerlaubten Geschlechtsverkehr von Männern und Frauen, bei denen die Voraussetzungen des muhsin-Seins nicht vorliegen, ist hundert Peitschenhiebe.

Art. 89 – Bei Wiederholung des unerlaubten Geschlechtsverkehrs vor Vollstreckung der *hadd*-Strafe (...) wird vor der Steinigung des Täters die hadd-Strafe der Auspeitschung vollzogen.

Art. 91 – Solange eine Frau schwanger ist oder stillt, wird die hadd-Strafe der Tötung oder Steinigung nicht vollstreckt; dasselbe gilt für die Zeit nach der Niederkunft, wenn das Neugeborene niemanden hat, der für es aufkommt und die Gefahr besteht, dass es stirbt; wird aber jemand gefunden, der für das Kind aufkommt, so wird die hadd-Strafe an der Mutter vollstreckt.

Art der Vollstreckung der *hadd*-Strafen

Art. 99 – Wird der unerlaubte Geschlechtsverkehr einer Person, die muhsin ist, durch ihr Geständnis bewiesen, so muss bei der Steinigung der religiöse Richter den ersten Stein werfen, danach erst die anderen Anwesenden. Wurde der unerlaubte Geschlechtsverkehr durch Zeugen bewiesen, so müssen zuerst die Zeugen, danach der religiöse Richter und dann die anderen Anwesenden die Steine werfen.

Art. 101 – Der religiöse Richter soll die Bevölkerung vom Zeitpunkt der Vollstreckung einer *hadd*-Strafe unterrichten; bei der Vollstreckung der *hadd*-Strafe muss eine Anzahl von Gläubigen anwesend sein, die nicht weniger als drei betragen darf.

Art. 102 – Bei der Steinigung wird der Mann bis unter den Gürtel und die Frau bis unter die Brust in eine Grube eingegraben. Dann wird die Steinigung vollstreckt.

Art. 104 – Die Steine dürfen bei einer Steinigung nicht so groß sein, dass die Person getötet wird, wenn sie von einem oder zwei davon getroffen wird, und auch nicht so klein, dass man sie nicht mehr als Stein ansehen kann.

Die *hadd*-Strafen wegen Homosexualität

Art. 111 – Der homosexuelle Verkehr zieht dann die Todesstrafe nach sich, wenn der aktive und der passive Täter mündig und geistig gesund sind sowie aus freiem Willen gehandelt haben.

Art. 121 – Die *hadd*-Strafe für beischlafähnliche oder vergleichbare Handlungen zwischen zwei Männern ohne Eindringen des Gliedes ist für jeden 100 Peitschenhiebe.

Erläuterung: Falls der aktive Teil ein Nichtmuslim ist und der passive Teil ein Muslim, ist die *hadd*-Strafe für den aktiven Teil die Todesstrafe.

Art. 123 – Liegen zwei Männer, die nicht miteinander blutsverwandt sind, ohne Notwendigkeit nackt unter derselben Decke, so werden beide mit einer *ta´zir*-Strafe von bis zu neunundneunzig Peitschenhieben bestraft.

Art. 124 – Wer einen anderen aus Wollust küsst, wird mit einer *ta´zir*-Strafe von bis zu sechzig Peitschenhieben bestraft.

Lesbische Liebe

Art. 129 – Die hadd-Strafe für lesbische Liebe ist für jeden hundert Peitschenhiebe.

Art. 131 – Wurde die lesbische Liebe dreimal wiederholt und ist jedes Mal eine *hadd*-Strafe verhängt worden, so ist die *hadd*-Strafe beim viertenmal die Todesstrafe.

Art. 134 – Liegen zwei Frauen, die nicht miteinander blutsverwandt sind, ohne Notwendigkeit nackt unter einer Decke, werden sie mit einer *ta´zir*-Strafe von unter hundert Peitschenhieben bestraft.

Die *hadd*-Strafe für das Trinken berauschender Getränke

Art. 170 – Wird der Weingenuss durch Zeugen bewiesen, so kann das nur durch das Zeugnis von zwei rechtschaffenen männlichen Zeugen geschehen.

Art. 174 – Die *hadd*-Strafe für das Trinken berauschender Getränke ist für Männer und Frauen achtzig Peitschenhiebe.

Erläuterung: Nichtmuslime werden zu den achtzig Peitschenhieben nur dann verurteilt, wenn sie die berauschenden Getränke öffentlich trinken.

Die *hadd*-Strafe für den Kampf gegen Allah und das Verderbenstiften auf Erden

Art. 190 – Die *hadd*-Strafe für den Kampf gegen Allah und das Verderbenstiften auf Erden ist eine der vier folgenden:

1. Tötung
2. Kreuzigung
3. Abschneiden zuerst der rechten Hand und dann des linken Fußes
4. Verbannung

Art. 195 – Die Kreuzigung des Kämpfers gegen Allah und Verderbenstifters auf Erden wird folgendermaßen ausgeführt:

a) Art des Anbindens darf nicht zum Tode führen;
b) der Täter bleibt nicht länger als drei Tage am Kreuz hängen. Stirbt er während der drei Tage, kann man ihn abnehmen;
c) lebt der Täter nach den drei Tagen noch, so darf man ihn nicht töten.

Die *hadd*-Strafe für Diebstahl

Art. 198 – Der Diebstahl zieht eine *hadd*-Strafe nach sich, wenn die nachfolgenden Voraussetzungen und Merkmale sämtlich vorliegen:
(Hier folgt in 16 Unterpunkten die Beschreibung von 16 Voraussetzungen: von der Mündigkeit des Diebs, dem Wert des Diebsgutes, dem Motiv des Diebstahls bis zur Art der Aufbewahrung. Sch.)
Erläuterung 4: Wird die Sache dem Eigentümer nach dem Diebstahl zurückgegeben, so zieht dieser keine *hadd*-Strafe nach sich.
Art. 199 – Ein Diebstahl, der eine hadd-Strafe nach sich zieht, wird durch eines der folgenden Beweismittel erwiesen
1. das Zeugnis zweier rechtschaffener Männer;
2. das zweimalige Geständnis des Diebes (...);
3. das Wissen des Richters.
Art. 201 – Die *hadd*-Strafe ist, wie im Folgenden erläutert:
a) beim erstenmal Abschneiden von vier Fingern der rechten Hand des Diebes von ihrem Ansatz an, so dass ihm sechs Finger und die Handfläche verbleiben;
b) beim zweitenmal Abschneiden des linken Fußes des Diebes und zwar von unten her am Fußrist, so dass der halbe Fuß und ein Teil des Fußballens übrig bleiben;
c) beim drittenmal lebenslange Gefängnisstrafe;
d) beim viertenmal, wenn der Dieb auch im Gefängnis noch stiehlt, die Todesstrafe.

Blutgeld *(diya)*

Art. 294 – Blutgeld ist ein Vermögenswert, der wegen einer Straftat gegen Leib und Leben an das Opfer oder an seinen bzw. seine Bluträcher gezahlt werden muss.
Art. 297 – Das Blutgeld für einen muslimischen Mann besteht in einer der sechs unten aufgeführten Sachen, die der Täter frei wählen, aber nicht kombinieren kann:
1. hundert gesunde und fehlerfreie Kamele, die nicht sehr mager sein dürfen;
2. zweihundert gesunde und fehlerfreie Kühe, die nicht sehr mager sein dürfen;
3. tausend gesunde und fehlerfreie Hammel, die nicht sehr mager sein dürfen;
4. zweihundert fehlerfreie jemenitische Gewänder;
5. tausend echte und unverfälschte geprägte Dinare von je einem gesetzlichen Meskal Gold im Gewicht von achtzehn nuhud; (1 *nuhud* = 0,2g, Sch.)
6. zehntausend echte und unverfälschte geprägte Dirhams von einem Gewicht von je sechs Zwölftel nuhud Silber.
Erläuterung: Der Wert einer jeden dieser sechs Sachen wird gezahlt, wenn beide Seiten zustimmen oder die Sachen selbst nicht erbracht werden können.
Art. 300 – Das Blutgeld beträgt sowohl für die vorsätzliche als auch für die nicht vorsätzliche Tötung einer muslimischen Frau die Hälfte des Blutgeldes für einen muslimischen Mann.
Art. 435 – Das gleichzeitige Abschneiden beiden Hoden gibt Anspruch auf das volle Blutgeld, das Abschneiden des linken Hodens auf zwei Drittel und des rechten Hodens auf ein Drittel des Blutgeldes.
Art. 441 – Das Entfernen des Jungfernhäutchens eines Mädchens mit dem Finger, das zur Folge hat, dass sie ihre Harnentleerung nicht kontrollieren kann, gibt außer dem Anspruch auf das Blutgeld für eine Frau auch noch Anspruch auf die angemessene Brautgabe.

Art. 487.6 – Das Blutgeld für einen beseelten Fötus ist das volle Blutgeld, wenn es ein Junge ist, und ein halbes Blutgeld, wenn es ein Mädchen ist, und drei Viertel des Blutgeldes, wenn es ein Zwitter ist.

Auszüge aus dem Gesetz über die islamischen Strafen von 1983

Art. 101 – Verhalten sich ein Mann und eine Frau, die nicht miteinander verheiratet sind – abgesehen von unerlaubtem Geschlechtsverkehr – unzüchtig, wie z.B. durch Küsse und Umarmungen, so werden sie zu neunundneunzig Peitschenhieben verurteilt. Wird die Tat mit Gewalt begangen, so wird nur der Zwangausübende zu einer *ta'zir*-Strafe verurteilt.
Art. 102 – Wer vor den Augen der Öffentlichkeit (...) gegen das allgemeine Schamgefühl verstößt, wird zu höchsten 74 Peitschenhieben verurteilt.
Erläuterung: Frauen, die sich ohne die religionsgesetzlich vorgeschriebene Kleidung auf öffentlichen Straßen und Plätzen zeigen, werden zu einer *ta'zir*-Strafe von höchstens 74 Peitschenhieben verurteilt.
Art. 103 – Folgende Personen werden zur Gefängnisstrafe von einem Jahr bis zu zehn Jahren und bis zu 74 Peitschenhieben verurteilt:
Wer ein Bordell gründet oder leitet, das die Bevölkerung zu Verderbtheit und unzüchtigem Verhalten verleitet; (...).

Außer diesen Gesetzen von 1991 und 1983 gibt es zum Strafrecht noch Nebengesetze, in denen z.B. der Rauschgiftkonsum geregelt ist.[146]

6.4 Kommentar

Die islamischen Strafgesetze haben mit westlichem Recht kaum Gemeinsames. Sie zeugen von einer völlig anderen Rechtskultur. Priorität haben im Strafrecht der Islamischen Republik Iran die Sexualdelikte. In 76 Artikeln (63 bis 138) des Gesetzes von 1991 legen die Religions-Juristen ihre Vorstellungen von verbotener Sexualität auf der Grundlage von Koran und Sunna dar, ergänzt durch die Artikel 101 bis 103 im Gesetz von 1983. Dazu gehören auch der Hoden-Artikel 435 und der Hymen-Artikel 441 im Gesetz von 1991. Männliche Sexualphantasien in Verbindung mit Unkenntnis über den Körper sind der Hintergrund derartiger Gesetze, wie der Hymen-Artikel und der Hoden-Artikel beweisen. Sie widersprechen allen biologischen und medizinischen Erkenntnissen über Hoden und Hymen. Ein ganzes Männer-Parlament hat wahrscheinlich dem Unsinn unwidersprochen zugestimmt.

Frauen werden im islamischen Straf- und Beweisrecht abgewertet. Ihre Zeugenaussagen sind nur halb so viel Wert wie die eines Mannes, in einigen Fällen zählen sie gar nicht, in anderen droht Frauen bei gemeinsamem Zeuginnenauftritt ohne Männer sogar die Peitschenstrafe für Verleumdung. Im Beweisverfahren beim *Kampf gegen Allah* und *Verderbenstiften auf Erden* werden sie als Zeugen ganz ausgeschlossen. Beim Blutgeld (*diya*) sind sie halb so viel Wert wie ein Mann. Die Genitalien werden islamtypisch privilegiert behandelt: Die abgeschnittenen Hoden sind das volle Blutgeld eines Mannes wert, das mit einem Finger verletzte Hymen eines Mädchens ist das volle Blutgeld der Frau wert plus den Brautpreis. Das beweist einmal mehr, dass mit dem Brautpreis beim Heiraten das Recht auf Zerreißen und Durchstoßen des Hymens erworben wird. Das Blutgeld für Schwangerschaftsabbruch ergibt sich aus der hohen Achtung vor dem Leben des Menschen, das als Geschenk Allahs angesehen wird, und dem daraus abgeleiteten Verbot des Schwangerschaftsabbruchs, ausgenommen bei der Hanafitischen Rechtsschule. Selbst vor der Geburt wird das weibliche Kind bereits geringer bewertet als das männliche: Das Blutgeld für den männlichen beseelten Fötus ist doppelt so hoch wie das für den weiblichen. Für beseelt wird meist ein Fötus im Alter von 120 Tagen angesehen. Männer bestimmen über das Leben von Frauen und Mädchen schon vor deren Geburt und bis sie sterben. Weder über ihren Körper noch über ihre Kleidung können Frauen selbst entscheiden. Tun sie es dennoch, so drohen Peitschenhiebe, Steinigung oder Gefängnisstrafen. Für einen Spaziergang ohne Kopftuch drohen bis zu 74 Peitschenhiebe. Mit neun Jahren gelten Mädchen als erwachsen und strafmündig. Die religionspolitische Herrschaft der Mullahkratie hat sie von Kind an fest in der Gewalt.

In mehr als 200 Artikeln (294-497) des Gesetzes von 1991 sind die Blutgeld-Strafen festgeschrieben. Bis ins Detail ausgearbeitet ist der Katalog von blutgeldpflichtigen Verletzungen in den Artikeln 367-496. Da geht es in dieser Reihenfolge um Blutgeld für Glieder, Haare, Augen, Nase, Ohren Lippen, Zunge, Zähne, Hals, Kiefer, Hände, Füße, Fingernägel, Wirbelsäule, Rückenmark, Hoden, Rippen, Schlüsselbeine, Gesäß, Hymen, Knochen, geistige Fähigkeiten, Gehör, Sehkraft, Geruchssinn, Geschmackssinn, Stimme, Sprechfähigkeit, Harninkontinenz, Kopf und Gesicht, innere Verletzungen, Haut, Schwangerschaftsabbruch und »Verletzungen, die Toten zugefügt werden«. Jedes Detail wird in mehreren Artikeln akribisch erklärt und sein Preis festgelegt.

Die Regelung ›Blutgeld statt Blutrache‹ ist keine Erfindung der Juristen, sondern Bestandteil des Koran. Da sagt der Gesetzgeber Allah:

> *O ihr, die ihr glaubt, vorgeschrieben ist euch bei Totschlag die Wiedervergeltung: der Freie gegen den Freien, der Sklave für den Sklaven, das Weib für das Weib. Wenn einem von seinem Bruder etwas nachgelassen wird, dann soll die Betreibung (des Blutgeldes) auf rechtliche Weise und die Leistung an ihn auf gute Weise erfolgen.* (2:178)

Weitere Regelungen enthält Sure 4 in Vers 92. Blutrache und Blutgeld werden im Iran in Gerichtsverfahren geregelt; in Stammeskulturen sind sie bis heute weitgehend Privatsache, meist im Zusammenhang mit dem Erhalt bzw. der Wiederherstellung der Familienehre.

Andere wesentliche Bereiche sind die Straftatbestände *Kampf gegen Allah* und *Verderbenstiften auf Erden* in beiden Strafgesetzen. Gemeint ist zum einen der Abfall vom Islam, der in den Bereich des Hochverrats gehört und als Angriff auf den islamischen Staat und auf die islamische Gemeinschaft angesehen wird. Die Apostasie wird als Kapitalverbrechen angesehen und mit der Todesstrafe bedroht, wenn sie auch im iranischen Strafgesetz nicht als *hadd*-Strafe aufgeführt ist. Zum anderen wird jede Handlung, die sich – sei es im Iran oder im Ausland – gegen die iranische Innenpolitik oder Außenpolitik richtet, als eine Strafhandlung im Sinn des Kampfes gegen Allah eingestuft (Gesetz von 1991: Art. 183-196; Gesetz von 1983: Art. 1-15). Von grenzenloser Selbsterhöhung spricht dabei die Identifizierung von islamischer Gesellschaft (Art. 183), islamischer Regierung (187 f.), islamischem Führer und Staatspräsidenten (Gesetz von 1983, Art. 14) mit Allah. Jeder Angriff gegen die genannten Einrichtungen und Personen wird zum Kampf gegen Allah deklariert. Zum Beweis derartiger Delikte reichen zwei islamische Zeugen; sie müssen männlich sein. Frauen sind ausgeschlossen (Art. 189 b).

Muslimische Richter verfügen über eine nahezu unbegrenzte Strafgewalt, weil bei den *Ta´zir*-Delikten der Strafrahmen und das Strafmaß nicht festgelegt sind. Das Urteil liegt im Ermessen des Richters. Der Angeklagte ist dem Risiko der richterlichen Willkür ausgeliefert.

Die Strafmaßnahmen sind archaisch und stehen im Kontrast zu aufgeklärten humanen Kulturen. Das komplizierte Beweisrecht soll verhindern, dass die Körperstrafen durchgeführt werden. Denn bei welchem unerlaubten Sexualakt gibt es vier männliche muslimische Augenzeugen? Und welcher Diebstahl einer Wertsache erfüllt die angegebenen 16 Voraussetzungen, die Vorbedingung für das Abhacken der Hand sind? Die strengen Beweisregeln sind in den materiellen Strafgesetzen enthalten, nicht in einem Strafverfahrensgesetz. Ihre Beachtung ist Voraussetzung für die Verurteilung. Deshalb stellt sich die Frage, ob es sich bei den Körperstrafen um sadistische Drohgebärden von Theologen und Juristen handelt, zum Zweck der Erziehung der Bevölkerung. Bereits die Überschrift zum zweiten Kapitel des Ersten Buches vom *Gesetz über die islamischen Strafen von 1991* berechtigt zu dieser Vermutung: *Strafen und Maßnahmen der Sicherung und Erziehung.* Die barbarischen Körperstrafen sind demnach ein spezifisch islamisches Erziehungsinstrument, legitimiert durch Koran und Sunna. Dahinter steht ein negatives Menschenbild. Der Mensch wird nicht als Person angesehen, die aus eigenem Antrieb Gutes zum Wohl der Gemeinschaft bewirkt. Er wird als von Natur aus schlechtes Wesen angesehen, dass der Androhung grausamer Strafen im Diesseits und Jenseits bedarf, um den rechten Weg zu gehen. Andererseits sind die Körperstrafen aber auch ein brutales Machtinstrument der schiitischen Juristen im Allahstaat, versehen mit dem Schein der Moral. Die Hypothese ist berechtigt, dass islamisches und christlich-säkularisiertes Strafrecht nicht miteinander vereinbar sind. Von der Dscha´faritischen Rechtsschule im schiitischen Islam kann da wohl auch keine Veränderung erwartet werden. Die Rechtsanwältin Shirin Ebadi, Gründerin von Menschenrechtsorganisationen im Iran, sieht das allerdings anders. Sie hält eine Modernisierung des islamischen Rechts für möglich. Im Jahr 2003 erhielt sie als erste iranische Persönlichkeit den Friedensnobelpreis. Ihre Gefährdung ist dadurch gewachsen. Viele iranische Frauen sehen in ihr eine Hoffnungsträgerin.

Die Realität zeigt jedoch, dass das strenge Beweisrecht nicht vor den schlimmsten Körperstrafen bewahrt. Der NWRI, Nationaler Widerstandsrat des Irans, meldete allein für die vorletzte Dezemberwoche 2005 sechs Hinrichtungen und drei Todesurteile. Die Informationen stammen von der staatlichen Nachrichtenagentur IRNA und von den Tageszeitungen Etemad und Hamshari.[147] Saudi-Arabien wendet wie der Iran das islamische Recht an, so dass Sexualverbrecher im Sinne des Islam, Hochverräter und Allahlästerer zum Tode verurteilt werden können, auch wenn sie Jugendliche sind. Die Medien berichteten über 82 öffentliche Enthauptungen, darunter von zwei Frauen, in Saudi-Arabien im Jahre 2005.[148]

Den fundamentalistischen Politikern und dem religiös erzkonservativen Lager um Großayatollah Ali Khamenei ist es gelungen, bei den iranischen

Parlamentswahlen in 2005 mehr als 17 Millionen Wähler für sich zu gewinnen. Durch den Sieg von Mahmud Ahmadinejad, nach dem der Holocaust ein Mythos und Israel zu vernichten sei, hat der Iran nun einen Staatspräsidenten, mit dem die in den letzten Jahren mühsam erarbeiteten Freiräume für Frauen, Jugendliche, Künstler und Schriftsteller wieder vernichtet werden. Die Kritik des Westens an den Menschenrechtsverletzungen im Iran, nicht zuletzt aufgrund des Strafrechts, hat er rigoros zurückgewiesen. Man brauche »für die gesamte islamische Welt eine islamische Konvention der Menschenrechte«, die »für die gesamte Welt ein Vorbild werde«.[149]

Was bewirkt das islamische Recht? Ich gebe darauf eine persönliche Antwort. Auf meinen Iranreisen in den Jahren 2000 und 2002 erlebte ich das Land als ein sicheres und gastfreundliches Reiseland mit einmaligen Schätzen seiner uralten Kultur. Auch Kunst und Architektur aus islamischer Zeit sind im persischen Raum höher entwickelt als in arabisch-islamischen Ländern. Aber außerdem habe ich den Iran erlebt als ein Land mit Doppelmoral, wie ich noch kein anderes kennen gelernt habe. Ich trank in Familien den köstlichsten Wein, sah mir dank verbotener Satellitenschüsseln die ARD-Nachrichten und andere Sendungen aus dem Westen an, genoss mit einem Tschador verhüllt die schöne und reiche Kunst religiöser Stätten, wunderte mich in Fünf-Sterne-Hotels, in denen ich ohne Kopftuch nicht den Speiseraum betreten durfte, über Geschäftsreisende mit »Ehefrauen auf Zeit«, legitimiert durch die schiitische *mut´a*-Ehe, und hatte viel Verständnis für Putzfrauen, die auf meinen Zimmern hinter sich die Tür schlossen und nach optischer Einschätzung meiner Person mit lautem Ausdruck des Ekels das Kopftuch in die Ecke schleuderten, die Haare schüttelten und ein befreites »Wonderful« ausstießen. Ich lernte deutsch-iranische Ehepaare kennen, bei denen der Mann nur deshalb zum Islam übergetreten war, um nicht sein eigenes Leben und das seiner nur noch formal muslimischen Frau aufs Spiel zu setzen. Die Sympathie für die Menschen einerseits und andererseits die Ablehnung des theokratischen Herrschaftssystems mit Allah-Gesetz und patriarchalistischen Strukturen, mit Doppelmoral und der Beanspruchung göttlicher Legitimation waren in mir im Iran gleichzeitig vorhanden.

Wieder drängt sich mir ein Vergleich mit dem Christentum auf, diesmal bezüglich des Zeugnisses von Frauen. Frauen sind nach islamischem Zeugenrecht nur die Hälfte der Männer wert oder weniger oder in einigen Fällen gar nichts. Im Neuen Testament ist das ganz anders. Zwar geht es dort nicht um Strafrecht. Es geht um eine viel wichtigere Zeugenaussage: um das Zeugnis der Auferstehung Jesu aus dem Grab. Es sind Frauen, denen Jesus zuerst begegnet und die er beauftragt, zu verkünden, dass sie ihn lebendig gesehen und mit ihm gesprochen haben. Erst danach begegnet Jesus seinen Jüngern (Mt 28:1-10, Mk 16:5-11, Lk 24:1-11, Jo 20:11-18). Die Männer wollen zwar zuerst den Frauen nicht glauben, aber durch das Auftreten Jesu auch bei ihnen selbst werden sie belehrt. Eine Abwertung des Zeugnisses der Frauen aufgrund ihres Geschlechts gibt es in der christlichen Bibel nicht – und im modernen westlichen Recht auch nicht. Das spricht wieder einmal für die Herkunft dieses säkularen Rechts aus christlichen Quellen. Wäre es aus dem Islam hervorgegangen, wären auch hier die Zeugenaussagen von Frauen höchstens halb so viel wert wie die der Männer.

7. Der Hijab und das islamische Kopftuch

»(...) dass sie erkannt werden als freie und
ehrbare Frauen, im Gegensatz zu den
nicht ehrbaren Frauen.«
Nadeem Elyas

»Sie sollen sich einen Gürtel um die
Taille binden.«
Christoph Luxenberg

7.1 Der Hijab

Der Hijab (arab.: *hijab*) ist heute ein Bekleidungsstück, das Varianten zulässt, jedoch immer Kopfhaar, Hals und Schultern bedeckt, ähnlich einer Nonnentracht. Er ist ein Instrument der Muslimschwestern, das sie von anderen Frauen unterscheidet, und steht für Geschlechtertrennung. Über den Hijab der Muslimschwestern an der Al-Azhar-Universität in Ägypten schreibt Bärbel Reuter in ihrer Dissertation über Islamistinnen in Kairo:

> »Der *hijab* ist für die jungen Frauen ein Symbol dafür, dass sie verantwortlich mit ihrer Sexualität umgehen. Im Kleinen machen sie ihrer Familie keine Schande, im Großen setzen sie die Gesellschaft nicht den Gefahren der Desintegration durch den Niedergang der Institution Familie aus. Das moralische ›Gutsein‹ muss mit der Akzeptanz des *hijab* zusammenfallen. (...) Der *hijab* ist ein Angebot zur Konformität, das folgendes besagt: Wir akzeptieren, dass wir als sexuelle Wesen wahrgenommen werden; wir folgen der Nachordnung persönlicher Interessen unter das Allgemeinwohl; wir bedenken die Argumente, dass Frauen Männern Arbeitsplätze wegnehmen könnten und verhalten uns entsprechend; wir halten die Mutterschaft für die Pflicht der Frau; wir halten uns an traditionelle und authentische Werte.«[150]

Diese Einstellung stützt sich vor allem auf Hassan Al-Bannas Schrift aus dem Jahre 1940 n. Chr. (1359 n. H.): »*Al-Mar´a al-muslima*« (Die muslimische Frau). Sie war eine Botschaft an die innerhalb der Muslimbruderschaft bestehende Unterabteilung der Muslimschwestern.[151] Ab 1980 wurden in Kairo Prämien für das Tragen des Hijab gezahlt. 1985 stimmten zwei Drittel der Studentinnen für die Scharia als Rechtsgrundlage Ägyptens. Die heutige Hijab-Ideologie zusammenfassend, kann man über diesen islamischen Schleier sagen:

- Er trennt Muslime von Nicht-Muslimen
- Er markiert und uniformiert Muslimschwestern
- Er trennt Frauen von Männern
- Er betont Sexualität, Ehre und Scham der Frau
- Er verschafft den Frauen legitimen Zugang in die Öffentlichkeit
- Er soll vor der Sünde bewahren.

Wem der Hijab nicht reicht, der trägt den *niqab* (Gesichtschleier), Handschuhe und schwarze weite Ganzkörperbekleidung. Die korrekte islamische Kleidung macht es den Frauen möglich, in der Öffentlichkeit mit Männern zu kommunizieren, ohne als Prostituierte stigmatisiert zu werden. Im Westen unterstützen zunehmend mehr »freiwillig« korrekt islamisch gekleidete und auf ihre Grundrechte verzichtende Frauen den politischen Islam im Kampf gegen die Demokratie und damit gegen die Gleichberechtigung.

Auf das Allah-Gesetz im Koran kann sich diese Hijab-Interpretation nicht stützen. Das Wort *hijab* kommt zwar im Koran achtmal vor, aber nirgendwo als Bekleidung für Frauen. Im Koran ist der *hijab*

- in Sure 7:46 ein Vorhang zwischen den Bewohnern von Himmel und Hölle
- in Sure 17:45 ein Vorhang zwischen Mohammed und den Ungläubigen beim Vortragen des Koran
- in Sure 19:17 ein Vorhang zwischen Maria und ihren Verwandten
- in Sure 33:53 ein Vorhang im Haus Mohammeds zwischen seinen Frauen und den Gästen
- in Sure 38:32 ein Vorhang zwischen König Salomo und den Reitpferden
- in Sure 41:5 ein Vorhang zwischen Mohammed und den Ungläubigen
- in Sure 42:51 ein Vorhang zwischen Allah und den Menschen
- in Sure 83:15 ein Vorhang zwischen Allah und den Sündern beim Jüngsten Gericht.

Der Hijab kann stofflicher und geistiger Art sein, er ist ein Sichtschutz oder verhindert das Verstehen. In keinem Fall hat er im Koran etwas mit einer Frauenbekleidung zu tun.

Bekleidungsvorschrift im Koran

Jede Kultur reguliert den Umgang mit der Sexualität. Im Christentum geschieht das vor allem durch Triebunterdrückung und Selbstdisziplin des Mannes. Dadurch können Frauen sich in der Öffentlichkeit weitgehend frei bewegen, brauchen keine männlichen Beschützer aus der eigenen Familie, und Mädchen können mit Jungen zusammen unterrichtet werden, studieren und die Freizeit verbringen. Der Islam regelt den Umgang mit der Sexualität, indem er die Geschlechter trennt: Den Mann verweist er nach draußen ins öffentliche Leben, die Frau überwiegend ins Haus. Sind beide im selben öffentlichen Haus – sei es Moschee, Universität oder Sporthalle – so sind sie in getrennten Räumen. Fehlen die Wände, so werden die Frauen verhüllt. Es werden immer Hindernisse rund um die Frau aufgebaut, damit der Mann nicht übergriffig und gewalttätig werden kann. Aber man verlangt vom Mann nicht die Selbstdisziplin, die in anderen Kulturen für selbstverständlich gehalten wird. Allah hat im Koran dem Mann relativ wenig Triebbeherrschung zugemutet. Das Bild des Mannes ist dort ein negatives, die Frau ist das Medium der Moral des Mannes, wie ich nun zeigen werde anhand des Verses 33:59. Er ist der einzige Koranvers, der nicht nur eine Bekleidungsvorschrift enthält, sondern auch eine Begründung dafür. Auffallend ist, dass diese Begründung nicht in die Debatte eingeht, auch nicht, nachdem ich Analysen etliche Male schriftlich und mündlich vorgelegt habe. Eine methodische Feinanalyse des Koranverses 33:59 befindet sich in meinem Buch »*Mohammeds deutsche Töchter*«.[152] Das negative Bild des Mannes im Koran wird bei Muslimen konsequent verdrängt.

Hier nun eine Kurzfassung der Analyse, zunächst der mehrdeutigen Bekleidungsvorschrift und dann der eindeutigen Begründung:

Judnin aleihinna min dschelabibihinna, so lautet die mehrdeutige koranische Bekleidungsvorschrift für Frauen in Sure 33 Vers 59. Die arabische Präposition *ala*, die in der Wortkombination *aleihinna* (= auf sich/über sich) enthalten ist, hat zwei Bedeutungen: auf und über. Daher sind beide Übersetzungen richtig: Sie (die Frauen) *sollen von ihren Dschelabas etwas auf sich ziehen.* Und: *Sie sollen von ihren Dschelabas etwas über sich ziehen.* Aus der einen Lesart lassen sich das Kopftuch und Kapuzen ableiten, aus der anderen eine Kopfbedeckung mit Gesichtsschleier oder gar die Burka und jeweils diverse Variationen. Vergleicht man deutsche, englische und persische Übersetzungen, so zeigt sich eindeutig, dass einige Muslime die Doppeldeutigkeit des arabischen Textes für ihre politischen Interessen nutzen. Mal wird aus der Anordnung Allahs das Kopftuch, mal der Tschador, mal der Gesichtsschleier, mal die Burka.

Zum Vergleich hier nun einige Übersetzungen. Der Vers beginnt mit dem Befehl:

> *Prophet! Sag deinen Ehefrauen und Töchtern und den Frauen der Gläubigen,*

Dann folgt die mehrdeutige Bekleidungsvorschrift:

Arab. Original	*judnin aleihinna min dschelabibihinna*
Paret	*sie sollen (wenn sie austreten) sich etwas von ihrem Gewand (über den Kopf) herunterziehen.*
Henning	*dass sie sich in ihren Überwurf verhüllen,*
Rückert	*sie sollen senken auf sich ein Theil von ihren Überwurfen.*
Khoury	*sie sollen etwas von ihrem Überwurf über sich herunterziehen.*
Zaidan	*dass sie von ihren Dschilbab* über sich ziehen.* ** Dschilbab ist ein Kleidungsstück, das größer als eine Kopfbedeckung und kürzer als ein Gewand ist. Die Frau zieht es über den Kopf und mit dem Rest bedeckt sie ihre Brust.*
SKD Bavaria	*dass sie ihre Übergewänder über sich ziehen sollen.** **»Ǧilbāb«, Plural »Ǧalābīb«: ein Übergewand, ein langes Gewand, das den ganzen Körper bedeckt, ein Mantel, der Hals und Brust bedeckt. (Yusuf 'Ali).*
Ahmadiyya	*sie sollen ihre Tücher tief über sich ziehen.*
Iran, Qom	*that they let down upon them their over-garements;*
Iran, Teheran	*sie sollen von ihrem ›Tschador‹ auf sich ziehen* (Übers. aus dem Persischen)
Al-Hilali (S.A.)	*to draw their cloaks (veils) all over their bodies (i.e. screen themselves completely except the eyes or one eye to see the way).*
N. Elyas (S.A.)	*sie sollen etwas von ihrem Überwurf über sich herunter ziehen.*

Die beiden Übersetzungen aus dem Iran sind unterschiedlich. Das hat politische und strategische Gründe: Die englische Koranübersetzung aus Qom liegt auf den Hotelzimmern mit Gästen aus dem Westen, der persische Koran aus Teheran mit der Anordnung des *Tschadors*, der im arabischen Koran nicht vorkommt, wird in Schulen, Universitäten und privat benutzt, ist also für einheimische Leser und Leserinnen bestimmt. Frau und Tschador sind Objekte im System der Mullahkratie, das auch von Frauen mitgetragen wird.

Die beiden unterschiedlichen Übersetzungen aus Saudi-Arabien sind vom selben Koranzentrum, dem »König-Fahd-Komplex für den Druck vom Koran«, in dem zehn Millionen Koran-Exemplare pro Jahr hergestellt werden. Seit der Aufnahme der Produktion im Jahr 1984 bis Mitte 2002 hat der Komplex nach eigenen Angaben mehr als 170 Millionen Koranexemplare in mehreren Sprachen gedruckt und verschenkt.[153] Die englische Ausgabe in der Übersetzung von Al-Hilali wird nicht nur in England verbreitet, sondern auch in Pakistan, Afghanistan, möglichst weltweit, auch auf Buchmessen – als Geschenk von König Fahd, so steht es unübersehbar auf den ersten Seiten. So wie in Saudi-Arabien, wo Frauen in einer unter Männern verbreiteten Redeweise als »unsere beweglichen schwarzen Objekte« bezeichnet werden, die bis heute keinen Führerschein machen dürfen, so hätten die Wahabiten, Patriarchalisten und Wüstenscheichs gerne die Frauen überall auf der Welt. Selbst die Vorstellung, dass Frauen den Sehschlitz im Schleier benutzen könnten, um sich die Welt anzuschauen und sich an ihr zu erfreuen, geht ihnen zu weit. Nur den Weg soll eine Frau erkennen können, wohl um nicht auf »den Schleier« zu fallen. Eine Eskalation der dortigen Misogynie ereignete sich im Jahre 2002, als die Religionspolizei die Flucht unverschleierter Schülerinnen aus einer brennenden Mädchenschule verhinderte und 15 Mädchen verbrennen mussten, weil sie keinen Schleier trugen. Wovor hatten diese Söhne Allahs Angst? Vor der Explosion ihres Sexualtriebs beim Anblick von unverhüllten Mädchenköpfen und anschließendem Zusammenbruch der männlichen Ordnung?

Vom Sehschlitz steht im Koran in arabischer Sprache nichts. Die englische Übersetzung von Al-Hilali kann man also als Interpretation »frei nach Allah« bezeichnen. Aber auch sie findet massenhaft Anhänger in der islamischen Welt und, obzwar vereinzelt, zunehmend auch in Europa. Der Blick in unsere Nachbarländer lässt eine paradoxe Entwicklung erkennen: Je liberaler und toleranter eine westliche Gesellschaft ist, umso radikaler wird der Islam in der Unterdrückung seiner Frauen, wie die Burka-Probleme zum Beispiel in Belgien und den Niederlanden zeigen.

Auch bei der Bekleidungsvorschrift erweist sich der Koran also nicht als ein-, sondern als mehrdeutig. Damit lässt er sich leicht von Politikern instrumentalisieren für die jeweiligen Machtinteressen – und viele Frauen unterstützen das. Mit Religiosität hat das nichts zu tun.

Die Übersetzung von Nadeem Elyas wird in Deutschland ebenfalls als Geschenk von König Fahd verbreitet. Elyas glaubt wohl zu wissen, was den Deutschen gefällt. Das ist keinesfalls der Gesichtsschleier mit dem Sehschlitz, damit die Frauen »mit einem oder zwei Augen den Weg erkennen können«. Daher übersetzt er den Text anders als sein Kollege Al-Hilali. Er wählt die durchaus dem Original angemessene Lesart, wonach Frauen von ihrem Überwurf etwas über sich herunterziehen sollen. Diese Übersetzung lässt aber auch den Gesichtsschleier zu.

Im Unterschied zur mehrdeutigen Bekleidungsvorschrift im arabischen Originaltext ist die Begründung der Vorschrift eindeutig: *damit sie erkannt werden und nicht belästigt / angegriffen / verletzt werden.* Die Übersetzungen stimmen auf der Bedeutungsebene alle überein. Das arabische Verb *ju´seina* enthält mehrere Bedeutungen (belästigen, angreifen, verletzen), auf jeden Fall immer das Moment der Gewalt. Es handelt sich bei der Bekleidungsvorschrift im Koran also um die Einrichtung einer archaischen Konvention zum Schutz der Frauen vor männlicher Gewalt und zum Schutz der Männer vor Ehrverlust durch Kontrollverlust über ihren Sexualtrieb. Anders gesagt: Es ist die Einrichtung einer archaischen Konvention zum Erhalt der Sittlichkeit. Dabei ist jedoch die Frau das Medium der Moral des Mannes. Selbstdisziplin mutet das Allah-Gesetz dem Mann nicht in dem Maße zu, dass Frauen sich in der Öffentlichkeit frei und unverschleiert bewegen könnten. Unausgesprochen steht dahinter ein durchaus negatives Bild von Männern bzgl. ihrer mangelnden Triebbeherrschung, was der Mehrheit der muslimischen Männer offenbar nichts auszumachen scheint. Proteste dagegen sind mir jedenfalls nicht bekannt.

Besonders aufschlussreich ist die von Nadeem Elyas ergänzte Fußnote zur Übersetzung: *Das ist eher geeignet, dass sie erkannt und so nicht belästigt werden.* Die Fußnote lautet: *Nämlich als freie und ehrbare Frauen, im Gegensatz zu den nicht ehrbaren Frauen.* Damit stehen also alle Frauen ohne islamischen Schleier im Verdacht, nicht ehrbar zu sein. Das ist eine Beleidigung. Die Aussage lässt die Deutung zu: Unverschleierte Frauen sind Huren und können sexuell benutzt werden. Hier zeigt sich das wahabitische Denken des in Mekka geborenen und in Saudi-Arabien aufgewachsenen Nadeem Elyas. Er inszenierte sich zwar bis 2006 als Vorsitzender des von ihm 1994 gegründeten und benannten *Zentralrats der Muslime Deutschlands*, arbeitet aber, wie die Koranausgabe zeigt, im Dienst des saudi-arabischen Königshauses und des wahabitischen Islam. Auch das Fernziel seiner Geschlechterpolitik wird erkennbar: Frauen ohne Wahlrecht und Führerschein, in der Öffentlichkeit als bewegliche schwarz verhüllte Objekte der Männer – wie in Saudi-Arabien.

Es gibt noch einen zweiten Bekleidungsvers im Koran, das ist Vers 24:31. Er gehört nicht zu den eindeutigen, zweideutigen oder mehrdeutigen Versen, er gehört zu den dunklen Versen, deren Bedeutung rätselhaft ist, solange man ihn als arabischen Text liest. Entsprechend ›schleierhaft‹ sehen auch die Übersetzungen aus. Zu verhüllen seien der Schlitz, die Busenspalten, der Brustschlitz, der *Dschuyub* – Männerphantasien entsprungene Wortgebilde, ausgelöst durch einen dunklen Text. Bis der Experte für semitische Sprachen, Christoph Luxenberg, aufzeigte, dass bei diesem Vers, wie bei vielen anderen, nicht arabisch gesprochen wurde, sondern syroaramäisch, die damals im Orient am meisten verbreitete Sprache, auch die Sprache Jesu. Liest man den Text syro-aramäisch, so ist er nicht nur eindeutig, sondern gibt eine verbreitete Redeweise wieder: Schleier und Tuch erweisen sich als – Gürtel, ein Symbol der Sittsamkeit. Mit einer Bekleidungsvorschrift für Frauen hat der Vers dann nichts mehr zu tun. Musliminnen wären also demnach berechtigt, die Authentizität des koranischen Wortlauts wiederherzustellen und die Kopftücher, die man ihnen seit Jahrhunderten zu Unrecht aufgezwungen hat, wieder abzulegen.

Hier nun einige Übersetzungen des Koranverses 31 in Sure 24:

Paret	*Und sag den gläubigen Frauen, ... sie sollen ihren Schal sich über den (vom Halsausschnitt nach vorne heruntergehenden) Schlitz (des Kleides) ziehen ...*
Henning	*Und sprich zu den gläubigen Frauen, ... dass sie ihren Schleier über ihren Busen schlagen ...*
Khoury	*Und sprich zu den gläubigen Frauen, ... sie sollen ihren Schleier auf den Kleiderausschnitt schlagen ...*
Rückert	*Sag den gläubigen Frauen, ... dass sie schlagen ihre Schleier um ihre Busenspalten ...*
Ahmadiyya (24:32)	*Und sprich zu den gläubigen Frauen, ... dass sie ihre Tücher über ihren Busen ziehen sollen ...*
Zaidan	*Und sag zu den Mumin-Frauen, ... dass sie ihre Khumur (1) bis über ihre Dschuyub (2) ziehen ...* (1) Kopfbedeckung, (2) Ausschnitt der Kleidung

Al-Hilali (S.A.)	*And tell the believing women ... to draw their veils all over Juyubihinna (i. e. their bodies, faces, necks and bossoms) ...*
N. Elyas (S.A.)	*Und sag den gläubigen Frauen, ... sie sollen ihre Kopftücher auf den Brustschlitz ihres Gewandes schlagen ...*
Christoph Luxenberg	Arab.: *wa-l-yadrib-na bi-chumuri-hinna 'alâ djuyûbi-hinna* Wörtl.: sie sollen ihre *chumur* über ihre *Taschen schlagen* Syro-aramäische Lesart: Sie sollen sich ihre Gürtel um die Lenden schnallen. Lehnübersetzung einer wohlbekannten idiomatischen syro-aramäischen Redewendung mit der Bedeutung *sich einen Gürtel um die Taille binden.* (Hervorhebungen: Sch.)

Luxenberg schreibt zur syro-aramäischen Lesart:

> »So verstanden, löst sich die um das islamische Kopftuch entfachte Polemik wie von selbst auf. Was aber die Symbolik angeht, die dem Gürtel- (und nicht mehr dem Kopftuch-)tragen zugrunde liegt, so bleibt deren nähere Erklärung dem Sitten- und Religionshistoriker überlassen. Ist nämlich der Gürtel, nicht nur nach koranischer Vorstellung ein Zeichen der Sittsamkeit für Frauen, so hat er eine asketische Bedeutung für Einsiedler und Mönche. (...)
> Fazit: Das islamische Kopftuch ist ursprünglich zweifellos eine soziale Konvention gewesen, wie sie heute noch in gewissen Teilen Europas fortbesteht. Dessen Islamisierung mag einem Prozess der islamischen Sittengeschichte zuzuschreiben sein. Eine diesbezügliche religiöse Vorschrift lässt sich jedoch durch den koranischen Text in keiner Weise begründen.«[154]

Zusammenfassung der Ergebnisse der Koranalyse

Bei der Verhüllungsvorschrift für Frauen handelt es sich um die Einrichtung einer archaischen Konvention zum Schutz der Frauen vor männlicher Gewalt und zum Schutz der Männer vor Ehrverlust durch Kontrollverlust über ihren Sexualtrieb. Die Frau ist im Koran das Medium der Ehre des Mannes. Die archaische Konvention dient dem Erhalt der Sittlichkeit. Eine religiöse Vorschrift ist das Kopftuch nach dem Koran nicht.

An den von Muslimen verbreiteten unterschiedlichen Übersetzungen der Bekleidungsverse kann man erkennen, dass politische Interessen im Spiel sind. Sie zeigen, dass das islamische Kopftuch ein politisches Symbol des fundamentalistischen Islam ist, sowohl des sunnitischen als auch des schiitischen. Politische Ziele sind die Geschlechtertrennung, die Markierung der Frauen zwecks permanenter Kontrolle und die Abgrenzung der Umma, der islamischen Gemeinschaft.

7.3 Die Befreiung vom Schleier und seine Renaissance

Es ist noch keine hundert Jahre her, dass Frauen in einem Akt der Selbstbefreiung ihre Schleier ablegten. Berühmt wurde die Aktion der Ägypterin Huda Sharawi aus dem Jahr 1923. Zusammen mit ihrer Mitstreiterin soll sie auf dem Rückweg per Schiff von einer internationalen Konferenz für das Frauenwahlrecht in Rom ihren Schleier abgenommen und in das Hafenbecken von Alexandrien geworfen haben. Viele ägyptische Frauen folgten ihrem Beispiel und legten öffentlich den Schleier ab. Mitte der dreißiger Jahre soll er, damals ein Merkmal der Mittel- und Oberschicht, aus dem Stadtbild von Kairo verschwunden sein. Huda Sharawi hatte 1922 zusammen mit anderen Frauen die ägyptische Frauenunion gegründet und bis zu ihrem Tod 1947 für die Rechte der Frauen gekämpft. In der Türkei sprach sich Kemal Atatürk gegen den Schleier aus, verhängte aber kein Verbot. Anders König Amanullah von Afghanistan, er erließ 1928 ein Verbot. Reza Shah Pahlavi verbot 1935 im Iran den Tschador per Dekret.

Offensichtlich erleben wir heute eine Renaissance der islamischen Kopfbedeckungen für Frauen, sei es als Schleier, Tschador, Kopftuch, Burka, Chimar, Niqab, Tarha oder in anderer Form. In Deutschland kann man, wie im gesamten Europa, die Ausbreitung des islamischen Kopftuchs verstärkt seit Mitte der 90er Jahre beobachten. Sieben Gründe sind dafür erkennbar:

1. Zunehmender Druck der Moscheegemeinden auf die Familien.
2. Teilnahme der Frauen an Pilgerreisen nach Mekka, von denen alle mit Kopftuch zurückkommen.
3. Androhung von Vergewaltigung durch muslimische Männer, wenn muslimische Frauen kein Kopftuch anziehen.

4. Erziehung mit der Angst vor Strafen im Diesseits und besonders im Jenseits.
5. In der muslimischen Mädchenerziehung Verinnerlichung von Autoritäten, die dann als der eigene Wille angesehen werden. Dazu gehört das Einüben spezifischer autosuggestiver Mechanismen.[155]
6. Ersatzweise Hinwendung zu muslimischen Frauengruppen in Moscheen, wenn die Anerkennung der Zugehörigkeit zu unseren Gemeinschaften fehlt.
7. Einfluss des digitalen Fernsehens, das den Zugang zu Sendern mit Islampropaganda aus der ganzen islamischen Welt möglich macht, besonders aus dem Iran und Saudi-Arabien, aber auch der Ahmadiyya, deren Kalif zum »*Jihad* gegen die Schleierlosigkeit« aufruft.

Selbst die Burka, die Totalverschleierung, hat schon vereinzelt in deutschen Schulen Einzug gehalten, so beispielsweise im April 2006 in die Bertolt-Brecht-Gesamtschule in Bonn. Die beiden 18-jährigen Schülerinnen türkischer Herkunft wurden vom Schulleiter im Einvernehmen mit der Kölner Bezirksregierung vom Unterricht suspendiert, zunächst für zwei Wochen. Vor die Wahl gestellt, Burka oder Schule, entschied sich eine für die Burka, die andere für die Schule.

In der Türkei besteht ein Dauerstreit um das Kopftuch in staatlichen Einrichtungen, besonders in Universitäten. Die Zweite Kammer des Kassationsgerichts in Ankara (das in etwa dem deutschen Bundesverwaltungsgerichtshof entspricht) lehnte es im Februar 2006 erneut ab, das Kopftuchverbot in staatlichen Institutionen aufzuheben. Die Renaissance des islamischen Schleiers für Frauen erblüht gemeinsam mit einer Renaissance der Gewalt islamistischer Männer: Infolge der Entscheidung ging Rechtsanwalt Alparslan Aslan am 17. Mai 2006 mit einer Pistole bewaffnet in den gesicherten Kassationsgerichtshof, schoss auf fünf der höchsten Richter im Beratungssaal der Zweiten Kammer des Gerichts und traf sie alle, zwei davon schwer. Einer starb wenige Stunden später.[156]

7.5 Objektive und subjektive Bedeutung

In Asien ist das Hakenkreuz ein Glückssymbol, in Deutschland hingegen das Zeichen des Nationalsozialismus. Aber es hat hier wie dort eine objektive Bedeutung. Die objektive Bedeutung eines Zeichens verweist auf seinen Kontext, auf Kultur, Politik, Religion, Verkehr, Schrift usw. Sie kann intuitiv richtig erfasst oder in der Wissenschaft methodisch rekonstruiert werden. Im Alltag gehört es zu den Selbstverständlichkeiten, dass die objektive Bedeutung von Zeichen spontan richtig erfasst wird. Man denke nur an Verkehrszeichen und Schriftzeichen.

Ein Zeichen kann eine oder mehrere objektive, aber auch subjektive Bedeutungen haben. Die Bedeutung, die ihm vom Subjekt zugeschrieben wird, kann sich ändern, kann ehrlich gemeint, aber auch vorgetäuscht sein.

Das Wort Bedeutung ist der Umgangssprache entnommen und wird auch im Sinn des allgemeinen Sprachgebrauchs verwendet. Zum Beispiel fragen wir, wenn wir auf einer Wanderung eine uns unbekannte Pflanze entdecken: Was *ist* das? Sehen wir ein Wanderzeichen, eine Wegmarkierung, dann fragen wir: Was *bedeutet* das? Beim Zeichen unterscheiden wir also zwischen Materialität und *Bedeutung.*

Auf der Ebene der Bedeutung können wir uns miteinander verständigen, auch wenn wir nicht dieselbe Sprache sprechen. *Bedeutung* ist nicht an eine bestimmte Sprache gebunden. So wurde zum Beispiel die alte chinesische Bilderschrift im Vielvölkerstaat China von Menschen mit verschiedenen Sprachen geschrieben und gelesen, also die Bedeutung der Zeichen unabhängig von der jeweils gesprochenen Sprache verstanden. So ist es auch beim islamischen Kopftuch. Zeichentheoretisch betrachtet ist das islamische Kopftuch kein Stück Stoff, sondern ein Zeichen, anders gesagt: ein Symbol.

Bedeutung kann offenkundig oder latent vorhanden sein. Sie kann im Alltag spontan erkannt werden, aber auch Gegenstand von Forschung sein, die methodisch die latente Bedeutung von Ausdrucksgestalten rekonstruiert. So erforscht zum Beispiel die Methode der objektiven Hermeneutik das objektiv Latente von symbolischen Handlungen und Zeichen. Es ist nicht identisch mit dem subjektiv Latenten, nach dem die Tiefenhermeneutik forscht. Latente Strukturen sind den Subjekten, die sie produzieren und reproduzieren, in der Regel nicht bewusst. So kann es auch mit der objektiv latenten Bedeutung des islamischen Kopftuchs sein.

Am 24.09.2003 erließ der Zweite Senat beim Bundesverfassungsgericht das Karlsruher »Kopftuchurteil«, wonach ein Kopftuchverbot durch die Bundesländer zwar möglich sei, auf Länderebene dazu aber die gesetzliche Grundlage fehle. Das Urteil wurde mit fünf zu drei Stimmen entschieden. Der Unterschied zwischen dem Urteil der fünf Richter – Hassemer, Broß, Sommer, Osterloh, Lübbe-Wolff – und der so genannten Abweichenden Meinung der drei Richter – Jentsch, Di Fabio und Mellinghoff – liegt vor allem auf der Bedeutungsebene. Im Urteil der Mehrheit wird nur die subjektive religiöse Bedeutung des Kopftuchs thematisiert, was sich bereits im 2. Leitsatz des Urteils zeigt: »*Der mit zunehmender religiöser Pluralität verbundene gesellschaftliche Wandel kann für den Gesetzgeber Anlass zu einer Neubestimmung des zulässigen Ausmaßes religiöser Bezüge in der Schule sein.*« Dieser Leitsatz wird nahezu wörtlich zweimal in der Begründung wiederholt (Abs. 62 und 64). Die objektive politische Bedeutung des Kopftuchs wird hier nicht beachtet. Es fehlt im Urteil auch nur der Ansatz für die an sich gebotene Prüfung, inwieweit die geltend gemachte freie Religions- und Bekenntnisausübung der Politreligion Islam mit den Grundrechten und Grundwerten der Verfassung kompatibel ist. Das Urteil ist ein Beweis für fehlendes Wissen über den Islam, über seine politischen Ziele und deren Widersprüche zu Demokratie und Grundwerten unserer Verfassung.

Einer der schärfsten Kritiker des Kopftuchurteils des Bundesverfassungsgerichts ist der Präsident des nordrhein-westfälischen Verfassungsgerichtshofs, Michael Bertram. Er bemängelt besonders, dass die Richter den »Sinngehalt des islamischen Kopftuchs« nicht hinterfragt hätten, und betont: »Das durch das Kopftuch vermittelte Frauenbild steht in offenem Widerspruch zu elementaren Grundwerten unserer Verfassung.« Es sei »Ausdruck der Distanz zum Westen, damit aber auch zum westlichen demokratischen System und seinen Werten«.[157] Scharfe Kritik übte auch Josef Isensee, emeritierter Professor für Öffentliches Recht: »Das Bundesverfassungsgericht hat mit dem Kopftuchurteil den Apfel der Zwietracht in die deutsche Gesellschaft geworfen. Es hat erreicht, dass sich an einem Randproblem der Schulverwaltung ein politischer Fundamentalkonflikt entzündet und sich ein läppisches Kleidungsstück in die Fahne des Kriegs der Kulturen verwandelt.«[158]

Der Text der drei Richter mit abweichender Meinung dokumentiert Einsicht in den objektiven Sinngehalt des islamischen Kopftuchs. Danach ist es ein »*Symbol mit objektiven religiösen, politischen und kulturellen Sinn-*

gehalten« (Absatz 111), ein »*politisch-kulturelles Symbol«* (Abs. 115) und ein »*Symbol des Islamismus«* (Abs. 117). Nur die Minderheit der Richter war sich also der politischen Bedeutung des Kopftuchs bewusst.

Seit der Urteilsverkündung steht die Frage nach der Bedeutung des islamischen Kopftuchs im Mittelpunkt der Debatte. In ihr wiederholen sich die unterschiedlichen Auffassungen der Richter. Nahezu alle, die gegen ein Verbot des islamischen Kopftuchs von Lehrerinnen sind, sehen in ihm nur ein Symbol von Religiosität und fordern Religionsfreiheit. So zum Beispiel der ehemalige Bundespräsident Rau, die 72 Unterzeichnerinnen des »Aufrufs wider eine Lex Kopftuch« vom 1.12.2003, zu denen auch die evangelischen Bischöfinnen Maria Jepsen (Hamburg) und Bärbel Wartenberg-Potter (Lübeck) gehören. Das Motto dieses Aufrufs lautet: »Religiöse Vielfalt statt Zwangsemanzipation.«

Im Unterschied dazu sehen alle, die ein Verbot des Kopftuchs für Lehrerinnen an staatlichen Schulen befürworten, in ihm ein politisches Symbol, zum Beispiel die evangelischen BischöfInnen Margot Käßmann und Wolfgang Huber. Für die Gegner ist das Tragen des Kopftuchs eine »politische Haltung« (VBE, Verband Bildung und Erziehung), »ein politisches Zeichen, welches die Grundlagen der Verfassung in Frage stellt« (ZdK, Zentralkomitee der deutschen Katholiken) und ein »politisches Symbol des Fundamentalismus« (Erwin Teufel, Annette Schavan, Monika Hohlmeier, Gerhard Schröder). In der Zeitschrift Erziehung und Wissenschaft, E&W Niedersachsen (11/2003, S.18 f.), schreibt Petra Fischer: Kopftuch, Tschador und Burka »sind politische Symbole. (...) Sie sind Ausweise islamistischer Gottesstaatsideologie und damit verbundener Ungleichheit der Geschlechter.« Und Alice Schwarzer erklärt in einem Interview der Frankfurter Allgemeinen Zeitung: »Das Kopftuch ist die Flagge der Islamisten. Das Kopftuch ist das Zeichen, das die Frauen zu den Anderen, zu Menschen zweiter Klasse macht. Als Symbol ist es eine Art ›Branding‹, vergleichbar mit dem Judenstern.«[159]

7.6 Argumente gegen das Kopftuch im Staatsdienst

Die folgenden Argumente für ein gesetzliches Verbot des Kopftuchs im Staatsdienst basieren auf der objektiven Bedeutung des islamischen Kopftuchs als Symbol. Sie wurde methodisch rekonstruiert im Rahmen meiner

Biographieforschung über muslimische Frauen und bei meiner Koranforschung, zu der Analysen des arabischen Originaltextes und von zwölf deutschen, englischen und persischen Übersetzungen gehören.

Argument 1: Das islamische Kopftuch basiert auf einer Bekleidungsvorschrift im Koran (33:59), die eindeutig begründet wird: Sie soll den Frauen Schutz vor sexueller Gewalt durch die Männer bieten, die von ständigem Kontrollverlust über ihren Sexualtrieb bedroht sind, und den Männern Schutz vor dem mit ihrem Kontrollverlust verbundenen Ehrverlust. Die Bekleidungsvorschrift stellt nichts anderes als eine archaische Konvention zum Erhalt der Sittlichkeit dar. Das Kopftuch ist daher ein kulturelles und politisches Symbol. Mit religiöser Pflicht hat das islamische Kopftuch nichts zu tun. Die abendländische Zivilisierung des Mannes und die Gesetze zum Schutz vor sexueller Belästigung und Gewalt (GG Art. 1 und 2, StGB §§ 174, 176, 179, BGB §§ 823, 847, 1004, BeschSG §§ 2 und 4), nach denen die Täter bestraft werden, sind zivilisiertere und wirksamere Methoden als die anachronistische Einschränkung der potentiellen Opfer durch Verhüllung.

Argument 2: Das Kopftuch ist eine Bekleidungsvariante des politischen Islam, der aus einer nicht eindeutigen Vorschrift im arabischen Korantext in den Übersetzungen je nach politischem Interesse den Tschador, die Burka, den Gesichtsschleier mit Sehschlitz oder das Kopftuch macht oder ein Bekleidungsstück, durch das sich »ehrbare Frauen« von »nicht ehrbaren Frauen« unterscheiden. Diese Politik der Einschränkung, Ausgrenzung und Abwertung von Frauen ist mit dem Gleichberechtigungsprinzip in unserem Recht nicht vereinbar und nicht verfassungskonform.

Argument 3: Das Kopftuch ist ein Symbol der Geschlechterordnung des islamischen Patriarchalismus, der seine Frauen gemäß dem Koran und der darin enthaltenen Frauentauschlogik als Besitz der muslimischen Männer ansieht – andere Männer sind den Töchtern muslimischer Väter verboten – und sie zum Zweck der Kontrolle und Beherrschung markiert. Diese Einschränkung der Freiheitsrechte von Frauen ist mit unseren Gesetzen und Menschenrechten nicht vereinbar.

Argument 4: Nur subjektiv – nicht nach dem Koran – kann das Kopftuch als religiöses Symbol und religiöse Pflicht gedeutet werden. Subjektive religiöse Deutungen können sich ändern oder aufgegeben werden und gehören in den Privatbereich und nicht in den Staatsdienst.

Argument 5: Das Kopftuch ist in nicht-islamischen Ländern ein Zeichen der Abgrenzung und Ausgrenzung und trägt zur Bildung von Parallelgesellschaften bei. Töchtern von Muslimen erschwert es die Integration.

Argument 6: Das Kopftuch ist Signal des wachsenden islamischen Fundamentalismus (vgl. A. Schwarzer: »Fahne des Islamismus«), der aufgrund seines Selbstbewusstseins der Erwähltheit und Überlegenheit und seines Anspruchs auf Universalität eine islamische Ordnung nach dem idealisierten Medina-Modell mit Scharia-Recht und Kalifat weltweit anstrebt.

Argument 7: Das Kopftuch ist ein Zeichen muslimischen Selbstbewusstseins moralischer Überlegenheit (»ehrbare Frauen«) und der Abwertung aller nicht-muslimischen Frauen (»nicht ehrbar«).

Argument 8: Die Kopftuch-Ideologie fördert seit Mitte der 90er Jahre die Gewalt gegen muslimische Frauen und Mädchen. Sie berichten über Verfolgung durch ihre »Brüder« mit der Drohung: »Du gehörst doch zu uns. Wenn du das Kopftuch nicht anziehst, dann ficken wir dich!« (Siehe auch: »Kopftuch-Streit mit Messer und Fleischerbeil« HNA 02.03.2004)

Argument 9: Dort, wo der Islam an die Macht gekommen ist, werden auch nicht-muslimische Frauen dazu gezwungen, sich seinen Bekleidungsvorschriften zu unterwerfen. Zum Beispiel drohen allen Frauen im Iran bis zu 74 Peitschenhiebe bei unbedecktem Kopfhaar (Gesetz über die islamischen Strafen von 1983, Art. 102). Nur wenn wir uns schon gegen die Anfänge wehren, haben wir eine Chance.

Argument 10: Das Kopftuch einer Lehrerin ist eine Form der sublimen Indoktrination. Es verstärkt die islamische Mädchensozialisation, deren Erziehungsziel die Fügsamkeit ist. Durch Suggestion und religiöse Indoktrination werden äußere Autoritäten verinnerlicht und mit Hilfe autosuggestiver Mechanismen, die eingeübt werden, als autonome Moral angesehen. Das steht im krassen Gegensatz zu unserer Erziehung zum individuierten Subjekt mit autonomer Moral.

Argument 11: Das gesetzliche Kopftuchverbot ist im Eigeninteresse der Mehrheit muslimischer Frauen und Mädchen. Die meisten Muslimas tragen freiwillig bei uns kein Kopftuch, besonders dann nicht, wenn sie die damit verbundene Frauenunterdrückung z.B. im Iran, in Afghanistan, in Saudi-Arabien kennen gelernt bzw. sogar selbst erlitten haben.

Argument 12: Das Pseudoargument der Gegner des gesetzlichen Kopftuchverbots, »Keine Zwangsemanzipation« (u.a. im »Aufruf wider eine Lex Kopftuch«), ist ein Widerspruch in sich selbst, da Emanzipation immer ein schwieriger Prozess ist, den das Subjekt nur selbst leisten kann.

7.7 Kopftuch und Schule

Das islamische Kopftuch ist objektiv ein kulturelles, politisches und weltanschauliches Symbol und nur subjektiv ein religiöses. Seine objektive Bedeutung ist mit dem Auftrag von Lehrkräften in staatlichen Schulen und von Beamtinnen nicht vereinbar. Eine Lehrerin vertritt den Staat und hat Vorbildfunktion. Sie ist gebunden an weltanschauliche, politische und religiöse Neutralität. Würde sie durch ihre Kleidung bewusst oder unbewusst ihre Zugehörigkeit zu einer archaischen kulturellen Konvention, zum politischen Islam und zur Weltanschauung von sunnitischen und schiitischen Islamisten demonstrieren, so verstieße sie gegen die Neutralitätspflicht, das Elternrecht, die Menschenrechte und gegen unser Grundgesetz, besonders gegen die Gleichberechtigung der Frau (GG Art. 3 Abs. 2). Die Forderung bestimmter Muslime nach dem Kopftuch auch für Lehrerinnen zeigt ihr Verständnis von Islam als eine Art von »Politreligion«, die in alle Bereiche des Lebens hineinwirken, sie unterwandern und verändern soll. Die Werte und Ziele dieses Islamverständnisses sind teilweise verfassungsfeindlich.

Anders ist es mit Kreuz und Nonnentracht. Sie sind religiöse Symbole, deren Träger und Gemeinschaften keine politischen Machtansprüche stellen. Das Kreuz ist das Symbol für Nächstenliebe und das Neue Testament die Quelle der Grundwerte, auf denen unsere Menschenrechtserklärungen, die Demokratie und das Grundgesetz basieren. Das Verbot dieser religiösen Symbole im staatlichen Bildungssystem, wie es mit der Gesetzgebung in Berlin und Bremen angeordnet wurde, zeugt vom Ausverkauf der Werte des christlich geprägten Abendlandes und von kultureller Selbstaufgabe.

»Unsere westlichen Werte haben ihren Ursprung im jüdisch-christlichen Glauben.«[160]

Im Landesrecht der deutschen Bundesländer gab es bis Oktober 2006

- acht Gesetze mit Kopftuchverbot für Lehrerinnen, und zwar in Baden-Württemberg, Niedersachsen, Saarland, Hessen, Bayern, Berlin, Bremen und Nordrhein-Westfalen,
- zwei Gesetzentwürfe, in Brandenburg und Rheinland-Pfalz,
- eine Einzelfallregelung in Schleswig-Holstein,
- fünf Länder planen kein Verbot: Hamburg, Mecklenburg-Vorpommern, Sachsen, Sachsen-Anhalt, Thüringen. (Siehe Anhang 1)

Schleswig-Holstein hatte zunächst im Entwurf für ein neues Schulgesetz das Kopftuchverbot für Lehrerinnen geplant. Am 24. September 2006 entschieden sich jedoch die Spitzenvertreter von CDU und SPD gegen ein generelles Kopftuchverbot und für eine Einzelfallregelung: Christliche Symbole und Kopftuch bleiben zugelassen. Die Verpflichtung der Lehrkräfte zu religiöser Neutralität bleibt bestehen. Bei Störung des Schulfriedens durch »religiöse Propaganda« ist die Schulleitung berechtigt, das Entfernen entsprechender Symbole anzuordnen.

Auf diese Weise haben die politischen Verantwortungsträger eine schwierige Aufgabe auf die Schulen abgewälzt. Wieder einmal sehen Politiker und Juristen im islamischen Kopftuch nur ein religiöses Symbol und kein politisches. Sie sehen keinen Unterschied zwischen christlich-religiösen Symbolen und islamisch-politischen. Zustimmung fand dieser »Kompromiss« laut Medien beim evangelischen Landesbischof von Nordelbien, Hans Christian Knuth, und beim katholischen Weihbischof Hans-Jochen Jaschke.

In Nordrhein-Westfalen lehnen sich bereits zwölf muslimische Lehrerinnen gegen das seit Anfang August geltende gesetzliche Kopftuchverbot auf. Sie halten das Verbot einfach nicht ein, obwohl die Landesregierung zunehmend Druck ausübt. Die Schulleiter in Schleswig-Holstein werden kaum eine Chance haben, sich gegen Kopftuch tragende Lehrerinnen durchzusetzen. Der Kieler Kompromiss wird zur schleichenden Akzeptanz des politischen Islam auch im Bildungssystem beitragen.

Außer einem Kopftuchverbot für Lehrerinnen ist ein Kopftuchverbot für muslimische Mädchen in der Grundschule notwendig, ebenso ein Verbot des Ausschlusses vom Unterricht, besonders vom Schwimmen. Die Zahl der jugendlichen und erwachsenen Nichtschwimmerinnen steigt rasant.

8. Im Namen der Ehre

Sa´d Ibn ´Ubada sagte: »Wenn ich einen Mann
zusammen mit meiner Frau erwischen würde, dann
würde ich mit gezogenem Schwert auf ihn losgehen!«
Mohammed sagte zu seinen Gefährten: »Wundert ihr
euch über Sa´ds Ehrgefühl? Ich sage euch:
Mein Ehrgefühl ist stärker ausgeprägt!
Und noch intensiver ist es bei Allah!«
Sahih al-Bukhari

»Nicht in Wahrheit tapfer sind jene, die um
der Ehre willen Tapferkeit vollbringen.«
Thomas von Aquin[161]

8.1 »Ehrenmorde«

In der multikulturell geprägten Hauptstadt Berlin wurden von Oktober 2004 bis Februar 2005 sechs junge Frauen von ihren Vätern, Ehemännern oder Brüdern ermordet, weil sie aus Sicht ihrer Familie gegen den Ehrenkodex verstießen und so die Familienehre verletzten. Sie hatten versucht, ein selbstbestimmtes Leben zu führen und sich gegen Unterdrückung und Misshandlung zu wehren.

- Am 9. Oktober 2004 wurde die 22-jährige Ramona S. von ihrem im Libanon geborenen Lebensgefährten Mohammed El-C. in der Badewanne ihrer Wohnung in der Götelstraße in Spandau ertränkt.
- Am 18. Oktober 2004 wurde die 24-jährige Stefanie C. von ihrem Ex-Ehemann in der Naugarder Straße am Prenzlauer Berg vor den Augen ihrer drei und sechs Jahre alten gemeinsamen Töchter erstochen.
- Am 25. November 2004 wurde die 21-jährige Semra U. an einer Straßenkreuzung in Reinickendorf, Ecke Eichborndamm / Auguste-Viktoria-Allee, vor den Augen der dreijährigen gemeinsamen Tochter mit 30 Messerstichen erstochen. Ihr Cousin und Ex-Ehemann Cengiz U. (26 Jahre) hat die Tat gestanden und wurde am 21.09.2005 wegen Tot-

schlags von einem Moabiter Schwurgericht zu zwölf Jahren Haft verurteilt.

- Am 29. November 2004 wurde die 35-jährige Melek E. von ihrem Ehemann Selahattin E. mit dem Messer in der Wohnung attackiert. Sie starb im Kreuzberger Urban-Krankenhaus an ihren Verletzungen. Der Ehemann hat die Tat gestanden und wurde wegen Totschlags zu sieben Jahren Haft verurteilt.
- Am 4. Januar 2005 wurde die 32-jährige Meryem Ö. vom Vater ihrer gemeinsamen fünf Kinder Mahmut S. in ihrer Wohnung in der Karl-Marx-Straße in Neukölln erwürgt. Der Tatverdächtige flüchtete in die Türkei und soll vor Gericht gestellt werden.
- Am 7. Februar 2005 wurde die 23-jährige Hatun Sürücü am Oberlandgarten in Tempelhof erschossen. Drei Brüder standen vor Gericht. Der jüngste, Ayhan, der zum Tatzeitpunkt 18 Jahre alt war, hat die Tat gestanden. Am 13. April 2006 verurteilte das Landgericht Berlin ihn zu einer Jugendstrafe von neun Jahren und drei Monaten. Alpaslan und Mutlu, die beiden älteren Brüder (25 und 26 Jahre), wurden aus Mangel an Beweisen freigesprochen. Die Staatsanwaltschaft legte gegen das Urteil Revision ein. Sie fordert lebenslange Haftstrafen für die beiden älteren Brüder, weil sie mit verantwortlich seien für den Mord.

»Ehrenmorde« wie der an Hatun Sürücü werden in archaisch-islamischen Kulturen, in denen Rache, Vergeltung und die »Familienehre« Bestandteile des Rechts sind und die Frau weniger Wert ist als die Ehre, vom Familienrat geplant – vom Patriarchen und seinen Söhnen. An der Mordvorbereitung sind alle Männer der Familie beteiligt, manchmal auch die Mütter. Ausführender soll der Jüngste sein, da er mit den geringsten Strafen rechnen kann. Er wird dadurch zum Held. Die Kinder der ermordeten Frauen gehören nach islamischem Recht in die Familie des Vaters bzw. seiner Familie. Da Hatun mit einem Cousin zwangsverheiratet war, gehört ihr Sohn in die Familie des Mörders.

Die deutsche Justiz steht angesichts solcher Gewaltverbrechen vor neuen Problemen. Das Individualstrafrecht versagt gegenüber diesen Strukturen. Richter können nach deutscher Strafprozessordnung nur verurteilen, wenn die Schuld zweifelsfrei feststeht. Nicht alle Juristen verfügen jedoch über die notwendige Kenntnis der fremdkulturellen Eigenart. Necla Kelek schreibt dazu: »Es gibt auch in unserer Gesellschaft, mitten in Deutschland, Menschen, die nach anderen Regeln leben (...). Sie leben in einer muslimisch-archaischen Parallelwelt, in der es ein vom Familienverband losgelöstes ›Ich‹ gar nicht gibt.«[162]

Ähnlich wie das Gericht in Berlin urteilte das Lüneburger Landgericht im Fall eines Kurden, der mit 20 Jahren seine 21-jährige Schwester auf offener Straße erstochen hatte. Er wurde zu acht Jahren Jugendstrafe wegen Totschlags verurteilt.

Anders entschied das Landgericht Darmstadt. Es verurteilte im Prozess um den »Ehrenmord« an einer 17 Jahre alten Jordanierin den Vater und die beiden Brüder zu drei lebenslangen Freiheitsstrafen. Sie hatten die junge Frau misshandelt und ermordet, weil sie den vom Vater ausgesuchten Ehemann nicht heiraten wollte und stattdessen an der Beziehung zu einem Italiener festhielt. Die Richter stellten die besondere Schwere der Schuld fest. Das bedeutet, die Verurteilten können nicht nach 15 Jahren auf Bewährung entlassen werden.[163]

Auch in Bremen, Celle, Tübingen, Wiesbaden und in anderen Städten schlug die Gewalt der Ehre zu, nach Angaben der Frauenrechtsorganisation *Terre des Femmes* 1996-2004 allein 46-mal in Deutschland. Ein halbes Jahr später, am 1. Juli 2005 gab Serap Cileli bei einer Protestveranstaltung in Wiesbaden für die Zeit seit 1996 bereits 52 so genannte »Ehrenmorde« an. Die Demonstration war gemeinsam veranstaltet von Frauenmuseum, Mädchentreff und Verein Wildwasser anlässlich der Ermordung der 20-jährigen Berufsschülerin Gönül Karabey, die am 13. Juni 2005 von ihrem 24-jährigen Bruder Ali in einer Gartenhütte erschossen wurde. Er wurde am 29. September 2006 vom Wiesbadener Landgericht zu lebenslanger Haft verurteilt. Da die Richter keine besondere Schwere der Schuld erkannten, kann er nach 15 Jahren entlassen werden.

Das Bundeskriminalamt (BKA) in Wiesbaden veröffentliche im Jahr 2006 eine »Presseinformation zu den Ergebnissen einer Bund-Länderabfrage zum Phänomenbereich ›Ehrenmorde in Deutschland‹«.[164] Dargestellt werden auf 18 Seiten die Ergebnisse der im Juni 2005 durchgeführten Abfrage zu polizeilich bekannt gewordenen »Ehrenmorden« (einschließlich Versuche) in Deutschland im Zeitraum vom 1. Januar 1996 bis 18. Juli 2005. Sie bestätigen die Angaben der Frauenrechtsorganisation *Terre des Femmes* und Serap Cilelis. Die Abweichungen erklären sich durch die unterschiedlichen Beobachtungszeiträume.

Laut BKA-Information gab es insgesamt 55 Ehrenmorde und Mordversuche mit 70 Opfern, davon 48 weibliche und 22 männliche. Auffallend ist die Alterszugehörigkeit. Alle Jugendlichen (14-18 Jahre) und alle Heranwachsenden (18-21 Jahre) sind weiblich, insgesamt zwölf. In diesem Alter haben sich muslimische Mädchen absolut keusch, gehorsam und fügsam zu verhalten, Jungen keineswegs.

Insgesamt wurden 70 Tatverdächtige ermittelt, davon 66 männliche und vier weibliche. Zu ihrer Nationalität veröffentlicht das BKA folgende Übersicht:

Afghanisch	1
Albanisch	2
Deutsch	3
Irakisch	1
Libanesisch	3
Niederländisch	1
Pakistanisch	1
Serbisch-Montenegrinisch (bzw. ehemals jugoslawisch)	7
Syrisch	1
Türkisch	50

Auffallend ist der hohe Anteil der Türken, wobei berücksichtigt werden muss, dass von den 7.3 Millionen in Deutschland lebenden Ausländern 1.8 Millionen türkische Staatsbürger sind.[165]

Dazu ein Blick in die Türkei. Im Sommer 2005 erfüllte das türkische Parlament die Forderung der EU und änderte das Strafgesetzbuch, wodurch Gewalt gegen Frauen zum Straftatbestand wurde. Dazu gehören auch die »Ehrenmorde«, in der Türkei »Traditionsmorde« genannt. Bis dahin galten für Ehrenmörder, wenn sie überhaupt verfolgt wurden, strafmildernde Umstände, so dass der Täter nach zwei Jahren wieder frei war. Die Strafrechtsreform hat aber in der Türkei das Problem einstweilen nur verlagert: Nun werden die Frauen zum Selbstmord genötigt. Die Frauenrechtlerin Selen Lermioglu Yilmaz erklärte 2006 in ihrem Istanbuler Büro: »Die Selbstmordrate junger Frauen ist im vergangenen Jahr signifikant gestiegen.«[166] Man versteht es, das moderne Strafrecht zu umgehen.

Offensichtlich ist die Ideologie der Ehre auch längst bei uns eingewandert. Das BKA schreibt in der Schlussbemerkung seiner Presseinfo: »Ehrenmorde sind als Folge der Migration bestimmter ethnischer Gruppen Bestandteil des Kriminalitätsgeschehens und damit der Gesellschaft in Deutschland geworden.«

In Frankreich ist in Migrantenmilieus die Gewalt gegen Frauen größer als in Deutschland. Am 17.10.2004 wurde in der Nähe von Marseille die aus Tunesien stammende 23-jährige Ghofrane Haddaoui tot und völlig entstellt aufgefunden. Sie war mit Steinen erschlagen worden. Es war die erste Steinigung in Europa. Die ermordete Franco-Tunesierin wurde in ihre Heimat transportiert, um dort beerdigt zu werden. Ihre Onkel verweigerten jedoch die traditionelle Bestattung, weil ihr Körper »dreckig« sei. Mutter und Geschwister verscharrten sie nachts heimlich in der Erde. In Frankreich veranstaltete daraufhin die Migrantinnen-Organisation »*Ni putes – ni soumises*« (Weder Hure noch Unterworfene) am 27. November 2004 Demonstrationen. Sie erinnerte daran, dass allein in Frankreich mindestens eine Frau pro Woche an der Gewalt des eigenen Mannes stirbt. In Deutschland berichteten nur wenige Medien über die Steinigung Haddaouis, überwiegend Frauenzeitschriften, z.B. Emma.[167]

Nach Angaben der Vereinten Nationen werden weltweit mindestens 5000 »Ehrenmorde« jährlich begangen, überwiegend in islamisch dominierten Ländern. Die Dunkelziffer liegt weit höher. Nach Regierungsangaben geschehen in Pakistan jährlich mehrere Hundert »Ehrenmorde«, im Jahr 2003 starben auf diese Weise 1200 Frauen. Die Dunkelziffer liegt höher.

An drei Tagen im Jahr wird inzwischen gegen die Gewalt von Männern gegen Frauen protestiert:

Am 8. März, dem Internationalen Frauentag, der auf eine von der Sozialdemokratin Clara Zetkin 1911 anberaumte Versammlung zurückgeht.

Am 25. November, dem Internationalen Tag »NEIN zu Gewalt an Frauen«. Der Tag erinnert an die drei Schwestern Mirabal, die am 25. November 1960 vom militärischen Geheimdienst der Dominikanischen Republik nach monatelanger Verfolgung und Folter wegen ihres Kampfes gegen den Diktator Trujilo ermordet wurden.

Am 10. Dezember, dem Tag der Menschenrechte, Gedenktag der Allgemeinen Erklärung der Menschenrechte, die am 10. Dezember 1948 durch die Generalversammlung der Vereinten Nationen verabschiedet wurde.

Frauenverbände weisen auf einen alarmierenden Trend hin, die universalen Menschenrechte der Frauen erneut und weltweit in Frage zu stellen. Aus Protest gegen diesen Trend gründeten im Februar 2007 in Köln annähernd 40 Immigrantinnen aus islamischen Ländern den Zentralrat der Ex-Muslime (ZdE). Vorsitzende ist die Exil-Iranerin Mina Ahadi. (Siehe S. 219).

8.2 Zwangsverheiratungen

In Deutschland gibt es laut *Terre des Femmes* jährlich 30.000 Zwangsverheiratungen. Nach Schätzungen von UNICEF werden Jahr für Jahr Millionen Mädchen weltweit bereits vor oder kurz nach der Pubertät verheiratet. Statistiken hierüber existieren nicht. Mädchen werden zum Einwanderungsticket für Männer und zu Importbräuten, Deutschland avanciert zum Brautpreis. Auch einige Söhne haben sich dieser Gewalt zu fügen.

Überall in Europa, in der Türkei und in Nordafrika sind Mädchen und Frauen auf der Flucht vor ihren Vätern, Brüdern, Cousins und Ehemännern. Sie haben vor allem arabische, iranische, kosovarische, kurdische, pakistanische und türkische Namen. Um »Ehrenmorden« und Zwangsverheiratungen zu entgehen, fliehen Mädchen und Frauen in Schutzhäuser. Hilfe finden sie in Frauenhäusern, die auch dabei helfen, in einer anderen Stadt unterzukommen. Doch dann droht das nächste Problem: Wollen sich zwangsverheiratete Frauen scheiden lassen, werden sie von ihren Familien in ihr Herkunftsland zurückgebracht. Einige verlieren sogar das Aufenthaltsrecht.

»Wir haben da etwas verschlafen«, sagte Christa Stolle, Vorsitzende der Frauenorganisation *Terre des Femmes*, in einem ddp-Gespräch. Aus Angst, womöglich als ausländerfeindlich zu gelten, seien kriminelle Handlungen gegen Frauen und Mädchen in Migrantenfamilien hingenommen worden. »Zwangsheirat, Missachtung der Schulpflicht, Bedrohung und Körperverletzung – alles geschieht seit Jahrzehnten mitten unter uns, und seit Jahrzehnten wurde es unter den Teppich gekehrt.«[168]

Ähnlich ist es in der Schweiz. Etwa 80 junge muslimische Frauen aus Bern werden jedes Jahr in ihren Heimatländern zwangsverheiratet. Die Schweizer Behörden greifen nicht ein. In den Familien spielen sich Dramen ab. Todesdrohungen bei Widerstand gehören dazu. Der Zürcher Strafrechtsprofessor und Menschenrechtsexperte Stefan Trechsel kommentiert: »Hier wird Recht nicht durchgesetzt.« Die Zwangsehe stelle den Tatbestand der Nötigung dar und müsste als Offizialdelikt vom Staat geahndet werden.[169]

Der Widerstand wächst. Zum Beispiel startete die Frauenorganisation *Terre des Femmes* 2004 eine zweijährige Kampagne: »*NEIN zu Verbrechen im Namen der Ehre*«. Am 25. November, dem *Internationalen Tag NEIN zu Gewalt an Frauen*, wurden über 2600 Fahnen mit der Aufschrift »Frei leben ohne Gewalt« in mehr als 800 Gemeinden und Städten gehisst.

Am 8. März, dem *Internationalen Frauentag*, wurden zusammen mit *Amnesty International* und der Friedrich-Ebert-Stiftung Informationsveranstaltungen durchgeführt. In ihrer Reihe »*NEIN zu Gewalt an Frauen*« veröffentlichte *Terre des Femmes* das Buch »*Tatmotiv Ehre*« mit hervorragender Aufklärung über Ehrenmorde, Zwangsverheiratung und Genitalverstümmelung im In- und Ausland, über Hilfsorganisationen und mit einem Anhang über Literatur, Adressen und Webseiten.

Die Berliner Schutzeinrichtung *Papatya*, eine städtische Einrichtung, wurde 1986 in Kooperation mit dem Berliner Jugendnotdienst von einem türkisch-deutschen Trägerverein gegründet. Zu ihr kommen Mädchen mit physischer, psychischer und sexueller Gewalterfahrung, mit Einschränkung der Bewegungsfreiheit oder drohender Zwangsverheiratung. Acht Mädchen haben Platz in der Wohngemeinschaft mit geheimer Adresse. Betreut werden sie von einem deutsch-türkisch-kurdischen Team.

Außerdem fordern viele Menschenrechtsorganisationen und Fraueneinrichtungen die Wahrung der Menschenrechte auch für Frauen aus islamisch-fundamentalistischen Milieus.

Frauenhäuser sind zeitweise überwiegend gefüllt mit muslimischen Frauen. Im Jahre 2005 war in den städtischen Ballungsgebieten Deutschlands die Hälfte der Frauen muslimisch.

Aber es wächst auch die Zahl der protestierenden Töchter Allahs, wie die unten angegebenen Bücher von zwangsverheirateten Frauen zeigen. Sie haben den Mut und die Möglichkeit gefunden, ihre Schicksale schreibend kundzutun. Sie werden nicht überhört, wie der gute Verkauf der Bücher zeigt. Auch das Fernsehen berichtet, z.B. in der Sendung »*Wenn der Vater zum Feind wird*« mit Serap Cileli, die im ARD über Zwangsheirat und Ehrenmord aufklärte.[170]

Es bedarf neuer Gesetze zum Schutz von eingewanderten Frauen, die eigenes Aufenthaltsrecht und Rückkehrrecht garantieren. Wir brauchen ein Gesetz, durch das Zwangsverheiratungen zu einem härteren Straftatbestand werden. Bisher gehören sie nur zum Straftatbestand »Nötigung«. Ein erster Erfolg zeigte sich in der ersten Bundesratssitzung des Jahres 2006. Die Länderkammer verabschiedete einen Gesetzentwurf Baden-Württembergs, wonach ein spezieller Straftatbestand Zwangsverheiratung eingeführt werden soll und Zwangsehen leichter aufzuheben sein sollen.

8.3 Hymenkult und falsche Jungfrauen

Eine Geschichte um Blut und Ehre. Es geht um den Blutfleck, den das Zerreißen des Hymens in der Hochzeitsnacht im Betttuch hinterlassen muss und der von der Mutter der Braut den Hochzeitsgästen triumphierend gezeigt wird. Das archaische Ritual wird von Muslimen bis heute praktiziert. Die Beschreibung einer Defloration in der Hochzeitsnacht aus der Perspektive eines Ägypters habe ich in Kapitel 3.6 zitiert. Eine aus Marokko stammende und in Deutschland aufgewachsene Oberstufenschülerin beschreibt das Ritual so:

> Da werde ich immer wütend bei Hochzeiten. Wir sitzen noch und feiern, und dann geht der Bräutigam erst weg, dann geht die Braut weg, und ich hab mir gedacht, die gehen bestimmt auf Toilette oder so, und was ist plötzlich? Plötzlich nach ein paar Minuten stürmen alle Frauen aus unserem Raum, wo wir da getanzt haben, raus ins Schlafzimmer. Sie saß da: »Ach, ach, ach.« Ja, hat da gewürgt, und auf dem Kopf des Bettes war das Tuch mit dem roten, roten, mit dem roten Fleck. Das war widerwärtig. Und mich musste man wirklich von draußen wieder reinschleppen, weil ich voll den Aufstand gemacht habe, habe gemeint: »Hier bleiben wir nicht, ich möchte, ich unterstütze das nicht. Und ich hab kein Bock mitzubekommen, wie er sie durchlöchert! Dazu hab ich kein Bock!« Ja, da muss man halt ein bisschen durchgreifen. Ich denke, das ist wichtig, also dass wir da auch sagen: »Nein!«[171]

Da die Penetration einer Jungfrau längst nicht immer eine Blutung verursacht, nimmt die Braut vorsorglich ein Beutelchen Blutersatz oder eine Nadel mit ins Hochzeitsbett. Vom Blutfleck hängt die Ehre ihrer Familie ab. Eine Ehrenrettung ist nur durch die Männer ihrer Familie möglich, schlimmstenfalls blutig, durch die Ermordung der Braut. Um das zu verhindern, geht sie lieber als falsche Jungfrau ins Hochzeitsbett.

Hymenreparaturen vor der Hochzeit sind nicht nur in der islamischen Welt üblich, sondern auch bei uns. Ich lasse dazu die Jurastudentin »Maria« zu Wort kommen, die aus einer Akademikerfamilie in Tunesien stammt und im Alter von fünf Jahren nach Deutschland kam. In einem Interview im Rahmen meiner Biographieforschung über muslimische Frauen erzählte sie der Interviewerin, einer Studentin, die folgende »Hymengeschichte«:

> Ich weiß aus sicheren Quellen, weil mein Onkel Ahmed Chirurg ist und so weiter, dass achtzig Prozent der tunesischen Mädchen Geschlechtsverkehr vor der Ehe haben, und das nicht unbedingt mit dem Mann, den sie auch heiraten, sondern mit anderen, und nach außen hin machen sie die Jungfrau, leugnen es und lassen sich ein

> Jungfernhäutchen einnähen. Das ist eine der häufigsten Operationen in Tunesien. Sie können nicht dazu stehen, dazu sind die tunesischen Jugendlichen noch nicht so reformiert, die Gesellschaft ist nicht so reformiert, dass man mit jemand schlafen kann vor der Ehe, das kann man natürlich nur heimlich. Und man tut es, jeder weiß es, dass man es tut, genauso wie Bordells. Es gibt Bordells, jeder weiß, dass es sie gibt in gewissen Häusern, aber draußen steht nirgends ein Schild, dass es ein Bordell ist, also man würde sie nie finden als Tourist oder als irgendein Fremder. Du musst schon einen Insider kennen, der dich zu diesem Bordell bringt. Und das ist sehr verlogen eben. Und dann, wenn der Mann zehn Mädchen hat, das ist nicht schlimm, der stößt sich die Hörner aus. Und jede Frau, die mit dem Mann geht, die ist ja selbst schuld, er wird sie ja nicht heiraten, er wird ja nur eine Jungfrau heiraten oder so. Also, so ist das sehr verlogen.

Starre traditionelle Moralvorschriften verleiten die Menschen – nicht nur in islamischen Kulturen – zu Verlogenheit und Doppelmoral. Die Erfüllung der Normen wird nach außen vorgetäuscht. Dazu trägt besonders der Hymenkult bei. Übertretungen der Normen sind selbstverständlich, erfolgen aber im Geheimen. Von einem derartigen Umgang mit Normen distanziert sich Maria. Ihre Ehrlichkeit zeugt von ihrer Sittlichkeit, die – wie man hier erkennen kann – nicht an religiöse Inhalte und kulturspezifische Mythen gebunden ist. Die Sittlichkeit liegt ihrerseits den Mythen und Religionen zugrunde, nicht umgekehrt.[172]

Die Sitte der Hymenreparatur hat auch bei uns Einzug gehalten und die Verschleierung der Defloration ist zum florierenden Geschäft für einige Gynäkologen geworden, wie »*Frau TV*« am 16. Oktober 2004 in der Sendung »*Tausend Euro für die Ehre*« berichtete. Die Gynäkologin Dr. Senay Seyran-Kura informiert über das Phänomen in dem bereits zitierten Buch »*Tatmotiv Ehre*« unter der Überschrift »Mehr als ein Stückchen Haut«. Zugleich sind Hymenreparaturen auch bei uns zum Tabu geworden. Ärzte und muslimische Frauen geben kaum noch Auskunft. Der Schein muss gewahrt bleiben im Theater der Ehre. Seine Verlogenheit und Doppelmoral sind bei uns angekommen und die naive, unkritische Tolerierung kulturspezifischer Eigenart stützt die Ideologie um Blut und Ehre, *blood and honour*.

8.4 Biographische Literatur von Frauen zu Ehrverbrechen

Einige Frauen, die nicht finden, dass es besser sei, sein Leben zu verlieren als die Ehre, haben seit ein paar Jahren mit dem Schreiben begonnen. Ihre Waffe sind ihre Worte. Diese Literatur unterscheidet sich völlig von den Werken der Autorinnen der frühen zweiten Migrantengeneration, zu denen Renan Demirkan, Aysel Özakin, Saliha Scheinhardt, Alev Tekiney gehören, die sehr sensibel und in bewundernswerter Weise ihre Erfahrungen in der alten und neuen Heimat, die Veränderungsprozesse, Schwierigkeiten und Bewältigungsstrategien beschrieben. Damals war ihnen die Heimat noch nicht oder nur wenig gefolgt. Inzwischen kommen archaische Kulturelemente und fundmentalistischer Islam den Migranten und Migrantinnen in die neue Heimat nach, sei es nach Istanbul oder nach Berlin. Vildan Yirmibesoglu arbeitet an einer Untersuchung über »Ehrenmorde« in der Türkei in der Zeit von 1995–2002. Neu ist, dass in diesen Jahren die meisten »Ehrenmorde« in Istanbul geschahen. Die Täter waren Kurden, der Umzug aus Anatolien in die Stadt hat an ihrem Ehrenkodex nichts geändert.[173] Gilt das auch für uns? Die Generation der neuen Autorinnen mit Migrationserfahrung setzt sich mit den Problemen auseinander, die für Frauen durch die Islamexpansion und die Zunahme fremdkultureller Eigenart, besonders in islamischen Parallelgesellschaften, entstanden sind und die durch Multi-Kulti-Ideologie, kulturrelativistische Denkweise und unreflektierte Toleranz gestützt werden. Zu diesen Frauen gehören zum Beispiel Seyran Ates, Hülya Kalkan und Necla Kelek (siehe auch Anhang 2: Ehrungen).

Im Folgenden seien einige der meist autobiografischen Bücher wiedergegeben, in denen Frauen ihre Geschichten erzählen:

Die Rechtsanwältin und Frauenrechtlerin Seyran Ates schildert, wie sie als Kind aus der Türkei nach Deutschland kommt und schließlich ihr Elternhaus verlässt, um selbstbestimmt und frei leben zu können. In einem Beratungszentrum für Frauen wird sie fast erschossen und überlebt schwer verletzt. Als Rechtsanwältin wird sie immer wieder wegen ihrer Arbeit für muslimische Frauen bedroht, so auch nach einem Gerichtstermin im Gerichtsgebäude in Berlin-Kreuzberg im September 2006. Ates' Geschichte lehrt unter anderem, dass der Schutz von Frauenrechtlerinnen hierzulande verbessert werden muss. *Seyran Ates: Große Reise ins Feuer.*

Ayse soll an ihren Cousin Hassan verheiratet werden, sie liebt jedoch einen Deutschen. Gemeinsam mit ihrem Freund wagt sie die Flucht. Doch ihre Familie verfolgt sie, um durch ihren Tod die Familienehre wiederherzustellen. *Ayse mit Isabella Kroth: Scheherazades Tochter. Von meinen eigenen Eltern zum Tode verurteilt.*

Ein anderes Mädchen, das ebenfalls Ayse heißt, wächst in der Türkei auf. Mit elf wird sie verlobt mit einem Cousin in Deutschland. Mit 14 wird sie als Importbraut nach Deutschland geholt, vergewaltigt vom zukünftigen Ehemann, verheiratet, misshandelt. Sie bekommt vier Kinder. Nach 17 Jahren Gewalt in der Zwangsehe kommt sie ins Krankenhaus. Danach beginnt sie ein neues Leben in einem Frauenhaus, wenn auch ihre Familie sie weiter terrorisiert. Mit ihrem Buch will sie die Menschen in Deutschland auf das grausame Leben von Frauen in islamischen Parallelgesellschaften aufmerksam machen und die unterdrückten Frauen zum Widerstand ermutigen. *Ayse mit Renate Eder: Mich hat keiner gefragt. Zur Ehe gezwungen – eine Türkin in Deutschland erzählt. Vorwort: Serap Cileli, Nachwort: Terre des Femmes.*

Fatma Bläser kam im Alter von neun Jahren mit ihren Eltern aus einem kurdischen Dorf in Ostanatolien nach Köln. Sie wollte leben wie andere deutsche Mädchen auch. Aber im Sommer 1985 fuhr sie mit den Eltern in die Türkei, um den zukünftigen Ehemann kennen zu lernen. Ihr »Nein« zum Bräutigam verletzte die Ehre der Familie. Zurück in Deutschland floh sie vor Verfolgung und Mordandrohungen ihrer Familie. Fatma erzählt in ihrem Buch über ihr Leben und ihre Flucht vor der Familie und vor der Zwangsverheiratung. *Fatma Bläser: Hennamond. Mein Leben zwischen zwei Welten.*

Selma Ceylan erzählt die Geschichte Nermins, die von zu Hause geflohen ist. Sie spiegelt die Gefühls- und Seelenlandschaft von türkischen Jugendlichen in Deutschland und deren Identitätsprobleme wieder. *Selma Ceylan: Irrsinn der Ehre*

Serap Cileli, in der Türkei geboren, wuchs dort bei den Großeltern auf, bis die Eltern sie nach Deutschland nachholten. Sie sollte mit zwölf Jahren zwangsverheiratet werden, unternahm deshalb einen Selbstmordversuch und wurde mit 15 Jahren in der Türkei zwangsverheiratet. Das Leben mit diesem Mann beschreibt sie als »Hölle«. Nach vielen Jahren gelang ihr die Flucht vor der Gewalttätigkeit ihres Ehemannes nach Deutschland, wo sie jedoch von ihrer Herkunftsfamilie bedroht wurde. Im Odenwälder Frauenhaus in Erbach fand sie Zuflucht und Hilfe. Sie hat zwei Kinder aus ihrer Zwangsehe und eins aus ihrer glücklichen zweiten Ehe. *Serap Cileli: Wir sind eure Töchter, nicht eure Ehre.*

Hanife Gashi wurde mit 17 Jahren im Kosovo zwangsverheiratet. 1989 kam sie mit ihrem Mann, einem Kosovo-Albaner, und der zweijährigen Tochter Ulerika nach Deutschland. Drei weitere Töchter wurden in Deutschland geboren. Im März 2003 wurde die inzwischen 16-jährige Ulerika von ihrem Vater im Keller mit einem Klebeband erdrosselt, weil sie ein modernes Mädchen war und seit kurzem einen Freund hatte. Weil das Gericht bei seinem Urteil ›lebenslange Haft für Mord‹ keine besondere Schwere der Schuld sah, kann der Mörder nach 15 Jahren entlassen werden.[174] *Hanife Gashi mit Sylvia Rizvi: Mein Schmerz trägt deinen Namen.*

Hülya wollte sich nicht mit der Zwangsheirat in der Türkei abfinden. Sie wollte in Deutschland, wo sie aufgewachsen ist, ihr eigenes Leben leben. Sie schafft es, sich zu befreien. Dann aber soll ihre jüngere Schwester, die in der Türkei in einer Koranschule aufwächst, verheiratet werden. Hülya will sie befreien. *Hülya Kalkan: Ich wollte nur frei sein. Meine Flucht aus der Zwangsehe.*

Die promovierte Soziologin Kelek vermittelt Einblick in das Schicksal von Frauen in Zwangsehen. Sie haben in ihren neuen Familien keine Rechte und können sich nicht befreien. Brechen sie aus, so droht ihnen der Tod. Kelek verbindet geschickt die Darstellung ihrer eigenen Biographie mit den Schicksalen anderer türkischer Frauen. Sie ist eine der stärksten Kämpferinnen gegen die naive Toleranz und gegen die Bereitschaft einiger deutscher Richter, für »kulturelle Taten« Strafnachlass zu gewähren. Als Beispiel nennt sie das Urteil in Bremen, »als kurdische Henker eines jungen Paares nur wegen Totschlags bestraft wurden.« Siehe dazu ihr Essay: »Eure Toleranz bringt uns in Gefahr. Warum ›rot-grüne‹ Islamversteher die Lage der moslemischen Frauen nur verschlechtern.«[175] *Necla Kelek: Die fremde Braut. Ein Bericht aus dem Innern des türkischen Lebens in Deutschland.*

Keleks zweites Buch beschreibt an exemplarischen Beispielen die männlichen Verlierer der türkisch-muslimischen Gesellschaft, die ritualisierte Gewalt in einem Teil der Migrantenfamilien, ihre archaischen Traditionen und das Leiden der Söhne unter ihren Vätern. (Siehe Anhang 2: Ehrungen) *Necla Kelek: Die verlorenen Söhne. Plädoyer für die Befreiung des türkisch-muslimischen Mannes.*

Weil sie unbekannt bleiben möchte, schreibt eine andere Frau ihre Geschichte unter einem Pseudonym. 1970 wurde sie in dem türkischen Viertel einer deutschen Stadt geboren. Als junges Mädchen wurde sie auf Betreiben der Mutter mit einem Mann in einem anatolischen Dorf verheiratet. Als sie sich scheiden lässt und das Sorgerecht für ihre Kinder beantragt, wird sie von ihren Verwandten mit dem Tod bedroht. Sie beschreibt den Kult ums Hymen und die Verlogenheit der Hymenreparatur vor der Hochzeit. Scharf greift sie auch die deutschen »Islamversteher« an, die die verlogene Doppelmoral unterstützen. *Inci Y.: Erstickt in euren Lügen.*

Auch aus dem Ausland kommen autobiographische Erzählungen über Ehrverbrechen zu uns:

Die 1969 in Somalia geborene Politikerin und Frauenrechtlerin Ayaan Hirsi Ali wuchs in Saudi-Arabien, Äthiopien und Kenia auf. Sie wurde orthodox-islamisch erzogen und beschnitten. Sie floh 1991 vor ihrer Zwangsverheiratung in die Niederlande, wo sie Abgeordnete im Parlament wurde. Sie distanzierte sich öffentlich vom Islam. Seitdem steht sie unter Polizeischutz. Ihre Essaysammlung »*Ich klage an*« prangert die Unterdrückung muslimischer Frauen an, besonders die frauenfeindliche Sexualmoral des Islam, und enthält »Zehn Tipps für Muslimas, die weglaufen wollen«. Das Buch wird auch in türkischer Sprache vom Piper-Verlag publiziert. Ayaan Hirsi Ali bezeichnet Multikulti als Apartheid. Zusammen mit Theo van Gogh drehte sie den Kurzfilm »Submission« (Unterwerfung), der von der Stellung der Frau im Islam handelt. Van Gogh wurde deshalb am 2. November 2004 von einem militanten Islamisten ermordet. (Siehe Anhang 2: Ehrungen) *Ayaan Hirsi Ali: Ich klage an. Plädoyer für die Befreiung der muslimischen Frauen.*

Weitere Bücher von Ayaan Hirsi Ali:

De Zonntjesfabriek. (Die Söhnefabrik) 2002.

De Maagdenkooi. (Der Jungfrauenkäfig) 2004.

Mein Leben, meine Freiheit. 2006.

Das Buch von Fadela Amara ist das Portrait einer Kämpferin für die Menschenrechte der Frau. Überzeugend werden die Gewalt und ihre Ursachen in den französischen Banlieues dargestellt. (Siehe Anhang 2: Ehrungen) *Fadela Amara: Weder Huren noch Unterworfene. (Französischer Originaltitel: Ni Putes ni Soumises.) Vorwort von Seyran Ates: Es wird Zeit.*

Souads Geschichte beginnt im Westjordanland. Weil sie mit 17 Jahren schwanger wurde, übergoss sie ihr Schwager mit Benzin und zündete sie an. Die Palästinenserin überlebte mit schweren Verbrennungen. Zwei Nachbarinnen brachten sie ins Krankenhaus, wo man sie ohne Versorgung liegen ließ. Eine Frau der Schweizer Hilfsorganisation Surgir brachte sie nach Europa, wo sie die nötige medizinische Versorgung erhielt. Sie lernte lesen und schreiben, heiratete und bekam zwei Kinder. 25 Jahre nach dem Anschlag auf ihr Leben schreibt sie ihre Geschichte. *Souad: Bei lebendigem Leib. Unter Mitarbeit von Marie-Thérèse Cuny.*

Sana Al-Khayyat, im Irak geboren und seit 1978 mit ihren beiden Kindern in England lebend, lässt in ihrem Buch irakische Frauen zu Wort kommen. *Sana Al-Khayyat: Ehre und Schande. Frauen im Irak.* Sie zitiert eine irakische Autorin, die in einem Gedicht über einen Ehrenmord schreibt:

> Wenn der Morgen kommt und die Mädchen fragen,
> Wo sie ist, wird das Ungeheuer antworten:
> »Wir haben sie getötet.«
> (...)
> Kein Lächeln, keine Freude, keine Bewegung, denn
> In der Hand des Vaters oder des Bruders wartet das Messer auf uns.
> Wer weiß schon, welche Wüste uns morgen verschlingt,
> die Schande fortzuwaschen?[176]

8.5 Wissenschaftliche Literatur zum Thema »Ehre«

Vergleicht man in Studien die Beschreibungen und Analysen des Moralkonzepts Ehre und Schande, so stimmt die Struktur dieser Ideologie von Marokko bis Pakistan weitgehend überein. Hier seien nur einige wenige Forscher genannt. Ahmed Abou-Zeid untersuchte in den 60er Jahren das Moralkonzept der Beduinen in Ägypten.[177] Pierre Bourdieu erforschte in den 70er Jahren das Phänomen bei den Kabylen Algeriens und gibt im ersten Kapitel Ehre und Ehrgefühl seines Buches »*Entwurf einer Theorie der Praxis*« einen Einblick in den das gesamte soziale Gefüge durchdringenden und gestaltenden Kodex der Ehre.[178] Über das türkischen Migrantenmilieu in Berlin ist wohl die bekannteste Arbeit die des Kulturanthropologen Werner Schiffauer: »*Die Gewalt der Ehre*«.[179] Die islamischen Kulturen übergreifend thematisieren Christine Schirrmacher und Ursula Spuler-Stegemann Ehre und Ehrenmorde in ihrer Studie »*Frauen und die Scharia*«.[180] Ich selbst habe das kulturelle Gefüge von Ehre, Scham und Schande, Blick und Raum, Traditionalität und Schein in meiner Dissertation »*Arabesken*« über die Berber Nord-Marokkos beschrieben und analysiert.[181]

Neue Umfragen und Studien über Gewalt an Frauen kommen vor allem aus der Türkei. Sie wurden angeregt durch die wachsende Zahl von »Ehrenmorden« dort, aber auch von Selbstmorden und Selbstmordversuchen von Frauen. Die Forschungsergebnisse sind durchgängig grauenhaft. Ich will hier lediglich auf sechs Untersuchungen hinweisen:

- die Untersuchung des Frauenzentrums SELIS im Stadtrat von Batman;
- eine Meinungsumfrage im Rahmen eines Projekts zur Verhinderung von »Ehrenmorden« des Frauenzentrums KAMER in Diyarbakir in den Provinzen Amed, Batman und Mardin;
- eine Umfrage in kurdischen Kreisgebieten durch die Dicle Universität unter der Leitung von Prof. Dr. Aytekin Sir;
- die Untersuchung von Efes Pilsen mit Befragung von 1598 Frauen in 18 Provinzen der Türkei;
- die Länderstudie »*Violence against Women in Turkey*« des UN-Komitees gegen Gewalt sowie
- den Bericht der *Organisation against Torture* (OMCT).

Auch in Syrien wächst der Widerstand gegen die »Ehrenmorde«. So veröffentlichte die Zeitung *Al-Thawra* eine Studie, laut der in Syrien jährlich 40 Ehrenmorde geschehen. Gefordert wird eine Änderung des Strafrechts und der Lehrpläne.[182]

Es fällt auf, dass alle diese Untersuchungen über Gewalt an Frauen bzw. über Ehre und Schande in vom Islam geprägten Gesellschaften und Milieus durchgeführt wurden. Außerdem kommen alle oben aufgeführten Autorinnen der biographischen Texte aus der islamischen Welt. Damit ist nicht gesagt, dass es dieses Moralkonzept nur in islamischen Ländern gibt, aber diese frauenfeindliche Gewaltethik ist nirgendwo sonst so verbreitet wie dort. Daher stellt sich die Frage nach dem Zusammenhang von Kultur und

Islam: Sind der Kodex der Ehre und die Ehrverbrechen als ein genuin islamisches Phänomen zu sehen oder als Fortbestand archaischer Traditionen?

8.6 Struktur des Ehrenkodex

Strukturell geht es immer um dasselbe: Die Frau ist das Medium der Ehre des Mannes und der Familie. Die Bedeutung der Ehre ist immens: Ehre wird höher bewertet als ein Frauenleben. Die Frau und das Mädchen haben zu gehorchen und fügsam zu sein. In der Öffentlichkeit, dem Herrschaftsbereich des Mannes, müssen sie sich keusch verhalten, den Blick niederschlagen, ihren Körper verhüllen, ihre Stimme senken und dürfen nicht laut lachen. Am wichtigsten ist ihr sexuelles Verhalten: Umgang mit nicht zur Familie gehörenden Männern ist ihnen weitgehend verboten und Geschlechtsverkehr nur in der Ehe erlaubt. Vor allem haben Mädchen ihr Hymen bis zur Hochzeitsnacht unversehrt zu bewahren.

Zugespitzt kann man sagen: Die Ehre des Mannes und der Familie sind abhängig vom Hymen der Frau. Bei Beschädigung oder Verlust der Ehre können das Mädchen und die Frau sie selbst nicht wieder herstellen. Das kann nur der Mann. Alle Männer der Familie haben die Aufgabe, die Frauen zu überwachen, zu kontrollieren und sie bei Fehlverhalten oder auch nur bei einem Gerücht über ein ehrloses Verhalten zu strafen, einzusperren, zu prügeln oder gar zu töten. Verlust der Ehre hat für die Familie soziale Abwertung, Ausgrenzung oder sogar den sozialen Tod zur Folge. Außerdem gehört zu diesem Moralkodex eine kulturübergreifende Eigenart der Traditionalität: Wichtiger als die Realität ist der Schein. Er muss besonders auf der moralischen Ebene gewahrt sein. Was versteckt geschieht, ist unbedeutend. Dazu gehören auch die Hymenreparaturen, von denen alle wissen, über die aber niemand spricht, sei es in Ägypten, Marokko, Tunesien oder in Deutschland. Moderne Menschen empfinden das als Verlogenheit. Dieser Moralkodex wandert mit von den ländlichen Gegenden in die Städte, z.B. aus den Kurdenregionen in der Südosttürkei nach Istanbul, von den ägyptischen Oasendörfern nach Kairo und breitet sich mit der Islamexpansion in Europa und Amerika aus.

8.7 Kultur oder Islam?

Fragt man nach den Hintergründen, so bekommt man in der Regel die Antwort, »Ehrenmorde« hätten nichts mit dem Islam zu tun. Es handele sich um kulturelle Elemente aus archaischen Stammestraditionen, z.B. aus beduinischen, in denen die Rechte des einzelnen, besonders der Frau, bedeutungslos seien im Vergleich zu den Regeln und Rechten der Sippe und des Stammes. Die Antworten auf Fragen nach den Hintergründen von Zwangsverheiratung und genitaler Verstümmelung der Frau sind ähnlich. Das sei Tradition und Kultur, habe mit Religion nichts zu tun. Die Vertreter der Islamverbände in Deutschland verbreiten ähnliche Behauptungen. »Im Islam gibt es keinen Mord und schon gar keinen Ehrenmord«, sagte der Vorstandsvorsitzende der Türkisch-Islamischen Union der Anstalt für Religion (DITIB), Ridvan Cakir. Morde an Frauen aufgrund einer angeblich verletzten Familienehre beruhten auf alten Traditionen, seien aber nicht mit der Religion zu rechtfertigen.[183] Der türkische Religionsattaché und Berliner Landesverbandschef von DITIB, Ziya Ersin, sagte zu »Ehrenmorden«: »In keiner Religion, auch nicht im Islam, kann ein Mord gerechtfertigt werden. Der Islam ist eine Religion der Liebe, des Friedens und der Toleranz.« Das Gutheißen von »Ehrenmorden« bezeichnete er als »persönliche Äußerungen, die nicht mit Religion in Verbindung gebracht werden können.«[184] Der Vorsitzende des Islamrats für die Bundesrepublik Deutschland, Ali Kizilkaya, verurteilte die Ehrenmorde mit den Worten: »Mord kann in keiner Religion Rechtfertigung finden.«[185] Auch der ZMD vertritt die Auffassung, »Ehrenmord« habe nichts mit dem Islam zu tun.

Heinz Halm, Professor für islamische Geschichte, schreibt:

> »Gepflogenheiten wie die Beschränkung der Frau auf das Haus, die Kinderehe oder die Verheiratung von Mädchen ohne deren Zustimmung, ferner der archaische Ehrenkodex, nach dem sich der Mann – Vater oder Bruder – verpflichtet fühlt, die verletzte Familienehre blutig zu rächen, behaupten sich zäh, obwohl sie keinerlei religiöse Grundlage haben.«[186]

Auch Peter Antes, Professor für Religionswissenschaft an der Universität Hannover, vertritt die Ansicht, Ehrenmord und Islam hätten nichts miteinander zu tun. Er stützt seine Argumentation auf einen Text in Sana al-Khayyats Buch »*Ehre und Schande*«, in dem sie erklärt:

> »Das Arabische hat, um die subtilen Unterschiede des Ehrbegriffs zu benennen, zwei Ausdrücke. Der eine, *sharaf*, meint Ehre im weiteren Sinn; der andere, *ird*, be-

> zieht sich nur auf sexuelles Verhalten. Die Ehre eines Menschen im Sinne von *ird* ist von so großer Bedeutung, dass er genauso auf sie zu schwören bereit ist wie auf Allah. Ein Mann schwört zum Beispiel auf die Ehre – *ird* – seiner Schwester. Ehre in ihrer allgemeinen Bedeutung – *sharaf* – kann man durch persönliche Anstrengung erwerben und auf eine andere Person übertragen, wenn man aus einer ehrenwerten und geachteten Familie kommt. (...) Unwiederbringlich verloren ist die Ehre, wenn sexuelles Fehlverhalten einer Frau sich herumspricht, denn sexuelle Ehrbarkeit ist von größerer Bedeutung als alle anderen Arten von Ehre es sind, – die Gespräche in Männerkreisen drehen sich um sie.«[187]

Peter Antes folgert daraus:

> »Die erste Feststellung, die in diesem Zusammenhang notwendig ist, betrifft das Vokabular des Koran. Dort ist von *ird* an keiner Stelle die Rede. Es ist folglich nicht der Koran und etwas ausgeweitet auch nicht die islamische Religionslehre, die den Gläubigen einschärft, dass es auf die Einhaltung der Familienehre im Sinne von *ird* ankommt. Der einzige inhaltliche Bezug zu dieser Thematik ist die Behandlung des Ehebruchs.«[188]

Das Wort *ird* kommt im Koran nicht vor. Daraus zu schließen, dass es den Sinn des Wortes im Koran nicht gibt, geht m.E. jedoch zu weit; denn das Wort *ird* ist eine regionale Besonderheit der arabischen Sprache im Irak, und Sana al-Khayyat stammt aus dem Irak. Das Wort *sharaf* enthält in anderen arabischen Ländern beide Bedeutungen. Wenn im Koran nicht explizit von *ird* im Sinne der sexuellen Ehre die Rede ist, so doch implizit, indem für Ehebruch und Unzucht – damit ist jede sexuelle Handlung außerhalb der Ehe gemeint – Körperstrafen angeordnet werden: hundert Peitschenhiebe nach dem Allahgesetz im Koran und Steinigung nach dem Vorbild Mohammed. Ein strenggläubiger Muslim hat im Grunde bei Sexualdelikten seiner Frauen oder Töchter nur die Wahl zwischen Auspeitschen und Töten. Außerdem enthält die Sunna sehr verständnisvolle Worte Mohammeds zum Töten wegen Verletzung der Ehre, die ich zu Beginn des Kapitels zitiert habe und auf die ich noch eingehe. Im Koran ist viermal von der »Berechtigung zum Töten« die Rede, und die Sunna berichtet fallspezifisch über Mohammeds Anordnungen zum Töten.

Koran und Sunna enthalten im Unterschied zur christlichen Bibel kein allgemeines Tötungsverbot. Allah und Mohammed erlauben das »Töten bei Berechtigung«. Diese Tatsache wird bei uns von muslimischen und nichtmuslimischen Kommentatoren des Islam auf vielfältige Weise ins Gegenteil verkehrt. Dazu zwei Beispiele: In ihrer Ausgabe »Islam – Die geheimnisvolle Religion« (50/2004) passt die Zeitschrift STERN den Islam den

Wünschen seiner Gläubigen, Vertreter und Sympathisanten an und scheut nicht vor Fehlinformation zurück, indem sie den Koran falsch wiedergibt. Ich schrieb daraufhin einen Leserbrief, in dem ich auf den schweren Zitatfehler im Editorial hinwies:

> Der (...) zitierte Satz aus dem Koranvers 32 in Sure 5 lautet nicht: »Wer einen umbringt, sei es, als habe er alle Menschen umgebracht.« Er heißt: »Wenn einer jemanden tötet, jedoch nicht wegen eines Mordes oder weil er auf der Erde Unheil stiftet, so ist es, als hätte er die Menschen alle getötet.« Der Vers legitimiert das Töten von Menschen.
> Außer diesem Vers 5:32 gibt es im Koran drei weitere Verse, die das »Töten bei vorliegender Berechtigung« erlauben:
> - »(...) und tötet nicht den Menschen, den Gott für unantastbar erklärt hat, es sei denn bei vorliegender Berechtigung. Dies hat Er euch aufgetragen, auf dass ihr verständig werdet.« (6:151)
> - »Und tötet nicht den Menschen, den Gott für unantastbar erklärt hat, es sei denn bei vorliegender Berechtigung. Wird jemand ungerechterweise getötet, so geben Wir seinem nächsten Verwandten Vollmacht (ihn zu rächen). Nur soll er nicht maßlos im Töten sein; siehe er wird Beistand finden.« (17:33)
> - »Und die, die neben Gott keinen anderen Gott anrufen und den Menschen nicht töten, den Gott für unantastbar erklärt hat, es sei denn bei vorliegender Berechtigung, und die keine Unzucht begehen. – Wer das tut hat die Folge der Sünde zu erleiden.« (25:68) (Adel Theodor Khoury: Der Koran. GTB 1992)
>
> Auf die Frage nach der Berechtigung zum Töten gibt die Sunna mehrere Antworten, z.B. die folgenden zwei aus den authentischen Hadithsammlungen von Muslim und Bukhari:
> - »Das Blut eines Muslim darf nur in drei Fällen legitimerweise vergossen werden: wenn es um einen älteren Ehebrecher geht, als Strafe für einen Mord und bei demjenigen, der von seiner Religion abfällt und seine Gemeinschaft verlässt.« (Bukhari, Muslim)
> - »Eine Frau kam zum Propheten. Sie war infolge eines Ehebruchs schwanger. Sie sagte: ›O Gesandter Gottes, ich habe eine gesetzliche Strafe verdient, so verhänge sie über mich.‹ Der Gesandte Gottes rief ihren Sachverwalter zu sich und sagte: ›Sei gut zu ihr. Und sobald sie ihre Niederkunft gehabt hat, bringe sie zu mir.‹ Er tat so. Da befahl der Prophet, und ihre Kleider wurden um sie festgebunden. Dann befahl er, und sie wurde gesteinigt. Dann hielt er das Gebet für sie.« (Muslim) (Beide Hadith im Anhang der o. a. Koranausgabe, S. 549 f)
>
> Aus der kurz vor seinem Tod gehaltenen Rede stammt dieser Satz Mohammeds: »Das Kind gehört ins Ehebett, der Ehebrecher ist steinigen.« (...)[189]

Der Brief wurde nicht veröffentlicht. Der geschönte Islam und der Glaube an sein allgemeines Tötungsverbot werden so weiterverbreitet. Auch der Glaube an das friedliebende Vorbild Mohammed bleibt ungetrübt. Dass der Prophet zum Töten aufforderte, wird verschwiegen.

Aber nicht nur der Stern verbreitet den Koranvers 32 in Sure 5 in gefälschter und geschönter Version. So veröffentlichte die Süddeutsche Zeitung eine noch gefälligere Version: »Wer einen Menschen tötet, das ist, als würde man die ganze Menschheit töten.« Der geschönte Koranvers steht so in dem am 4. Februar 2003 erschienenen Artikel »Eine Schrift zwischen zwei Buchdeckeln« von Navid Kermani.

Das »Töten bei Berechtigung« ist nicht nur legitimiert durch Koran und Sunna und nicht allein ein Phänomen des frühen Islam. Auch die islamischen Menschenrechtserklärungen von 1984 und 1990 erlauben es, Menschen zu töten, und zwar die Allgemeine Erklärung der Menschenrechte im Islam (AEMRI) in Artikel 1 und die Kairoer Menschenrechtserklärung der OIC in Artikel 2 (siehe Kapitel 9 *Menschenrechtserklärungen*). Das Töten bei Berechtigung gehört also aus islamischer Sicht zu den Menschenrechten.

Auf den ersten Blick hat die koranische und mohammedanische Erlaubnis zum Töten nichts mit »Ehrenmorden« zu tun. Aber im Gegensatz zum Christentum bietet eine Religion, in der es kein grundsätzliches Tötungsverbot gibt und die »Berechtigung zum Töten« aufgrund diffuser Formulierung einen großen Interpretationsspielraum zulässt, kein Hindernis für die Beibehaltung des archaischen Ehrenkodex von *blood and honour*. Erschwerend kommt hinzu, dass das Vorbild Mohammed grundsätzlich Verständnis für Ehrenmord zeigt. (S. 174) In dem bereits zitierten Hadith geht es eindeutig um den Bereich der Familienehre und der sexuellen Ehrbarkeit. Es geht um Ehebruch, Verletzung des Ehrgefühls von Männern und um das Töten zur Wiederherstellung der Ehre. Mohammed verteidigt Sa´ds Ehrgefühl und sein eigenes. Durch die Behauptung, Allahs Ehrgefühl sei noch größer, rückt er die männliche Ehre in den Bereich des Sakralen. Mohammed zeigt nicht nur Verständnis für Mord zur Wiederherstellung der Ehre, sondern rechtfertigt ihn durch Bezugnahme auf Allahs Ehrgefühl. Mir sind keine Worte Mohammeds bekannt, mit denen er sich gegen das Töten im Namen der Ehre eingesetzt hätte, auch nicht verzeihende Worte, wie Jesus sie zu einer Ehebrecherin gesprochen hat.

Im Koran ist nirgendwo von »Ehrenmord« die Rede – weil es in der arabischen Sprache kein Wort für »Ehrenmord« gibt. Das Töten zur Wiederherstellung der Ehre wird im arabischen Raum nicht als Mord angesehen. Es wird angesehen als Wegwaschen der Schande, als Reinigung von Beschmutzung, so wie im oben zitierten Gedicht von Sana Al-Khayyat:

> Wer weiß schon, welche Wüste uns morgen verschlingt,
> die Schande fortzuwaschen?

Man spricht vom »Waschen der Ehre« (*ghassel al-sharaf*) und in Ägypten vom »Wegwaschen der Schande« (*ghassel al-ar*). Das Blut der Frau wäscht die Ehre des Mannes und der Familie rein. Die arabische Sprache suggeriert, das Morden zur Wiederherstellung der Ehre sei etwas Positives, sogar Heiliges. Aus dem »Ehrenmord« wird gewissermaßen die »Ehrenwäsche«.

Der Koran schreibt für Unzucht und Ehebruch Auspeitschen vor. In Sure 24:2 heißt es:

> *Wenn ein Mann und eine Frau Unzucht begehen, dann geißelt jeden von ihnen mit hundert Hieben. Habt kein Mitleid mit ihnen angesichts (der Rechtsbestimmungen) der Religion Allahs, so ihr an Allah und den Jüngsten Tag glaubt. Bei der Vollstreckung der Pein soll eine Gruppe von Gläubigen zugegen sein.*

Tötungen wegen sexueller Vergehen folgen der Erlaubnis und dem Vorbild Mohammeds.

Solange Kritik an der Berechtigung zum Töten im Koran und am Handeln Mohammeds nicht zulässig ist und die zitierten Koranverse und Hadithe nicht als für heute ungültig erklärt werden, wird es auch weiter in radikalen islamischen Milieus Morde im Namen der Ehre geben.

Ein Zusammenhang zwischen »Ehrenmorden« und Islam besteht also, auch wenn das immer wieder bestritten wird. Christine Schirrmacher schreibt: »Das Verständnis von Ehre und Schande ist in gleicher Weise ein mit der Religion verwobenes kulturelles Phänomen islamischer Gemeinschaften – allerdings nicht ausschließlich islamischer Gruppierungen – die von tief verwurzelten moralischen Größen wie der »Ehre« und »Schande« geprägt werden.«[190] Und Ursula Spuler-Stegemann bemerkt, wenn auch nur in einer Anmerkung im Anhang des Buches »*Frauen und die Scharia*«: »doch, der Islam hat seinen Anteil daran«.[191] Gewiss sind »Ehrenmorde« kein ursprünglich islamisches Phänomen. Sie kommen aus archaischer und patriarchalistischer Kultur und Tradition. Aber im Unterschied zu Jesus wird diese Tradition von Mohammed nicht abgelehnt und beseitigt, sie wird vielmehr verständnisvoll von ihm toleriert. Die koranische Grundlage für »Ehrenmorde« ist die Erlaubnis Allahs zum »Töten bei Berechtigung«.

Handelt es sich bei der Zwangsverheiratung ebenfalls um eine islamisch legitimierte Sitte? Das Allah-Gesetz nimmt dazu nicht Stellung. In der Hadithsammlung von al-Bukhari berichtet Abu Huraira dazu Folgendes:

> »Der Prophet sagte: ›Eine ältere Frau darf nur verheiratet werden, wenn dies mit ihr besprochen wurde. Und eine Jungfrau darf nur verheiratet

> werden, wenn sie der Heirat zustimmt.‹ Jemand fragte ihn: ›O Gesandter Gottes, wie äußert eine Jungfrau ihre Zustimmung?‹ Er erwiderte: ›Sie gibt dadurch ihr Jawort, dass sie schweigt.‹«[192]

In der orientalischen Gesprächskultur hat der Niedriggestellte dem Höhergestellten in wichtigen Angelegenheiten nicht zu widersprechen. Das gilt auch für das Vater-Kind-Verhältnis. Schweigen bedeutet daher nicht notwendig Zustimmung. Es kann Ausdruck des Respekts und des Gehorsams sein. Hinzu können psychische Gründe kommen. Dazu ein bekannter Fall: Aischas Vater verheiratete seine Tochter im Alter von sechs Jahren mit Mohammed, der ihr Großvater hätte sein können. Was hätte die Sechsjährige dazu sagen können? Als das Mädchen neun Jahre alt war, wurde die Ehe von seinem 53 Jahre alten Gatten vollzogen. Die Reaktion auf einen Schock ist in der Regel Sprachlosigkeit.

Mit dieser Geschichte kann man die Zwangsheirat nicht als unislamisch beweisen. Im Gegenteil: Das Vorbild Mohammed legitimiert sie. Berichtet ist uns der Fall auf Autorität von Aischa durch ʿUrwa, und sein Hadith (Erzählung) ist aufgenommen in die *Sahih* von al-Bukhari:

> »Der Prophet heiratete Aischa als sechsjähriges Mädchen. Im Alter von neun Jahren wurde sie zu ihm gebracht. Und neun Jahre lang bis zu seinem Tod war sie seine Frau.«[193]

Mit westlichen Menschenrechtsvorstellungen ist das nicht vereinbar. Im Übereinkommen zur Beseitigung jeder Form von Diskriminierung der Frau (CEDAW) lautet Artikel 16 (2): »Die Verlobung und Eheschließung eines Kindes haben keine Rechtswirksamkeit.« (Siehe Kapitel 9 *Menschenrechtserklärungen*.)

Das Mädchen und die Frau stehen im Islam unter der Vormundschaft und Herrschaft der Männer. Daher stützt bis heute der Patriarchalismus den Islam und der Islam den Patriarchalismus. Letzterer war schon immer fasziniert von orientalischen Frauen, deren Leben durch Harem, Schleier und Polygynie beschränkt ist, und vom Leben der Herren des Harems. Toleranz und die Freude an Exotik müssen für Demokraten da aufhören, wo räumliche und rechtliche Beschränkung und Verschleierung von Mädchen und Frauen, Zwangsverheiratungen und »Ehrenmorde« stattfinden. Da ist Widerstand nötig und dazu gehört Zivilcourage, »die Tapferkeit im bürgerlichen Zusammenleben«. So nannte es Karl Kardinal Lehmann, Vorsitzender der Deutschen Bischofskonferenz, am 12. Juni 2006 in seinem Vortrag im Rathaus zu Wiesbaden anlässlich der Verleihung des Ludwig-Beck-Preises für Zivilcourage an Fatma Bläser und Serap Cileli. Beide besitzen nach

Lehmann »einen solchen ungewöhnlichen Mut. (...) Beide kämpfen, auch durch ihr schriftstellerisches Wirken, für die Freiheit der muslimischen Frau.«

Kultur oder Islam? Zusammenfassend kann man sagen: Verbrechen im Namen der Ehre sind kein genuin islamisches Phänomen, sondern stammen aus archaischen Traditionen. Aber sie sind dennoch auch ein islamisches Phänomen, weil weder durch das Allah-Gesetz noch durch das Vorbild Mohammed diese archaischen Traditionen in Frage gestellt oder gar aufgehoben wurden. Vielmehr hat Mohammed sie toleriert. Wenn andere einen »Ehrenmord« begehen, zeigt Mohammed Verständnis dafür, er verurteilt sie nicht. Die islamische Legitimation der Strafen – Töten, Steinigen und Auspeitschen – für Sexualität außerhalb der Ehe sind ein Rückschritt in die Zeit vor Jesus, der sie abgeschafft hat, wie das Neue Testament belegt. Im Unterschied zum Neuen Testament enthält der Koran kein absolutes Tötungsverbot, sondern erlaubt das »Töten bei Berechtigung« viermal explizit, und zwar in den Suren 5:32, 6:151, 17:33 und 25:68. Das Vorbild Mohammed ordnete Steinigungen für Sexualdelikte an und ließ sie in seiner Anwesenheit durchführen bis zum Tod. Die islamischen Voraussetzungen für »Ehrenmorde« sind gegeben, auch wenn das Wort selbst im Koran nicht vorkommt. Es gibt eben kein arabisches Wort dafür. Die arabische Sprache bezeichnet den »Ehrenmord« als »Reinwaschen« und suggeriert, dieser Mord sei etwas Positives. Aus dem »Ehrenmord« wird eine »Ehrenwäsche« und dafür hat Mohammed Verständnis gezeigt. Ehrenmord und andere Ehrverbrechen sind also sowohl ein kulturelles als auch ein islamisches Phänomen.

9. Islamische und westliche Menschenrechtserklärungen im Vergleich

»Was sie Menschenrechte nennen, ist nichts anderes als eine Sammlung korrupter Regeln, die von den Zionisten ausgearbeitet worden sind, um die wahren Religionen zu zerstören.«
Ayatollah Ruhollah Khomeini[194]

Menschenrechte sind ein »von Jüngern des Satans zusammengestellter Hokuspokus«.
Großayatollah Ali Khamenei[195]

9.1 Allgemeine Erklärung der Menschenrechte (AEMR) und Zusatzerklärungen

Zur Geschichte der Entwicklung der Menschenrechtserklärungen in der westlichen Welt gehören folgende Meilensteine:

- die *Magna Charta libertatum* von 1215
- die *Habeas-Corpus*-Akte von 1679
- die britische *Bill of Rights* von 1689
- die amerikanische *Virginia Bill of Rights* von 1776
- die französische Menschen- und Bürgerrechtserklärung von 1789 (*Déclaration des droits de l'homme et du citoyen*)
- die »Erklärung der Rechte der Frau und Bürgerin« von Olympe de Gouges von 1791.

Die westlichen Menschenrechtsvorstellungen basieren auf jüdisch-christlicher Lehre, wenn dies auch in juristischen Texten der Moderne nicht mehr explizit gesagt wird. Die aus 17 Artikeln bestehende französische Menschenrechtserklärung von 1789 enthält noch einen Gottesbezug und die »unveräußerlichen« Rechte des Menschen werden als »heilig« bezeichnet, was auf eine religiöse Verankerung der Autoren schließen lässt. Die Präambel beginnt mit folgenden Worten:

»Da die Vertreter des französischen Volkes, als Nationalversammlung eingesetzt, erwogen haben, dass die Unkenntnis, das Vergessen oder die Verachtung der Menschenrechte die einzige Ursache des öffentlichen Unglücks und der Verderbtheit der Regierungen sind, haben sie beschlossen, die natürlichen, unveräußerlichen und heiligen Rechte der Menschen in einer feierlichen Erklärung darzulegen (...). Infolgedessen erkennt und erklärt die Nationalversammlung in Gegenwart und unter dem Schutz des Allerhöchsten folgende Menschen- und Bürgerrechte: (...).«

Auch die im Jahre 1791 folgende, ebenfalls 17 Artikel umfassende »Erklärung der Rechte der Frau und Bürgerin« von Olympe de Gouges enthält im Schlusssatz der Präambel den Gottesbezug:

»Das an Schönheit wie Mut im Ertragen der Mutterschaft überlegene Geschlecht anerkennt und erklärt somit, in Gegenwart und mit dem Beistand des Allmächtigen, die folgenden Rechte der Frau und Bürgerin: (...).«

Gemäß aufgeklärtem und säkularem Denken des 20. und 21. Jahrhunderts sind unter Menschenrechten universal geltende Rechte des Individuums gegenüber Staat und Gesellschaft zu verstehen. Es sind natürliche Rechte für alle Menschen, unabhängig von Kultur, Rasse, Geschlecht und Religion. In dieser Tradition säkularer Universalität stehend, verabschiedete die Generalversammlung der Vereinten Nationen am 10. Dezember 1948 die Allgemeine Erklärung der Menschenrechte (AEMR). In 30 Artikeln sind Freiheitsrechte und politische Beteiligungsrechte, Gleichheitsrechte und eine Eigentumsgarantie formuliert, die für alle Menschen Gültigkeit haben. Die Artikel 1 und 2 verweisen auf die Rechtsträgerschaft. Jeder Mensch ist demnach Rechtsträger dieser universal geltenden Menschenrechte.

Art. 1
Alle Menschen sind frei und gleich an Würde und Rechten geboren. Sie sind mit Vernunft und Gewissen begabt und sollen einander im Geiste der Brüderlichkeit begegnen.

Art. 2
Jeder hat Anspruch auf alle in dieser Erklärung verkündeten Rechte und Freiheiten, ohne irgendeinen Unterschied, etwa nach Rasse, Hautfarbe, Geschlecht, Sprache, Religion, politischer oder sonstiger Anschauung, nationaler und sozialer Herkunft, Vermögen, Geburt oder sonstigem Stand.

Einen Gottesbezug enthält diese Erklärung nicht mehr. Der objektive Sinn des Textes folgt jedoch der christlichen Lehre vom Menschen als Person mit Würde, Vernunft und Gewissen und daher auch mit gleichen Rechten. Implizit wird der Vorstellung der Ähnlichkeit des Menschen mit Gott, wie sie der biblische Schöpfungsmythos in Genesis 1 darstellt, gefolgt. Danach wurden Mann und Frau auf die gleiche Weise vom Schöpfer »im Bilde Gottes« erschaffen und mit gleicher Würde beschenkt, unabhängig von ihren Eigenschaften. Das Prinzip der Gleichheit aller Menschen und daraus folgend der Grundsatz der Gleichberechtigung ist im Alten Testament bereits keimhaft angelegt.

Die in beiden Artikeln postulierte Freiheit basiert auf dieser Vorstellung. Nicht Beliebigkeit ist hier gemeint, sondern das Bewusstsein, dass Freiheit ihre Grenze an den Rechten des Anderen hat. Das zeigt auch der folgende Artikel:

> Art. 3
> Jeder hat das Recht auf Leben, Freiheit und Sicherheit der Person.

Das Wort *Person* verweist auf das Menschenbild vom sittlich autonomen, individuierten Subjekt, das sich seiner Verantwortung für das Eigenwohl und für das Wohl der Gemeinschaft bewusst ist. Freiheit ist hier auf keinen Fall identisch mit Willkür.

Die Artikel 29 und 30 enthalten Einschränkungsmöglichkeiten und Pflichten zum Schutz der Rechte und Freiheiten anderer, der Moral, der öffentlichen Ordnung, der Demokratie und der Ziele und Grundsätze der Vereinten Nationen.

1966 wurden die UN-Pakte über a) bürgerliche und politische sowie b) wirtschaftliche, soziale und kulturelle Rechte verfasst.[196] Sie bilden zusammen mit der AEMR die *Universal Bill of Rights*, die Allgemeine Menschenrechtscharta. Sie wurde von allen UN-Mitgliedsstaaten ratifiziert, auch von den islamischen, ausgenommen Saudi-Arabien, das zu dem in Art. 18 der AEMR aufgeführten Recht auf Religionswechsel Vorbehalte anmeldete.[197] Die Türkei ratifizierte den Internationalen Pakt über bürgerliche und politische Rechte nur mit Vorbehalten den Minderheiten gegenüber.

Ergänzend zur UN-Charta wurden viele Erklärungen verfasst und ratifiziert, z.B.

- das Internationale Übereinkommen zur Beseitigung jeder Form von Rassendiskriminierung (CERD), kurz Rassendiskriminierungs-Konvention genannt, vom 7. März 1966 (BGBl. 1969 II 961), mit 169 Ratifikationen,

- das Übereinkommen über die Rechte des Kindes (CRC) vom 20. November 1989 (BGBl. 1992 II 121) mit 192 Ratifikationen,
- das Übereinkommen zur Beseitigung jeder Form von Diskriminierung der Frau (*Convention on the Elimination of All Forms of Discrimination against Women.* CEDAW) vom 18. Dezember 1979, mit 174 Ratifikationen (BGBl. 1985 II 648).[198]

Die meisten islamischen Länder haben diese Erklärungen zwar ratifiziert, aber nur mit Vorbehalten, besonders die Erklärung gegen die Diskriminierung von Frauen, CEDAW. Am 18. März 2005 wurden von den UN (*United Nations – Division for the Advancement of Women*) 98 Signaturen und 180 Ratifikationen gezählt, dazu gehören fast alle islamischen Staaten, ausgenommen der Iran.[199] Besondere Probleme haben die islamischen Politiker mit Art. 16 von CEDAW, der verkürzt lautet:

> 1. Die Vertragsstaaten treffen alle geeigneten Maßnahmen zur Beseitigung der Diskriminierung der Frau in Ehe- und Familienfragen und gewährleisten auf der Grundlage der Gleichberechtigung von Mann und Frau insbesondere folgende Rechte:
> a) gleiches Recht auf Eheschließung;
> b) gleiches Recht auf freie Wahl des Ehegatten sowie auf Eheschließung nur mit freier und voller Zustimmung;
> c) gleiche Rechte und Pflichten in der Ehe und bei deren Auflösung;
> d) gleiche Rechte und Pflichten als Eltern, ungeachtet ihres Familienstands, in allen ihre Kinder betreffenden Fragen; (...)
> e) (...)
> f) gleiche Rechte und Pflichten in Fragen der Vormundschaft, Pflegschaft, Personen- und Vermögenssorge (...)
> 2. Die Verlobung und Eheschließung eines Kindes haben keine Rechtswirksamkeit (...).[200]

Das ist nicht im Sinne der Scharia, auch nicht der Menschenrechtserklärungen im Islam, wie ich noch zeigen werde. Es ist auch nicht mit dem Vorbild Mohammed vereinbar, der die *sechsjährige* Aischa als dritte »Ehefrau« heiratete und mit dem Kind drei Jahre später die Ehe vollzog. Und als »volle Zustimmung« (1b) im Sinne von CEDAW kann das Schweigen einer Jungfrau zu einem Heiratsantrag wohl auch nicht gelten, während es in einem Hadith der Sammlung von al-Bukhari heißt: »Sie gibt dadurch ihr Jawort, dass sie schweigt.«[201]

Die genannten Übereinkommen haben die meisten islamischen Staaten zwar unterschrieben, aber nur mit Vorbehalten bzw. Ergänzungen. Dazu schreibt die marokkanische Soziologin und Professorin Mernissi:

»Als arabische Frau kann man nur lachen, wenn man die Ergänzungen der ägyptischen Republik zum Artikel 16 der *Konvention zur Beseitigung aller Formen der Diskriminierung der Frauen* liest, die von den Pharaonen-Diplomaten am 16. Juli 1980 unterzeichnet wurde. Wenn man sich das Kauderwelsch anhört, das jene verehrungswürdigen Funktionäre als *Vorbehalt* eingebracht haben, dann versteht man, warum die Vereinten Nationen von den Volksmassen so aufgefasst werden, als ob sie Teil eines absurden Theaters seien.

›Vorbehalt zu den Verfügungen des Artikels 16 bezüglich der Gleichheit zwischen Mann und Frau in allen Fragen, die sich aus der Heirat, dem Verlauf der Heirat und ihrer Auflösung ergeben und die nicht im Widerspruch zu den Verfügungen der Scharia stehen dürfen, die dem Gatten die gleichen Rechte wie seinem Partner garantieren, um ein gerechtes Gleichgewicht zwischen ihnen sicherzustellen, mit Rücksicht auf die geheiligten Werte der Ehebande und der Familienbeziehungen in Ägypten, die ihre Quelle in den tiefen religiösen Überzeugungen finden, die nicht übertreten werden dürfen, und angesichts der Tatsache, dass diese Bande sich im wesentlichen gründen auf die Gleichheit der Rechte und Pflichten der Ausgewogenheit, wodurch die wahrhaftige Gleichheit realisiert wird ...‹ etc. ... etc. ...«[202]

Ein teilweise in sich widersprüchlicher und unverständlicher Text, aber mit eindeutigem Scharia-Vorbehalt. Wie viele andere dieser Art ermöglicht er es den islamischen Staaten, einen Sitz bei den Vereinten Nationen zu haben und gleichzeitig zu Hause die Scharia zu praktizieren. Auch Saudi-Arabien hat die Frauenkonvention nach 21-jähriger Bedenkzeit unterschrieben. Am 7. September 2000 entschlossen sich die Scheichs zu diesem Akt.

Mernissi schreibt dazu:

»Man begreift nun die Rolle, die die Religion in dem delikaten Theater spielt, das unsere Regierungschefs für uns aufführen: am Sitz der Vereinten Nationen in New York ein modernes Gesicht zu zeigen und zu Hause das Gesicht eines Abbasiden-Kalifen, der uns terrorisiert.«[203]

Die UNO-Funktionäre sind Meister im Erfinden von Kompromissen und im Verschleiern des islamischen Rechts. Das zeigte im Jahr 2006 exemplarisch der Fall des Afghanen Abdul Rahman, der vor etwa 16 Jahren in Deutschland vom Islam zum Christentum übergetreten ist. Da die neue afghanische Verfassung Religionsfreiheit garantiert, wagte er sich zurück in seine Heimat. Dort wurde er nach der Scharia wegen Apostasie zum Tode verurteilt. Die UN-Funktionäre, Regierungen im Westen und Menschenrechtsorganisationen protestierten. Aber sie mussten sich belehren lassen: Zwar enthalte die Verfassung den Begriff »Religionsfreiheit«, aber die UNO habe zugestanden, dass die Scharia die Grundlage des Rechts ist. Denn in Artikel 2 der Verfassung werde der Islam als Staatsreligion festgeschrieben, und Artikel 3 laute: »In Afghanistan darf kein Gesetz dem Glauben und den Bestimmungen der heiligen Religion des Islam widersprechen.« Das wird bestärkt durch die Staatsflagge, auf der das islamische Glaubensbekenntnis – »*Es gibt keinen Gott außer Allah, und Mohammed ist sein Prophet*« – steht. Aus der Anerkennung des Islam als Staatsreligion und der Scharia als Rechtsgrundlage folgt die Berechtigung zum Töten bei Apostasie. Durch solche Kompromisse wird die Scharia von der UNO sanktioniert. Das Urteil an Abdul Rahman wurde letztlich nicht vollstreckt; man erklärte ihn für geistig behindert und entließ ihn aus dem Gefängnis und ins von Italien angebotene Asyl.

Parallel zur formalen Anerkennung der Menschenrechtserklärungen der Vereinten Nationen durch islamische Staaten ist in deren Praxis die teilweise Verweigerung der Menschenrechte für Frauen zu beobachten, wie die internationalen Menschenrechtsgesellschaften dokumentieren; aber auch in islamischen Kreisen Europas ist eine wachsende Anzahl von Zwangsverheiratungen und Ehrenmorden festzustellen. Außerdem wird der Anspruch auf Überlegenheit und Universalität des Islam lauter, verbunden mit der Forderung des so genannten »Reformislam« nach der Rückkehr zum Eigenen und damit zur politischen Ordnung der idealisierten Medinagemeinde unter der Führung des Vorbildes Mohammed und der ersten drei Kalifen sowie zur Scharia – auch in Europa und Amerika –, mit größtem Erfolg in Kanada, wie ich bereits am Ende des Kapitels über die Scharia berichtet habe.

Besonders laut inkriminierten im islamischen Gottesstaat Iran der Revolutionsführer Ayatollah Ruhollah Khomeini und sein Nachfolger Großayatollah Ali Khamenei die Menschenrechtserklärungen der UN.

Kritische innerislamische Stimmen gibt es aber auch. So schreibt Fatema Mernissi, die AEMR sei eine Erklärung, »von der noch heute behauptet wird, dass sie unserer Kultur fremd und aus dem Westen importiert sei.« So werde immer noch »die Gleichheit der Geschlechter als fremdländische Erscheinung« betrachtet und das zeige »die Unfähigkeit des politischen und praktizierenden Islams, der die Beziehungen im Alltag regelt, das Prinzip der Gleichheit zu verwirklichen.«[204]

Im Vergleich zu den Autoritäten im Islam haben zwar auch die Kirchen lange gebraucht, das Prinzip der Freiheit, besonders der Freiheit des Religionswechsels, in den Menschenrechtserklärungen anzuerkennen, aber sie haben sich letztendlich dazu durchgerungen. Mit seiner Enzyklika »*Pacem in terris*« (1963) vollzog Papst Johannes der XXIII. für die katholische

Kirche die Hinwendung zur Moderne und erkannte die Menschenrechtserklärung als »Zeichen der Zeit« an. Im Jahre 1965 folgte die Erklärung des Zweiten Vatikanischen Konzils über die Religionsfreiheit (»*Dignitatis humanae*«), die sich an die ganze Menschheit richtet. Sie beginnt mit den Worten: »Die Würde der menschlichen Person kommt den Menschen unserer Zeit immer mehr zu Bewusstsein.«[205]

Da der Islam – anders als das Christentum – eine politische Religion mit eigenem Rechtssystem ist, für das ein absoluter Geltungsanspruch erhoben wird, haben muslimische Organisationen trotz formaler Anerkennung der säkularen Menschenrechtserklärungen eigene islamische verfasst. Bereits 1948 wurde durch Beschluss der Arabischen Liga die Ständige Arabische Menschenrechtskommission eingerichtet mit je einem Vertreter der 21 Mitgliedsstaaten und der PLO für Palästina. Namhafte muslimische Theologen und Juristen arbeiteten seitdem an eigenen islamischen Menschenrechtserklärungen, um Gegenentwürfe zu den säkularen Erklärungen des Westens anzubieten. Die folgenden drei haben die größte Verbreitung gefunden:

- die »Allgemeine Erklärung der Menschenrechte im (des) Islam«, AEMRI, vom 19. September 1981,
- die »Kairoer Erklärung über Menschenrechte im Islam« vom 5. August 1990,
- die »Arabische Charta der Menschenrechte« vom 15. September 1994.[206]

Diese Erklärungen haben wie die Allgemeine Menschenrechtserklärung der Vereinten Nationen (AEMR) keine bindende Rechtswirkung, sind aber international verbreitet und von Bedeutung. Sie haben auch die Charta des selbst ernannten *Zentralrates der Muslime in Deutschland* (ZMD) vom Februar 2002 beeinflusst, wie ich am Schluss dieses Kapitels zeigen werde. Ihre Eigenart und ihr Verständnis von Frau und Mann soll in den folgenden drei Kapiteln dargestellt werden.

9.2 Allgemeine Erklärung der Menschenrechte im (des) Islam (AEMRI) – *Universal Islamic Declaration of Human Rights*

Die vom Internationalen Islamrat (*Islamic Council*) verfasste AEMRI wurde vom Islamrat für Europa am 19. September 1981 im Palais der UNESCO in Paris bei großer Medienbeteiligung vorgestellt. Dieser Islamrat für Europa (nicht zu verwechseln mit dem Islamrat der Muslime in Deutschland) ist eine nicht-staatliche Organisation (NGO) mit Sitz in London. Er wurde 1965 auf Initiative des saudi-arabischen Königshauses gegründet und begreift sich als Dachverband für in Europa lebende muslimische Gruppierungen. Besonders arbeitet er mit der saudi-arabisch dominierten Islamischen Weltliga (*Muslim World League*) zusammen, die 1962 in Mekka gegründet wurde. Sie hat dort auch ihren Hauptsitz und im Jahr 2004 Zweigstellen in 32 Staaten Afrikas, Asiens, Europas und Amerikas. Sie hat panislamische Ziele, wird von Saudi-Arabien finanziert, gibt Geld aber nur bei ideeller Gegenleistung. 1978 wurde der Islamische Rechtsrat gegründet, dessen Gelehrte auf der Basis von Koran und Sunna Lösungen für rechtliche Probleme vorschlagen. Seine *Fatwas* (Empfehlungen) sind von einiger Autorität. Der Islamrat für Europa hat bei der Gründung der Islamräte von Afrika, Asien, Nordamerika und des Pazifischen Raumes mitgewirkt und arbeitet an der globalen Vernetzung islamischer Organisationen. Besonders Ägypten, Pakistan und Saudi-Arabien dominieren im Islamrat für Europa.[207]

Es gibt von der AEMRI unterschiedliche Übersetzungen. Ich verwende hier die in der bereits oben angegebenen Sammlung »Menschenrechte und Deklarationen« von der Bundeszentrale für politische Bildung (bpb) veröffentlichte Fassung. Sie folgt der Übersetzung aus dem arabischen Originaltext von Martin Forstner.[208] Seit 1984 verbreitet außerdem das Islamische Zentrum München (IZM) in Deutschland eine Übersetzung aus dem Englischen von Jamile. Diese Ausgabe der Deklaration ist entstanden »in Zusammenarbeit mit dem Islamic Council, 16 Grosvenor Crescent, London SW 1 FEP, England«. Die mir vorliegende deutsche Fassung enthält eine Einleitung von Salem Azzam, Generalsekretär Islamic Counsil, 12.01. 1984, London. Die Broschüre ist von 1993. Auch in englischer und französischer Sprache soll es je zwei Übersetzungsversionen geben, von denen je eine ähnliche Absichten verfolgen soll wie die vom IZM, auf deren Eigenart ich exemplarisch bei Artikel 3 eingehe.

Zum Verständnis des Textes nun einige Ausschnitte, beginnend mit seiner *Eröffnung*:

> Im Namen Allahs, des Erbarmers und des Barmherzigen

Die Erklärung beginnt wie alle Suren des Koran, ausgenommen die neunte, mit der Eröffnungsformel, *busmala*, die lautet: *bismillah irahman ihrahim*. Das zeigt, dass es sich hier nicht nur um einen politischen Text handelt, sondern gleichzeitig um einen religiösen, basierend auf Koran und Sunna. Die Struktur des Islam als Einheit von Religion, Recht und Politik wird hier sofort sichtbar. Es folgt eine lange Präambel, die mit den Worten beginnt:

> Vor 14 Jahrhunderten legte der Islam die »Menschenrechte« umfassend und tiefgründend als Gesetz fest.

Die Verfasser behaupten, der Islam habe im 7. Jahrhundert die Menschenrechte bereits als Gesetz festgelegt. Gemeint ist damit der Koran; umfassend bedeutet, sie bedürfen keiner Ergänzung mehr und hätten universale Gültigkeit; tiefgründend soll wohl auf den Gesetzgeber Allah verweisen, also auf die göttliche Herkunft dieser Texte und damit auf ihre Überlegenheit über alle anderen Gesetze, Erklärungen und Vereinbarungen, hier speziell über die säkularen Menschenrechtserklärungen des 20. Jahrhunderts. Implizit wird also ein Gegenmodell dazu angekündigt. Das Islamverständnis zeigt sich hier als Ideologie mit absolutem Geltungs- und Universalitätsanspruch.

Worauf stützen die Verfasser der AEMRI ihre Behauptung vom Ursprung der Menschenrechte, die man oft im Islam findet? Der ägyptische Scheich Muhammed al-Ghazali, Fundamentalist, führende Autorität im sunnitischen Islam und Lehrer an der Al-Azhar-Universität, schreibt dem Islam die erste Verkündung der Menschenrechte zu. In seinem Buch über die Menschenrechte heißt es: »Die Franzosen behaupten, die Menschenrechte seien eine Errungenschaft ihrer Revolution ... In Wirklichkeit war es der Islam, der als erster die Menschenrechte in ihrer umfassendsten und weitgehenden Form verkündet hat. Die Muslime waren die Pioniere der Menschenrechte, und das bereits zur Zeit des Propheten (622–632 n. Chr. in Medina) und seiner rechtgeleiteten Kalifen (632–661 n. Chr.).«[209]

Auf diese Lehre stützen sich die Verfasser der AEMRI. Nach islamischer Doktrin ist nicht der Mensch, sondern Allah der Gesetzgeber, dessen Gesetze von Menschen auszulegen sind. Wichtiger als die Rechte sind die

Pflichten des Muslim. Insofern muss eine islamische Menschenrechtserklärung überwiegend eine Erklärung der Menschenpflichten sein.

Weiter heißt es in der Präambel:

> (...) Wir Muslime der verschiedenen Völker und Länder (...) verkünden als Bannerträger des Aufrufs (*da´wa*) zu Allah mit Beginn des 15. Jahrhunderts der Hidschra diese Deklaration im Namen des Islam über die Menschenrechte hergeleitet aus dem edlen Koran und der reinen Sunna des Propheten.
> Sie sind in dieser Niederlegung ewige Rechte, von denen nichts abgestrichen, geändert, aufgehoben und ausgesetzt werden darf.

Suggeriert wird, der Autor des Textes sei die Einheit der Muslime weltweit, die Umma. Sie handele hier in göttlichem Auftrag zur Verbreitung des Islam. Ihre Deklaration basiere auf göttlichen und prophetischen Texten. Sowohl die Präambel als auch alle 23 Artikel sind in diesem Selbstverständnis verfasst. Sie enthalten 75 Zitate aus dem Koran und 50 aus der Sunna, außerdem wird 20-mal die Scharia als Quelle benannt.

Artikel 1 legitimiert das Töten bei Berechtigung:

> Artikel 1 *Das Recht auf Leben*
>
> a) Das Leben des Menschen ist geheiligt. Niemand darf es verletzen: »Wenn einer jemanden tötet, (und zwar) nicht (etwa zur Rache) für jemand (anders, der von diesem getötet wurde) oder (zur Strafe für) Unheil (das er) auf der Erde (angerichtet hat), so soll es so sein, als ob er die Menschen alle getötet hätte, und wenn einer jemanden am Leben erhält, soll es so sein, als ob er die Menschen alle am Leben erhalten hätte.« (Koran 5:32)

Der Text ist in sich widersprüchlich. Einerseits verbietet er das Töten, weil das Leben des Menschen geheiligt ist, andererseits erteilt er die Erlaubnis dazu. Über das Töten bei Berechtigung, das durch vier Koranverse, durch die Sunna und die Abschiedspredigt Mohammeds legitimiert ist, habe ich bereits im Kapitel *Im Namen der Ehre* berichtet. Diese islamische Menschenrechtserklärung rechtfertigt es ebenfalls. Erstaunlich ist allerdings die Zustimmung zur Blutrache. Mohammed hat sie in seiner Abschiedspredigt in Mekka verboten mit den Worten: »*Die Blutrache der Heidenzeit ist aufgehoben.*«[210] Vielleicht haben diese islamischen Menschenrechtler gemerkt, dass Mohammed damit gegen den Koran verstoßen hat. Aber Widersprüche zwischen dem Koran und dem Vorbild Mohammed gibt es mehrere, z.B. bei der Steinigung. Das Töten als Strafe für *Unheilanrichten auf der Welt* ist eine vieldeutige Aussage, sie kann für die Legitimation vom Ehrenmord bis zum Terror benutzt werden. Und sie wird es auch, wie

Aussagen der Chefideologen der Moslembrüder, Hassan Al-Banna und Sayyed Qutb, und der Selbstmordattentäter zeigen. Dieser Artikel 1 spiegelt die Widersprüchlichkeit im Koran und im Islam: Er ist sowohl Aufruf zu Liebe, Frieden und Barmherzigkeit als auch Aufruf zu Hass und Gewalt.

Wie ich bereits gezeigt habe, wird der Koranvers 5:32 von Muslimen oft in verkürzter Form vorgetragen, desgleichen von der Zeitschrift Stern und von der Süddeutschen Zeitung. Der Vers lautet dann: »Wenn einer jemand tötet, so ist es, als ob er alle Menschen getötet hätte.« Daraus wird dann ein allgemeines Tötungsverbot des Islam abgeleitet. Die Zeitschriften hätten besser darauf hingewiesen, dass selbst die *»Allgemeine Erklärung der Menschenrechte im Islam«* das Töten erlaubt. Beides ist m.E. ein Skandal: Eine Menschenrechtserklärung, die das Töten erlaubt, und Zeitschriften in Deutschland, die die koranische »Berechtigung zum Töten« in ein Tötungsverbot verfälschen, um den Islam im Westen akzeptabel zu machen.

Artikel 3 legitimiert die Körperstrafen:

> Artikel 3 *Das Recht auf Gleichheit*
>
> a) Alle Menschen sind vor der Scharia gleich: »Der Araber hat keinen Vorrang vor dem Nichtaraber, der Nichtaraber keinen vor dem Araber, nicht der Hellhäutige vor dem Dunkelhäutigen, nicht der Dunkelhäutige vor dem Hellhäutigen, außer durch die Frömmigkeit« (Ausspruch des Propheten). Weder bei der Anwendung der Scharia wird jemand bevorzugt: »Selbst wenn Fatima, die Tochter Muhammads, stehlen würde, so würde auch ihr die Hand abgehackt werden.« (Hadith nach Bukhari, Muslim, Abu Da´ud, Tirmidi und Nasa´i), noch beim Schutz, den die Scharia gewährt: »Der Schwächste von euch ist bei mir der Starke, wenn ich ihm das Recht zukommen lasse, und der Stärkste von euch ist bei mir der Schwache, wenn ich ihm das Recht nehme.« (Ausspruch des Kalifen Abu Bakr anlässlich seines Regierungsantritts.)«

Vom Grundsatz der Gleichheit für alle Menschen ist hier nicht die Rede. Es geht nur um eine Gleichheit vor der Scharia. Da unterscheiden sich die Menschen nicht, *»außer durch die Frömmigkeit«*. Das heißt: Gleich oder ungleich sind nur Muslime, die anderen sind dort, wo die Scharia gilt, Menschen zweiter Klasse und kommen erst gar nicht im Wettstreit um mehr oder weniger Frömmigkeit und Gleichheit vor. So lehrt es das Vorbild Mohammed. Der zitierte Spruch vom ersten rechtgeleiteten Kalifen Abu Bakr zeigt deutlich, wie abhängig die Untertanen im islamischen Staat vom Herrscher sind. Je nach Willkür kann er ihnen Schutz gewähren oder ihnen ihre Rechte nehmen. Dies wird er besonders den Nicht-Muslimen gegenüber tun, wenn es ihm so beliebt. Sie sind oft schutzlos im islamischen Staat. Das war im Modell Medina so und ist bis heute so, besonders in Ägypten, Iran, Irak, Nigeria, Saudi-Arabien, Pakistan, Syrien und in der Türkei.

Die Körperstrafen, die besonders von der »Internationalen Gesellschaft für Menschenrechte« (IGFM) als »barbarisch« bezeichnet und bekämpft werden, entsprechen dem Geist dieser islamischen Erklärung von 1981. Zwischen dem siebten Jahrhundert und dem zwanzigsten scheint sich da im Denken nichts verändert zu haben. Diese schweren Menschenrechtsverletzungen in eine Menschenrechtserklärung aufzunehmen, ist der Versuch der Islamisten, den barbarischen Strafen weltweit Geltung zu verschaffen. Das zeigt, wie weit sich die islamistische Offensive gegen unser Rechtssystem bereits wagen kann, ohne auf Widerstand zu stoßen. Bezeichnenderweise folgte auf die erste Steinigung einer Frau in Europa, in der Nähe von Marseille im Jahre 2004, kein europaweiter Aufstand.

Der gesamte Artikel 3a lautet in der Ausgabe des Islamischen Zentrums München: »Alle Menschen sind gleich vor dem Gesetz und haben Anrecht auf gleiche Chancen und auf Schutz durch das Gesetz.« An dieser Wiedergabe des Artikels 3 kann man exemplarisch zeigen, wie das Islamische Zentrum München *taqiya* (Täuschung) betreibt. Es veröffentlichte 1993 – wie oben schon gesagt – in seiner Schriftenreihe eine deutsche Übersetzung der AEMRI mit dem Titel: »Die islamische Deklaration der Menschenrechte«. Außer dem in Artikel 10 zitierten Koranvers *Es gibt keinen Zwang im Glauben* (2:256) enthält sie keine Zitate aus Koran und Sunna, also auch nicht den eingangs zitierten Hadith vom Handabhacken Fatimas. Allerdings enthält sie einen »Quellennachweis«, der nach Artikeln geordnet die Ziffern der Koranverse und die Namen der Hadithsammler enthält. Zu Art. 3 steht dort also: »Hadith (Bukhari, Muslim, Abu Da´ud, Tirmidhi, Nasai)«. Kein Leser kann allein mit dieser scheinbar seriösen Quellenangabe auf die im Original enthaltenen Worte zum Handabhacken kommen. So wie bei diesem Vers verfährt das Islamische Zentrum mit dem gesamten Text. Auch die Worte des ersten Kalifen Abu Bakr sind entfernt, wie so manches andere, das Menschen im Westen abstoßen würde. Anderes wurde abgeändert. Außer den genannten Veränderungen wurde das Wort *Scharia* durch Gesetz ausgetauscht und damit der Sinn völlig verändert. So entstand ein Artikel nach westlichem Muster und Anspruch. Allerdings gibt es im Anhang bei den Erläuterungen einen Hinweis darauf, dass es sich »bei dem Ausdruck *Recht* bzw. *Gesetz* um die Scharia« handele. Man weiß sich zu schützen.

Die Artikel 19 und 20 enthalten ein schariatisches Kontrastprogramm zur Allgemeinen Erklärung der Menschenrechte (AEMR) der Vereinten Nationen von 1948 und zum oben zitierten Art. 16 von CEDAW über das Geschlechterverhältnis.

Artikel 19 *Das Recht auf Gründung einer Familie*

a) Die Ehe in ihrem islamischen Rahmen ist das Recht eines jeden Menschen. Sie ist der legale Weg zur Gründung der Familie, zur Zeugung der Nachkommenschaft und zur Tugendhaftigkeit der Seele: »Ihr Menschen! Fürchtet euren Herrn, der euch aus einem einzigen Wesen geschaffen hat, und aus ihm das ihm entsprechende andere Wesen, und der aus ihnen beiden viele Männer und Frauen hat hervorgehen lassen.« (Koran 4:1). »(...) Und die Männer stehen eine Stufe über ihnen.« (Koran 2:228). Dem Vater obliegt die Erziehung seiner Kinder: »Körperlich, moralisch und religiös, entsprechend seinem Glauben und seinem Gesetz.« Er ist verantwortlich für die von ihm auszuwählende Richtung: »Ihr seid alle ein Hirte und ihr seid alle verantwortlich für seine Herde« (hadît nach Bukhari, Muslim Abu Da´ud, Tirmidi und Nasa´i).

b) Jeder der beiden Ehegatten hat dem anderen gegenüber das Recht auf Hochachtung und Wertschätzung seiner Empfindungen und Umstände im Rahmen der gegenseitigen Liebe und Hochachtung. »Und zu seinen Zeichen gehört es, dass er euch aus euch selber Gattinnen geschaffen hat, damit ihr bei ihnen ruhet. Und er hat Liebe und Güte zwischen euch gemacht« (Koran 30:21).

c) Der Ehemann muss seine Ehefrau und seine Kinder ohne knausrig zu sein unterhalten: »Wer über genügend Mittel verfügt, soll die Ausgaben dementsprechend reichlich bemessen. Wer dagegen in seinem Lebensunterhalt beschränkt ist, soll von dem ausgeben, was Gott ihm gegeben hat« (Koran 65:7). (…)

i) Ein junger Mann und ein junges Mädchen werden nicht zur Ehe mit jemandem, den sie nicht wollen, gezwungen: »Eine Jungfrau kam zum Propheten und berichtete ihm, *dass ihr Vater sie verheiratet habe*, obwohl sie dies abgelehnt habe. Der Prophet ließ sie wählen« (hadît nach Ahmad und Abu Da´ud). (Hervorhebung Sch.)

Artikel 19 enthält zwei aufschlussreiche Rückgriffe auf Bibeltexte: die beiden Schöpfungsmythen aus dem ersten Buch Mose, genauer gesagt: aus Genesis 1:26-28 den Mythos von der Erschaffung von Mann und Frau auf gleiche Weise, aus der sich die Gleichheit der Menschen ableiten lässt, und aus Genesis 2:7-23 die Geschichte der Erschaffung der Frau aus der Seite oder Rippe des Mannes, aus der sich der sekundäre Status der Frau und die Vorherrschaft des Mannes folgern lässt. Beide Mythen wurden für den Koran übernommen und je dreimal erzählt: der aus Genesis 1 in den Suren 4:1, 6:98 und 7:189 und der aus Genesis 2 in den Suren 30:21, 16:72 und 42:11. Beide Mythen wurden aber auch für den Koran verändert. (Siehe Kapitel 5.1 über die Wurzeln im Alten Testament)

In Artikel 19 a wird der Koranvers aus Sure 4:1 mit der Erschaffung von Mann und Frau auf gleiche Weise zitiert, weggelassen wird die in der Bibel beschriebene Ebenbildlichkeit bzw. Ähnlichkeit des Menschen mit Gott. Zwischen Gott und den Menschen wird im Koran ein »einziges Wesen« zwischengeschaltet, über das wir keine weitere Auskunft erhalten. Aus ihm entstehen Mann und Frau auf gleiche Weise. Hinzugefügt wird Koranvers 2:228, der die Überlegenheit des Mannes über die Frau als Allah-Gesetz verkündet. In wichtigen Bereichen, wie der Erziehung der Kinder, ist der Vater die überlegene Autorität. Er hat das Erziehungsrecht und die Erziehungspflicht und bei Entscheidungen und im Konfliktfall das letzte Wort, den Stichentscheid. Er ist grundsätzlich der Vormund der Kinder, nicht die Mutter. Sie kommt in diesem Artikel daher auch nur wenig vor, sie hat eben – salopp ausgedrückt – nichts zu sagen, aber zu arbeiten. Sie gehört wie die Kinder zur Herde des Hirten und hat zu gehorchen. In der Übersetzung des Islamischen Zentrums München fehlt dieser Vergleich. Ziel dieses Artikels ist der Erhalt des Patriarchats.

Das Bild mit dem Hirten und seiner Herde wird häufig im Islam für die ideale Gemeinschaft verwendet: ein gehorsames Kollektiv und ein alleinherrschender Führer. Bassam Tibi verweist dazu exemplarisch auf die Arbeit Ibn Taimiyyas (1263-1328) mit dem Titel: »Die an der Scharia orientierte Politik zur Formung des Hirten und seiner Schafherde«. Dazu schreibt Tibi: »Nach der klassischen, bis heute noch gültigen Scharia-orientierten Lehre des (...) mittelalterlichen Juristen Ibn Taimiyya gilt der Herrscher als *Ra'i* / Hirte und seine Beherrschten als *Ra'iyya* / Herde.«[211] In dieser Menschenrechtserklärung ist der Vater der Hirte, der den Weg bestimmt. Das passt zur Eigenart des Islam: Er ist nach dem Koran eine Herrschafts- und Gehorsamsreligion. Vers 59 in Sure 4 lautet in der Übersetzung von Rudi Paret: *»Ihr Gläubigen! Gehorchet Allah und dem Gesandten und denen unter euch, die zu befehlen haben (oder: zuständig sind)!«*

So wie der Koran folgt auch diese Menschenrechtserklärung der archaischen Logik des Frauentauschs mit Patrilokalität und Patrilinearität. Danach ist der Mann auf der kategorialen Ebene immer der Herrscher über die Frau. Anders ist es auf der Ebene der Gefühle. Da wird die Frau als ein Teil des Mannes gesehen, woraus Reziprozität der Gattenbeziehung abgeleitet wird mit wechselseitiger »Liebe und Hochachtung« (19 b). Zur Begründung wird der zweite Schöpfungsmythos, nach dem die Frau aus dem Mann erschaffen worden ist, nach dem Koran zitiert. Während der Mythos in Genesis 1 als Basis für den Grundsatz der Gleichheit von Mann und Frau gedeutet werden kann, ist der Schöpfungsmythos in Genesis 2 Grundlage für die Vorherrschaft des Mannes und die Abhängigkeit der Frau, anders gesagt: für den Grundsatz der Verschiedenheit.

Bei der Übernahme des zweiten Schöpfungsmythos in die AEMRI wie in den Koran fällt auf, dass der Schlusssatz des biblischen Mythos weggelassen wurde. Er lautet: »Darum verlässt der Mann Vater und Mutter und folgt seinem Weibe und sie werden ein Fleisch.« Im Unterschied dazu nehmen Jesus und Paulus diesen Satz auf (Mt 19:1-9, Mk 10:1-12, Eph 5:31). Dieser Satz stellt jedoch den entscheidenden Bruch mit der archaischen Logik des Frauentauschs mit Patrilokalität und Patrilinearität dar. Nach Koran und islamischer Menschenrechtserklärung bleibt der Sohn nach der Heirat im Hause des Vaters, und die Tochter verlässt ihr Vaterhaus und wird in das Haus der Familie des Bräutigams gegeben. Im Alten Testament finden sich viele Geschichten, die dieser Logik folgen. Besonders rührend ist die Verabschiedung der Tochter durch ihren Vater und die Übergabe in die Familie des Bräutigams im Buch Tobit (7:11 f) beschrieben. Die Geschichte ist rund 3000 Jahre alt. Führende Muslime halten, wie die Menschenrechtserklärung aus dem Jahre 1981 zeigt, an der archaischen Logik bis heute fest. Dazu gehört dann konsequenterweise auch die Patrilinearität, nach der die Kinder zur Familie ihres Vaters gehören. Die Söhne verlängern die väterliche Deszendenzlinie. Verschärfend kommt hinzu, dass sich der Islam vom Vater auf die Kinder vererbt. Die Religion der Mutter spielt dabei kein Rolle – im Gegensatz zum Judentum.

Artikel 19 c enthält die durch Koran und Sunna dem Mann auferlegte ökonomische Versorgungspflicht für seine Familie, bzw. das Recht von Frau und Kindern auf Versorgung.

Der in Artikel 19 i zitierte Hadith verbietet die Zwangsverheiratung, die im Islam bis heute immer wieder, zunehmend auch in Europa, praktiziert wird. (Siehe Kapitel 8 *Im Namen der Ehre*) Auffallend ist, dass es sich bei dem Beleg nicht um einen Koranvers handelt, auch nicht um eine Geschichte aus den *sahih*, den authentischen Hadithsammlungen von Muslim und Bukhari. Die Sammlung von Abu Da´ud wird den so genannten *hasan*, den schönen *ahadith*, zugezählt, deren Echtheit nicht einwandfrei nachgewiesen ist. Die von Ahmad gesammelten Verse sollen sogar nur zu den schwachen Ahadith gehören, deren Authentizität nicht nachweisbar ist. Daraus kann man schließen, dass Koran und authentische Sunna kein Verbot der Zwangsverheiratung enthalten.

Besonders aufschlussreich ist die Aussage der Jungfrau, »dass ihr Vater sie verheiratet habe«. Historisch war es auch in Europa patriarchale Norm, als Bräutigam beim Vater um die Hand der Braut anzuhalten in der Erwartung, dass diese sich einer so genannten »Vernunftehe« fügt. Keine Frau in einer christlich geprägten Gesellschaft wird aber von sich sagen, vom Vater verheiratet worden zu sein. Ich habe in Vorträgen dazu immer wieder zwei Fragen gestellt: 1. Ist hier im Saal eine Frau, die von sich sagen kann, ihr Vater habe sie verheiratet? 2. Ist hier ein Vater, der von sich sagen kann, er habe seine Tochter verheiratet? In einer Veranstaltung meldete sich eine Frau. Es war die einzige Frau türkischer Herkunft, Serap Cileli. Sie selbst hat in ihrem Buch »*Wir sind eure Töchter, nicht eure Ehre*« die Grausamkeit der Zwangsverheiratung beschrieben. In anderen Veranstaltungen meldeten sich auch nur Frauen aus der Türkei und aus Marokko. Pakistanische Töchter erleiden Zwangsverheiratung auch bis heute, allerdings bekommen sie in der Regel nicht die Erlaubnis, in meine Veranstaltungen zu gehen.

Zusammenfassend kann man zu Artikel 19 sagen: Er enthält islamische Menschenrechtsvorstellungen, die auf dem Grundsatz der Verschiedenheit basieren. Diese Menschenrechte stimmen mit den westlichen Menschenrechtserklärungen nicht überein.

Artikel 20 *Die Rechte der Ehefrau*

Sie sind:

a) dass sie dort lebt, wo ihr Ehemann lebt: »Lasst sie da wohnen, wo ihr wohnt« (Koran 65:6);

b) dass ihr Ehemann sie während der Ehe und der Wartezeit, wenn er sie entlässt, geziemend unterhält: »Die Männer stehen über den Frauen, weil Allah die einen von ihnen (die Männer) vor den anderen bevorzugt hat und wegen der Ausgaben, die sie von ihrem Vermögen gemacht haben« (Koran 4:34); »und wenn sie schwanger sind, dann macht die nötigen Ausgaben für sie, bis sie zur Welt gebracht haben« (Koran 65:6); und dass der Ehemann, der sie entlassen hat, die Kosten für die ihnen gemeinsamen Kinder, die sie pflegt, entsprechend dem Einkommen des Vaters trägt: »Wenn sie für euch stillen, dann gebt ihnen ihren Lohn« (Koran 65:6).

c) Die Ehefrau hat unabhängig von ihrer eigenen finanziellen Lage und ihrem Privatvermögen Anspruch auf diese Kosten.

d) Der Ehefrau steht es zu, von ihrem Ehemann die Beendigung des Ehevertrags in Freundlichkeit durch hul´ (Selbstloskauf der Frau aus der Ehe gegen Entgeld) zu verlangen: »Wenn ihr aber fürchtet, dass die beiden (Ehegatten) die Gebote Allahs nicht einhalten werden, ist es für sie keine Sünde, wenn die Frau sich loskauft mit einem gewissen Betrag« (Koran 2:229); desgleichen steht es ihr zu, die Entlassung auf gerichtlichem Wege im Rahmen der Bestimmungen der Scharia zu verlangen.

e) Die Ehefrau hat Anspruch darauf, ihren Ehemann zu beerben. Ebenso beerbt sie ihre Eltern, ihre Kinder und ihre Verwandten: »Und ihnen (den Gattinnen) steht ein Viertel zu von dem, was ihr hinterlasst, falls ihr keine Kinder habt. Falls ihr Kinder habt, so steht ihnen ein Achtel zu von dem, was ihr hinterlasst« (Koran 4:12).
f) Jeder der beiden Ehegatten muss das Verborgene (d.h. die Intimsphäre) des anderen bewahren und darf von dessen Geheimnissen nichts enthüllen und aufdecken, falls dieser einen körperlichen oder moralischen Mangel haben sollte. Dieses Recht ist auch zu wahren bei der Entlassung (der Ehefrau) und danach: »Und vergesst nicht, untereinander Großmut walten zu lassen« (Koran 2:237).

Die Abschnitte a, b und c folgen korrekt der Logik des Frauentauschs, wie auch das Allah-Gesetz im Koran. Danach wird die Frau in die Familie des Mannes gegeben, wo sie selbstverständlich wohnt, arbeitet und Kinder für diese Familie bekommt. Die Patrilokalität (20 a) als Recht der Frau auszugeben ist ein schlechtes Täuschungsmanöver. Allerdings habe ich auch schon nachts in einer islamischen Stadt total verängstigt blickende Frauen, die von ihrem Mann verstoßen worden waren, in Pappkartons auf der Straße an einer Hauswand kauern gesehen. Angesichts solcher katastrophalen Zustände macht es vielleicht Sinn, das Wohnrecht der Frau im Haus ihres Ehemannes einzufordern.

Der in Artikel 20 b zitierte Koranvers 4:34 folgt derselben Logik: Mit den Ausgaben ist der Brautpreis (arab.: *mahr*) gemeint, für den der Ehemann das Recht auf Sexualität und Gebärfähigkeit der Frau erwirbt. Er ist verpflichtet, seiner Frau den Lebensunterhalt zu finanzieren, besonders bei Schwangerschaft. Dass der Ehemann seine Frau *entlassen* kann, hat er der Eigenart des Heiratsgeschäfts nach der Frauentauschlogik zu verdanken: es ist ein Vertragshandeln zwischen Männern, ein Kaufvertrag mit Rückgaberecht.

Unterschieden wird im Islam zwischen Erziehungsrecht und Pflegerecht. Ersteres hat der Mann nach dieser Menschenrechtserklärung, letzteres die Frau. Das Kind gehört dem Mann. Der Vers »*Wenn sie für euch stillen, dann gebt ihnen ihren Lohn*« (Koran 65:6) zeigt das besonders deutlich. Für diesen Dienst am Kind des Mannes erhält die Frau einen Lohn, aber sie bekommt nicht das Kind. Außerdem ist der Koranvers 4:34 verkürzt zitiert. Im nicht zitierten Teil enthält er die Erlaubnis für den Mann, seine Frau bei Ungehorsam zu schlagen. Das passt natürlich nicht in eine Allgemeine Menschenrechtserklärung, die auch im Westen veröffentlicht werden soll, und wurde aus strategischen Gründen weggelassen.

Absatz c enthält nichts Neues, er wiederholt das Recht der Frau auf Bezahlung für Sexualität in der Ehe, für Gebären, Stillen, Pflege der Kinder und Hausarbeit.

Der in Absatz d legitimierte *Loskauf* der Frau zeigt einmal mehr, dass sie in der Ehe Eigentum des Mannes ist. Weggehen kann sie nicht, den Mann entlassen auch nicht, also bleibt nur der *Loskauf*, ähnlich wie früher bei Sklaven. Die Möglichkeit der durch Gerichtsentscheid herbeigeführten *Entlassung* ist ebenfalls eine Frage des Geldes. Die Frau, die ihre Entlassung mit Hilfe eines Gerichts durchsetzt, hat die Gerichtskosten zu zahlen. Aber immerhin wird sie in einem solchen Fall als Rechtsperson angesehen, was allerdings nicht für alle islamischen Länder gilt. Meist ist es erforderlich, dass der Frau diese Möglichkeit im Heiratsvertrag zugesichert worden ist.

Insgesamt ist in diesem Artikel 20 über die Rechte der Ehefrau viermal von *Entlassung* und zweimal von *Loskauf* die Rede. Das spricht dafür, dass es hier um einen strukturellen Bestandteil der Geschlechterordnung geht, also um eine Eigenart, die sich immer wieder auf ähnliche Weise wiederholt, im Denken wie in der Praxis.

Das Recht des Moslem auf Heirat mit bis zu vier Ehefrauen gleichzeitig und die daraus für Frauen erwachsenen Probleme werden in der AEMRI nicht angesprochen. Die Polygynie ist eben koranisch legitimiert, durch das Vorbild Mohammed vorgelebt und wird stillschweigend weiter zugelassen. Ich teile nicht die Auffassung von Johannes Schwartländer und Heiner Bielefeldt: »Vielleicht ist es aber kein Zufall, dass in den Abschnitten über Ehe und Familie (Art. 19 und 20) von der Frau stets im Singular die Rede ist. Man gewinnt jedenfalls den Eindruck, dass sich die Monogamie de facto als normales Familienmodell durchgesetzt hat.«[212] Hier wird aus einer textlichen Eigenart auf eine kulturelle Tendenz geschlossen: Bei dem Singular handelt es sich wie allgemein in juristischen Texten um den generalisierenden Singular. Gemeint sind damit in der AEMRI alle muslimischen Ehefrauen.

Im islamischen Erbrecht – Absatz e – wird die Frau als Rechtsperson angesehen, allerdings steht ihr grundsätzlich weniger zu als dem Mann, in der Regel die Hälfte des Anteils, auf den ein Mann im selben Verwandtschaftsgrad Anspruch hätte. Es gibt also auch im Erbrecht keine Gleichberechtigung; allerdings muss man hier berücksichtigen, dass der Frau das Erbe allein gehört, während der Mann es für die Familie einzusetzen hat.

Die Forderung in Absatz f basiert auf dem großen Bedürfnis nach Schutz der Intimität in islamischen Kulturen, ganz im Gegensatz zu den bei uns in Werbung und Medien verbreiteten abstoßenden Inszenierungen, die keine Privatheit und Diskretheit mehr kennen. Dem Bedürfnis nach Intimität ist ein ganzer Artikel gewidmet, Artikel 22: Das Recht des Einzelnen auf Schutz seiner Privatsphäre.

Insgesamt enthält Artikel 20 *Rechte der Ehefrauen* mehr Rechte der Männer als der Frauen. Besonders der Koranvers in 20 b – »*Wenn sie für euch stillen, dann gebt ihnen ihren Lohn*« – zeigt, dass die Frauen Objekte der Männer sind und der Mutter nicht einmal ihr Kind gehört: es gehört dem Vater. Ehefrauen werden für Sex, Gebären und Stillen bezahlt.

Zusammenfassend kann man sagen, es handelt sich bei der AEMRI um eine auf dem Allah-Gesetz basierende Menschenrechtserklärung, die teilweise in sich widersprüchlich ist. Sie ist ein religiöser Text mit politischem Anspruch für alle Zeit. Sie folgt der Logik des Frauentauschs und enthält kein aufgeklärtes Denken im Sinne einer kritischen Auseinandersetzung mit Koran und Sunna. Nur ansatzweise zeigt sich im Erb- und Scheidungsrecht die Anerkennung der Frau als Rechtsperson, aber selbst da nicht als dem Mann gleichberechtigt. Im Vergleich zur vorislamischen Zeit bei heidnischen arabischen Stämmen, als die Frau noch nicht als Rechtssubjekt anerkannt war und also keinerlei Rechte hatte, ist das ein Fortschritt. Ebenso stellten die ökonomische Versorgungspflicht und die Verantwortung des Mannes für die Familie, die dem Mann im Islam zugeschrieben werden, zu Mohammeds Zeit eine Verbesserung für Frauen und Kinder dar. Es ist dem Islam gelungen, den Mann auf diese Weise und mit Hilfe der Vergabe von Privilegien gegenüber der Frau in die Familie einzubinden. Die Abhängigkeit der Frau vom Mann ist aber heute – sowohl kulturell und rechtlich als auch ökomomisch – überholt; ihre Wiederherstellung in der westlichen Welt wäre ein Rückschritt für Frauen, da damit auch das Patriarchat wiederhergestellt würde. Dieses zu stützen gehört zu den privilegierten Zielen der AEMRI. Damit ist sie unvereinbar mit den Menschenrechtserklärungen der Vereinten Nationen und dem Artikel 3.2 im Grundgesetz Deutschlands, der da lautet: »Männer und Frauen sind gleichberechtigt«. Bei der AEMRI handelt es sich um einen fundamentalistischen und traditional orientierten Text und nicht um die Deklaration eines liberalen und aufgeklärten Islam.

Es bleibt noch die Frage: Vertritt die AEMRI ein Konzept für mehrheitlich islamische Länder oder für die ganze Welt? Die Deklaration gibt darauf mehrfach eine Antwort. Ich zitiere eine aus der Präambel:

> Deshalb wurde es für die Muslime eine Pflicht, alle Menschen vom Aufruf (*da'wa*) zum Islam in Kenntnis zu setzen (...) als aufrichtiger Beitrag zur Rettung der Welt aus allen Übeln, die sie befallen haben, und als Befreiung der Völker von mannigfachen Plagen, unter denen sie stöhnen.

Motiviert sind diese Worte vom islamischen Überlegenheitspostulat und Dominanzanspruch, verbunden mit dem Ziel der globalen Islamisierung und der Abwertung bis hin zur Verteufelung der nicht-islamischen Welt. Das Zitat aus der Präambel der AEMRI könnte Bestandteil einer Hasspredigt sein. Die Übersetzung vom Islamischen Zentrum München enthält diesen Teil der Präambel nicht – ein weiterer Beweis für die Täuschung, die dort betrieben wird. Trotz ihres anspruchsvollen Titels – Allgemeine Erklärung der Menschenrechte des (im) Islam – kann die AEMRI nicht als repräsentative Erklärung aller Muslime gelten.

9.3 Kairoer Erklärung über Menschenrechte im Islam – (Menschenrechtserklärung der OIC)

Die Menschenrechtserklärung der Organisation der Islamischen Konferenz (*Organization of Islamic Conference, OIC*) wurde am 4. August 1990 auf der 19. Außenministerkonferenz der OIC in Kairo verabschiedet.

Die OIC ist im Unterschied zum nicht-staatlichen Islamic Council (Islamrat) eine internationale staatliche Organisation. Ihr gehören 57 Mitgliedstaaten an.[213] Sie wurde am 25. September 1969 in Rabat gegründet und ging aus der Islamischen Weltliga (*Muslim World League*) hervor. Die Konferenz der Könige und Staatsoberhäupter hat sich bisher in unregelmäßigen Jahresabständen getroffen, die Konferenz der Außenminister trifft sich einmal im Jahr. Das Generalsekretariat in Dschidda / Saudi-Arabien ist für die Umsetzung der Beschlüsse dieser beiden Konferenzen verantwortlich. Außerdem arbeiten viele Komitees und die OIC-eigene Islamische Entwicklungsbank in diesem Sinne. Zu ihren Aktivitäten gehören der Aufbau islamischer Universitäten, Schulen und Kulturinstitute und der 1972 gegründete Islamische Nachrichtendienst IINA. Nach ihrer Gründungscharta (Art. 2 a, b) ist eines ihrer Ziele die Unterstützung des Kampfes der Palästinenser und der Schutz der heiligen Orte. Die OIC ist eine mächtige Weltorganisation zur Verbreitung des Islam (*da´wa*) auf der Basis von Koran und Sunna. Die Mächtigen in der OIC dürften die reichen Länder sein, Iran und Saudi-Arabien, und entsprechend fundamentalistisch orientiert ist auch die Menschenrechtserklärung. In einer Rede vor islamischen Pilgern in Mekka sagte König Fahd (gest. 2005) von Saudi-Arabien:

> »Menschenrechte gelten in unserer Monarchie ... im Rahmen der islamischen Scharia. Islamische Gesellschaften halten sich in der Praxis an ihre eigenen Werte und benötigen deshalb nicht die Erfahrung und Wertmaßstäbe der anderen ... Wir fordern die anderen auf, unsere Partikularitäten anzuerkennen, die uns von allen anderen abgrenzen ... Wer unsere Leistungen (im Bereich der Menschenrechte) nicht anerkennt, ist bezahlter Provokateur / *Magharid ma´djur.*« (al-Hayat vom 2. Juni 1993)[214]

Sehen wir uns die »Partikularitäten« an:

Formal ist die Menschenrechtserklärung der OIC internationalen Erklärungen angepasst. Im Unterschied zur Allgemeinen Erklärung der Menschenrechte im Islam (AEMRI) enthalten das Vorwort und die 25 Artikel keine Zitate aus Koran und Sunna, und Mohammed ist nicht erwähnt. Auch die islamische Eröffnungsformel, *basmala*, wurde weggelassen. Dennoch handelt es sich nicht um eine säkulare Menschenrechtserklärung, denn die Scharia wird 15-mal explizit als Grundlage benannt, und die beiden letzten Artikel geben der Scharia absoluten und ewigen Vorrang gegenüber allen anderen Gesetzen. Sie lauten:

> Artikel 24
> Alle in dieser Erklärung aufgestellten Rechte und Freiheiten unterliegen der Scharia.
>
> Artikel 25
> Die islamische Scharia ist der einzige Bezugspunkt für die Erklärung oder Erläuterung eines jeden Artikels dieser Erklärung.

Mit diesem Scharia-Vorbehalt wird in der Kairoer Erklärung dem Allah-Gesetz genauso deutlich der Vorrang gegeben wie in der AEMRI. Islamische Menschenrechte basieren nicht auf der Würde jedes einzelnen Menschen wie in den vom Christentum beeinflussten westlichen Menschenrechtskonzeptionen, sondern eben auf der Scharia. Danach ist das Recht auf Leben, körperliche Unversehrtheit, Freiheit, besonders auf Religions- und

Meinungsfreiheit nicht nur eingeschränkt, sondern auch bedroht. Ziel der Verfasser ist es, eine auf der Scharia basierende Gesellschaftsordnung zu etablieren bzw. zu stabilisieren.

In Saudi-Arabien ist der Koran das Grundgesetz und die Geschlechterordnung folgt der wahabitischen Auslegung von Koran und Sunna. Das bedeutet Geschlechtertrennung in der Öffentlichkeit, Verschleierung der Frauen, Einschränkung ihrer persönlichen und staatsbürgerlichen Rechte und Freiheit, Herrschaft des Mannes.

In der folgenden Stellungnahme zur Kairoer Menschenrechtserklärung der OIC gehe ich nur auf das zitierte Vorwort und einige wenige Artikel zu den Rechten und Freiheiten von Mann und Frau, Muslimen und Nicht-Muslimen sowie zu Körperstrafen ein.

> Vorwort
> Die Mitgliedsstaaten der Organisation Islamische Konferenz, die zivilisatorische und historische Rolle der islamischen *Umma* bekräftigend, die Allah zur *besten* (Form der) Nation machte, die der Menschheit eine universelle und ausgewogene Zivilisation gegeben hat, in der Harmonie zwischen diesem Leben und dem Leben danach herrscht und Wissen mit Glauben eingeht; und die Rolle bekräftigend, die diese Umma spielen *sollte*, um eine von konkurrierenden Strömungen und Ideologien *verwirrte Menschheit* zu *leiten* und Lösungen für die chronischen Probleme dieser materialistischen Zivilisation zu bieten; in dem Wunsch, zu den Bemühungen der Menschheit um die Festlegung von Menschenrechten beizutragen, die den Menschen vor Ausbeutung und Verfolgung zu *(sic!)* schützen und seine Freiheit und sein Recht auf ein würdiges Leben im Einklang mit der islamischen *Scharia* bestätigen; ... (Hervorhebungen Sch.)

Gleich zu Beginn zeugt der Text vom islamischen Selbstverständnis der Herausgehobenheit und Erwähltheit und vom Sendungsbewusstsein der Umma, der Gemeinschaft der Muslime. Sie wird zur besten Nation mit universeller Zivilisation und göttlichem Gesetz erklärt, die von Allah den Auftrag hat, die Menschheit mit der Scharia zu beglücken und zu leiten. Das hier vorgestellte Konzept der Nation ist ein Gegenmodell zum modernen Nationalstaat im Sinne einer Abstimmungsgemeinschaft (nicht Abstammungsgemeinschaft) mit begrenztem Territorium, Trennung von Staat und Religion und mit Demokratie. Dagegen ist die Umma-Nation eine globale islamische Gemeinschaft mit der Einheit von Politik und Religion, mit dem Allah-Gesetz als oberstem Recht und dem Anspruch auf globale Herrschaft.

Diese panislamische Ideologie konkurriert mit der panarabischen Idee, die in der Arabischen Charta der Menschenrechte dominiert, wie ich noch zeigen werde.

Die Abwertung der westlichen politischen Konzepte als materialistische Zivilisation, die ihre Probleme nicht lösen kann, ist Bestandteil der unkritischen Selbstinszenierung, der Blindheit für die Probleme in islamischen Ländern und der undifferenzierten Wahrnehmung der Realität im Westen. Man findet sie in islamischen Medien, besonders in den Satellitensendern des Iran, in Predigten und im Alltag. Eine Minderheit droht dem Westen sogar mit Gewalt bei Nichtanerkennung der Scharia, z.B. wird den Amerikanern vorgeworfen, »die schlimmste Zivilisation zu sein, die die Menschheit je gesehen hat«. Die Begründung lautet: »Weil ihr die Nation seid, die, anstatt mithilfe von Allahs Sharia und seinen Gesetzen zu regieren, es vorgezogen hat, sich eigene Gesetze nach eurem Willen und nach euren Bedürfnissen zu schaffen«, so Bin Laden in seinem Offenen Brief an das amerikanische Volk, den er gut ein Jahr nach dem 11. September 2001 veröffentlichte und dessen englische Übersetzung verbreitet wurde.[215] Die Drohreden des iranischen Staatspräsidenten Ahmadinejad gegen die USA und Israel am 11. Februar 2006 anlässlich des 27. Jahrestages der Revolution, eingebettet in endlose Demonstrationen von Millionen jubelnder Anhänger in allen iranischen Städten, zerstören alle Hoffnungen auf Frieden.

Artikel 1

(...) Alle Menschen sind gleich im Sinne der grundlegenden Menschenwürde sowie der Grundrechte und Grundpflichten, ohne jede Diskriminierung aufgrund von Rasse, Hautfarbe, Sprache, Geschlecht, religiösem Glauben, politischer Zugehörigkeit, sozialem Status oder anderer Erwägungen. Wahrer Glaube ist die Garantie für den Genuss solcher Würde auf dem Weg zur Vervollkommnung des Menschen.

In diesem Artikel wird der Katalog der Unterschiede von Artikel 2 der Menschenrechtserklärung der Vereinten Nationen nur geringfügig verändert abgeschrieben. Aber die Rede von *grundlegender Menschenwürde*, *Grundrechten* und *Grundpflichten*, die nirgendwo erklärt werden und implizit auf andere Würde, Rechte und Pflichten verweisen, die nicht zum *Grundbestand* gehören, berechtigt zu der Hypothese, dass es gesellschaftliche Bereiche mit Diskriminierung gibt. Der folgende Satz bestätigt die Vermutung. Was ist *wahrer Glaube*, der die *Garantie* für Würde und Grundrechte ist? Wie ist mit den Menschen umzugehen, die diesen *wahren Glauben*, mit dem nur der Islam gemeint sein kann, nicht haben? Eine

Antwort gibt der Koran in Sure 9 Vers 29, auf den ich bereits im Kapitel 3.3 *Inhaltlicher Bereich der Scharia* hingewiesen habe. Er befiehlt den Muslimen: »*Kämpft gegen diejenigen (...), die nicht der wahren Religion angehören (...), bis sie Tribut (dschizya) entrichten als Erniedrigte.*« Wer nicht Muslim ist, dem stehen Würde und Grundrechte also nicht zu. Damit steht der zweite Satz des 1. Artikels im Widerspruch zum ersten und macht ihn unglaubwürdig.

Artikel 5

a) Die Familie ist das Fundament der Gesellschaft und die Ehe die Basis für ihre Gründung. Männer und Frauen haben das Recht zu heiraten, und keinerlei Einschränkungen hinsichtlich Rasse, Hautfarbe oder Nationalität sollen sie daran hindern, dieses Recht auszuüben.
b) Die Gesellschaft und der Staat müssen alle Hindernisse ausräumen, die einer Heirat im Wege stehen und das Eheschließungsverfahren erleichtern. Sie müssen den Schutz und das Wohl der Familie sichern.

In Artikel 5 a fehlt bei der Aufzählung der nicht erlaubten Heiratshindernisse die Religion. Im Islam dürfen Frauen und Männer nur Muslime heiraten, Männer außerdem auch christliche und jüdische Frauen. Grund für diese Einschränkung ist das Allah-Gesetz, nach dem sich der Islam vom Vater auf das Kind vererbt. Die Religion der Mutter ist daher relativ unbedeutend. Sowohl die implizit enthaltene Einschränkung bei der Wahl des Ehemannes als auch die Missachtung der Religion der Frau und Mutter ist ein Verstoß gegen die Menschenrechte der Frau.

Artikel 5 b liest sich wie ein Appell an westliche Länder, bei der Heirat als Immigrationsticket und bei Importbräuten keine Schwierigkeiten zu machen. Das passt zum Ziel der OIC: Weltweite Islamexpansion mit Einführung der Scharia.

Artikel 6

a) Die Frau ist dem Mann in ihrer menschlichen Würde gleichgestellt und hat Rechte und Pflichten; sie genießt ein eigenständiges Bürgerrecht und finanzielle Unabhängigkeit sowie das Recht, ihren Namen und ihre Abstammung beizubehalten.
b) Der Ehemann ist verantwortlich für den Unterhalt und das Wohlergehen der Familie.

Aus der gleichen Würde resultieren nicht die gleichen Rechte für Frau und Mann. Wären sie gegeben, so müssten nicht Rechte und Pflichten für Frau und Mann getrennt benannt werden. Insgesamt ist die Formulierung unpräzise und lässt die Diskriminierung der Frau in vielen Bereichen zu, sowohl in der Praxis des Alltags als auch im Recht. Was bedeutet: *sie genießt ein eigenständiges Bürgerrecht*? Die Formulierung verschleiert letztlich nur, dass die Frau im Islam nicht die gleichen Rechte hat wie der Mann. Zum Beispiel kommt sie im OIC-Mitgliedsstaat Algerien im Familienrecht nur vor als *Tochter von ..., Mutter von ..., Schwester von ...* Die Bezugsperson ist immer ein Mann: ihr Vater, ihr Sohn oder ihr Bruder. Das algerische Familienrecht ist eine Kodifizierung der Normen von Koran und Sunna. Trotz jahrelanger Proteste der algerischen Frauenbewegung wurde es im Mai 1984 verabschiedet und trat am 9. Juni 1984 in Kraft. Offensichtlich versteht die Kairoer Menschenrechtserklärung derartige Benachteiligung als *eigenständiges Bürgerrecht* von Frauen. Außerdem: *Finanzielle Unabhängigkeit* genießt die Frau keinesfalls in islamischen Ländern. Sie ist in der Regel vom Unterhalt des Ehemannes abhängig. Falls sie eigenes Vermögen hat, so kann sie darüber allerdings frei verfügen. Da man seine *Abstammung* nicht abgeben kann, stellt sich die Frage nach der Motivation zur Formulierung dieses vermeintlichen Rechts. Wahrscheinlich steht es im Bezug zum Heiratsgeschäft nach der Logik des Frauentauschs, bei dem die Frau auch nach der Heirat Bestandteil ihrer Herkunftsfamilie bleibt und von ihrem Ehemann in diese zurückgegeben werden kann.

Der Artikel zeigt deutlich, dass die Scharia eine Pflichtenlehre ist, und diese Tatsache prägt auch die Kairoer Menschenrechtserklärung. Bassam Tibi sagt dazu: »So werden Rechte in Pflichten umgemünzt und dann als ein islamisches Konzept der Menschenrechte präsentiert!«[216] In der Sprache König Fahds ausgedrückt, handelt es sich hier um die »Partikularitäten islamischer Gesellschaften«. Für Demokraten ist das Verschleierung der fehlenden Gleichberechtigung von Frau und Mann, genauer gesagt: islamischer Patriarchalismus.

Artikel 10

Der Islam ist die Religion der unverdorbenen Natur. Es ist verboten, auf einen Menschen in irgendeiner Weise Druck auszuüben oder die Armut oder Unwissenheit eines Menschen auszunutzen, um ihn zu einer anderen Religion oder zum Atheismus zu bekehren.

Nach islamischem Selbstverständnis, das sich in dieser Menschenrechtserklärung zeigt, ist der Mensch von Natur aus Muslim und alle anderen Religionen sind Verfälschungen seiner Natur. Diese Ideologie hat für Christen und Mitglieder aller anderen Religionen ein weltweites Missionierungsverbot zur Folge. Die Missionstätigkeit (*da´wa*) ist Pflicht aller Muslime, Andersgläubigen jedoch untersagt. Überschreitungen dieses Verbots haben harte, meist tödliche Strafen zur Folge. Hier nur einige Ereignisse aus den fünf OIC-Ländern Iran, Sudan, Mauretanien, Malaysia und Saudi-Arabien, die alle dem Sinn der islamischen Menschenrechtserklärung entsprechen, aber gleichzeitig schwere Verstöße gegen die Menschenrechtserklärungen des Westens darstellen:

- Am 22. November 2005 wurde Ghorban Tori, ein zum Christentum konvertierter Pastor einer kleinen Hausgemeinde, im nordwestiranischen Gonbad-e-Kavus entführt und erstochen. Er hinterließ eine Frau und vier Kinder. Die örtliche Geheimpolizei durchsuchte sein Haus nach Bibeln und anderen verbotenen Büchern in Farsi. Zehn weitere Christen wurden gefangen genommen und schwer gefoltert. Dies alles geschah, nachdem der neue Präsident Ahmadinejad erklärt hatte, die Hausgemeinden im Land müssten gestoppt werden. Tori ist der fünfte Pastor, der im Iran in den letzten elf Jahren ermordet wurde.[217]
- Die im Juli 2005 verabschiedete Verfassung des Sudan enthält Scharia-Elemente, und das Strafrecht schreibt die Todesstrafe bei Abwendung vom Islam vor.
- Das im August 2005 in Mauretanien an die Macht gekommene Militärregime stützt den Artikel 306 des Strafrechts, der die Hinrichtung für die Abkehr vom Islam androht.
- In Malaysia ist aufgrund eines Urteils des höchsten Berufungsgerichts in Kuala Lumpur vom September 2005 das Verlassen des Islam an die Erlaubnis eines Scharia-Gerichtes gebunden. Bisher wurde noch keine Erlaubnis erteilt.[218]
- In Saudi-Arabien wurde am 12.11.05 der Oberstufenlehrer Muhammad al-Harbi vom Gericht in Riyadh zu 3,5 Jahren Haft und 750 Peitschenhieben verurteilt, weil er Juden und das Evangelium verteidigt haben soll, was er selbst bestreitet.[219]

Diese Menschenrechtsverletzungen sind nicht allein durch die Menschenrechtserklärung der 57 OIC-Mitgliedsstaaten, sondern auch durch Fatwas legitimiert. Im Kapitel 3.7 *Religiöse Ebene* habe ich eine Fatwa zitiert, die einer nicht-muslimischen Mutter jegliche religiöse Beeinflussung ihrer Kinder verbietet, wenn der Vater Moslem ist. Sie sind aber vor allem durch den Koranvers 2:191 legitimiert, der lautet: »*Al-fitna* (die Verführung, die Abwendung vom Islam) ist schlimmer als *al-qatl* (das Töten).«

Artikel 22

a) Jeder hat das Recht auf freie Meinungsäußerung in einer Weise, die nicht gegen die Prinzipien der *Scharia* verstößt.

b) Jeder hat das Recht für das Richtige einzutreten, das Gute zu propagieren und vor dem Falschen und der Sünde zu warnen, wie es den Normen der *Scharia* entspricht.

Eine Einschränkung der freien Meinungsäußerung, wie sie Artikel 22a vorschreibt, ist unvereinbar mit der Menschenrechtscharta der UNO. Öffentlich reden, schreiben, lehren, organisieren usw. darf man in den 57 zur OIC gehörenden Ländern also nur auf der Grundlage der Scharia, nicht aber einer anderen Religion oder persönlicher Überzeugung folgend. Kritik an Koran und Sunna, systemkritische Zeitungen und andere Medien sind nicht erlaubt. Ein Verstoß gegen dieses Gebot ist strafbar.

Dieser Artikel legitimiert implizit die Einrichtung von Kontrollapparaten, die Meinungsäußerungen überwachen. Kritische innerislamische Stimmen sind in Lebensgefahr, z.B. der Journalist Akbar Ganji im Iran, dessen Leidensweg nun schon zehn Jahre dauert. In den 90er Jahren berichtete er über die Ermordung von mehr als hundert kritischen Intellektuellen und forderte Reformen im Sinne eines säkularisierten Iran. Bis zum 20. März 2006 saß er deshalb in Einzelhaft im Teheraner Evin-Gefängnis, zeitweise krank und im Hungerstreik aus Protest gegen die Verweigerung medizinischer Versorgung. Die Zeitungen, in denen er schrieb, wurden alle verboten.[220]

Jedoch meint Artikel 22 noch mehr: Die Einschränkung der Meinungsfreiheit gilt nicht nur in islamischen Ländern, sondern weltweit. Die Ereignisse um die Mohammed-Karikaturen haben das deutlich gezeigt. Als die dänische Tageszeitung Jyllands-Posten am 30. September 2005 zwölf Mohammed-Zeichnungen, angefertigt von zwölf Karikaturisten, veröffentlichte, wurde die Chefredaktion mit Morddrohungen überhäuft. Die OIC verfasste ein Protestschreiben an die dänische Regierung. Die Jugendorganisation der pakistanischen Jamaat-e-Islami hat die zwölf Zeichner mit dem Tod bedroht und ein Kopfgeld von 7000 € ausgesetzt.[221] Im Januar und Februar 2006 eskalierte der Protest in der gesamten islamischen Welt: Botschaftsgebäude und Kirchen wurden zerstört, die Massen demonstrierten in allen islamischen Städten; Morde und Verletzungen waren die Folge. In Europa demonstrierten Muslime friedlich gegen die Verletzung ihrer religiösen Gefühle.

Im April veröffentlichte die irakisch-kurdische Terrororganisation *Ansar al-Sunna* mit Netzwerk in Deutschland, Italien und Skandinavien in ihrem

Online-Magazin ein »Sonder-Dossier – Unterstützung für das Siegel des Propheten«. Darin werden erstmals die europäischen Zeitungen aufgelistet, die die Mohammed-Karikaturen nachdruckten. Auf der Liste stehen auch deutsche Zeitungen: Berliner Zeitung, taz, FAZ und Welt. Dazu ein Aufruf zur »Vollstreckung des göttlichen Urteils«. Eine durchaus ernst zu nehmende Drohung.[222]

Es geht also bei der Einschränkung der Meinungsfreiheit in Artikel 22 a) der Menschenrechtserklärung der OIC nicht um eine Richtlinie für Muslime, sondern für alle Menschen. Wer gegen die Scharia verstößt, wird – egal ob Muslim oder nicht, egal ob in islamischen Ländern oder im Westen – bedroht. Der Geltungsanspruch des Islam ist universell und jeder hat das »Recht«, so zu handeln, »wie es den Normen der Scharia entspricht«.

Im Gegenzug benutzt nun ein islamischer Machthaber auf seine Weise das Menschenrecht auf Meinungsfreiheit: Im Februar 2006 schrieb die iranische Zeitung *Hamshahri* einen Karikaturwettbewerb zum Holocaust aus. Im Internet war die erste Zeichnung zu sehen. Sie zeigt Adolf Hitler und Anne Frank im Ehebett nach dem Geschlechtsakt. Er sagt zu ihr: »Schreib das in dein Tagebuch!« Hinter der Aktion steckt der iranische Präsident Ahmadinejad, der den Holocaust zum Objekt des Hohns machen und Israel auslöschen will. Die Karikatur sagt nichts aus über Hitler und Anne Frank, aber viel über den Karikaturisten und seinen Auftraggeber: Sie sind Sympathisanten des bislang größten Verbrechens – und daher selbst gefährlich. Das Menschenrecht auf Meinungsfreiheit wird missbräuchlich benutzt zur Legitimation von Antizionismus und Gewalt.[223]

Der Artikel 22 b) verbietet implizit das öffentliche Eintreten für eine nichtislamische Religion oder Weltanschauung und verbietet damit auch das kirchliche Leben und Missionieren durch Christen, da dieses nicht »den Normen der Scharia« entspricht. Das hat alltäglich und auf Dauer katastrophale Folgen für Christen in islamischen Ländern. Darüber berichten z.B. der Arbeitskreis »Religionsfreiheit / Verfolgte Christen« in der Internationalen Gesellschaft für Menschenrechte, die Hilfsorganisation Märtyrerkirche (HMK) und die Gesellschaft für bedrohte Völker. Sie helfen u.a. den Kopten in Ägypten, den assyro-chaldäischen Christen im Irak, armenischen und assyrischen Christen in der Türkei und in Syrien. Sie alle haben nicht den »wahren Glauben« im Sinne von Artikel 1 dieser Menschenrechtserklärung. Über Verfolgungen in islamischen Ländern wegen eines anderen Glaubensbekenntnisses gibt es ein reiches Dokumentationsmaterial, unter anderem die jährlich erscheinenden Märtyrerbücher bei der Internationalen Gesellschaft für Menschenrechte (IGFM).[224]

Im Rahmen dieser Menschenrechtsauffassung befindet sich auch der neue Erlass des algerischen Staatspräsidenten Bouteflika zur Beschneidung der religiösen Freiheit für Nicht-Muslime und zum Missionierungsverbot für Christen. Danach sind religiöse Vereinigungen, kirchliche Räume und Gottesdienste zu melden, öffentlich zugänglich zu machen zwecks Genehmigung, Kontrolle und Beaufsichtigung. Bei Versäumnissen drohen drei bis fünf Jahre Haft. Außerdem enthält Artikel 11 des Erlasses ein Missionierungsverbot, das lautet: »Wer einen Muslim (...) beeinflusst, zu einer anderen Religion überzutreten«, muss mit zwei bis fünf Jahren Haft rechnen. Das Gleiche wird denen angedroht, die Dokumente »egal in welcher Form herstellen, verteilen und lagern, die zum Ziel haben, den Glauben eines Muslim ins Wanken zu bringen«.[225] Der Erlass wurde von Bouteflika am 28. Februar 2006 unterzeichnet. Er passierte im März beide Kammern des Parlaments und trat Ende August 2006 in Kraft.

Ein weiterer Bereich, der nicht mit den westlichen Menschenrechtserklärungen vereinbar ist, sind die islamischen Körperstrafen und das Töten von Menschen. Auspeitschen, Amputation, Kreuzigung, Steinigung: In dieser Menschenrechtserklärung sind sie durch Artikel 2 legitimiert, und Artikel 19 d) bestätigt die Anwendung der Scharia und die alleinige Orientierung am Allah-Gesetz.

Artikel 2

a) Das Leben ist ein Geschenk Allahs, und das Recht auf Leben ist jedem Menschen garantiert. Es ist die Pflicht des Einzelnen, der Gesellschaft und des Staates, dieses Recht zu schützen und es ist verboten, Leben zu nehmen, es sei denn aus einem von der *Scharia* vorgeschriebenen Grund.
d) Der Schutz vor Körperverletzung ist ein garantiertes Recht. Es ist die Pflicht des Staates, dieses Recht sicherzustellen, und es ist verboten, es ohne einen in der *Scharia* vorgeschriebenen Grund zu brechen.

Artikel 19

d) Es gibt nur die in der *Scharia* erwähnten Verbrechen und Strafen. (Hervorhebungen Sch.)

Auf der Grundlage dieser Menschenrechtserklärung der OIC sind die »barbarischen Körperstrafen«, gegen die unsere Menschenrechtsorganisationen kämpfen, rechtmäßig. Diese Position vertrat auch Dr. Muhammad Sayyed Al-Tantawi, der höchste Geistliche der Al-Azhar-Universität, innerhalb einer Auseinandersetzung um Hinrichtungsstrafen und Steinigung in islamischen Ländern. Am 31. April 2005 teilte er der arabischen Zeitschrift *al-khaleej* mit: »Kein Mensch – egal wie intelligent, wie gut ausgebildet und von hoher Stellung er sein mag – darf eine Strafe abschaffen, die in Allahs Buch (dem Koran) und der Sunna (Tradition) vorgeschrieben ist. Keiner darf so etwas anhand von Gründen verlangen, die weder von der Vernunft noch von der Logik oder Religion akzeptiert werden können.«[226]

Eine derartige Deklaration als »Menschenrechtserklärung« zu bezeichnen, macht deutlich, dass im Islam unter Menschenrechten etwas grundlegend anderes verstanden wird als im Westen.

9.4 Arabische Charta der Menschenrechte

Die Arabische Charta der Menschenrechte wurde vom Rat der Liga der Arabischen Staaten am 15. September 1994 verabschiedet. Die Arabische Liga wurde am 22.03.1945 in Kairo gegründet, wo sie auch ihren Hauptsitz hat. Sie besteht aus 21 Staaten in Afrika und Asien sowie Palästina, das durch die PLO vertreten ist.[227] Den Rat der Liga bilden 22 Vertreter der Mitgliedsstaaten. Er tagt halbjährlich auf der Ebene der Außenminister. Seine Beschlüsse sind nur für die jeweils zustimmenden Mitglieder verbindlich, d.h. sie müssen für die politische Umsetzung von den Staatschefs und Regierungen gebilligt / ratifiziert werden. Bei Bedarf finden Gipfeltreffen der Könige und Staatschefs statt. Vorläufer der Arabischen Liga war der Pakt der Liga der Arabischen Staaten, gegründet 1943 auf der Konferenz in Alexandria (Ägypten). Die sieben Gründungsmitglieder waren Ägypten, Irak, Transjordanien, Jemen, Libanon, Saudi-Arabien und Syrien. Alle Mitgliedsstaaten der Arabischen Liga sind auch Mitglied der OIC (Organisation of Islamic Conference). Sie sind also auch alle an der Verfassung der Kairoer Erklärung beteiligt. Es müsste folglich weitgehende Übereinstimmung zwischen beiden Menschenrechtserklärungen geben.

Im Folgenden gebe ich einen kurzen Einblick in die Arabische Charta.

Präambel

Die Regierungen und Mitgliedstaaten der Liga der arabischen Staaten, ausgehend vom Glauben der arabischen Nation an die menschliche Würde, seit Allah die arabische Heimat auszeichnete, indem er sie zur Wiege der Religionen und Heimstätte der Kulturen machte, wodurch ihr Recht auf ein würdevolles Leben auf der Grundlage der Freiheit, der Gerechtigkeit und des Friedens bekräftigt wurde (...).

Artikel 35

Die Bürger haben das Recht, in einem geistigen und kulturellen Umfeld zu leben, das vom Stolz des arabischen Nationalgefühls erfüllt ist (...).

In der Präambel wird der Islam benutzt, um die Panarabische Ideologie wieder aufleben zu lassen. Sie entstand in den 20-er Jahren bei der Suche nach politischer Identität. Ihr großer Vordenker war Sati Al-Husri (1880-1961). In Nassers Ägypten wurde der arabische Nationalismus staatstragend. Sein Scheitern schaffte Raum für die Ideologie des Panislamismus im Sinne einer globalen Umma als Nation. Diese Ideologie hatte sich u.a. durch das Wirken des iranischen Agitators Djamaladdin Al-Afghani (gest. 1897) ausgebreitet. Durch Vereinigung aller Muslime und Rückbesinnung auf die zivilisatorische Kraft des Islam will der Panislamismus über die Politik des Westens und alle anderen Religionen siegen. Der Panarabismus konkurriert mit der panislamischen Ideologie. Art. 35 greift den panarabischen Nationalstolz noch einmal auf und folgt damit der Idee der arabischen Wiedergeburt, die in Syrien und dem Irak (Baath-Partei = Partei der Wiedergeburt) zur Staatsdoktrin wurde. Dahinter steht auch das durch den Koran gestützte arabische Selbstbewusstsein der Erwähltheit und Überlegenheit über alle anderen Völker, wozu besonders die Verse 198 f. in Sure 26, die der zweiten mekkanischen Wirkungsperiode Mohammeds zugeschrieben werden, beitragen. Da sagt Allah:

Wenn Wir ihn (den Koran) auf einen der Nichtaraber hinabgesandt hätten und er ihn ihnen vorgelesen hätte, hätten sie nicht an ihn geglaubt.

Aus dieser Auszeichnung durch Allah wird auch die Herrschaft über die ganze Welt als Ziel abgeleitet. Der Islam ist entsprechend konstruiert: Mekka als Zentrum der Welt, die arabische Sprache als einzige göttliche Sprache und als Ritualsprache und die Quraisch als Herrscherdynastie, die das Kalifat und die Königsthrone (Jordanien, Marokko) zu besetzen beansprucht.

Die Artikel der Charta sind inhaltlich und formal der AEMR weitgehend angepasst, auf die Widersprüche zur Präambel gehe ich noch ein. Die Charta enthält in ihren 43 Artikeln kein Zitat aus Koran und Sunna und keinen Hinweis auf die Scharia. Die Artikel lassen auf Orientierung an westlichen Menschenrechtsvorstellungen und eine entsprechende Politik hoffen:

Artikel 2
Jeder Vertragspartner verpflichtet sich, das Recht auf den Genuss aller in dieser Charta verkündeten Rechte und Freiheiten allen in seinem Gebiet befindlichen und seiner Herrschaftsgewalt unterstehenden Menschen zu gewährleisten, ohne Diskriminierung hinsichtlich der Rasse, der Hautfarbe, *des Geschlechts*, der Sprache, *der Religion*, der politischen Anschauung, der nationalen oder sozialen Herkunft, des Vermögens, der Geburt oder des sonstigen Status sowie *ohne Unterschied zwischen Mann und Frau.*

Artikel 9
Alle Menschen sind vor dem Gesetz gleich. Jeder im Hoheitsgebiet des Staates hat einen Anspruch darauf, dass seine Sache von einem Gericht gehört wird.

Artikel 26
Jeder hat das Recht auf *Religions-, Gedanken- und Meinungsfreiheit.*

Artikel 27
Die Anhänger einer jeden Religion haben das Recht, ihre religiösen Bräuche auszuüben und ihre Überzeugungen durch Gottesdienst, Ausübung und Unterricht zu bekunden, sofern dadurch die Rechte anderer nicht verletzt werden. Die Ausübung der *Religions-, Gedanken- und Meinungsfreiheit* darf nur den gesetzlich vorgesehenen Einschränkungen unterworfen werden.

Artikel 37
Minderheiten darf nicht das *Recht* vorenthalten werden, ihre Kultur zu genießen oder die Lehren *ihrer Religion zu befolgen.* (Hervorhebungen Sch.)

Das schien der Sieg der universalen Menschenrechte über die Schariagesetze ohne Gleichberechtigung, Meinungs- und Religionsfreiheit in der arabisch-islamischen Gesellschaft und Politik zu sein. Der theoretisch überkonfessionelle Panarabismus machte das möglich. Aber dann liest man in der Präambel weiter, »dass es um den Erhalt der Werte geht, die in der islamischen Scharia und in anderen Religionen der göttlichen Offenbarung festgeschrieben sind.« Und dies soll geschehen:

in Bekräftigung der Grundsätze der Charta der Vereinten Nationen, der Allgemeinen Erklärung der Menschenrechte, der Bestimmungen der Internationalen Pakte der Vereinten Nationen über bürgerliche und politische Rechte sowie wirtschaftliche, soziale und kulturelle Rechte sowie der Kairoer Erklärung über Menschenrechte im Islam, in Bestätigung alles dessen, sind wie folgt übereingekommen (...).

Wie kann das alles zusammen passen? Wie können gleichzeitig die Charta der UN und die Kairoer Erklärung *bekräftigt* werden? Das sind leere Phrasen. Die Arabische Charta der Menschenrechte ist aufgrund ihrer inneren Widersprüche unglaubwürdig. In ihr konkurrieren zwei Rechtssysteme miteinander: das auf naturrechtlicher und christlicher Ableitung der Rechte und Freiheiten des Individuums basierende Recht einerseits sowie das auf dem Prinzip der Souveränität Allahs als oberstem Gesetzgeber aufbauende Rechtskonzept andererseits. Mal folgen die Verfasser dem einen, mal dem anderen Rechtssystem.

> Artikel 10
>
> Die Todesstrafe darf nur für schwerste Verbrechen verhängt werden. Jeder zum Tode Verurteilte hat das Recht, um Begnadigung oder Umwandlung der Strafe zu bitten.
>
> Artikel 12
>
> Die Todesstrafe darf an Personen unter 18 Jahren, an schwangeren Frauen bis zur Entbindung oder an stillenden Müttern während der ersten beiden Jahre nach der Geburt ihres Kindes nicht vollstreckt werden.

Die Todesstrafe für schwere Verbrechen, durchaus auch in China, den USA und anderen Ländern herrschende Praxis, ist zugleich Scharia-Recht und verstößt gegen die Charta der UN. Der Text enthält unvereinbare Widersprüche. Wieder einmal konfligieren Allah-Gesetz und Menschenrecht. Die Arabische Charta ist ein Propagandapapier und Täuschungsmanöver, mit dem der Rat der Arabischen Liga allen gefallen will: den Herrschenden im Islam, den arabischen Menschenrechtsorganisationen, der arabischen Mehrheitsbevölkerung und dem Westen. Vergleicht man diesen Artikel 12 mit dem Artikel 91 des iranischen Strafgesetzes von 1991, so zeigt sich weitgehende Übereinstimmung. Auch nach dem iranischen Strafgesetz dürfen Schwangere und stillende Mütter nicht getötet werden. Die Brutalität des iranischen Strafgesetzes ist mit der Arabischen Menschenrechtserklärung kompatibel. Das Mindestalter von 18 Jahren für die Todesstrafe ist im iranischen Strafrecht allerdings nicht vorgeschrieben. Ein Mädchen ist dort mit neun Jahren bereits strafmündig und ein Junge mit 15 Jahren. (Siehe Kapitel 6.3 *Das islamische Strafrecht*: Artikel 49 STGB von 1991 und Art. 1210 ZGB). Es soll im Iran seit 2005 zwar ein Hinrichtungsmoratorium für jugendliche Straftäter geben, dennoch wurden im selben Jahr mindestens 94 Menschen hingerichtet, darunter mindestens acht, die zur Tatzeit unter 18 Jahre alt waren.[228]

Was ist aus der Arabischen Charta geworden?

Sie wurde von keinem der 22 Mitgliedstaaten ratifiziert und ist daher auch bis heute nicht in Kraft getreten. Der Rat der Arabischen Liga entschied im März 2003, die Charta zu überarbeiten. Im Jahresbericht 2005 berichtet Amnesty International, die Arabische Liga habe im Berichtszeitraum eine überarbeitete Fassung der Arabischen Menschenrechtscharta verabschiedet. Über diese Neufassung, die mir noch nicht vorliegt, haben sich alle arabischen Menschenrechtsorganisationen in einer gemeinsamen Erklärung enttäuscht geäußert. Darin heißt es:

> Die (unterzeichnenden NGOs) sind ebenfalls sehr über die Zustimmung zu der so genannten ›überarbeiteten Version der Arabischen Menschenrechtscharta‹ enttäuscht, wodurch den Menschen in der Region im Vergleich zur übrigen Welt schlechtere Bedingungen entstehen. In ihrer jetzigen Version garantiert die Charta keinen effektiven Mechanismus zur Überwachung und Wahrung der Menschenrechte in den arabischen Ländern und sie sichert auch nicht das Recht auf politische Partizipation durch objektive, freie Wahlen oder das Recht auf die Gründung von politischen Parteien, Berufsverbänden und Gewerkschaften. Sie engt das Streikrecht ein, *erlaubt die Einschränkung von Frauenrechten* und ignoriert die Existenz und die Rolle von Menschenrechtsorganisationen!
> Zweck der leeren Phrasen ist nicht die Reformierung, vielmehr sollen sie die arabische Öffentlichkeit und die internationale Gemeinschaft täuschen. (Hervorhebung Sch.)

Einunddreißig arabische NGOs haben den Protest unterschrieben.[229]

Da die islamischen und die westlichen Menschenrechtserklärungen bzgl. der Rechtsträgerschaft und der Menschenrechte nicht vereinbar sind, stellt sich die Frage, wie Muslime im säkularen Staat damit umgehen. Die Textfälschung der AEMRI durch den Islamrat für Europa und das Islamische Zentrum München, die ich oben anhand von Artikel 3 der AEMRI bewiesen habe, ist eine erste Antwort. Eine zweite Antwort gibt die Islamische Charta des Zentralrats der Muslime in Deutschland, wie ich nun zeigen werde.

9.5 Islamische Charta des ZMD

Grundsatzerklärung des Zentralrats der Muslime in Deutschland (ZMD) zur Beziehung der Muslime zum Staat und zur Gesellschaft

Die Vertreterversammlung des 1994 gegründeten ZMD verabschiedete am 3. Februar 2002 einstimmig eine *Islamische Charta*. Sie wurde am 20. Februar 2002 auf einer Bundespressekonferenz vom damaligen Vorsitzenden des ZMD, Nadeem Elyas, vorgestellt.

Zum ZMD gehörten zu dieser Zeit 19 Mitgliedsorganisationen mit geschätzt 20.000 Mitgliedern, also höchstens zwei bis drei Prozent der Muslime in Deutschland.

Das Wort *Charta* bezeichnet im Allgemeinen eine Verfassungsurkunde bzw. eine wichtige Urkunde im Staats- und Völkerrecht. Ein Grundsatzpapier einer so kleinen Organisation als Charta zu bezeichnen, deutet auf eine Geisteshaltung der Überheblichkeit hin – ebenso wie die Selbsternennung zum *Zentralrat der Muslime in Deutschland.* Die *Islamische Charta* ist aber auch implizit eine Antwort auf die 1994 veröffentlichte *Arabische Charta.* Der Konkurrenzkampf zwischen Panislamismus und Panarabismus könnte hier mitgewirkt haben.

Die *Islamische Charta* des ZMD hat 21 Abschnitte, von denen für die Beantwortung der Frage nach den Menschenrechten von Frau und Mann die Aussagen in den Abschnitten 10, 11 und 13 bis 15 die wichtigsten sind. Sie geben auch eine Antwort auf die Frage nach dem Umgang von Muslimen mit dem Recht im säkularen Rechtsstaat. Deshalb gehe ich hier nur auf sie ein. Eine Analyse des gesamten Textes gibt es von Johannes Kandel.[230]

> 10. (...) Das islamische Recht verpflichtet Muslime in der *Diaspora*, sich grundsätzlich an die *lokale Rechtsordnung* zu halten. In diesem Sinne gelten Visumserteilung, Aufenthaltsgenehmigung und Einbürgerung als *Verträge*, die von der muslimischen Minderheit einzuhalten sind. (Hervorhebungen Sch.)

Eine staatliche Rechtsordnung als lokale zu bezeichnen, deutet einerseits wieder auf Überheblichkeit hin, verweist andererseits auf die islamische Rechtsvorstellung: Danach gibt es universal geltendes Recht, welches das von Allah offenbarte Recht ist, und lokales, vom Menschen geschaffenes Recht. Aufschlussreich für das hier vertretene islamische Weltbild ist die Kategorisierung von Teilen der deutschen Rechtsordnung als *Verträge*, die nach islamischem Recht von der muslimischen Minderheit in der Diaspora einzuhalten sind. Das zeigt: Aus der Frühzeit des Islam hat sich bis heute die Vorstellung von der Zweiteilung der Welt erhalten: der Welt der Muslime im Haus des Islam, *dar al-islam*, und der Welt der Nicht-Muslime im Haus des Krieges, *dar al-harb*, das durch die weltweite Verbreitung des Islam durch *da´wa*, Missionierung (von Muslimen »Einladung« genannt) und *jihad*, Anstrengung, zu beseitigen ist. Der kriegerische Teil des *jihad*, also der Kampf mit der Waffe, ist im Koran *qital* genannt. Der Koran benutzt an 67 Stellen für den Kampf mit Gewalt das Substantiv *qital* und das Verb *qatala*.[231]

Bassam Tibi erklärt das so: »Der Koran verwendet für den militärischen Teil des *Djihad* den Begriff Kampf/*Qital*. In der islamischen Weltanschauung ist es daher kein Widerspruch, dass der Koran den Muslimen einerseits Aggression verbietet (›*Und greift nicht an, Allah liebt die Aggressoren nicht*‹, Koran, Sure 2/Vers 190), ihnen aber andererseits vorschreibt: ›*Und der Kampf/al-Qital ist für Euch eine Vorschrift*‹ (Sure 2/Vers 216).«[232] Beide Verse sind aus der medinensischen Wirkungsperiode. Sie stammen vom selben Allah, der von sich im Koran oft sagt, dass er die Menschen in die Irre führt, wie ich im Kapitel 2.1 *Der oberste Gesetzgeber* gezeigt habe. Für Nicht-Muslime ist das, was für Muslime kein Widerspruch sein soll, eindeutig widersprüchlich und daher unglaubwürdig. Allah zeigt hier sein Doppelgesicht: friedlich und gewalttätig – wie an vielen anderen Stellen des Koran auch.

Die Zweiteilung der Welt in die der Muslime und in die der Nicht-Muslime ist Bestandteil der *Jihad*-Doktrin. Sie ist von so grundlegender Bedeutung, dass danach auch eine Sure benannt ist: Sure 25 aus der zweiten mekkanischen Wirkungsperiode hat den Namen *al-furqan*, die Unterscheidungsnorm.

Die Übergangszeit, um die es in der Islamischen Charta geht, wird als Haus des Vertrages – *dar al-ahd* – bezeichnet. Die Ausbreitung des Islam bzw. die Eroberung ist – wie schon gesagt – nach islamischem Selbstverständnis nicht Krieg und Aggression. Sie wird als *futuhat*/Öffnung bezeichnet. Danach werden auch Moscheen benannt, z.B. das *bait ul-futuh*, die größte Moschee der Ahmadiyya in der Nähe von London, die die zweitgrößte Moschee in Europa sein soll. Einen Dauerfrieden darf es nach dem Koran zwischen dem *dar al-islam* und dem *dar al-harb* nicht geben, sondern nur einen befristeten Frieden, *hudna*, nur so lange, wie die Muslime in der Minderheit, bzw. militärisch schwach sind. Nach Bassam Tibi sind sich die »Sakral-Juristen« (*faqih*) über die erlaubte Dauer dieses Zustandes nicht einig. In der Übergangszeit, im Haus des Vertrages, *dar al-ahd*, werden die Gesetze des Diaspora-Staates aus strategischen Gründen befolgt. Daher zeigen sich Islamisten angepasst und geben Lippenbekenntnisse zur freiheitlich-demokratischen Grundordnung ab, im Innern halten sie jedoch am Allah-Gesetz fest. Diese Legalitätstaktik macht es Außenstehenden schwer, das Ziel islamischer Organisationen zu erkennen. Auch ist es fast unmöglich, Erkenntnisse über beweisbare Verstöße gegen deutsche Gesetze zu gewinnen. Die Islamisierung breitet sich gesetzeskonform aus, besonders durch Einwanderung, Unterwanderung der Institutionen, *da´wa*, und Kauf von Immobilien. Auf diese Phase der Islamisierung bezieht sich die Charta, die Bezeichnung *Vertrag* für Einbürgerung usw. ist ein Indikator dafür. Die Respektierung der deutschen Rechtsordnung gilt nur für einen befristeten Zeitraum, für die Phase des Vertragsstatus. Gleichzeitig wie danach ist die Eroberung/»Öffnung« fortzusetzen. Der Satz »pacta sunt servanda« beruht für den Muslim auf dem Allah-Gesetz. Die Koranverse 5:3, 8:72 und 9:4 belegen das. Der Vers aus Sure 9 (*al-tauba* = Die Umkehr) sei hier zitiert:

> *So erfüllt ihnen (den Polytheisten) gegenüber ihren Vertrag, bis zu der ihnen eingeräumten Frist. Allah liebt die Gottesfürchtigen* (9:4).

Die folgenden beiden Koranverse geben exemplarisch Auskunft über das, was nach Ablauf der Frist zu tun ist mit Juden und Christen und mit anderen Nicht-Muslimen:

> *Kämpft gegen diejenigen, die nicht an Allah und an den Jüngsten Tag glauben und nicht verbieten, was Allah und sein Gesandter verboten haben, und nicht der Religion der Wahrheit angehören – von denen, denen das Buch zugekommen ist, bis sie von dem, was ihre Hand besitzt, Tribut entrichten als Erniedrigte.* (9:29)

> *Wenn die heiligen Monate abgelaufen sind, dann tötet die Polytheisten, wo immer ihr sie findet, greift sie, belagert sie und lauert ihnen auf jedem Weg auf. Wenn sie umkehren, das Gebet verrichten, dann lasst sie ihres Weges ziehen: Allah ist voller Vergebung und barmherzig.* (9:5)

Abschnitt 11 der Islamischen Charta lautet:

> 11. Ob deutsche Staatsbürger oder nicht, bejahen die im Zentralrat vertretenen Muslime daher die vom Grundgesetz garantierte gewaltenteilige, rechtsstaatliche und demokratische Grundordnung der Bundesrepublik Deutschland, einschließlich des Parteienpluralismus, des aktiven und passiven Wahlrechts der Frau sowie der Religionsfreiheit. Daher akzeptieren sie auch das Recht, die Religion zu wechseln, eine andere oder gar keine Religion zu haben. (...)

Die Anerkennung des Grundgesetzes ist für Muslime im *Haus des Vertrages*, wie soeben erklärt, verpflichtend. Absatz 11 ist konsequent in der Diaspora-*Vertrags*-Logik gedacht, sogar bezüglich der Religionsfreiheit. Allerdings mit einer Einschränkung, die positiv formuliert ist und so die vom Grundgesetz und anderen Gesetzen abweichende Einstellung des ZMD verschleiern soll: Bejaht wird das aktive und passive Wahlrecht der Frau. Würde die im Grundgesetz in Artikel 3 postulierte Gleichberechtigung von Mann und Frau voll akzeptiert, so erübrigte sich diese Aussage. Indem sie hier steht, lehnt sie implizit die völlige Gleichberechtigung ab.

So weit wie in der Charta des ZMD waren die Frauen in ihrem Kampf um Gleichberechtigung schon in der Weimarer Republik. Artikel 119 der Weimarer Verfassung von 1919 lautete: »(...) Männer und Frauen haben grundsätzlich dieselben staatsbürgerlichen Rechte und Pflichten.« Frauen hatten also das aktive und passive Wahlrecht, wie in der sogenannten Islamischen Charta. Allgemeine Gleichberechtigung gemäß Art. 3 Abs. 2 unseres Grundgesetzes gab es nicht. Absatz 11 der Charta weicht hinsichtlich der Rechte der Frau von der Diaspora-*Vertrags*-Logik ab. Er stimmt bezüglich der Einschränkung der Frauenrechte mit den beiden islamischen Menschenrechtserklärungen – AEMRI und Kairoer OIC-Erklärung – überein und ist der Scharia angepasst. Die Zunahme der Verstöße gegen die Rechte muslimischer Frauen im Alltag beweist, dass die Charta negative Folgen im Leben so mancher Muslima hat und zur Fortsetzung des islamischen Patriarchalismus beiträgt.

Das Bekenntnis zu Religionsfreiheit und Religionswechsel ist konsequent gedacht in der Logik des Diaspora-*Vertragsstatus*. Die zweimal verwendete konsekutive Konjunktion »daher« im ersten und im zweiten zitierten Satz von Absatz 11 nimmt eindeutig Bezug auf den in Absatz 10 erklärten vorübergehenden Diaspora-Zustand, in dem Muslime die jeweilige »lokale Rechtsordnung« zu befolgen haben. Das Recht auf Religionswechsel ist also eine Folge des befristeten Diaspora-Zustandes im Haus des Vertrages, *dar al-ahd*. Danach und innerhalb der islamischen Rechtsordnung gilt das Recht, die Religion zu wechseln, eine andere oder gar keine Religion zu haben, für Muslime nicht. Besonders aus dem Mund eines Wahabiten, in dessen Heimatland Saudi-Arabien, dem er ein treuer Diener ist, es weder Religionsfreiheit, noch Meinungsfreiheit, noch das Recht auf Religionswechsel vom Islam zu anderen Religionen gibt, aber Verfolgung von Christen, wenn nur ein Kreuz oder eine Bibel sichtbar werden, ist die Aussage auf den ersten Blick sehr erstaunlich. Aber wenn man beim Lesen des Textes seine Eigenlogik vom *Dar al-Islam*, vom *Dar al-Harb* und vom *Dar al-Ahd* erkennt, dann erweist sich der Text als korrekt islamisch.

> 13. Zwischen den im Koran verankerten, von Gott gewährten Individualrechten und dem Kernbestand der westlichen Menschenrechtserklärungen besteht kein Widerspruch. (...) Das islamische Recht gebietet, Gleiches gleich zu behandeln, und erlaubt, Ungleiches ungleich zu behandeln. Das Gebot des islamischen Rechts, die jeweilige lokale Rechtsordnung anzuerkennen, schließt die Anerkennung des deutschen Ehe-, Erb- und Prozessrechts ein.

Die Verfasser des Textes wissen offensichtlich um die Widersprüche zwischen Koran und westlichen Menschenrechtserklärungen, wollen sie aber nicht benennen, wohl aus taktischen Gründen. Deshalb fügen sie die diffuse Formulierung »Kernbestand« ein. Sie wissen genau, dass Gutgläubige das als Anerkennung der Menschenrechtserklärungen akzeptieren und derartige Täuschungsmanöver nicht durchschauen bzw. wahrhaben wollen. Wer kritisch denkt, befragt den Text nach dem Inhalt dieses »Kernbestandes« und erhält keine Antwort. Das bedeutet, ein hier nicht benannter Teil der westlichen Menschenrechtserklärungen, der nicht zum Kernbestand gehört, wird als nicht vereinbar mit dem Koran angesehen – und das mit Recht.

Der zweite Satz enthält den bereits in der Einleitung des Buches erwähnten islamischen Grundsatz der Verschiedenheit: *Das islamische Recht gebietet, Gleiches gleich zu behandeln, und erlaubt, Ungleiches ungleich zu behandeln.* Er wird neuerdings mit dem Modewort »Geschlechtergerechtigkeit« bezeichnet. Der islamische Grundsatz »Gleich gleich und Ungleich ungleich« steht im Gegensatz zum Gleichheitsgebot der Menschenrechtserklärungen der Vereinten Nationen und des deutschen Rechts. Deren Grundsatz der Gleichheit verbietet, wesentlich Gleiches ungleich zu behandeln, und fordert daher Gleichberechtigung, wie ich in der Einleitung zu diesem Buch gezeigt habe. Der in der Islamischen Charta erklärte Grundsatz der Verschiedenheit des islamischen Rechts trägt zum Erhalt und zur Verfestigung der tradierten Geschlechtsrollen auf allen Ebenen des sozialen Lebens bei, also auf beruflicher, familiärer und politischer, weil Frau und Mann nicht als gleich, sondern als ungleich angesehen werden, ausgenommen in ihrer Würde vor Allah.

Der dritte Satz wiederholt, was schon gesagt ist: Das deutsche Recht wird anerkannt. Explizit benannt werden drei Bereiche der so genannten »lokalen Rechtsordnung«: Ehe-, Erb- und Prozessrecht. In diesen drei Rechtsbereichen gibt es im islamischen Recht keine Gleichberechtigung von Mann und Frau. Es gibt bereits Stimmen, die fordern, in diese Bereiche des »lokalen Rechts« universales Allah-Recht zu inkorporieren, z.B. die Polygynie. Davon distanziert sich laut Charta der ZMD für die Dauer des Diaspora-Vertragsstatus. Die explizite Anerkennung der Rechtsbereiche Ehe-, Erb- und Prozessrecht provoziert Fragen: Warum fehlt in der Aufzählung u.a. das Strafrecht? Weil einige muslimische Männer sich auch bei uns die Strafgewalt aneignen und Frauen strafen, wie sie es in islamischen Ländern gewohnt waren? Auf der Grundlage ihres archaischen Ehrenkodex? Warum fehlt das Schulrecht? Weil ein Teil der muslimischen Eltern mit Unterstützung islamischer Organisationen in der Schule die Einschränkung der Rechte ihrer Töchter durchsetzt? Zum Beispiel beim Sport- und Biologieunterricht und bei Klassenfahrten? Und weil Schulbehörden da mitmachen aus Toleranz gegenüber der Intoleranz, wegen der Akzeptanz von Multi-Kulti? Stillschweigend wird in der Charta über alltägliche Probleme im Strafrecht und Schulbereich hinweggegangen. In der Aufzählung fehlt auch das Grundgesetz. Wahrscheinlich wegen des Artikels 3 Absatz 2: »Männer und Frauen sind gleichberechtigt.«

> 14. (...) Auch im heutigen Übergang von Moderne zur Postmoderne wollen Muslime einen entscheidenden Beitrag zur Bewältigung von Krisen leisten. Dazu zählen u.a. die Bejahung des vom Koran anerkannten religiösen Pluralismus (...).

Das vollmundige Bekenntnis zum religiösen Pluralismus im Koran ist Vernebelung der Tatsachen. Weder im Koran noch in der Sunna, noch in Staaten mit islamischem Recht gibt es religiösen Pluralismus im Sinne einer Gleichberechtigung der Religionen. Im Gegenteil: Christen und Juden sind rechtlich benachteiligte Bürger zweiter Klasse. Dazu kommt die radikale Abwertung ihrer Lebensweise und Religionslehre in islamistischen Schriften.

> 15. Der Koran fordert den Menschen immer wieder auf, von seiner Vernunft und Beobachtungsgabe Gebrauch zu machen. (...) Im Einklang damit fördern wir ein zeitgenössisches Verständnis der islamischen Quellen (...).

Bisher wurden alle Versuche muslimischer Wissenschaftler, den Koran mit wissenschaftlichen hermeneutischen und historisch-kritischen Methoden zu analysieren bzw. die Bedeutung des Textes zu rekonstruieren, bekämpft. Man denke nur an den Sudanesen Mohammed Mahmud Taha, der wegen seiner Koranexegese am 18. Januar 1985 in Khartoum hingerichtet wurde, oder an den Ägypter Nasr Hamid Abu Zaid, der wegen seiner Versuche, den Koran mit modernen hermeneutischen Methoden zu interpretieren, dem Vorwurf der Ketzerei ausgesetzt und zwangsgeschieden wurde und mit seiner Frau nach Holland floh. Kein Nadeem Elyas oder ZMD hat sich schützend vor diese Personen gestellt.

Die historisch-kritische Koranforschung steckt noch in den Kinderschuhen. In den vergangenen Jahren hat dazu Christoph Luxenberg, ein Semitist nahöstlicher Herkunft, mit der syro-aramäischen Lesart des Koran neue Aspekte beigetragen. Der Arabist und liberale protestantische Theologe Günter Lüling hat in seinen Werken auf die große Bedeutung des Christentums auf der Arabischen Halbinsel zur Zeit Mohammeds hingewiesen und auf abgewandelte christliche Texte im Koran.[233] Luxenberg publiziert unter einem Pseudonym, wohl weil er sich des Risikos bewusst ist.[234] Ebenso Ibn Warraq, der seine wissenschaftliche Islamkritik in seinem Buch »*Warum ich kein Muslim bin*« veröffentlichte. Taslima Nasreen schätzt es in ihrem Vorwort als »intellektuellen Vorstoß« ein, mit dem »die islamische Aufklärung« begann. Eine Reaktion auf die revolutionären Arbeiten der Forschungsgruppe um Prof. Karl-Heinz Ohlig und Gerd-R. Puin von der Universität des Saarlandes über »die dunklen Anfänge« des Islam steht noch aus.[235] Bisher war nichts davon zu bemerken, dass der ZMD derartige Forschung unterstützt. Auch der 15. Abschnitt dieser so genannten Charta folgt also der Logik des Diaspora-*Vertrages* und kann als Nebelbombe bezeichnet werden.

Der arabisch-wahabitisch geprägte ZMD vertritt nur eine Minderheit der Muslime in Deutschland. Es wird sich auch nur eine Minderheit zu dieser Charta bekennen. Dennoch wurde ihr wahabitischer, finanzstarker und eloquenter Chefstratege und Vorsitzender als einer der wichtigsten Vertreter und Gesprächspartner im Dialog hofiert. Im Interesse der Mehrheit der Muslime, besonders der Frauen, dürfte das nicht sein. Sie wissen die Freiheits- und Gleichheitsrechte des Westens zu schätzen. Besonders Mutige – allen voran Mina Ahadi und Arzu Toker – gründeten im Februar 2007 den Zentralrat der Ex-Muslime (ZdE). Er setzt sich für folgende Ziele ein:[236]

- die Durchsetzung der allgemeinen Menschenrechte als unveräußerliche individuelle Rechte des einzelnen Menschen
- die Durchsetzung der Weltanschauungsfreiheit als Freiheit, sich öffentlich wie nichtöffentlich zu religiösen oder nichtreligiösen Anschauungen zu bekennen oder dies zu unterlassen
- die Durchsetzung einer konsequenten Trennung von Staat und Kirche/Religion/Weltanschauung
- die Förderung der Völkerverständigung auf der Grundlage der allgemeinen Menschenrechte
- die Förderung des vernunftgeleiteten Denkens und der Erziehung zur Toleranz.

9.6 Zusammenfassung und Erklärungsversuch

Die Verfasser der hier vorgestellten islamischen Menschenrechtserklärungen und der so genannten Islamischen Charta fordern die Durchsetzung von Menschenrechten. Aber sie verstehen darunter etwas anderes als die jüdisch-christlich geprägten bzw. säkularisierten Verfasser und Anhänger der Menschenrechtserklärungen des Westens. Hier ist die Würde der Person die Grundlage für die Individualrechte aller Menschen, dort das Allah-Gesetz für die unterschiedlichen Rechte und Pflichten von Frau und Mann, Muslimen und Nicht-Muslimen. Alle islamischen Menschenrechtserklärungen enthalten, auch wenn darin formal die AEMR anerkannt ist, einen Scharia-Vorbehalt, sei es in Form von Koran- und Sunna-Zitaten, sei es durch Bezugnahme auf die Scharia, oder sei es, indem in der Logik oder in den Widersprüchen des Koran gedacht wird. Das betrifft besonders die Einschränkung der Gleichberechtigung für Frauen und Nicht-Muslime, des Rechts auf körperliche Unversehrtheit, der Freiheit des Denkens, der Meinung und der Religion. Eigenwillige Frauen und Nicht-Muslime, Apostaten, Atheisten und Kritiker des Islam können auf der Basis des schariatischen Menschenrechtsverständnisses benachteiligt und Körperstrafen – Auspeitschen, Amputation, Hinrichtung, Enthauptung, Steinigung – können gegen sie angewandt werden.

Die Unvereinbarkeit der islamischen mit der westlichen Menschenrechtsvorstellung zeigte sich besonders deutlich 1989. Während Europa die Menschenrechtserklärung der Französischen Revolution feierte, die sich zum 200sten Mal jährte, rief Ayatollah Khomeini zum Töten Salman Rushdies auf wegen Beleidigung des Islam und Gotteslästerung durch seinen Roman »*Die satanischen Verse*«. Ähnliches wiederholte sich in gesteigerter Form zum 27. Jahrestag der iranischen Revolution, dem 11. Februar 2006. Die Tageszeitung des klerikalen Regimes, »Märtyrer Fundament«, verkündete: »Die Fatwa des Imam Khomeini wegen der Ausfälle von Salman Rushdie wird ewig gültig bleiben.« Die Zeitung hat 2.8 Millionen Dollar Kopfgeld auf Salman Rushdie ausgesetzt. Das meldete der Nationale Widerstandsrat Irans (NWRI) am 15. Februar 2006.[237]

Menschenrechtler, die gegen Zensur, Folter und Tötung protestieren, gibt es in allen islamischen Ländern, aber sie riskieren damit ihre Freiheit und ihr Leben, besonders dann, wenn sie Muslime sind; aber auch andere sind gefährdet.

Man kann das Politische – in dem Fall die Menschenrechtskonzepte – nicht begreifen, wenn man von Religion nichts versteht. Man kann sie auch nicht aus der christlichen und muslimischen Geschichte ableiten. Man muss an die Basistexte herangehen. Die Menschenrechtspolitik im Islam nimmt ihren objektiven Sinn aus Koran und Sunna. Beide nehmen 600 Jahre nach Jesus die archaischen Traditionen wieder auf, mit denen Jesus gebrochen hatte. Die Menschenrechtspolitik der säkularen Gesellschaften nimmt ihren Sinn aus der Lehre Jesu im Neuen Testament, teilweise auch aus dem Alten Testament, – auch dann, wenn die biblischen Texte nicht mehr oder kaum noch bekannt sind. Die christliche Ethik wirkt weiter.

Eine weitere Möglichkeit, die Unterschiede im Denken und Handeln zu verstehen, bietet der Vergleich bedeutungsschwerer Wörter in den westlichen Sprachen mit dem Arabischen. Dazu gehören in diesem Zusammenhang besonders die Wörter »Ehrenmord«, »Toleranz« und »Freiheit«.

Es gibt, wie ich im Kapitel *über die Ehre* erläutert habe, im Arabischen kein Wort mit der Bedeutung »Ehrenmord«. Derselbe Tatbestand wird »Ehrenwäsche« genannt. Dieses Wort suggeriert, dieselbe Tat, die bei uns Mord ist, sei eine moralisch wertvolle Handlung.

Ein zweites Beispiel ist das Wort »Toleranz«. Auch für dieses Wort gibt es im Arabischen kein gleichbedeutendes. Es gibt nur Wörter mit annähernd ähnlicher Bedeutung, am nächsten liegt das Wort *tasāmuch*, das Duldung und Nachsicht bedeutet, aber nicht gleichwertige Akzeptanz des Anderen. Diese »islamische Toleranz« gilt dann, wenn Muslime Macht haben. Sie bedeutet Duldung der Unterworfenen als Erniedrigte und Gedemütigte. Das zeigt die Geschichte. Die Rede vom toleranten Islam ist ein Märchen.

Ein drittes Beispiel ist das Wort »Freiheit«. Warum fällt es Muslimen so schwer, das in Artikel 18 der AEMR von 1948 garantierte Recht auf Gedanken-, Gewissens- und Religionsfreiheit und das Recht, Religion und Weltanschauung zu wechseln, anzuerkennen? Das hängt damit zusammen, dass es im Arabischen kein gleichbedeutendes Wort für »Freiheit« gibt. Fatema Mernissi schreibt dazu:

> »*Širk* ist der passende Begriff, um jene Freiheit im Artikel 18 der AEMR zu übersetzen: ›Jeder Mensch hat Anspruch auf Gedanken-, Gewissens- und Religionsfreiheit; dieses Recht umfasst die Freiheit, seine Religion oder seine Überzeugung zu wechseln.‹ Dieser Artikel 18 ist die Definition für die *ǧahiliya*. Was er vorschlägt, bedeutet, in das Jahr 0/622 zurückzugehen. (...) In diesem kleinen Artikel 18 und dem Begriff von *širk* ruht wahrhaft der Konflikt Islam – Demokratie.«

Das Wort *širk* soll 160-mal im Koran vorkommen.[238]

»Freiheit« und *širk* haben nicht dieselbe Bedeutung. Die arabischen Wörter *jahiliya* und *širk* sind im islamischen Denken negativ besetzt. Das Jahr 622, das Jahr der *hijra* – Auswanderung – Mohammeds und seiner Gemeinde von Mekka nach Medina, gilt als der Beginn der Zivilisation, daher auch als das Jahr 1 der islamischen Zeitrechnung. Die Zeit davor, die *jahiliya*, wird als die Zeit der Unwissenheit, Barbarei, Vielgötterei und der unbeherrschten Sexualität beschrieben. Diesen Zustand nennen Muslime *širk*, das Chaos in der *jahiliya*. *Širk* wird als die Negation des Islam angesehen, der anstelle von Freiheit und Unordnung den Menschen Ordnung und Einheit gebracht haben soll. Der Islam habe, so die verbreitete Meinung, die Aufklärung, den reinen Monotheismus, das Allah-Gesetz, die Einheit der *umma* und die sexuelle Ordnung gebracht. Die westlichen Freiheitsrechte werden als Wiederkehr der *jahiliya* gedeutet. Dass mit dem Freiheitsbegriff des Westens nicht Willkür und Chaos gemeint ist, sondern Freiheit in Verantwortung für sich selbst und für die Gemeinschaft, wird dabei nicht erkannt.

Auf eine weitere Frage versuche ich abschließend noch eine Antwort zu geben: Ist der Patriarchalismus im Rahmen des Islam zu beseitigen?

Der Koran enthält nach islamischem Glauben nicht nur das Wort Allahs, er *ist* es. Er denkt in der Logik des Frauentauschs, und dazu gehört die Vorherrschaft des Mannes über die Frau. Da das Wort Allahs für alle Zeit Gültigkeit haben soll, gilt das auch für seinen Patriarchalismus in Verbindung mit dem durch Koran und Sunna genährten Überlegenheitsgefühl des muslimischen Mannes.

10. Das ewige islamische Paradies

»Jedesmal wenn wir mit einer Huri schlafen,
erleben wir sie als Jungfrau. Außerdem wird
der Penis der Auserwählten nie erschlaffen,
die Erektion ist immerwährend.«
Al-Suyuti

»Wisse, dass das Paradies unter
den Schatten der Schwerter liegt.«
Mohammed

Die Geschichte der Menschheit hat aus jüdischer, christlicher und islamischer Sicht im Paradies begonnen. Seit der Vertreibung aus dem Garten Eden lebt der Mensch mit Arbeit, Krankheit, Sorgen, Leid und hin und wieder auch mit Freude, Glück und Erfolg. Seine Versuche, paradiesische Zustände auf Dauer wieder herzustellen, scheitern alle. Aus dieser Erfahrung wuchsen die Sehnsucht nach einem Paradies im Jenseits, die Hoffnung auf ein Leben dort nach dem Tod und Vorstellungen von Himmel und Hölle. Die Paradiesvisionen der Völker und Religionen sind unterschiedlich. Nach Paulus gehört die Beschaffenheit des Paradieses zu den Geheimnissen Gottes, die »kein Auge gesehen und kein Ohr gehört hat und was in keines Menschen Herz gedrungen ist, alles, was Gott denen bereitet hat, die ihn lieben.« (1 Kor 2:9)

10.1 Im Koran

Der Islam beansprucht, mit dem Koran konkrete Beschreibungen der ewigen Glückseligkeit von Allah über Mohammed erhalten zu haben. Nach islamischem Glauben dauerten Mohammeds Offenbarungserlebnisse und Verkündungen in Mekka von 610 bis zur *hidschra*, der Auswanderung nach Medina im Jahre 622. Die koranischen Suren dieser Phase unterscheiden sich inhaltlich und formal von den medinensischen, die von 622 bis zum Tod Mohammeds im Jahre 632 verkündet wurden. Themen der mekkanischen Texte sind die Eigenart Allahs, seine Schöpfung, das nahende Weltende, das Jüngste Gericht, Gehorsam und gute Werke und die Strafen und Belohnungen im Jenseits. Die Suren enthalten sowohl Drohreden und Warnungen vor Höllenstrafen für die Ungläubigen und Ungehorsamen als auch Versprechungen über ewige Glückseligkeit im Paradies für die gläubigen und gehorsamen Muslime. Das drohende Endgericht wird mehrfach thematisiert. So heißt es zum Beispiel in Sure 79, die der ersten von drei mekkanischen Wirkungsperioden zugeordnet wird:

> *Wenn dann die große, alles überwältigende Katastrophe kommt, am Tag, da der Mensch sich an das erinnert, was er erstrebt hat, und die Hölle denen sichtbar gemacht wird, die sehen können, dann wird dem, der ein Übermaß an Frevel gezeigt und das diesseitige Leben vorgezogen hat, die Hölle zur Heimstätte. Und dem, der den Stand seines Herrn gefürchtet und seiner Seele ihre (bösen) Neigungen verwehrt hat, wird das Paradies zur Heimstätte.* (79:34-41)

Das Leben nach dem Tod ist zentraler Bestandteil des islamischen Glaubens. Der Tod bedeutet nur das Ende des irdischen Lebens, ihm folgen die Auferstehung am Jüngsten Tag, die Versammlung zum Jüngsten Gericht mit der Verkündung des Urteils, der Absturz in das Höllenfeuer für die Ungläubigen und Ungehorsamen und die Führung der guten Muslime über die Brücke (*sirat*) in das ewige Paradies. Der Koran enthält reichlich sadistische Beschreibungen der Höllenqualen und ist insofern mehr eine Drohbotschaft als eine Frohbotschaft. Auf die Drohungen gehe ich hier nicht ein, sondern nur auf einen Teil der Freudenbotschaft. Zeigen werde ich, was nach Koran, Sunna und Exegese die allahfürchtigen Muslime im Paradies erwartet.

Wie im irdischen Leben werden auch im Paradies Männer und Frauen unterschiedlich behandelt. Sie leben zwar beide in zauberhaften und schattigen Gärten, auf kostbaren Liegen, an Flüssen aus klarem Wasser, Milch, Wein und Honig und werden von ewig jungen Knaben mit köstlichen Früchten bedient; Frauen wie Männer leben in einem materiellen Schlaraffenland, in dem Natur und Dinge aus Gold, Silber, Edelsteinen, Perlen, Perlmutter, Seide, Brokat, Moschus, Kampfer und edlen Duftstoffen bestehen. Aber wie im irdischen islamischen Leben wird auch im ewigen die Sexualität von Mann und Frau unterschiedlich gelebt. Im himmlischen Paradies werden männliche Sexualphantasien zur Realität und Sex ohne Ende wird zum zentralen Bestandteil der ewigen Seligkeit. Über das paradiesische Leben der Frauen sagt der Koran fast nichts, umso mehr aber über das der Männer.

Vergleicht man die verbreiteten Koran-Übersetzungen bezüglich der Aussagen zum Paradies miteinander, so stimmen sie auf der Bedeutungsebene überein. Einige enthalten aufschlussreiche Erklärungen in den Anmerkungen. Für die folgenden Zitate lege ich wieder die Ausgabe von Adel Theodor Khoury zugrunde und füge gegebenenfalls andere Übersetzungen bzw. Anmerkungen aus vier Koranübersetzungen von Muslimen hinzu, die ich bereits in Kapitel 7 *Der Hijab und das islamische Kopftuch* herangezogen habe. Zum Vergleich ergänze ich zwei Verse aus der Koranübersetzung von Friedrich Rückert. Ich ordne die Verse chronologisch, also nach ihrer Entstehung. Dabei orientiere ich mich an der Arbeit von Theodor Nöldeke, der seine Ordnung der Koransuren erstmals 1860 veröffentlichte. Bis heute stimmt sie mit der islamischen Tradition und Islamwissenschaft weitgehend überein. Eine Kurzfassung von Nöldekes Ordnung hat Wolfdietrich Fischer veröffentlicht.[239]

Wie nun wird es den Muslimen im Jenseits gehen? Aus der ersten mekkanischen Periode stammen die folgenden sechs Verse:

> *1) Für die Allahfürchtigen ist ein Ort des Erfolges bestimmt, Gärten und Weinstöcke, und gleichaltrige Frauen* mit schwellenden Brüsten, und ein randvoller Becher.* (78:31-34)

*Al-Hilali: young full-breasted (mature) maidens
Elyas: prächtige weibliche Wesen

> *2) Sie lehnen sich auf gereihten Betten. Und Wir vermählen sie mit großäugigen Huri.* (52:20)

Al-Hilali: And We shall marry them to Hur (female, fair ones) with wide lovely eyes. Hur: Very fair females created by Allah as such, not from the offspring of Adam, with intense black irises of their eyes and intense white scleras.
Zaidan: Hur´in: Wesen mit großen Augen, deren Iris rabenschwarz und bei denen das Weiße der Augen leuchtend/strahlend weiß ist.

> *3) Auf durchwobenen Betten lehnen sie sich einander gegenüber. Unter ihnen machen ewig junge Knaben die Runde mit Humpen und Krügen und einem Becher aus einem Quell, von dem sie weder Kopfweh bekommen noch sich berauschen, und mit Früchten und Geflügel von dem, was sie begehren. Und (darin sind) großäugige Huris, gleich wohlverwahrten Perlen.* (56:15-23)

Al-Halali: And there will be Hur (fair females) with wide, lovely eyes (as wives for the pious), like unto preserved pearls.

4) Wir haben sie, eigens entstehen lassen und sie zu Jungfrauen gemacht, liebevoll und gleichaltrig für die von der rechten Seite.* (56:35-37)

*die Huri, die Paradiesesjungfrauen
Al-Hilali: Verily, We have created them (maidens) of special creation. And made them virgins. Loving (their husbands only), (and) of equal age.

5) Für den, der den Stand seines Herrn fürchtet, sind zwei Gärten bestimmt. (...) Darin sind Frauen, die ihre Blicke zurückhalten, die vor ihnen weder Mensch noch Djinn beschlafen hat (...) als wären sie Hyazinth und Korallen.* (55:46-58)

* Al-Halali: opening their hymens with sexual intercourses
Elyas: entjungfert hat
Zaidan: deflorierte

6) Darin sind gute und schöne Frauen (...). Huri, die in den Zelten zurückgezogen wohnen. (...) Vor ihnen hat sie weder ein Mensch noch Djinn beschlafen** (...). Sie lehnen sich auf Decken und schönen Teppichen.* (55:70-76)

*Ahmadiyya: holdselige Wesen.
Zaidan: Hur-Wesen, s.o.
** Al-Halali: With whom no man or jinni has had tamth before them. Thambs means: Opening their hymens with sexual intercourse.
Elyas: entjungfert

Zur zweiten mekkanischen Periode gehören die folgenden drei Verse:

1) Und bei ihnen sind (Huri), die ihre Blicke zurückhalten und schöne, große Augen haben, als ob sie wohlverwahrte Eier wären. (37:48)

Al-Hilali: And beside them will be Qasirat-at-Tarf [chaste females (wives), restaining their glances (desiring none except their husbands)], with wide and beautiful eyes.*
*Narated Abu Hurairah: »(...) Everyone of them will have two wives; the marrow of the bones of the wives' legs will be seen through the flesh out of excessive beauty.«

2) Die Gottesfürchtigen befinden sich an einer sicheren Stätte, in Gärten und an Quellen. Sie tragen Gewänder aus Seide und Brokat, und (sie liegen) einander gegenüber. So ist es. Und Wir gaben ihnen als Gattinnen Huri mit schönen, großen Augen. Und sie rufen darin nach Früchten jeder Art (und leben) in Sicherheit.* (44:51-55)

*Al-Hilali: Hur: Very fair females created by Allah as such, not from the offspring of Adam, with intense black irises of their eyes and intense white scleras. (For details see the book Hadi Al-Anwah by Al-Qaiyim, Chapter 54, Page 147)

Zaidan: Hur´in: Wesen mit großen Augen, deren Iris rabenschwarz und bei denen das Weiße der Augen leuchtend/strahlend weiß ist.

3) Für die Allahfürchtigen ist wahrlich eine schöne Heimstatt bestimmt, die Gärten von Eden, deren Tore immer offen stehen. Sie lehnen sich darin, und sie rufen darin nach vielen Früchten und nach Getränk. Und bei ihnen sind gleichaltrige (Huri), die ihre Blicke zurückhalten. Das ist, was euch für den Tag der Abrechnung verheißen ist. Das ist Unsere Versorgung; sie geht nicht zu Ende.* (38:49-54)

*Al-Hilali: chaste females (wives) restraining their glances (desiring none except their husbands), and of equal ages.
Zaidan: Hur´in: Wesen mit großen Augen, deren Iris rabenschwarz und bei denen das Weiße der Augen leuchtend/strahlend weiß ist.

Auch im Anhang des Korans von Friedrich Rückert wird die Besonderheit der Huris erklärt. Danach sind *Huris* »diejenigen, deren Augen tiefschwarz und hellweiß sind«, die ewig jugendlichen Paradiesjungfrauen, die den gläubigen Männern im Paradies vermählt werden. Rückert überträgt die Beschreibung der *Huris* aus dem Arabischen in lesenswert künstlerische deutsche Sprache, z.B. so:

Gelehnt auf Polstern den gebauschten,
Und wir vermählten sie mit Huris großgeaugten. (52:20)

Wo sie auf seidnen Polstern lehnen,
Des Gartens Früchte nah den Händen. (...)
Drin sittsam blickende, die noch berührte keiner
Der Menschen oder Genien; (...)
Schön wie Korallen und Rubinen. (55:54-58)

Diese Koranverse sollen alle – wie schon gesagt – aus der Gemeindebildung und Werbung in der ersten Phase des Islam stammen, also aus der mekkanischen Zeit bis 622. Es sind wahrhaft verlockende Angebote, besonders für die Männer.

In den medinensischen Suren gibt es keine *Huris* mehr, aber »geläuterte Gattinnen«, die im Unterschied zu den irdischen Frauen gereinigt sind von allen verunreinigenden Ausscheidungen und daher den Männern immer verfügbar für den Sexualakt, zumindest interpretieren die islamischen Übersetzer den Text in der Regel so. In Sure 2 (arab.: *al-baqara* = Die Kuh) lautet ein Vers wie folgt:

Und verkünde denen, die glauben und die gute Werke tun, dass für sie Gärten bestimmt sind, unter denen Bäche fließen. Sooft ihnen daraus ei-

*ne Frucht als Lebensunterhalt beschert wird, sagen sie: »Das ist, was uns vorher beschert wurde«; es wird ihnen aber nur Ähnliches gebracht. Und sie haben darin geläuterte Gattinnen.** (2:25)

Al-Hilali: purified mates or wives: having no mensis, stools, urin. See Tafsir ibn Kathir (…).*
Elyas: *vollkommen gereinigte Gattinnen*
Zaidan*: gereinigte Partnerwesen*

Quelle der Lesarten dürfte die islamische Phobie vor der Verunreinigung sein. Die geringe Unreinheit kommt z.B. durch Berühren des Penis zustande und wird durch *wudu*, eine rituelle Waschung, beseitigt. Die große Verunreinigung wird durch Sexualkontakt und jede Art von Ausfluss bewirkt und bedarf der Ganzkörperwaschung. Bei geringer Verunreinigung darf der Gläubige das Ritualgebet nicht verrichten, das Umschreiten der Kaaba ist ihm verboten, und der Koran darf nicht berührt werden. Bei großer Verunreinigung darf außerdem der Koran nicht rezitiert und die Moschee nicht betreten werden. Beim Verkehr mit geläuterten Gattinnen gibt es diese irdischen Mängel nicht. Ewiger Sex in ewiger Reinheit ist versprochen. Reinigungsrituale erübrigen sich im ewigen Paradies.

Friedrich Rückert hat den Vers mit den »geläuterten Gattinnen« (Sure 2:25) nicht in seine Koranübersetzung hineingenommen. Auch fehlen jegliche Texte in der Frauentauschlogik, zu Blutrache, Sklaverei, Ehe- und Erbrecht. Phantasien zum paradiesischen Koitieren mit ewigen Jungfrauen wurden nicht ergänzt. Rückerts Koran-Übersetzung hat Auswahlwahlcharakter. Die Begründung dafür enthält ein von Rückert handgeschriebener Text im Stadtarchiv in Schweinfurt. Dort liest man von »Auslassungen des Zusammenhang störenden oder Unnützen. Wegen des nicht ansprechenden Inhalts (...)«.[240]

Außer den Paradiesbeschreibungen gibt der Koran Auskunft über die privilegierte Zulassung zum Paradies, besonders in den beiden folgenden Versen. Ich zitiere sie hier in der Übersetzung von Nadeem Elyas. Beide Verse habe ich im Kapitel Gottesbild zum Vergleich in der Übersetzung von Khoury zitiert.

Allah hat von den Gläubigen ihre eigene Person und ihren Besitz dafür erkauft, dass Ihnen der (Paradies)garten gehört: Sie kämpfen auf Allahs Weg, und so töten sie und werden getötet. (Das ist) ein für Ihn bindendes Versprechen in Wahrheit in der Tora, dem Evangelium und dem Qur´ān. So freut euch über das Kaufgeschäft, das ihr abgeschlossen habt, denn das ist der großartige Erfolg! (9:111)

Wenn ihr diejenigen, die ungläubig sind, (im Kampf) trefft, dann schlagt den Hals. (D.h.: dann schlagt (ihnen) auf die Nacken, bzw. tötet sie.) (...) Und diejenigen, die auf dem Weg Allahs getötet werden, wird Er ihre Werke nicht fehlgehen lassen; er wird sie rechtleiten und ihren Gemütszustand bessern und sie in den (Paradies)garten eingehen lassen, den Er ihnen kenntlich gemacht hat. (47:4 ff.)

Diese Einheit von Kampfbefehl und Versprechen Allahs hat im Islam eine machtvolle Eigendynamik bewirkt, deren Ziel die Islamisierung der Welt ist, auch mit Gewalt. Todesbereitschaft macht stark in der Kampfsituation. Die Ideologie vom gewaltförmigen Märtyrertum mit dem Paradies als Belohnung hat zu einer eigenen Gewaltgeschichte geführt, die durchaus erforscht ist, was aber kaum zur Kenntnis genommen wird. Bestens erläutert sind *Jihad* und *Dhimmitude* vom 7.–20. Jahrhundert von Bat Yeor. Einen aktuellen Aufsatz dazu lieferte der Althistoriker Egon Flaig: »Der Islam will die Welteroberung. Die Kriegsregeln sind flexibel, das Kriegsziel bleibt. Mohammeds kämpferische Religion.«[241] Der aufschlussreiche Text von Flaig wurde in der FAZ vom 16.09.2006 veröffentlicht. Der ägyptische Informationsminister hat daraufhin die Einfuhr dieser Ausgabe verboten.

Christliches und muslimisches Märtyrerkonzept sind verschieden. Während islamische Märtyrer Kämpfer mit der Waffe sind und ihr Leben im aggressiven Kampf gegen die Ungläubigen verlieren, erleidet der christliche Märtyrer passiv Folter und Hinrichtung. Er gibt sich widerstandslos hin. Sein Vorbild ist das Leiden Jesu.

10.2 In der Sunna

Die von Mohammed verkündeten Koranverse über das Leben nach dem Tod haben seine Gefährten natürlich zum Weiterdenken und Fragen angeregt. Die Gespräche mit ihrem religiösen, politischen und militärischen Führer wurden gesammelt. Darunter sind auch Geschichten über Himmel und Hölle. Eine Auswahl aus den Hadithsammlungen ist in den Totenbüchern des Islam veröffentlicht. Hier nur einige Beispiele aus dem *Totenbuch des Islam*, zusammengestellt von Imam ´Abd ar-Rahim ibn Ahmad al Qadi.[242]

So werden sie das Tor des Gartens erreichen, dessen Türklopfer aus rotem Rubin besteht. Mit diesem werden sie anklopfen, und die *Huris* werden sie mit Tellern in ihren Händen empfangen. Eine jede *Huri** wird auf ihren Meister zugehen, ihn umarmen und ihn anreden: »Du bist mein Geliebter. Du gefällst mir sehr, ich werde dich auf immer lieben.« Dann wird sie mit ihm in den Garten eintreten. (Totenbuch, S. 185)

*Glossar: Huris sind Paradiesmädchen, welche immer wieder in den Zustand der Unschuld zurückkehren.

In den Gärten befindet sich alles, was ein Ich begehrt und sein Auge erfreut. Reine Weiber, die *Huris*, leben bei ihnen, welche *Allah-ta´ala* aus Licht erschuf: *»Lieblich wie die Rubine, schön wie die Perlmutter* (Koran 55:58) (wandeln) darinnen (die *Huri*s), mit niedergeschlagenem Blick ...«. Sie haben den Blick vor allen außer vor ihren Gatten niedergeschlagen. Also schauen sie niemanden an als diese. *»... unberührt von jedem anderen Mann.«* (Koran 55:56) Wann immer ihr Gatte sich ihnen naht, findet er sie jungfräulich vor. Siebzig Kleider haben die *Huris* an. Ein jedes ihrer Kleider ist von einer Farbe, welche lichter ist als ein Haar auf ihrem Körper. Das Mark ihrer Beine ist durch ihr Fleisch, ihre Knochen und ihre Haut hindurch sichtbar. Die Köpfe der *Huris* sind von Perlen gekrönt, in welche Rubinen eingelegt sind. (Totenbuch, S. 173)

In einer Überlieferung heißt es, dass *Allah-ta´ala* einen jeden Seiner Knechte, welcher im Monat Ramadan fastet, mit einer *Huri* in einem Höhlenzelt aus weißem Perlmutter vermählen wird; wie *Allah-ta´ala* es verhieß: *»Huris, welche sich in kühlen Zelten vor der Welt zurückgezogen haben.«* (Koran 55:72) Das heißt, sie haben sich einsam abgesondert und verschleiert. Jede der Frauen trägt siebzig Ehrgewänder, und ein jeder Mann besitzt 70 Liegestätten aus rotem Rubin. Auf jeder Liegestatt liegen 70 Bettdecken, und auf jeder dieser Bettdecken liegt eine Frau. Jede dieser Frauen verfügt über siebzig Dienerinnen, und jede Dienerin isst von goldenen Tellern mit einem goldenen Besteck. Ihrem Gatten hat man desgleichen gegeben. Alles das ist für denjenigen bestimmt, welcher im Monat Ramadan fastet, und ist dem gemäß, was er in diesem an guten Taten tut.« (Totenbuch, S. 183 f.)

»Die Menschen des Gartens wachsen in Schönheit und Stattlichkeit Tag für Tag, so wie die Kinder in dieser Welt wachsen. Einem einzigen Mann ist beim Essen und Trinken und der sexuellen Befriedigung die Kraft von einhundert Männern gegeben. So gibt er sich für eine bestimmte Zeitspanne der körperlichen Liebe hin, wie es auch die Menschen dieser Welt tun. Diese Zeit beträgt achtzig Jahre, und es gibt keinen Samenerguss noch ein Verlangen.« (Totenbuch, S. 187)

Nach den zitierten Texten aus Koran, Sunna und Islamischem Totenbuch sind die Dominanz und sexuelle Verfügungsmacht des muslimischen Mannes über die Frauen im Paradies nicht nur gesichert, sondern sie gelangen zu höchster Vollendung. Geheime und grenzenlose männliche Sexualphantasien werden erfüllt. An die Stelle des irdischen Kults um das eine Hymen der Jungfrau, des Brautpreises für den Zugang und des Arzthonorars für seine Reparatur ist seine automatische ewige Erneuerung mit permanentem Angebot der Defloration getreten. Jeder Koitus wird zur Entjungferung, jede Penetration zum nahezu zeitlosen Orgasmus. Jeder Defloration folgt die sofortige Regeneration. Sinnenlust und Potenz des Mannes sind inmitten der unermesslichen Reichtümer der paradiesischen Gärten, die den Sultanspalästen an Pracht und Schönheit grenzenlos überlegen sind, unendlich. Ewige Jungfrauen ohne die irdischen Phasen und Symptome der Unreinheit und von nicht alternder Schönheit, sexueller Attraktivität und jungfräulicher Schamhaftigkeit halten sich bereit nur für den einen Geliebten und nur für das eine, die Befriedigung seiner grenzenlosen körperlichen Lust. Siebzig mal siebzig *Huris* liegen für jeden einzelnen ständig bereit, jede von ihnen begleitet von 70 Dienerinnen. Ein geheimnisvolles Spiel mit Zahlen: Die Sieben, auch im Islam eine mystisch-magische Zahl, multipliziert mit dem abgerundeten Ganzen der Zehn, ergibt das Ergebnis 70, die Zahl der reichen Fülle. Diese mit sich selbst multipliziert – das kann nur Sinnentaumel in Unendlichkeit bedeuten.

Das islamische System der Bedürfnisbefriedigung des Mannes durch seine Frauen erreicht im Paradies seinen Höhepunkt. In den Gärten der Huris ist die Frau Dienerin des Mannes in äußerster Vollendung.

Diese lustvollen Männerträume stehen im Gegensatz zu Vorstellungen von ewiger Keuschheit in anderen Religionen. Aber Vorstellungen von einem sexuellen Lustparadies gibt es nicht nur im Islam. In China glaubten die Männer Ähnliches. Deshalb sollen die Kastraten – das Eunuchenwesen war in China weit verbreitet – ihre abgeschnittenen Genitalien in einem Gefäß aufbewahrt haben, das ihnen ins Grab mitgegeben wurde in der Hoffnung auf paradiesische Wiederherstellung und Genuss im Jenseits.[243]

Vergleichsweise bescheiden ist das Paradies der Musliminnen nach Koran und Sunna. Sie gehen mit ihrem Gatten ein in die Gärten – und dann? Darüber schweigen die Autoren. Vielleicht können sich die Frauen auf ihren Liegen im Schatten der Bäume beim beruhigenden Anblick eines Flusses, bedient von *ewig jungen Knaben* mit Früchten, von der irdischen Verfügbarkeit als »Saatfeld« des Ehemannes und von der alltäglichen Bedienung der Herren des Hauses und ihrer Gäste ausruhen. Ein Zustand ohne »*mensis, stools and urin*« (Al-Hilali zu Sure 2:25) dürfte ja auch angenehm sein. Ohnehin kommen nach islamischer Vorstellung nicht viele Frauen ins Paradies, da mehr Frauen als Männer die Hölle bevölkern sollen. In den Hadithsammlungen heißt es: »Der Prophet Mohammed hat gesagt: ›Ich habe einen Blick in die Hölle geworfen und habe bemerkt, dass dort die Frauen in der Mehrzahl sind.‹«[244]

Die *ewig jungen Knaben* erinnern sehr an die Hunderte und Tausende von Eunuchen in islamischen *haram*-Bereichen: den Heiligtümern und den Palästen, dem Heiligen und dem Verbotenen, wonach der *Harem* benannt wurde. Noch 1990 sollen in Mekka vierzehn und in Medina siebzehn Eunuchen an den Heiligen Stätten gedient haben.[245] Das islamische Eunuchenwesen ist weitgehend ein Erbe Persiens, das sich in der Zeit der Abbasiden in Arabien entwickelt hat, sich im Osmanenreich zu voller Blüte entfaltete und in Resten heute noch besteht. Mit der Kastration glaubte man, auch die Jugend des Wachpersonals erhalten zu können:

> »Waren sie eben erblüht,
> so riss man nach persischer Sitte
> Knaben die Mannheit fort,
> ein Schnitt des Messers am Leibe
> brach ihre Zeugungskraft,
> und damit die köstliche Jugend
> nimmer entflieht, (...)«[246]

Dieses Gemisch aus Phantasie und der Realität des Eunuchenwesens scheint die islamischen Paradiesvorstellungen beeinflusst zu haben, besonders den Koranvers 56:17, der die Bedienung durch ewig junge Knaben verspricht.

Auf die Frage, welche muslimischen Männer bevorzugt in das Paradies gelangen, gibt auch Mohammed Antwort:

> Allahs Gesandter sagte: »Wisse, dass das Paradies unter den Schatten der Schwerter liegt.« (Sahih Al-Bukhari, Vol. 4, Hadith No. 73; Übersetzung Sch.)[247]

Mohammed folgt mit diesen Worten der Lehre Allahs im Koran: Der Kampf für Allah mit der Waffe öffnet also das Tor zum Paradies.

Mohammed gibt auch eine Antwort auf die Frage, ob denn jemand vom Paradies auf die Erde zurück möchte. Man kann es sich kaum vorstellen, aber es gibt auch diesen Wunsch:

> Der Prophet sagte: »Niemand, der in das Paradies gekommen ist, möchte zurückgehen in die Welt, selbst wenn er alles auf Erden bekäme, ausgenommen ein Märtyrer, der möchte in die Welt zurück, damit er zehn mal Märtyrer werden könnte, wegen der Ehre und der Würde, die er dann von Allah erhält.« (Sahih Al-Bukhari, Vol. 4, Hadith No. 72; Übersetzung Sch.)[248]

Die islamische Verführung zum Kampf mit der Waffe (arab./koranisch: *qital, qatala*) und zum Märtyrertum ist für viele junge Männer, die mit derartigen Versprechungen von Kind an indoktriniert werden, unwiderstehlich. Das war von Anfang an so, auch bei den Assassinen im 11. und 12. Jahrhundert, die auf Befehl ihres religiösen Oberhauptes mordeten, und ist bis heute so geblieben, wie die Selbstmordattentäter zeigen.

Die beiden zitierten Märtyrer-Hadith aus den Sahih al-Bukhari sind den Anmerkungen zu Sure 36:26 der englischen Koranausgabe aus dem König-Fahd-Komplex für den Druck vom Koran, Medina, übersetzt von Al-Hilali, entnommen (siehe Kapitel 2.2). Dieser Koran wird weltweit als Geschenk des saudischen Königs verbreitet. Von 1996 bis 2004 wurden zwei Millionen Exemplare in Großbritannien, Nordamerika, Australien, Neuseeland und vielen anderen Ländern verschenkt. Zielgruppe sind 463 Millionen Menschen.[249] Die deutsche Koranausgabe in der Übersetzung von Nadeem Elyas, ebenfalls kostenlos aus demselben Hause, enthält diese Hadithe nicht. In der wahabitischen Propaganda hierzulande bedeutet Islam Frieden, und das wird geglaubt. Bei jeder Gelegenheit wird hierzulande der Hadith zitiert: »Das Paradies liegt bei den Füßen der Mütter.« (Nasa´i)[250]

Wenn beide Worte Mohammeds – das vom Paradies unter den Schatten der Schwerter und das vom Paradies bei den Füßen der Mütter – echt sind, dann zeigt sich hierin erneut das Doppelgesicht des Islam, des Friedens und der Gewalt.

10.3 In der Exegese

Die Texte über das Paradies aus Koran und Sunna haben die Phantasie von Interpreten beflügelt. Zum Beispiel schreibt der große islamische Philologe und Theologe Jalal Al-Din Al-Suyuti (gest. 1505) dazu:

> »Jedesmal wenn wir mit einer *Huri* schlafen, erleben wir sie als Jungfrau. Außerdem wird der Penis der Auserwählten nie erschlaffen, die Erektion ist immerwährend. Das Erlebnis der Liebe ist absolut köstlich und nicht von dieser Welt, und würde man es in dieser Welt erfahren, so müsste man die Besinnung darüber verlieren. Jeder der Erwählten wird mit siebzig Huris verheiratet sein, zusätzlich zu den Frauen, die er auf Erden geheiratet hat, und eine jede von ihnen wird eine köstliche Vagina haben.«[251]

In den islamischen Paradiesvisionen ist nirgendwo von Zeugungsfähigkeit und Geburten die Rede. Sie werden wohl dem Bereich von Leben und Tod zugeordnet, sind also Merkmale der Vergänglichkeit und haben daher in der Ewigkeit keinen Platz. Paradiesisch ist das nahezu endlose Kopulieren, ohne zu zeugen und zu gebären.

10.4 Ende der Illusion?

Das Leben nach dem Tod wird im Islam nicht als Zustand der Vergeistigung, Erleuchtung und Heiligung dargestellt, sondern als Paradies der materiellen Superlative und der sexuellen Omnipotenz. Anstelle der Anbetung Allahs steht die Sakralisierung des Koitierens. Es verschmelzen nicht Liebe und Sexualität miteinander, es gibt nur noch Sex pur. Von Liebe ist dagegen kaum die Rede. Das islamische Paradies ist die Fortsetzung und Heiligung der Harems in den Palästen der Kalifen und Sultane.

Mit derartigem Männer-Wunschdenken wird seit 1400 Jahren geworben – für den Islam, für *jihad* und *qital*. Männliche Jugendliche werden damit für das so genannte Martyrium geködert, von den ersten Eroberungszügen des frühen Islam über die ismaelitischen Assassinen im 11. und 12. Jahrhundert bis zu den Selbstmordattentätern im dritten Jahrtausend. Der Islam instrumentalisiert Tod, Sexualität und Paradies für seine Machtpolitik. So importierte der Iran beispielsweise während des iranisch-irakischen Krieges 500.000 Plastikschlüssel aus Taiwan. Zwölfjährige Jungen, die in die Minenfelder geschickt wurden, bekamen je einen Schlüssel um den Hals gehängt, verbunden mit dem Versprechen, er werde ihnen die Tore zum Paradies öffnen.[252] Nach einer Meldung der britischen »Sunday Times« standen im Irak im Frühjahr 2006 rund 40.000 ausgebildete Selbstmordattentäter bereit.[253]

Neu sind die Ausbildung und der Einsatz von Frauen als Selbstmordattentäterinnen. Das Institut für Islamfragen verbreitet seit dem 30. Mai 2006 die folgende Nachricht aus dem Iran:

> »Muhammad Hamdi ist Sprecher des Ausschusses für die Verehrung der Märtyrer der internationalen islamischen Bewegung. Vor zwei Tagen soll er der französischen Presse mitgeteilt haben, die aktuelle Zahl der Mitglieder dieser Bewegung beliefe sich auf 55.000 Personen. Die neue Einheit der Selbstmordattentäter soll 300 Personen umfassen. Diese sei die fünfte Einheit dieser Art und trage den Namen des Mär-

tyrers Nadir Mihdawi, der während des Irak-Iran-Krieges gefallen sei. 30% der Mitglieder dieser Einheiten seien Frauen. Eine Selbstmordkandidatin sagte dazu: ›Ich habe mich als Freiwillige angemeldet, um den Islam überall zu verteidigen, insbesondere im Iran. Ich habe meinen Namen und den Namen meiner Tochter eingetragen. Meine Tochter ist zwei Jahre alt. Falls sie bei einem Attentat stirbt, wird ihr Leben verlängert (im Paradies).‹«[254]

Die Muslimbruderschaft hat diesen Gedanken zu ihrem Motto gemacht: »Allah ist unser Ziel. Der Prophet ist unser Führer. Der Koran ist unser Gesetz. Jihad ist unser Weg. Auf dem Weg Allahs zu sterben ist unsere größte Hoffnung.«[255] Die Globale Islamische Medien-Front (GIMF) veröffentlicht seit dem 8. März 2007 auf einer ihrer Webseiten ein 9-strophiges *Jihad-Gedicht*, von dem ich hier die erste und letzte Strophe zitiere:

»Das Paradies ist unterm Schwert
Oh lasset nicht vom Kampfe ab
Muhammad(s) hat uns das gelehrt
Und auch befielt es unser Rabb

Ab jetzt werden wir nicht mehr ruhn
Die Zeit des Aufstandes ist schon da
Verkaufen werden wir uns nun
Und unser Käufer ist Allah.

Zur Legitimation werden die dazu passenden Koranverse 9:5 und 9:111 ebenfalls zitiert.[256]

Ob die *Huri*-Phantasien mit dem Paradies Allahs übereinstimmen, ist allerdings fragwürdig geworden, seit der Sprachwissenschaftler Christoph Luxenberg, Spezialist für semitische Sprachen, besonders für das Aramäische, falsche Lesarten syro-aramäischer Textsequenzen im Koran nachgewiesen hat. Laut Luxenberg, der schon den Schleier der Frauen in Sure 24:31 als Gürtel entzifferte, sind die Huris im Paradies keine ewigen Jungfrauen, sondern weiße Weintrauben. Sie wurden in christlichen liturgischen Gesängen zu Mohammeds Zeit und bis zur weitgehenden Vernichtung der christlichen Gemeinden im Vorderen Orient, auch in Mekka, als Symbole der Ewigkeit besungen. Für die Richtigkeit der Hypothese Luxenbergs spricht die Tatsache, dass zur Zeit Mohammeds das Aramäische die bedeutendste Sprache des Vorderen Orients, die *lingua franca*, war. Das Arabische enthielt viele Lehnwörter aus dem Aramäischen und hatte damals nur eine rudimentäre Schrift, deren 18 Zeichen mehrere Deutungen zulassen.

Zum Vergleich noch ein kurzer Blick auf die christlichen Paradiesvorstellungen. Im Neuen Testament heißt es: »Denn nach der Auferstehung werden die Menschen nicht mehr heiraten, sondern sein wie die Engel im Himmel« (Mt 20:30 und Mk 12-25). Im Evangelium nach Lukas sagt Jesus: »Nur in dieser Welt heiraten die Menschen« (Lk 20:35). Im Christentum bleibt die Beschaffenheit des Paradieses – wie schon in diesem Kapitel einleitend gesagt – ein Geheimnis Gottes. Das Paradies als Belohnung für kriegerischen Einsatz – ein solches Versprechen Jesu oder seiner Apostel gibt es nicht.

Schluss: Die Frau ist weniger wert als der linke Hoden des Mannes

Der islamische Grundsatz der Verschiedenheit von Frau und Mann gebietet, Gleiches gleich und Ungleiches ungleich zu behandeln. Er steht im Gegensatz zum Gleichheitsgebot der Menschenrechtserklärungen der Vereinten Nationen und des deutschen Rechts, wonach wesentlich Gleiches gleich zu behandeln ist, also auch Frau und Mann. Der juristische Begriff der Gleichheit bedeutet nicht Identität, sondern Gleichberechtigung. Der Begriff der Gleichheit lässt rechtlichen Raum für faktische Unterschiede, wie beispielsweise das Thema Schwangerschaftsurlaub zeigt, zielt aber auf das Anrecht beider Geschlechter auf Rechtsgleichheit.

Der Grundsatz der Verschiedenheit des islamischen Rechts trägt hingegen zum Erhalt und zur Verfestigung der tradierten Geschlechtsrollen auf allen Ebenen des sozialen Lebens bei, also auf familiärer, beruflicher, rechtlicher und politischer. Frau und Mann werden nur in ihrer Würde vor Allah als gleich angesehen. Aus der Verschiedenheit wird im Islam damit vor allem die Geschlechterhierarchie konstruiert.

Im Bild gesprochen heißt das: Ehefrauen gehören wie die Kinder zur Herde des Hirten und haben zu gehorchen. Das Bild vom Hirten und seiner Herde wird im Islam häufig für die ideale Gemeinschaft verwendet: ein gehorsames Kollektiv und ein alleinherrschender Führer. Ibn Taimiyyas (1263-1328) Buch mit dem Titel: »Die an der Scharia orientierte Politik zur Formung des Hirten und seiner Schafherde« folgt der klassischen islamischen Doktrin vom Führer und seiner Gefolgschaft und wirkt bis heute erfolgreich im islamischen System, im Denken, in den Gesetzen, in der Rechtspraxis und in den islamischen Menschenrechtserklärungen.

In der islamischen Ordnung der Geschlechter – sowohl im Diesseits wie auch in den Paradiesvorstellungen – haben die Sexualität und die Geschlechtsorgane herausragende Bedeutung. Das Mädchen und die Frau sind nicht Besitzerin ihres eigenen Genitalbereichs, sondern nur Wächterin dieses »Schatzes« der Familie. Während die männliche Sexualität weitgehend unkontrolliert bleibt, wird die weibliche kontinuierlich bewacht. Dabei helfen alle Familienmitglieder mit, besonders die Männer, zuerst der Vater und die Brüder und dann der Ehemann. Sie bewachen die Ehefrauen, die Schwestern und die Töchter und damit den »Familienschatz«, von dem ihre Ehre abhängt. Die Frau hat kein Verfügungsrecht über diesen Teil ihres eigenen Körpers. Bewacht sie ihren Genitalbereich unzureichend oder gestattet sie sogar einem Mann, ausgenommen ihren Ehemann, den Zugang, so hat sie den »Schatz der Familie« zerstört und damit ihre eigene Ehre, außerdem die Ehre und das soziale Ansehen ihrer Herkunftsfamilie und, falls sie verheiratet ist, auch die Ehre ihres Ehemannes. Zwischen »Schatz« und Ehre besteht ein direkter Zusammenhang. Dadurch ist die Frau das Medium der Ehre des Mannes und ihrer Familie. Der Kodex der Ehre gilt in Kulturen, in denen die Geschlechterordnung in der Logik des Frauentauschs geregelt ist, nach der Männer die Frauen austauschen und nicht Frauen die Männer (Claude Lévi-Strauss). Heiratsverträge werden zwischen Männern abgeschlossen, Frauen sind dabei Objekt. Die Logik des Frauentauschs und die Ethik der Ehre stammen aus archaischer Geschlechterordnung. Diese Strukturen wurden vom Islam nicht bekämpft, sondern übernommen und wiederbelebt.

In Kulturen, in denen die Frau als Person angesehen wird, hat sie das Verfügungsrecht über ihren ganzen Körper, also auch über den »Schatz«. Da gelten weder die Frauentauschlogik noch der Kodex der Ehre. Die Logik der Anerkennung der Frau als Person schließt die Logik des Frauentauschs mitsamt ihren Ehrvorstellungen aus. Im Islam dominiert von Mohammed bis heute die Logik des Frauentauschs, nicht nur in Koran und Sunna, sondern auch in der Lebenspraxis. Inzwischen breitet sie sich im Zuge der Islamexpansion auch bei uns aus, und die Probleme von muslimischen Frauen wachsen dadurch kontinuierlich.

Das Recht auf Zugang zum »Schatz« erwirbt der Mann durch das Zahlen des Brautpreises (arab., koranisch: *mahr*), dessen Höhe und oft auch dessen Zahlungsmodus im Ehevertrag festgeschrieben sind. Die Höhe ist unter anderem abhängig vom Zustand des Jungfernhäutchens. Den Vertrag besiegelten in allen islamischen Kulturen früher der Bräutigam, der Vormund der Braut – in der Regel ihr Vater – und oft auch zwei männliche Zeugen. Anders gesagt: Der Heiratsvertrag ist ein Vertrag zwischen Frauengeber und Frauennehmer. Er ist grundsätzlich ein Vertrag mit Rückgaberecht. Der Jurist Georges-Henri Bousquet erklärt das in seinem Buch »*L'Ethique sexuelle de L'Islam*« so: Die Ehe ist für einen Muslim »ein Vertrag, wodurch er das Fortpflanzungsorgan einer Frau erwirbt, zum ausdrücklichen Zweck der Nutznießung.«[257] Das ist ganz im Sinne von Koran und Sunna, entspricht also der Eigenlogik Allahs und Mohammeds.

Die Heirat ist nach dem Allah-Gesetz etwas ganz anderes als nach der Lehre Jesu und der römisch-katholischen und orthodoxen Kirchen: im Islam ein kündbarer privatrechtlicher Vertrag zwischen Männern, im Christentum mehrheitlich ein unauflösbares Sakrament, dass sich die Brautleute wechselseitig spenden. Außerdem wird von den Kirchen bereits seit den ersten Jahrhunderten christlicher Zeitrechnung der Konsens des Brautpaares als allein ehebegründend anerkannt (*consensus facit matrimonium*), nicht der Konsens der Familien. Das *hymen virginitatis* spielt dabei keine Rolle. Das Ehesakrament wurde zu einem wichtigen Beitrag auf dem Weg zur Gleichberechtigung von Frau und Mann vor dem Gesetz. Nicht nur durch Jesus, sondern auch durch die Kirchen ist die Logik des Frauentauschs überwunden worden durch die Logik der Anerkennung der Frau als Person. Das hat Folgen für die Entwicklung des Verhältnisses von Frau und Mann zueinander, in Gesellschaft und Familie, im Ehe-, Familien-, Erb- und Scheidungsrecht und bei Bildungsprozessen.

In der islamischen Familie ist der Vater das Oberhaupt. Er hat das Aufsichtsrecht und die Aufsichtspflicht, das Erziehungsrecht und die Erziehungspflicht und im Konfliktfall das letzte Wort, den Stichentscheid. Er ist der Vormund der Kinder, oft auch seiner Ehefrau(en). Er vertritt die Familie nach außen und hat sie finanziell zu versorgen und zu schützen. Die Ehefrau ist für die Arbeit im Haushalt und in der Familie zuständig und ist sexuell das dem Mann immer zur Verfügung stehende »Saatfeld« (Koran 2:223). Außerdem hat sie der Patrilinearität der Familie ihres Ehemannes zu dienen und der biologischen Islamexpansion.

Mit Polygynie, dem Heiratsvertrag zwischen Frauengeber und Frauennehmer, dem Recht des Mannes auf Scheidung durch Verstoßung der Ehefrau, dem Recht der Frau auf Loskauf, mit Kinderehe und Sklavinnen als Konkubinen übernahm das Allah-Gesetz Bräuche der heidnischen Stämme in Arabien. Kinderehen, gemeint sind Ehen zwischen Männern und Mädchen, sind nicht nur ein kulturell bedingtes Phänomen, sondern auch eine durch Koran und Sunna legitimierte und im Islam verbreitete Praxis, die allerdings in der Moderne weniger wird.

Das islamische Recht unterscheidet zwischen Altersvormundschaft und Geschlechtsvormundschaft. Der Junge wird je nach nationaler Gesetzgebung mit vierzehn, sechzehn oder achtzehn Jahren volljährig und benötigt dann keinen Vormund mehr. Anders ist es beim Mädchen. Die Muslima hat unabhängig von ihrem Alter, also lebenslänglich, einen Vormund, den Geschlechtsvormund, der männlich und Muslim sein muss. Das islamische System der Geschlechtsvormundschaft schränkt die Rechte der Frau massiv ein. Beeinflusst durch den Westen hat sich das teilweise verändert: In der Türkei unterschreibt seit 1926 die Braut den Ehevertrag selbst, in Tunesien seit 1956 und in Marokko seit der Änderung des Familienrechts – *mudawana* – im Jahr 2004 nach jahrzehntelangem Kampf der Frauenbewegungen dort.

Im Westen gibt es nur noch die für Jungen und Mädchen gleich geregelte Altersvormundschaft. Die Geschlechtsvormundschaft, die es in unterschiedlichen Ausformungen im Römischen Recht, im germanischen Stammesrecht und im deutschen Recht früher auch gab, ist im Westen teils schon im Mittelalter, teils in der frühen Neuzeit abgeschafft worden.

Nach koranischem Recht sind Frauen für Sexualität, Schwangerschaft und Stillen von ihrem Ehemann zu bezahlen. Welch herausragender materieller Wert den Genitalien im Islam zugeschrieben wird, zeigt exemplarisch das iranische Strafrecht von 1991 (vgl. Kapitel 6.3). Wichtiger Bestandteil sind die archaischen Vergeltungsstrafen (*qisas*), wonach Mensch um Mensch, Auge um Auge, Zahn um Zahn vergolten wird. Mit Einverständnis des Opfers oder seines Stellvertreters kann die Strafe auch durch das Zahlen eines vom Koran legitimierten Blutgeldes (*diya*) abgegolten werden. Seine Höhe ist in über 200 Artikeln des iranischen Strafgesetzbuches festgelegt. Danach ist zum Beispiel die Höhe des Blutgeldes für einen muslimischen Mann doppelt so hoch wie für eine Muslima. Zwei abgeschnittene Hoden haben den Wert eines ganzen Mannes. Der linke Hoden allein hat den Wert von zwei Drittel des Blutgeldes für einen Moslem. Die Muslima ist also weniger Wert als der linke Hoden des islamischen Mannes. Das muslimische Mädchen hat einen Körperteil, der mehr Wert ist als es selbst: sein Hymen. Wird es mit dem Finger zerstört, so hat der Täter den vollen Preis für eine Muslima zu zahlen und dazu einen angemessenen Brautpreis. Bereits beim Fötus werden Unterschiede gemacht: Das Blutgeld für einen männlichen Fötus ist doppelt so hoch wie für einen weiblichen. (Vgl. S. 133)

Auch beim Zeugenrecht ist die Frau weniger Wert als ein halber Moslem. Wo zum Beispiel mehrere Zeugen benötigt werden, kann nach dem Koran in einigen Fällen ein Mann durch zwei Frauen ersetzt werden, in anderen Fällen überhaupt nicht. Würden Frauen als Zeuginnen allein auftreten, würden sie ausgepeitscht. Eine Abwertung des Zeugnisses der Frauen aufgrund ihres Geschlechts gibt es im Neuen Testament nicht und im modernen westlichen Recht auch nicht. Das spricht für die Herkunft dieses säkularen Rechts aus christlichen Quellen. Wäre es aus dem Allah-Gesetz hervorgegangen, wären auch hier die Zeugenaussagen von Frauen höchstens halb so viel Wert wie die der Männer.

Die Frau ist im Koran das Medium der Ehre des Mannes. Bei der Verhüllungsvorschrift für Frauen nach Sure 33:59 handelt es sich um die Einrichtung einer archaischen Konvention zum Schutz der Frauen vor männlicher Gewalt und zum Schutz der Männer vor Ehrverlust durch Kontrollverlust über ihren Sexualtrieb. Diese archaische Konvention dient dem Erhalt der Sittlichkeit. Eine religiöse Vorschrift ist das Kopftuch nach dem Koran nicht. An den von Muslimen verbreiteten unterschiedlichen Übersetzungen der Bekleidungsverse kann man erkennen, dass politische Interessen im Spiel sind. Sie zeigen, dass das islamische Kopftuch ein politisches Symbol des fundamentalistischen Islam ist, sowohl des sunnitischen als auch des schiitischen. Zu den politischen Zielen gehören die Geschlechtertrennung, die Markierung der islamischen Frauen zwecks permanenter Kontrolle und die Abgrenzung der Umma, der islamischen Gemeinschaft, von allen anderen.

Der islamischen Verführung zum Kampf mit der Waffe (arab.: *qital*, das Wort kommt 67 mal im Koran vor) und zum Märtyrertum erliegen gestern wie heute junge Männer, die von Kind an mit paradiesischen Versprechungen indoktriniert werden, und neuerdings auch Frauen.

Worte Allahs und Mohammeds verführen zur Gewalt und zum Selbstmordattentat. Der Märtyrer im Islam ist nicht wie der im Christentum, der Jesu Lehre verkündet und dafür widerstandslos hingerichtet wird.

Wie im irdischen Leben werden auch im islamischen Paradies Männer und Frauen unterschiedlich behandelt. Sie leben zwar beide in einem materiellen Schlaraffenland, aber wie im irdischen islamischen Leben wird auch im himmlischen die Sexualität von Mann und Frau unterschiedlich gelebt. Im himmlischen Paradies werden männliche Sexualphantasien zum wichtigsten Bestandteil der ewigen Seligkeit. Der Hymenkult wird vollendet in der Existenz ewiger Jungfrauen (*huris*). Über das paradiesische Leben der Frauen sagen Koran, Sunna und Exegese wenig, umso mehr aber über das der Männer und ihr Koitieren mit 70 mal 70 ewigen Jungfrauen für jeden einzelnen Moslem, zusätzlich zu den »gereinigten Gattinnen«.

Die islamische Geschlechterordnung bewahrt einen historisch überholten Patriarchalismus. Frauen stützen teilweise dieses System. Vielleicht hilft der folgende Gedanke von Simone de Beauvoir dabei, ihr Verhalten zu verstehen:

> »Der Mann ist stark daran interessiert, die Sittengesetze, die er aufstellt, einem Gott zuzuschieben. Vor allem deshalb, weil er über die Frau eine unbedingte Autorität ausübt, ist es gut, wenn diese ihm vom höchsten Wesen übertragen wird. (...) Die Gottesfurcht soll bei der Unterdrückten jede Anwandlung des Aufbegehrens ersticken. Man kann sich auf ihre Gläubigkeit verlassen.«[258]

Dennoch wächst die Zahl der kritisch denkenden, mutigen und protestierenden Musliminnen.

Der Islam erhebt in seinem gegenwärtig dominanten Selbstverständnis Ansprüche auf:

- Vollkommenheit und Endgültigkeit des Koran, da er das Wahre aller vorausgegangenen Religionen in sich integriere und ihre Fehler beseitige. Daraus folgt letztendlich der Anspruch auf Aufhebung aller anderen Religionen.
- Universalität, da die islamische Gemeinschaft Vorbild zu sein habe für die gesamte Menschheit und das Recht und die Pflicht auf Oberhoheit und Verbreitung des Islam weltweit beansprucht.
- Totalität, weil er für alle Bereiche des Lebens Regeln und Gesetze biete auf der Grundlage der Vorschriften des obersten Gesetzgebers Allah.

Der Geltungsanspruch der Scharia ist nicht auf islamische Staaten beschränkt. Die Scharia gilt für die Gemeinschaft der Muslime (*umma*) weltweit und diese erhebt mehrheitlich einen absolutistischen Geltungsanspruch für die Scharia, ausgenommen in der Phase des Vertragsstatus in der Diaspora. Für diese Übergangsphase ist die Einhaltung der säkularen Gesetze der jeweiligen »lokalen Rechtsordnung« (Islamische Charta des ZMD) von Allah geboten. Anders gesagt: Im Haus des Vertrages (arab.: *dar al-ahd*) ist die Legalitätstaktik zu befolgen. Sind Muslime erst an der Macht, so muss jedoch die Ablösung des säkularen Rechts durch das islamische folgen. Das bewirkt Unterschiede in der Rechtsträgerschaft und den Verlust der Gleichberechtigung. Für Frau und Mann, Muslime und Nicht-Muslime gelten dann unterschiedliche Rechte.

Der Islam ist eine Herrschafts- und Gehorsamsreligion und eine Religion mit impliziten politischen Ansprüchen, für die das im Grundgesetz garantierte Recht auf Religionsfreiheit nur begrenzt gelten kann, weil das

Allah-Gesetz im Unterschied zur christlichen Werteordnung teilweise verfassungsfeindlich ist. Der Islam ist an einen Text gebunden, der nach gegenwärtig dominantem Verständnis nicht verändert werden darf, und daher in seinem Kern selbst erstarrt. Der islamischen Politreligion im Namen der Religionsfreiheit die Tür zu öffnen, dürfte den Untergang der Demokratie und des Rechtsstaates zur Folge haben, denn der politische Islam ist das dritte totalitäre System. Kritik wird mit der Androhung von Gewalt begegnet.

Mohammed und Jesus werden beide im Islam als Prophet verehrt. Die Unterschiede zwischen ihnen werden jedoch weitgehend verschwiegen, dabei sind sie fundamental: Im Unterschied zu Mohammed hat Jesus niemanden getötet oder töten lassen. Er war weder politischer noch militärischer Führer, sandte keine Truppen aus und führte keine Kriege. Er versklavte niemanden und nahm keine Sklavinnen als Geschenk an, um sie zu seinen Konkubinen zu machen. Er erlaubte den Männern nicht die Polygynie und ließ keine Frau steinigen. Das alles wird von Mohammed berichtet, der nach dem Koran das Vorbild der Gläubigen ist.

Mit der Islamexpansion wächst auch die Kritik am Islam. Sie kommt sowohl aus der Wissenschaft wie auch aus der Lebenserfahrung. Die schärfsten Kritiker kommen aus dem Islam selbst. Sie beweisen, dass es sich beim Koran um einen kompilierten Text handelt. Nicht nur der Glaube an die Huris wurde erschüttert, auch der Glaube an den Islam als Botschaft des Friedens und an den Koran als das ewige Wort Allahs, offenbart in »klarer arabischer Sprache«. Dazu tragen auch die Widersprüche im Koran bei und die vielen Verse, in denen der oberste Gesetzgeber wie ein Willkürgott von sich selbst sagt:

»Allah führt in die Irre, wen er will.«

Anhang

1. Chronik der juristischen Entscheidungen und der Gesetzgebung zum Kopftuch

1997	Das Oberschulamt Stuttgart verweigert der Lehramtskandidatin Fereshda Ludin den Eintritt in das Referendariat, weil sie das Kopftuch nicht ablegen will. Auf Anordnung der damaligen Kultusministerin Annette Schavan darf sie das Referendariat mit Kopftuch beenden.
1998	Fereshda Ludin wird nach dem Referendariat aufgrund einer Entscheidung des Oberschulamts nicht in den baden-württembergischen Schuldienst übernommen, weil sie das Kopftuch im Dienst tragen will. Ludin reicht Widerspruch ein.
1999	Das Oberschulamt weist den Widerspruch Ludins zurück.
2000	Ludin reicht beim Stuttgarter Verwaltungsgericht Klage ein. Die Klage wird am 24. März zurückgewiesen mit der Begründung, das Tragen des Kopftuches verstoße gegen die Neutralitätspflicht von Lehrkräften an staatlichen Schulen. Ludin geht in Berufung.
2001	Am 26. Juni bestätigt der baden-württembergische Verwaltungsgerichtshof die Entscheidung der Vorinstanz. Ludin klagt beim Bundesverwaltungsgericht in Leipzig.
2002	Am 4. Juli bestätigt das Bundesverwaltungsgericht die Rechtsauffassung der Vorinstanzen und bekräftigt die Neutralitätspflicht des Staates. Ludin reicht Verfassungsbeschwerde ein.
2003	Am 3. Juni beginnt das Verfahren vor dem Bundesverfassungsgericht. Am 24. September entscheidet das Bundesverfassungsgericht mit 5:3 Stimmen, ein Kopftuchverbot durch die Bundesländer sei zwar möglich, es fehle dazu aber die gesetzliche Grundlage auf der Ebene der Bundesländer. Mehrere Bundesländer kündigen gesetzliche Kopftuchverbote an.

2004 Erstes Anti-Kopftuch-Gesetz:
Am 1. April beschließt der Landtag von Baden-Württemberg mit den Stimmen von CDU, SPD und FDP – gegen die Stimmen der Grünen – eine Änderung des § 38 des Landes-Schulgesetzes. Danach dürfen Lehrkräfte in öffentlichen Schulen »keine politischen, religiösen, weltanschaulichen oder ähnliche Bekundungen abgeben, die geeignet sind, die Neutralität des Landes gegenüber Schülern und Eltern oder den politischen, religiösen oder weltanschaulichen Schulfrieden zu gefährden oder zu stören.« Die »Darstellung christlicher und abendländischer Bildungs- und Kulturwerte oder Traditionen« ist aber gestattet, da sie mit der Landesverfassung und dem Schulgesetz übereinstimmt.

Zweites Anti-Kopftuch-Gesetz:
Am 28. April beschließt der Landtag von Niedersachsen mit den Stimmen der CDU/FDP-Koalition und der SPD einen Zusatz zum § 51 des Schulgesetzes: »Das äußere Erscheinungsbild von Lehrkräften in der Schule darf keine Zweifel an der Eignung der Lehrkraft begründen, den Bildungsauftrag der Schule auch in religiöser und weltanschaulicher Hinsicht überzeugend erfüllen zu können.«

Drittes Anti-Kopftuch-Gesetz:
Am 22. Juni beschließt der Landtag des Saarlandes einstimmig eine Änderung des Schulgesetzes. Darin heißt es u.a.: »Die Schule unterrichtet und erzieht die Schüler bei gebührender Rücksichtnahme auf die Empfindungen andersdenkender Schüler auf der Grundlage christlicher Bildungs- und Kulturwerte.« Das Kopftuch ist danach verboten, Kreuz und Kippa bleiben erlaubt.

Am 24. Juni 2004 weist das Bundesverwaltungsgericht in Leipzig die Revision Fereshda Ludins gegen das Urteil des VGH Baden-Württemberg vom 26. Juni 2001 zurück. Am 12. Oktober veröffentlicht es die schriftliche Begründung. Darin heißt es, das Kopftuch bleibe für Lehrkräfte in der Schule verboten, weil es ein »mehrdeutiges Symbol« sei, das auch politisch sein könne. Das gelte nicht für Kippa, Kreuz und die »Berufsbekleidung« der Ordensfrauen.

Viertes Anti-Kopftuch-Gesetz:
Am 7. Oktober verabschiedet der Landtag von Hessen mit absoluter Mehrheit der CDU-Fraktion – gegen Grüne, SPD und FDP – das Gesetz zur Sicherung der staatlichen Neutralität. Danach wird sowohl das Hessische Beamtengesetz als auch das Hessische Schulgesetz geändert. In § 68 des Beamtengesetzes und § 86 des Schulgesetzes wird eine fast gleichlautende Ergänzung eingefügt, die alle Beamten im Dienst bzw. alle Lehrkräfte in Schule und Unterricht verpflichtet, »politische, religiöse und weltanschauliche Neutralität zu wahren; (...) Insbesondere dürfen sie Kleidungsstücke, Symbole und andere Merkmale nicht tragen oder verwenden, die objektiv geeignet sind, das Vertrauen in die Neutralität ihrer Amtsführung zu beeinträchtigen oder den politischen, religiösen oder weltanschaulichen Frieden (in der Schule) zu gefährden.« Bei Entscheidungen über Symbole ist laut neuem Gesetz »der christlich und humanistisch geprägten abendländischen Tradition des Landes Hessen angemessen Rechnung zu tragen.« Ausnahmen dürfen von der zuständigen Behörde für Lehrkräfte im Vorbereitungsdienst erlassen werden. Mit dem Kopftuchverbot für alle Beamten im Dienst geht Hessen von allen Bundesländern am weitesten.

Fünftes Anti-Kopftuch-Gesetz:
Am 11. November beschließt der Landtag von Bayern mit den Stimmen der CSU Mehrheit – gegen SPD und Grüne – die Änderung von Art. 59, Absatz 2 des Bayrischen Gesetzes über das Erziehungs- und Unterrichtswesen. Danach sind »äußere Symbole und Kleidungsstücke«, die als eine »mit den verfassungsrechtlichen Grundwerten unvereinbare Haltung« verstanden werden können, verboten. Kreuz, Kippa und Nonnentracht sind von dem Verbot nicht betroffen.

Am 24.6.2004 wurden beide Fälle, der von Ludin aus Baden-Württemberg und der von Iyman Alzayed aus Niedersachsen, vom Bundesverwaltungsgerichtshof in Leipzig verhandelt auf der Grundlage der neuen Landesgesetze, die mit zu beurteilen waren. Beide Gesetze wurden als dem Urteil des Bundeserfassungsgerichts angemessen erachtet. Die Entscheidungen des Landes Ba-

den-Württemberg wurden als rechtens erklärt. Fereshda Ludin hatte verloren. Sie wollte kein weiteres Mal vor das Bundesverfassungsgericht ziehen.
Iyman Alzayed erklärte in der Verhandlung ihre Bereitschaft, sich dem neuen Gesetz zu fügen und in Zukunft ohne Kopftuch zu unterrichten. Kurz vor Beginn des neuen Schuljahres erhielt sie das Angebot einer österreichischen Schule, an der sie mit Kopftuch unterrichten kann. 2006 tritt sie in Deutschland auf als Referentin der Islamischen Religionspädagogischen Akademie Wien.[259]

2005 Sechstes Anti-Kopftuch-Gesetz:
Am 20. Januar beschließt die rot-rote Koalition im Berliner Abgeordnetenhaus das Gesetz zur Schaffung eines Gesetzes zu Artikel 29 der Verfassung von Berlin. Danach dürfen Christen, Juden, Muslime und Angehörige anderer Religions- und Weltanschauungsgemeinschaften beim Dienst in öffentlichen Schulen, in der Rechtspflege, dem Justizvollzug und bei der Polizei die Symbole ihrer Religion oder Weltanschauungsgemeinschaft nicht »demonstrieren« und »keine auffallenden religiös oder weltanschaulich geprägten Kleidungsstücke tragen«. Ausgenommen sind kleine Schmuckstücke. Auch das Kinderbetreuungsgesetz wird geändert. Es gibt danach kein Verbot religiöser Symbole, aber Eltern können verlangen, dass ihr Kind von Erzieherinnen ohne derartige Symbole betreut wird.

Siebtes Anti-Kopftuch-Gesetz:
Am 28. Juni beschließt die Bremer Bürgerschaft das Verbot des Tragens religiöser Symbole durch Lehrkräfte an öffentlichen Schulen (§59 b Abs. 4 und 5 BremSchulG). Das äußere Erscheinungsbild der Lehrkräfte darf danach »nicht dazu geeignet sein, die religiösen und weltanschaulichen Empfindungen der Schülerinnen und Schüler und der Erziehungsberechtigten zu stören oder Spannungen, die den Schulfrieden durch Verletzung der religiösen und weltanschaulichen Neutralität gefährden, in die Schule zu tragen«.

Europäischer Gerichtshof bestätigt Kopftuchverbot:
Am 10.11.2005 weist die Große Kammer des Europäischen Gerichtshofs für Menschenrechte in Straßburg die Klage einer Türkin ab, die ihr Recht auf den Schleier an türkischen Universitäten durchsetzen wollte. Schon die Kleine Kammer des Gerichts hatte 2004 die Klage nicht bestätigt. Das Kopftuchverbot an türkischen Universitäten bleibt also bestehen.
Im Dezember 2005 stimmt das Parlament in Den Haag dem Gesetzesantrag des Abgeordneten Geert Wilders zu, wonach das öffentliche Tragen der Burka in den Niederlanden verboten werden soll. Das Burka-Verbot ist in einigen flämischen Städten Belgiens bereits erfolgreiche Realität, z.B. in Antwerpen und Hasselt. Verstöße werden mit hohen Geldstrafen geahndet.

Achtes Anti-Kopftuch-Gesetz:
Am 31. Mai verabschiedet der Landtag von Nordrhein-Westfalen eine Ergänzung zum Schulgesetz mit folgendem Wortlaut: »Lehrerinnen und Lehrer dürfen in der Schule keine politischen, religiösen, weltanschaulichen oder ähnliche äußere Bekundungen abgeben, die geeignet sind, die Neutralität des Landes gegenüber Schülerinnen und Schülern sowie Eltern oder den politischen, religiösen oder weltanschaulichen Schulfrieden zu gefährden oder zu stören. Insbesondere ist ein äußeres Verhalten unzulässig, welches bei Schülerinnen und Schülern oder den Eltern den Eindruck hervorrufen kann, dass eine Lehrerin oder ein Lehrer gegen die Menschenwürde, die Gleichberechtigung nach Artikel 3 des Grundgesetzes, die Freiheitsgrundrechte oder die freiheitlich-demokratische Grundordnung auftritt.«

Einzelfallregelung:
Am 24. September entscheiden sich CDU und SPD in Schleswig-Holstein gegen die geplante Aufnahme des Kopftuchverbots für Lehrerinnen ins Schulgesetz. Auch christliche Symbole bleiben zugelassen. Die Verpflichtung der Lehrkräfte zu religiöser Neutralität bleibt bestehen. Neu ist eine Einzelfallregelung. Danach darf die Schulleitung bei Störung des Schulfriedens durch »religiöse Propaganda« das Kopftuch verbieten.

Gesetzesentwürfe für ein Kopftuchverbot haben die Länder Brandenburg und Rheinland-Pfalz.
Kein Verbot geplant haben Hamburg, Mecklenburg-Vorpommern, Sachsen-Anhalt, Sachsen und Thüringen.

Rita Verdonk, in den Niederlanden erste Ministerin für Integration, früher stellvertretende Gefängnisdirektorin und Direktorin für Staatssicherheit, erarbeitet einen Gesetzentwurf für das Burka-Verbot. Ihr Name taucht auf Todeslisten islamistischer Terroristen auf, ihr Büro in Den Haag wird beschossen, sie wird bewacht und trägt bei öffentlichen Auftritten manchmal eine kugelsichere Weste. Ihre beiden Kinder müssen häufig die Schule wechseln.[260]

2. Ehrungen für den Einsatz gegen Ehrverbrechen

Frauen, die sich für die Gleichberechtigung der Geschlechter einsetzen und über die Gewalt an Frauen aufklären, haben immer Gegner. So war es und ist es von Olympe de Gouges über Elisabeth Selbert bis Necla Kelek. Zum Beispiel wirft die auflagenstärkste türkische Tageszeitung in Deutschland Hürriyet – Freiheit – den Autorinnen Seyran Ates, Serap Cileli und Necla Kelek vor, »Vorurteile über die türkisch-muslimische Community in Deutschland zu schüren, um ihre Bücher besser verkaufen zu können.«[261] Wenn die Kämpferinnen für Frauenrechte dann auch noch erfolgreich sind, folgen häufig persönliche und berufliche Diskreditierung. Das kann man besonders beobachten bei den Attacken von Migrationswissenschaftlern gegen Necla Kelek. Aber Frauen wie sie, die begriffen haben, dass ihr Kampf für Freiheit und Gleichberechtigung, besonders muslimischer Frauen, eine wichtige Aufgabe fürs Leben ist, lassen sich von türkischen und deutschen Gegnern und Gegnerinnen nicht entmutigen, wie die Realität zeigt. Glücklicherweise erfahren die mutigen Frauen außer Abwertung auch Anerkennung für ihre berufliche, ehrenamtliche und literarische Arbeit. Ich kann hier nur exemplarisch auf einige Ehrungen hinweisen, über die ich mich persönlich besonders gefreut habe:

Ayaan Hirsi Ali wurde im April 2005 vom Time Magazin zu einer der 100 einflussreichsten Personen der Welt gewählt. Am 23. Januar 2006 wurde sie bei der Preisverleihung des Reader´s Digest zur »Europäerin des Jahres 2006« ernannt. Am 1. Oktober 2006 erhielt sie den Kassler Bürgerpreis »Das Glas der Vernunft«.

Fadela Amara erhielt 2004 für ihr Buch »*Ni Putes ni Soumises*« (Weder Huren noch Unterworfene) den »*Prix du Livre Politique*« und wurde im selben Jahr in Berlin für ihren Einsatz für die Gleichberechtigung der Frauen mit dem »Alice-Salomon-Preis« ausgezeichnet.

Seyran Ates wurde am 8. März 2004 für ihr Buch »Große Reise ins Feuer« und ihr Engagement für von Gewalt und Zwangsheirat betroffene Frauen und Mädchen aus islamischen Herkunftskulturen mit dem »Berliner Frauenpreis« ausgezeichnet. Am 5. November 2005 wurde sie vom Verband deutscher Staatsbürgerinnen zur »Frau des Jahres« ernannt. Am 7. Februar erhielt sie den Margherita-von-Brentano-Preis der Freien Universität Berlin. Jutta Limbach, Präsidentin des Goethe-Instituts und frühere Präsidentin des Bundesverfassungsgerichts, hielt die Laudatio.

Necla Kelek wurde am 14. November 2005 vom Landesverband Bayern des Börsenvereins des Deutschen Buchhandels und der Landeshauptstadt

München für ihr Buch »*Die fremde Braut*« der »Geschwister-Scholl-Preis« 2005 verliehen. In der Begründung heißt es, Keleks Buch sei »eine Streitschrift gegen den archaischen Sittenkodex der Zwangsheirat, für einen besseren Schutz der Opfer arrangierter Ehen und für das Recht auf selbstbestimmte Lebensführung«. In ihrer Dankesrede sagte Necla Kelek: »Und so ist letztlich an der Frage der Gleichberechtigung der Frau die Integration einer großen Zahl von Türken in Deutschland gescheitert.« Am 24. September 2006 erhielt sie für ihr Buch »*Die verlorenen Söhne*« den internationalen Sachbuchpreis »Corine 2006«. Sie ist im Wintersemester 2006/2007 die neue Inhaberin der Mercator-Professur an der Universität Duisburg-Essen.

Fatma Bläser und Serap Cileli wurde am 12. Juli 2006 im Festsaal des Rathauses der Landeshauptstadt Wiesbaden der »Ludwig-Beck-Preis für Zivilcourage« verliehen. Den Festvortrag hielt Karl Kardinal Lehmann, Vorsitzender der Deutschen Bischofskonferenz. In seinem Vortrag sagte er:

> Zweifellos gibt es in der Neuzeit einen engen Zusammenhang zwischen Zivilcourage und Bürgerlichkeit. Denn erst, wenn ein unmündiger Untertan sich in einen informierten Bürger verwandelt, der Grundrechte auch einklagen kann, bekommt der Begriff seine Konturen. Es ist eine echte Wächterfunktion gegenüber Übergriffen der Macht. Die dazu erforderliche Selbstständigkeit im Urteilen und die Kraft zur Selbstbehauptung lassen sich durch Achtung auf das Gewissen des anderen, Zulassung von Kritik, Ermutigung zur Selbstverantwortung, Förderung von Bildung und Information sowie einen offenen kommunikativen Austausch stärken. Dies scheint mit ein Grund zu sein, warum Zivilcourage vor allem als eine Auszeichnung der intellektuellen Eliten verstanden wird, was ich jedoch für fragwürdig halte, denn wahre Tapferkeit hängt nicht einfach vom Stand der Information und Bildung allein ab. Es gibt viele einfache Menschen, die mehr Zivilcourage und Tapferkeit aufbringen als die so genannten Intellektuellen.
>
> In diesem Zusammenhang darf man auch nicht vergessen, dass die Tapferkeit im erwähnten Sinn schon von der Antike her zu den Kardinaltugenden zählt. (...) Die klassische europäische Tradition, die sich besonders auch bei Thomas von Aquin verdichtet, hat dies aufgenommen. Ich führe einige Sätze an aus den Schriften des Aquinaten (...): »Nicht in Wahrheit tapfer sind jene, die um der Ehre willen Tapferes vollbringen.« »Tapferkeit wirkt in zweifacher Weise: im Angriff und im Standhalten.«
>
> Ich brauche hier nicht ausführlich darzulegen, wie sehr diese klassische Sicht auch vielen Aussagen der Bibel entspricht, und zwar sowohl des Alten wie des Neuen Testaments. (...) Nichts anderes sagen die Worte vom »Salz der Erde« und vom »Licht der Welt«.
>
> Wir werden gewiss bei der Würdigung der diesjährigen Preisträgerinnen, Fatma Bläser und Serap Cileli, sehen, wie wir auch mitten in der Demokratie für unser Zusammenleben einen solchen ungewöhnlichen Mut brauchen. Beide kämpfen, auch

durch ihr schriftstellerisches Wirken, für die Freiheit der muslimischen Frau. Ich möchte den beiden Autorinnen herzlich gratulieren und dem Auswahlgremium für diese Vorschläge danken.

Serap Cileli wurde am 30.08.2005 für ihr Buch »*Wir sind eure Töchter, nicht eure Ehre*« und für ihre Aufklärungsarbeit über den Ehrenkodex, über Zwangsverheiratungen und Ehrenmorde das »Verdienstkreuz am Bande des Verdienstordens der Bundesrepublik Deutschland« von der Hessischen Sozialministerin Silke Lautenschläger (CDU) verliehen. Sie ist damit die jüngste Trägerin dieses Ordens. Ergriffen und voll Freude sagte Serap Cileli in ihrer Dankesrede:

> Diese Auszeichnung verstehe ich als ein bundespolitisches Signal gegen die Frauen verachtenden Praktiken. Ein grundlegendes Zeichen im Kampf gegen jegliche Gewalt an Frauen. Sie steht für Solidarität mit den Opfern, die den unbeugsamen Regeln der konservativ-religiösen Tradition unterstehen; zu Hause und weltweit.
> Ich nehme diese Ehrung nicht nur in meinem eigenen Namen, sondern auch im Namen meiner Familie entgegen. Für meinen Mann, meinen Sohn und für meine beiden Töchter. Denn ohne dieses Team wäre meine Arbeit nicht möglich. Danke, dass es Euch gibt.
> Ich nehme diesen Preis in großer Dankbarkeit im Namen der unzähligen muslimischen Mädchen und Frauen entgegen, denen man ihre Menschenwürde, ihre Unschuld und ihre Kindheit genommen hat. Sie sind die Opfer von häuslicher Gewalt, Zwangsverheiratung und Zwangsverschleierung mitten in unserem Rechtsstaat. Sie sind die Opfer, denen Bildung und das Recht auf Freiheit, Gerechtigkeit und soziale Gleichberechtigung verweigert wird.
> Ich nehme den Preis auch im Namen der zahllosen Mädchen und Frauen entgegen, die Opfer einer menschenverachtenden Tradition wurden. Die so genannten Schandemorde. Sie sind die ermordeten Mädchen und Frauen, deren männliche Familienmitglieder den drakonischen und blutdürstigen Gedanken vertreten, nämlich: Dein Blut für meine Ehre!
> Sehr geehrte Damen und Herren, das begangene Unrecht kann nicht rückgängig gemacht werden, aber für die Zukunft besteht Hoffnung. Doch zwischen der Vergangenheit und der Zukunft liegt die Gegenwart. Lassen Sie uns demzufolge gemeinsam »jetzt« mit allen rechtlichen und politischen Mitteln gegen die immer stärker zunehmende Praxis von Zwangsheirat und Ehrenmord vorgehen! Fragen wir uns, was wir heute, Fehler in der Vergangenheit »erkennend«, besser machen können.
> Zur Bekämpfung der Zwangsheirat und zum besseren Schutz von Opfern benötigen wir rechtliche Schritte, doch dabei darf es nicht bleiben. Erforderlich ist eine bundesweite Erhebung über das Ausmaß von Zwangsehen. Anonyme Schutzeinrichtungen sowie spezielle Beratungsstellen für junge Migrantinnen müssen geschaffen werden. Dazu müssen wir verstärkt Informations- und Aufklärungsarbeiten betreiben. Alle Institutionen und Gruppen, die mit Betroffenen von Gewalt und Zwangsheirat zu tun haben, müssen für das Thema sensibilisiert und professionell geschult werden. So, dass sie die Probleme rechtzeitig erkennen und auf gute Beratungsstel-

len verweisen können. Die Straftaten, bei denen die Ehre als Tatmotiv angegeben wird, müssen in den Statistiken separat ausgewiesen werden.
Außerdem möchte ich nicht unerwähnt lassen, dass auch oft junge türkische Männer von Zwangsheirat bedroht bzw. betroffen sind. Sie sind also auch Opfer, um die wir uns kümmern müssen.
Damit die Zwangsheirat ein eigener Tatbestand im Strafgesetzbuch wird, unterstützen wir die Bundesratsinitiative von Baden-Württemberg, die es uns ermöglichen soll, die Rechte der Opfer von Zwangsheirat zu schützen. Sorgen wir dafür, dass die muslimischen Mädchen und Frauen, die Bürger unseres Landes sind, autonom leben, in Freiheit und Unabhängigkeit.
Ich möchte an dieser Stelle ein wichtiges Anliegen von mir unterstreichen. Das von Baden-Württemberg vorgeschlagene Gesetz hat leider einen Schönheitsfleck. Nämlich, die Mädchen, die von ihren Eltern zur Zwangsheirat ins Ausland verschleppt werden, sind in der Gesetzesinitiative nicht ausreichend geschützt.
Deshalb rufe ich alle politisch Verantwortlichen auf, die Opfer von Zwangsheirat, die zur Heirat ins Ausland verschleppt wurden, besser zu schützen. Dringend notwendig ist ein vereinfachtes und verlängertes Rückkehrrecht für verschleppte Mädchen und Frauen aufgrund einer Zwangsheirat. Denn, wer von seiner Familie entrechtet, verjagt oder hingerichtet wird, der darf nicht auch noch vom Staat bestraft werden.
Meine Damen und Herren, abschließend möchte ich noch einen dringenden Aspekt hervorheben: Die Bildung!
Uns wird beigebracht, dass die Männer die Ernährer der Familie sind und dass wir Frauen die Abhängigkeit vom Mann als »gottgewollt« hinzunehmen haben. Beides sind Lügen.
Denn ein Ausweg aus der Abhängigkeit ist die Bildung, welche muslimischen Mädchen (mittlerweile auch muslimischen Jungs) oft verwehrt bleibt. Sie werden von ihren Eltern zunehmend aus dem Schwimm- und Sportunterricht oder Sexualkundeunterricht mit der Begründung aus dem Koran und der Scharia herausgenommen und dürfen an Schulausflügen nicht teilnehmen. Obwohl die Rechte und Pflichten für alle Schülerinnen und Schüler gleichermaßen gelten, werden in Deutschland Urteile zugunsten der muslimischen Eltern gefällt, die den Zugang der Mädchen zur Bildung einschränken. Diese Schülerinnen, die in unserer Gesellschaft leben, haben aus religiösen, traditionellen oder kulturellen Gründen innerhalb der Familie nur mindere Rechte.
Wollen wir im Namen der Toleranz Frauen diskriminieren?
Wollen wir im Namen der Toleranz zusehen, wie die Scharia in Deutschland eingeführt wird?
Wir können und wir müssen erwarten, dass die Menschen, die nach Deutschland kommen, unser Grundgesetz und die liberalen Werte respektieren. Menschen, die sich von der deutschen Gesellschaft bewusst abgrenzen und sich Parallelkulturen und Parallelgesellschaften schaffen, gehören nicht hierher.
Und wir dürfen gegenüber den Feinden unserer Demokratie niemals zurückweichen. Wir wollen nicht mehr mit dem heuchlerischen Nebeneinander leben, sondern in einem respektvollen Miteinander.

Lassen sie uns gemeinsam zur Bewahrung unserer demokratischen Werte für eine freie demokratische und gleichberechtigte Gesellschaft noch entschiedener eintreten als in der Vergangenheit.
Lassen wir nicht zu, dass die Macht der Unterdrücker durch unsere passive Duldung und stumme Akzeptanz wächst.
Lassen Sie uns gemeinsam handeln.
Lassen Sie uns gemeinsam heute tun, was zu tun ist, damit es kein »zu spät« gibt.
Ich bedanke mich bei Ihnen allen für die große Ehre.
Seien Sie meines tief empfundenen Dankes versichert, dass ich meine Arbeit für eine friedliche, gerechte und gleichberechtigte Gesellschaft fortsetzen werde. Und ich werde in dieser Bemühung nicht nachlassen.
Ich danke Ihnen!

Anmerkungen

[1] Limbach, Jutta: Elisabeth Selbert und ihre Sternstunde im Parlamentarischen Rat am 18. Januar 1949. In: Die Hessische Landesregierung (Hrsg.): »Ein Glücksfall für die Demokratie«. Elisabeth Selbert (1896-1986). Die große Anwältin der Gleichberechtigung. Eichborn, Frankfurt /M. 1999, S. 239.

[2] Majer, Diemuth: Der lange Weg zu Freiheit und Gleichheit. 14 Vorlesungen zur Rechtsstellung der Frau in der Geschichte. WUV-Universitätsverlag, Wien 1995, S. 78.

[3] Limbach: E. Selbert ..., S. 240.

[4] Dertinger, Antje: Elisabeth Selbert. Eine Kurzbiographie. Hg.: Bevollmächtigte der Hessischen Landesregierung für Frauenangelegenheiten. Wiesbaden, Nachdruck 1999, S. 51.

[5] Hofmann, Murad: Der Islam als Alternative. Eugen Diederichs Verlag, München (2)1993, S. 159.

[6] Das ist meine Erfahrung aus zwanzig Jahren pädagogischer Praxis als Lehrerin, anschließender Berufstätigkeit als Pädagogische Mitarbeiterin an der Universität in Frankfurt/Main im Fachbereich Erziehungswissenschaften und als Dozentin in Forschung und Lehre im Bereich Islam und Migration und in der Lehrerfortbildung. Vgl. Schröter, Hiltrud: Arabesken. Studien zum interkulturellen Verstehen. Peter Lang, Frankfurt/M. u.a. (1) 1997, (3)2005. Dies.: Mohammeds deutsche Töchter. Ulrike Helmer Verlag, Königstein/Ts. (1)2002, (2)2003.
Dies.: Ahmadiyya-Bewegung des Islam. Hänsel-Hohenhausen, Frankfurt/M. (1)2002, 4(2005).

[7] Der Koran. Übersetzung von Adel Theodor Khoury. Mit Muhammad Salim Abdullah. GTB Sachbuch, Gütersloh (1)1987, (2)1992.

[8] Der Koran. Übersetzung von Rudi Paret. Kohlhammer, Köln (1)1979, (5)1989.

[9] Bobzin, Hartmut: Der Koran. Eine Einführung. C. H. Beck, München 1999.

[10] Daniel Steinvoorth und Charlotte Wiedemann: Die letzte Instanz. DIE ZEIT, 5/2005.

[11] Mernissi, Fatema: Die Angst vor der Moderne. Luchterhand Literaturverlag, Hamburg u.a. (1)1992, S. 50.

[12] Schwartländer, Johannes und Bielefeldt, Heiner: Christen und Muslime vor der Herausforderung der Menschenrechte. Hg.: Wissenschaftliche Arbeitsgruppe für weltkirchliche Aufgaben der Deutschen Bischofskonferenz. Bonn (1)1992, (3)1997, S. 44 und 47. Schwartländer, Johannes (Hg.): Freiheit der Religion. Christentum und Islam unter dem Anspruch der Menschenrechte. Matthias-Grünewald-Verlag, Mainz 1993.

[13] Al-Fadschr, Nr. 93/1999, S. 17.

[14] Falaki, Salam: Kampfbefehle Allahs im Koran. Warum Muslime gegen Ungläubige kämpfen müssen. Beilage zu den Ost-West-Nachrichten. Nr. 2, Okt. 2001.

[15] Yeor, Bat: Der Niedergang des orientalischen Christentums unter dem Islam. 7.-20. Jahrhundert. Zwischen Dschihad und Dhimmitude. Resch, Gräfelfing (1)2002.

[16] Abdullah , Muhammad Salim: Der Koran. Gottes Wort im Leben der Gemeinde. Einleitung zur Koranübersetzung von Adel Theodor Khoury. GTB Sachbuch, S. XII.

[17] Bobzin, Hartmut: Der Koran. Eine Einführung. C. H. Beck, München 1999, S. 26 und 75.

[18] Ibn Warraq: Warum ich kein Muslim bin. Aus dem Amerikanischen übersetzt von Abu Al-Adjnabi. Matthes & Seitz, Berlin 2004, S. 157.

[19] Anwar Shaikh: Faith and Deception. Principality Publishers, Cardiff 1996. Ders.: Allah – ein Diener des Propheten? Kritische Anfragen eines Dissidenten. In: OJC: Salzkorn, 1/2005.

Wenner, Reinhard: Der Koran – Eine göttliche Botschaft? Kritische Anfragen. Manuskript 2006

[20] Übersetzt von Hartmut Bobzin. Vgl. Bobzin: Der Koran. Eine Einführung, S. 86.

[21] Der Koran. Übersetzung von Max Henning. VMA-Verlag, Wiesbaden o.J. Auch: Reclam-Verlag, Leipzig 1968.

[22] Busse, Heribert: Die theologischen Beziehungen des Islams zu Judentum und Christentum. Wissenschaftliche Buchgesellschaft, Darmstadt (2)1991, S. 105.

[23] Halm, Heinz: Der schiitische Islam. Von der Religion zur Revolution. Beck´sche Reihe 1047, München 1994, S. 43 ff.

[24] Siehe Kap.: Der Hijab und das islamische Kopftuch. Außerdem: Schröter: Mohammeds deutsche Töchter. Besonders der Fall *Eveline*.

[25] Mernissi, Fatema: Der politische Harem. Mohammed und die Frauen. Dağyeli, Frankfurt/Main 1989, S. 61.

[26] Halm, Heinz: Der Islam. Geschichte und Gegenwart. C. H. Beck, München 2000.

[27] Breuer, Rita: Grundlagen der Scharia und ihre Anwendung im 21. Jahrhundert. In: Bundesministerium des Innern (Hg.): Islamismus. Dez. 2003, S. 83-101. Nagel, Tilman: Das islamische Recht. Eine Einführung. WVA-Verlag Skulima, Westhofen 2001.

[28] Halm, Heinz: Der schiitische Islam, S. 36.

[29] Lüling, Günter: Über den Urkoran. Ansätze zur Rekonstruktion der vorislamisch-christlichen Strophenlieder im Koran. (Dissertation 1970), (1)1974, Verlag H. Lüling, Erlangen (2)1993.

Ders.: Der christliche Kult an der vorislamischen Kaaba als Problem der Islamwissenschaft und christlichen Theologie. Erlangen 1992.

Ders.: A Challenge to Islam for Reformation. The Rediscovery and reliable Reconstruction of a comprehensive pre-Islamic Christian Hymnal hidden in the Koran under earliest Islamic Reinterpretations. Motilal Banarsidass Publishers, Delhi, India 2003.

Luxenberg, Christoph: Die syro-aramäische Lesart des Korans. Ein Beitrag zur Entschlüsselung der Koransprache. Schiler-Verlag, Berlin 2000.

Ders.: Der Koran zum islamischen Kopftuch. Zu Sure 24:31. Imprimatur, Mai 2004.

[30] Ohlig, Karl-Heinz und Puin, Gerd-R.: Die dunklen Anfänge. Neue Forschungen zur Entstehung und frühen Geschichte des Islam. Schiler, Berlin (1)2005, (2)2006.

[31] Zit. nach Ohlig und Puin, S. 8.

[32] Popp, Volker: Die frühe Islamgeschichte nach inschriftlichen und numismatischen Zeugnissen. In: Ohlig/Puin, S. 62.

[33] Ohlig: Wieso dunkle Anfänge des Islam? A.a.O., S. 10.
Lerch, Wolfgang Günter: Lesarten des Koran. FAZ 27.06.2005.

[34] Kebir, Sabine: Die Nacht der Aufklärung. Freitag 15, 15.04.2005.

[35] Jeffery, Arthur: The Foreign Vocabulary of Koran. Oriental Institute Baroda, India 1938. Siehe auch Warraq, S. 160. Und: http://answering-islam.org.uk/Books/Jeffery/tribute.htm, gelesen 29.10.05.

[36] Ohlig und Puin, S. 10 f, Anm. 8.

[37] Luxenberg, Christoph: Neudeutung der arabischen Inschrift im Felsendom zu Jerusalem. In: Ohlig/Puin, S. 124-147.

[38] »Goldziher´s profound and brilliant studies on hadith had shown for the first time that these ›traditions‹ about Muhammad and his Companions reflected the conditions, not of the period to which they were ascribed, but of that in which they were produced – i.e. that they expressed, and were devised to support opinions current in various circles during the first two and a half centuries after the death of the Prophet.« http://www.geocities.com/orientalismorg/Schacht.htm?200528, gelesen 28.10.05.

[39] Goldziher, Ignaz: Muslim Studies. 2 vols. Translated by C. R. Barber and S. M. Stern. London 1967-71. Zit. nach Warraq, S. 111.

[40] Schacht, Joseph: Law and Justice. In: The Cambridge History of Islam. 4 vols. Cambridge 1970, S. 149-163. Zit. nach Warraq, S. 113.

[41] Schacht a.a.O., Warraq, S. 114.

[42] Halm, Heinz: Der Islam. Geschichte und Gegenwart, S. 40 f.

[43] Mernissi: Der politische Harem, S. 60 ff.

[44] Ibn Warraq: A Personal Look at Some Aspects of the History of Koranic Criticism in 19th and 20th Centuries. In: Ohlig/Puin, S. 213.

[45] Schwartländer, Johannes (Hg.): Freiheit der Religion, S. 101 f.

[46] Der Koran. Übers. von Khoury. Anhang, S. 550.

[47] Schimmel, Annemarie: Und Muhammad ist sein Prophet. Diederichs Gelbe Reihe. München 1989, S. 238.

[48] Mernissi, Fatema: Der politische Harem, S. 104.

[49] Al-Hayat, 23.6.1993. Zit. nach Tibi, Bassam: Im Schatten Allahs. Piper, München (1)1996, (2)1999, S. 185.

[50] Der Koran. Übersetzung von Khoury. Einleitung, S. XXXV.

[51] Tibi, Bassam: Im Schatten Allahs, S. 203.

[52] Pipes, Daniel: Durchsetzung islamischen Rechts in Kanada? In: New York Sun, 27.09.2005. http://www.danielpipes.org/pf.php?id=2995 , gelesen 15.01.06.

[53] Kelek, Necla: Die fremde Braut. Ein Bericht aus dem Innern des türkischen Lebens in Deutschland. Kiepenheuer & Witsch, Köln (4)2005, S. 253.

[54] Faltblatt: Muslime im Dialog. 8: Jesus im Koran.

[55] Weisses Minarett. Verlag Der Islam, Frankfurt, Ausgabe 2003, S. 53.

[56] »(…) you are ordered by Allah to continue in carrying out Jihād against the disbelievers till they embrace Islam and are saved from the punishment in Hell-fire or at least come under your protection, (…)«

[57] Knoche, Hansjürgen: Der Vorwurf der Dreigötterei – die Herausforderung des Islam an unseren Glauben. In: Bund für evangelisch-katholische Wiedervereinigung e.V. (Hg.):

Bausteine für evangelisch-katholische Kirchengemeinschaft. Gersfeld, Heft 153 / 1999, S. 7-19.

58 Busse, Heribert: Die theologischen Beziehungen des Islams zu Judentum und Christen tum, S. 23.

59 Christ in der Gegenwart. 29/1993, S. 236. Zit. nach Knoche, a.a.O, S. 7 f.

60 Siehe dazu Paret: Koran. Kommentar zu Sure 61:6.

61 Ahmad, Sheik Nasir: Jesus im Qur-an. Verlag der Islam. Frankfurt 1995, S. 18 f.

62 Faltblatt: Jesus, Sohn der Maria. Verlag der Islam. (2) Mai 2005.

63 Wenner, Reinhard: Kritische Anmerkungen zum 24 Seiten umfassenden Werbe-Heftchen »Die Aufforderung zur Rechtleitung und wahren Errettung.« Manuskript, St. Augustin, 31.03.2005.

64 Royaume d'Arabie saoudite, Ministère des Affaires Islamiques, des Waqfs, de l'Appel et de l'Orientation. Complexe Roi Fahd pour l'impression du Noble Coran à Médine, Secrétariat Général: Traductions des sens du noble Coran parues au complexe Roi Fahd pour l'impression du Noble Coran à Médine, jusqu'à la fin de l'année 1425 AH.

65 The Noble Qur´an. King Fahd Complex for the Holy Qur´an. Madinah, K.S.A., o. J., S. 910. Aus dem Impressum: »This Noble Qur´an with the English translation of its meanings and commentary is a gift of the Custodian of the Two Holy Mosques, King Fahd ibn ´Abd al-´Aziz Āl Sa´ud for the dissimination of Allah´s Word.«

66 (Koran 7:80-84, 11:77-83, 15:58-77, 21:74 f, 26:165-174, 27:54-58, 29:28-35)

67 Khoury: Koran, Anhang, S. 530 f.

68 Zitiert nach Ibn Warraq: Warum ich kein Muslim bin, S. 423.

69 Busse, Herbert: Die theologischen Bedeutungen ..., S. 39 f.

70 Opitz, Michael: Onkels Tochter, keine sonst. Suhrkamp, Frankfurt 1991.

71 Schirrmacher, Christine und Spuler-Stegemann, Ursula: Frauen und die Scharia. Die Menschenrechte im Islam. Diederichs, Hugendubel, Kreuzlingen / München 2004, S. 85.

72 Sahih al-Buhari. Nachrichten von Taten und Aussprüchen des Propheten Muhammad. Ausgewählt, aus dem Arabischen übersetzt u. herausgegeben von Dieter Ferchl. Reclam, Stuttgart 1991, S. 337.

73 Schröter, Hiltrud: Arabesken. Teil IV: Schatz, Pforte und Puppenspiel. Ein Beitrag zur Frauentauschlogik, S. 147-189. Zitat mit Feinanalyse S. 154 f.

74 Bousquet, Georges-Henri: L´Ethique sexuelle de l´Islam. Desclée De Bouwer, Paris 1966, S. 118. Zit. nach Ibn Warraq, S. 409.

75 Lévi-Stauss, Claude: Strukturale Anthropologie I, Suhrkamp, Frankfurt/M. 1991, S. 62. Original Paris 1958.

76 Ders.: Strukturale Anthropologie II, a.a.O. 1992, S. 99. Original Paris 1973.

77 Weber, Max: Wirtschaft und Gesellschaft – Grundriss der verstehenden Soziologie, 2. Halbband, Tübingen (4)1956, S. 428.

78 Sahih al-Buhari, S. 342.

79 The Holy Qur´an. King Fahd Complex for the printing of the Holy Qur´an. Medina, K.S.A.

80 Sahih al-Buhari, S. 358.

81 Khoury: Der Koran. Anhang S. 549 f.

[82] Abschiedspredigt des Propheten. In: Schimmel: Und Muhammad..., S. 238. Auf den Widerspruch zwischen dem Allah-Gesetz im Koran und Mohammeds Verhalten und Lehre gehe ich im 6. Kapitel *Islamisches Strafrecht und Zeugenrecht* ausführlich ein.

[83] Gerhard, Ute: Verhältnisse und Verhinderungen. Frauenarbeit, Familie und Recht der Frauen im 19. Jahrhundert. Mit Dokumenten. Anhang, Kapitel 21: Über Geschlechtsvormundschaft und die Frau als Rechtsperson. Suhrkamp, Frankfurt am Main 1978, S. 460-474.

[84] Büchler, Andrea: Das islamische Familienrecht: Eine Annäherung unter besonderer Berücksichtigung des Verhältnisses des klassischen islamischen Rechts zum geltenden ägyptischen Familienrecht. Stämpfli Verlag AG, Bern 2003, S. 30.

[85] Büchler, Kap.: Polygamie, S. 35-38.

[86] http://www.welt.de/data/2005/04/08/660719.html?prx=1 , gelesen 20.04.05.

[87] Büchler, S. 29.

[88] And those of your women as have passed the age of monthly courses, for them the ʹIddah (prescribed periods), is three months; and for those who have no courses (i.e. they are still immature) their ʹIddah is three months likewise (65:4, Al-Hilali).

[89] Ginaidi, Ahmed und Christa: Die Situation der Frau im Islam und im Christentum. Ibidem, Stuttgart 2005, S. 53 f.

[90] Eine ausführliche Kritik an ihrem Buch verfasste der Jurist und Theologe Reinhard Wenner. Zusammenfassend schreibt er: »Es werden wiederholt dunkle Seiten der abendländischen Geschichte erwähnt und ihnen die angeblich hellen Seiten des Islam in Lehre und Praxis entgegen gehalten, an etlichen Stellen unter Verschweigen der tatsächlichen Situation und indem rechtliche und theologische Fakten ausgelassen werden. (...) Wer den Eindruck haben sollte, dass es sich bei dem Buch um eine Werbung für den Islam handeln könnte, dürfte nicht ganz falsch liegen.« Vgl. Wenner, Reinhard: Stellungnahme aus theologischer und juristischer Sicht zum Buch »Die Situation der Frau im Islam und im Christentum« von Ahmed und Christa Ginaidi. Wenner, Manuskript, St. Augustin, 04.05.2006, S. 32.

[92] Elsdörfer, Ulrike: Frauen in Christentum und Islam. Dialoge – Traditionen – Spiritualitäten. Ulrike Helmer Verlag, Königstein/Taunus 2006, S. 205 f. Der evangelisch-islamische Schlussakkord des Buches ist wahrscheinlich motiviert, um die katholische Kirche abzuwerten. Es gab und gibt nach der Geburt eines Kindes eine Segens- und Danksagungsfeier für die Mutter, aber nicht im Sinne einer Reinigung. Falls irgendwo Missdeutungen dieser Feier existierten, kann man die katholische Kirche und ihre Liturgie dafür nicht verantwortlich machen.

[93] Sahih al-Buhari, S. 348.

[94] Breuer, Rita: Familienleben im Islam. Traditionen, Konflikte, Vorurteile. Herder, Freiburg u.a. 2002, S. 43.

[95] Zit. nach Ibn Warraq: Warum..., S. 412.

[96] Büchler: Das islamische Familienrecht, S. 69.

[97] Ich verwende hier und im Folgenden das Wort Mythos im Sinne uralter überlieferter Erzählungen eines Volkes, besonders über die Entstehung der Welt und des Menschen – so wie ihn auch die Religionssoziologie verwendet.

[98] Sahih al-Buhari, S. 349.

[99] Islaminstitut der Deutschen Evangelischen Allianz. 16.05.2006. www.islaminstitut.de Quelle: www.alkhaleej.ae/articles/show_article.cfm

[100] Sahih al-Buhari, S. 365 f.

[101] Büchler, S. 34, Anm. 122.

[102] www.islaminstitut.de/Anzeigen_von_Fatwas.43.98.html?&cH... gelesen am 15.01.06. Quelle: www.alkhaleej.ae/articles/show_article.cfm

[103] »Narrated Ibn Abbas: The wife of Thabit bin Qais came to the Prophet and said. ›O Allahs Messenger! I do not blame Thabit for defects in his character or in his religion, but I, being a Muslim dislike to behave in an un-islamic manner (if I remain with him).‹ On that Allahs Messenger said to her, ›Will you give back the garden which your husband has given you (as Mahr)?‹ She said, ›Yes.‹ Then the Prophet said to Thabit, ›O Thabit! Accept your garden, and divorce her once.‹ (Sahih Al-Bukhari, Vol.7, Hadit No. 197)«. The Noble Koran. King-Fahd-Komplex, Anm. zu Sure 2:239.

[104] Büchler, S. 50.

[105] Büchler, S. 51 f.

[106] Büchler, Kap.: Die gerichtliche Scheidung, S. 53 ff.

[107] Sahih al-Buhari, S. 329.

[108] Sahih al-Buhari, S. 339.

[109] Zit. nach Schirrmacher, Christine und Spuler-Stegemann, Ursula: Frauen und die Scharia, S. 124.

[110] Sahih al-Buhari, S. 328.

[111] Zit. nach Afschar, Moussa: Die Stellung der Frau im Islam. Lizenz zur Unterdrückung im Namen Allahs. Martin-Blaich-Verlag, 2002, S. 112.

[112] Khoury: Der Koran, Anm. zu Sure 66:1. Afschar, a.a.O, S. 111 f.

[113] Bobzin, Hartmut: Der Koran, S. 26 und 75.

[114] Mernissi: Der politische Harem, S. 159 f. Mernissi wurde 2003 in Madrid mit dem spanischen *Prinz-von-Asturien-Preis* ausgezeichnet und von Naghib Mahfus, dem einzigen arabischen Literatur-Nobelpreisträger (gest. 30.08.2006 im Alter von 94 Jahren), zur »einflussreichsten Intellektuellen der arabischen Welt« erklärt. Auch das Werk Mahfus', der mehr als 50 Romane und etwa 100 Kurzgeschichten schrieb, ist in manchen islamischen Ländern indiziert.

[115] Ibn Warraq: Warum ich kein Muslim bin, S. 442 f.

[116] IGFM-Mitteilungen: Für die Menschenrechte. Nr. 3, Mai/Juni 2005.

[117] Eine Darstellung des komplizierten Erbrechts Ägyptens und den Text des ägyptischen Testamentsgesetzes (Gesetz Nr. 71, 1946) in arabischer und deutscher Sprache enthält die Dissertation von Achim Umstätter. Vgl. Umstätter, Achim: Das Testament im ägyptischen Erbrecht. Eine Untersuchung unter Berücksichtigung des klassischen islamischen Rechts. Peter Lang, Europäische Hochschulschriften, Reihe II: Rechtswissenschaft, Frankfurt/Main u.a. 2000. Siehe auch: Ferid/Firsching/Dörner/Hausmann: Internationales Erbrecht. C.H.Beck, München, 62. Ergänzungslieferung, März 2006.

[118] Elyas, Nadeem: Familienplanung und Abtreibung aus islamischer Sicht. http://www.enfal.de/famplan.htm, gelesen 07.03.05, S. 1.

[119] Khoury, Adel Theodor: Religion und Politik im Islam. In: Aus Politik und Zeitgeschichte, Beilage zur Wochenzeitung Das Parlament. B 22/90, 25. Mai 1990, S. 6.

[120] Zit. n. Elyas, a.a.O., S. 2.

[122] Mt 19:5, Mk10:7, Eph 5:31, Gn 2:24. Die Bibel. Herder, Freiburg u.a. (2)1969.

[123] Zit. n. Denzinger, Heinrich: Enchiridion symbolorum definitionum et declarationum de rebus fidei et morum. Kompendium der Glaubensbekenntnisse und kirchlichen Lehrentscheidungen. Lateinisch-Deutsch. Verbessert, erweitert, ins Deutsche übertragen und unter Mitarbeit von Helmut Hoping. Hg.: Peter Hünermann, Freiburg u.a. (37)1991, S. 295 f.

[124] »1 Und er brach von dort auf und zog in das Gebiet von Judäa und jenseits des Jordan. Und wieder strömten die Scharen bei ihm zusammen; und wieder lehrte er sie, wie er es gewohnt war. 2 Da traten Pharisäer heran und fragten ihn, um ihn auf die Probe zu stellen, ob es dem Manne erlaubt sei, seine Frau zu entlassen. 3 Er aber antwortete ihnen: ›Was hat euch Mose vorgeschrieben?‹ 4 Sie sagten: ›Mose hat erlaubt, einen Scheidebrief auszustellen und (sie damit) zu entlassen.‹ 5 Jesus aber sprach zu ihnen: ›Wegen eurer Herzenshärte hat Mose euch diese Verordnung geschrieben. 6 Von Anbeginn der Schöpfung aber schuf (Gott) sie als Mann und Frau. 7 Deshalb wird der Mann seinen Vater und seine Mutter verlassen, und die beiden werden ein Fleisch sein. 8 Also sind sie nicht mehr zwei, sondern ein Fleisch. 9 Was nun Gott verbunden hat, das soll der Mensch nicht trennen.‹ 10 Zu Hause nun fragten ihn die Jünger nochmals darüber. 11 Da sagte er ihnen: ›Wer seine Frau entlässt und eine andere heiratet, der bricht ihr gegenüber die Ehe. 12 Und wenn sie ihren Mann entlässt und einen anderen heiratet, so bricht sie die Ehe.‹« (Mk 10:1-12)

[125] Schröter, Arabesken: Kap. Anerkennungslogik im Neuen Testament, S. 175

[126] Ratzinger, Joseph: Gott und die Welt. Glauben und Leben in unserer Zeit. Droemersche Verlagsanstalt, München, Neuausgabe 2005, S. 459.

[127] Bauman, Urs: Die Ehe – ein Sakrament? Benziger, Zürich 1988, S. 207.

[128] Lüdicke, Klaus, Art. Ehekonsens. In: Lexikon für Kirchen- und Staatskirchenrecht. Hg.: Axel von Camphausen, Ilona Riedel-Spangenberger, Reinhold Sebott, Band 1, Paderborn 2000.

[129] Denzinger, a.a.O., S. 295 f.

[130] Wunder, Heide: Die »Familiarisierung« von Arbeit und Leben. In: Beck, Rainer (Hg.): Das Mittelalter. Ein Lesebuch zur deutschen Geschichte 800-1500. C.H. Beck, München 1997, S. 235-243.

[131] Denzinger, Heinrich: Enchiridion symbolorum definitionum et declarationum de rebus fidei et morum. Kompendium der Glaubensbekenntnisse und kirchlichen Lehrentscheidungen, S. 333.

[132] Lüdicke, Klaus, Art. Ehekonsens. In: Lexikon für Kirchen- und Staatskirchenrecht.

[133] Das Eherecht für die lateinische Kirche ist enthalten in den cc. 1055-1165 CIC (Codex Iuris Canonici), für die orientalischen, mit Rom unierten Kirchen in den cc. 776-866 CCEO (Codex Canonum Ecclesiarum Orientalium).

[134] Vgl. Bousquet, Georges-Henri: L´Ethique sexuelle de l´Islam. Zitiert nach: Ibn Warraq: Warum ich kein Muslim bin, S. 410.

[135] Ratzinger: Gott und die Welt, S. 186.

[136] Siehe zu 1 Sm 18:17-27 Schröter: Arabesken, S. 174.

[137] http://www.baz.ch/druckversion.cfm?objektID=422D=403-1422-OCEF-381F55C2BB6DAF9C, gelesen 21.12.05.

[138] http://www.netzeitung.de/vermischtes/439517.html

[139] Khoury, Der Koran. Anhang, S. 549 f.

[140] Abschiedspredigt des Propheten. In: Schimmel: Und Muhammad ist sein Prophet, S. 238.

[141] Khoury, Der Koran. Anhang, S. 549.

[142] Steiner, Michael: Die islamischen Eroberer. Salam-Verlag, Langen 2001, S. 30.

[143] Charfi, Mohamed: Die Menschenrechte in den islamischen Ländern. In: Schwartländer, Johannes (Hg.): Freiheit der Religion – Christentum und Islam unter dem Anspruch der Menschenrechte. Matthias-Grünewald-Verlag, Mainz 1993, S. 101.

[144] www.alkhleej.ae/articles/show_article.cfm?val=154140 und www.islaminstitut.de/index.php?templateid=print&art=nems&id=432_, gelesen 17.06.05.

[145] Veröffentlicht im Amtsblatt Nr. 13604 vom 11. Dej 1370/1. Januar 1992. Nach: Tellenbach, Sylvia: Strafgesetze der Islamischen Republik Iran. Übersetzt und eingeleitet von Tellenbach. Hg.: Max-Planck-Institut für ausländisches und internationales Strafrecht. Sammlung außerdeutscher Strafgesetzbücher in deutscher Übersetzung, 106. Walter de Gruyter, Berlin u. New York 1996, S. 25, Fußnote 1.

[146] Tellenbach: Strafgesetze, S. 3.

[147] www.ncr-iran.org/de/index.php?option=com_contend&task=view&id=333&Itemid=58, gelesen 30.12.05.

[148] FNP 02.01.2006.

[149] Bahman, Nirumand: Ahmadinedschad geht zum Gegenangriff über. In: taz 06.01.06. http://www.taz.de/pt/2006/01/06/a0096.1/textdruck, gelesen 07.01.06.

[150] Reuter, Bärbel: Gelebte Religion. Religiöse Praxis junger Islamistinnen in Kairo. Ergon, Würzburg 1999, S. 194.

[151] Al-Banna, Hassan: Al-Mar´a al muslima. Dar at-Tawzi´ wa-n-Našr al Islamiya, Kairo 1940, 1990.

[152] Schröter: Mohammeds deutsche Töchter, S. 241-251.

[153] Ministerium für Kultur und Information des Königreichs Saudi Arabien (Hg.): Wellkommen. (Sic!) Auslandsinformation, o. J., S. 14 f.

[154] Die zitierten Texte von Christoph Luxenberg wurden dem Kapitel – Der Koran zum »islamischen Kopftuch«. Zu Sure 24:31 – entnommen, das der Autor in seiner nächsten Buchpublikation veröffentlichen wird. Das Kapitel wurde/wird auf Grund seiner aktuellen Bedeutung vorweg verbreitet. Imprimatur, Trier, Mai 2004. Luxenberg ist Spezialist für semitische Sprachen. Bereits erschienen: Ders: Die syro-aramäische Lesart des Koran. Ein Beitrag zur Entschlüsselung der Koransprache. Schiler-Verlag, Berlin 2000.

[155] Siehe Fall *Eveline* in Schröter: Mohammeds deutsche Töchter, S. 176-194.

[156] Spiegel online, 17.05.2006. http://www.spiegel.de/politik/ausland/01518,416713,00.html.

[157] AFP, Agence France-Presse, 26.09.2003: NRW-Verfassungsgerichtspräsident kritisiert Kopftuch-Urteil. http.://www.123recht.net/printarticle.asp?a=6711 , gelesen 19.12.05.

[158] Isensee, Josef: Grundrechtseifer und Amtsvergessenheit. FAZ 08.06.2004.

[159] Alice Schwarzer im Gespräch mit Frank Schirrmacher: Die Islamisten meinen es so ernst wie Hitler. FAZ, 04.07.2006.

[160] Winkler, Heinrich August: Was heißt westliche Wertegemeinschaft? In: Die Zeit. Nr. 9, 22.02.2007.

[161] Zitiert nach Karl Kardinal Lehmann: Zivilcourage. Vortrag anlässlich der Verleihung des Ludwig-Beck-Preises an Fatma Bläser und Serap Cileli im Rathaus von Wiesbaden am 12. Juli 2006. Manuskript S. 2. Siehe Anhang, S. 252.

[162] Kelek, Necla: Der Lernprozess. Anmerkungen zum Fall Sürücü. FAZ 24.04.2006.

[163] FNP 29.07.2005.

[164] http://www.bka.de/pressemitteilungen/2006/060519_pi_ehrenmorde.pdf

[165] BKA-Info, S.14.

[166] FAZ, Majed Sattar: Verlagerung eines Problems. 08.08.2006.

[167] http:www.emma.de/05_1_steinigung.html , gelesen 02.10.05.

[168] http://www3.e110.de/artikel/detail.cfm?pageid=65&id=67509&include=no&drucken=yes, gelesen 9.9.05.

[169] Muslimische Frauen. Im Gefängnis der Zwangsehe. http://www.espace.ch/artikel_68164.html, gelesen 11.03.05.

[170] Die Sendung lief am 17.09.2004 um 21.45 Uhr in ARD-exklusiv.

[171] Schröter, Hiltrud: Mohammeds deutsche Töchter, S. 130.

[172] A.a.O, S. 95.

[173] http://www.rheinischer-merkur.de/aktuell/php/printandsend.php3?action=print&file=./do04/tuerk_044006.html

[174] http://www.frauenrechte.de/themen/ehrenmorde/beispiele.html , gelesen 09.09.05.

[175] http://www.de/data/2005/02/26/544429.html?prx=1

[176] Dawn will come and the Girls will ask about her,/Where is she? And the monster will answer:/ »We killed her.« / (…) / No smile, no joy, no turn as the knife so waiting / For us in the hand of father or brother / And tomorrow, who knows which desert / Swallows us, to wash off shame? (A.a.O., S. 39) Auf die aufschlussreiche letzte Zeile dieses Gedichts gehe ich im Abschnitt »Kultur oder Islam?« ausführlich ein.

[177] Abou-Zeid, Ahmed: Honour und Shame among the Beduins of Egypt. In: Peristiany, J.G. (Hg.): Honour and Shame. The Values of Mediterranean Society. University of Chicago Press. Chicago 1966.

[178] Bourdieu, Pierre: Entwurf einer Theorie der Praxis auf der ethnologischen Grundlage der kabylischen Gesellschaft. Suhrkamp, Frankfurt/Main 1976.

[179] Schiffauer, Werner: Die Gewalt der Ehre. Erklärungen eines türkisch-deutschen Sexualkonflikts. Suhrkamp Taschenbuch 894, 1983.

[180] Schirrmacher, Christine und Spuler-Stegemann, Ursula: Frauen und die Scharia. Die Menschenrechte im Islam. Hugendubel/Diederichs, Kreuzlingen/München 2004.

[181] Schröter, Hiltrud: Arabesken – Studien zum interkulturellen Verstehen im deutsch-marokkanischen Kontext. Peter Lang, Frankfurt/M. u.a. (1)1997, (3)2005.

[182] Memri Spezial Dispatch vom 19.Juni 2006.

[183] http://www.epd.de/west/print/west_index_34229.htm, gelesen 24.04.05.

[184] Religionsattaché verurteilt Ehrenmorde. Berliner Morgenpost vom 22.02.2005.

[185] http://www.rbb-online.de/_/nachrichten/politik/beitrag_drucken_jsp/key=news2280851.html, gelesen 18.03.05

[186] Halm, Heinz: Der Islam. Geschichte und Gegenwart. C.H.Beck, München 2000, S. 83.

[187] Al-Khayyat: Ehre und Schande, S. 22 f.

188 Antes, Peter: Verbrechen im Namen der Ehre – ein religiöses Phänomen? Ehre und Religion. In: Terre des Femmes / Myria Böhmecke (Hg.): Tatmotiv Ehre. Tübingen 2004.

189 Mein Leserbrief an STERN-Chefredakteur Osterkorn, 7.12.2004.

190 Schirrmacher und Spuler-Stegemann: Frauen und die Scharia, S. 170.

191 A.a.O., S. 241, Anmerkung 50.

192 Sahih al-Buhari, S. 344.

193 A.a.O., S. 344.

194 Khomeini, zit. nach Mayer, Ann Elizabeth: Islam and Human Rights. Tradition and Politics. Boulder, San Francisco, Westview Press, 1991, S. 93 ff. Siehe auch: Tibi, Bassam: Im Schatten Allahs. Der Islam und die Menschenrechte. Piper, München, Zürich, (1)1996, (2)1999, S. 248.

195 Khamenei, zit. nach Mayer, a.a.O., S. 34.

196 a) BGBl 1973 II 1534, b) BGBl 1973 II 1570.

197 Tibi: Schatten, S. 221 und 269. Schwartländer, Johannes und Bielefeldt, Heiner: Christen und Muslime vor der Herausforderung der Menschenrechte. Hg.: Wissenschaftliche Arbeitsgruppe für weltkirchliche Aufgaben der Deutschen Bischofskonferenz. Bonn (1)1992, (2)1996, S. 29.

198 Bundeszentrale für politische Bildung, bpb (Hg.): Menschenrechte und Deklarationen. Bonn (4)2004, S. 23.

199 http://www.un.org/womenwatch/ daw/cedaw/states.htm.

200 bpb: Menschenrechte, S. 145.

201 Sahih al-Buhari, S. 344. Ich bin auf diesen Fall im Kapitel 8.7 *Im Namen der Ehre* bereits eingegangen.

202 Traités Multilateraux déposés auprès du secrétaire Général, Etat, 31.12.1987, Vereinte Nationen, New York, 1988, S.171. Zit. nach Mernissi, Fatema: Die Angst vor der Moderne. Luchterhand Literaturverlag, Hamburg, Zürich 1992, S. 96 f.

203 Mernissi, Die Angst ..., S. 98.

204 Mernissi, Fatema: Der politische Harem. Mohammed und die Frauen. Dağyeli, Frankfurt (Main), 1989, S. 170 f.

205 Schwartländer, Bielefeldt: Christen und Muslime ..., S. 16 und 35.

206 bpb: Menschenrechte, S. 546-574.

207 Duncker, Anne: Zur Bedeutung der Menschenrechte im Islam. Eine Analyse islamischer Erklärungen über die Menschenrechte. Diplomarbeit in Politologie 2003. Philipps-Universität Marburg. Abdullah, Salim: Die Allgemeine Islamische Menschenrechtserklärung. Die Vorgeschichte der Erklärung. In: Evangelische Akademie Iserlohn (Hg.): Die Allgemeine Islamische Menschenrechtserklärung. Tagung der Evangelischen Akademie Iserlohn in Verbindung mit der Christlich-Islamischen Gesellschaft Nordrhein-Westfalen e.V., Tagungsprotokoll 21/84, S. 2-13. Schulze, Reinhard: Islamischer Internationalismus im 20. Jahrhundert. Untersuchungen zur Geschichte der Islamischen Weltliga. Brill, Leiden 1990.

208 CIBEDO-Dokumentation, 15/16, Frankfurt, Juni/September 1982. Siehe: Duncker, S. 31, Fußnote 111.

209 Zit. nach Tibi, Bassam: Im Schatten Allahs, S. 42 und 153.

210 Schimmel: Und Muhammad ..., S. 238.

[211] Tibi: Im Schatten ..., S. 54 und S. 357, Anm. 57.

[212] Schwartländer, Bielefeldt: Christen und Muslime ..., S. 43.

[213] Afghanistan, Ägypten, Albanien, Algerien, Aserbaidschan, Bahrain, Bangladesch, Benin, Brunei, Burkina-Faso, Dschibuti, Elfenbeinküste, Gabon, Gambia, Guinea, Guinea-Bissau, Guyana, Indonesien, Iran, Irak, Jemen, Jordanien, Kamerun, Kasachstan, Katar, Kirgisien, Komoren, Kuwait, Libanon, Libyen, Malaysia, Malediven, Mali, Marokko, Mauretanien, Mozambik, Niger, Nigeria, Oman, Pakistan, Palästina, Saudi-Arabien, Senegal, Sierra Leone, Somalia, Sudan, Surinam, Syrien, Tadschikistan, Togo, Tschad, Tunesien, Türkei, Turkmenistan, Uganda, Usbekistan, Vereinigte Arabische Emirate.

[214] Zit. nach Tibi: Im Schatten ..., S. 185.

[215] Bin Laden´s ›Letter to America‹. In: Observer, 24.11.2002. Zit. nach Küntzel, Matthias: Der Verzicht auf Klarheit ist der Beginn der Komplizenschaft. http://www.matthias kuentze.../der-verzicht-auf-klarheit-ist-der-beginn-der-komplizenschaft?print=, Juli 2005.

[216] Tibi: Im Schatten ..., S. 62.

[217] http://www.kath.net/detail.php?id=12176_&&print=yes , gelesen am 02.12.05.

[218] http://www.igfm.de , gelesen 12.12.05.

[219] Institut für Islamfragen: Nachrichten aus dem Ausland. 28.11.2005.

[220] IGFM (Hg.): Menschenrechte. Dokumente, Schicksale, Informationen. 2006, Nr. 1. Quelle: Amnesty Journal. Das Magazin für Menschenrechte. 09/2006.

[221] http://focus.msn.de/ 15.11.05. FAZ 05.12.05.

[222] Spiegel online – 03.05.2006, http://www.spiegel.de/politik/ausland/0,1518,druck-414 115,00.html.

[223] Küntzel, Matthias: Die zweite Spaltung der Welt. Die Holocaust-Leugnung des iranischen Präsidenten hat Methode. Internationale Politik. Zeitschrift der Deutschen Gesellschaft für Auswärtige Politik. April 2006, S. 75-83.

[224] Klingberg, Max und Schirrmacher, Thomas: Märtyrer 2001. Das Jahrbuch zur Christenverfolgung. Herausgegeben für Internationale Gesellschaft für Menschenrechte (IGFM) und für Arbeitskreis für Religionsfreiheit der Deutschen Evangelischen Allianz und für Arbeitskreis der Schweizerischen Evangelischen Allianz. Idea-Dokumentation 7/2002, Wetzlar. Fortsetzungsbände: Dies.: Märtyrer 2002. Märtyrer 2003. Märtyrer 2004. Märtyrer 2005. Märtyrer 2006.

[225] http://www.factum-magazin.ch/ Christen in Algerien.13.04.2006.

[226] Zit. nach Islaminstitut: Diskussion um die Steinigung. 15.04.05. http://www.islam institut.de/index.php?templateid=news&id=432 , gelesen 17.06.05.

[227] Ägypten (seit 1945, Mitgliedschaft 1979-89 suspendiert wegen des mit Israel geschlossenen Friedensabkommens von Camp David), Irak (seit 1945) Jemen (seit 1945 Südjemen, seit 1967 Nordjemen), Jordanien, Libanon, Saudi-Arabien, Syrien (seit 1945), Libyen (seit 1953), Sudan (seit 1956), Marokko, Tunesien (seit 1958), Kuwait (seit 1961), Algerien (seit 1962), Bahrain, Katar, Oman, Vereinigte Arabische Emirate (seit 1971), Mauretanien (seit 1973), Somalia (seit 1974), Palästina / PLO (seit 1976), Dschibuti (seit 1977), Komoren (seit 1993).

[228] Amnesty international: Jahresbericht 2006, Kapitel: Iran, S. 212-216.

[229] http://www.adf-berlin.de/html_docs/berichte_arabische_welt/memri_4_06_04.html , gelesen 01.06.05.

[230] Kandel, Johannes: Die islamische Charta. Friedrich-Ebert-Stiftung, Berlin o. J.

[231] Falaki, Salam: Kampfbefehle Allahs im Koran. Warum Muslime gegen Ungläubige kämpfen müssen. Beilage zu den Ost-West-Nachrichten, Nr. 2, Okt. 2001. Tibi, Bassam: Der wahre Imam. Der Islam von Mohammed bis zur Gegenwart. Piper, München 1996, S. 83-99. Bundesverband der Bürgerbewegungen zur Bewahrung von Demokratie, Heimat und Menschenrechten (BDB) (Hg.): Bedrohte Freiheit. Der Koran in Spannung zu den Grund- und Freiheitsrechten in der BRD sowie zu internationalen Rechtsnormen und Verträgen. (3)2004, S. 8-10.

[232] Tibi: Der wahre Imam, S. 85.

[233] Lerch, Wolfgang Günter: Lesarten des Koran. FAZ 27.06.2005. Günter Lüling: Über den Urkoran. Ansätze zur Rekonstruktion der vorislamisch-christlichen Strophenlieder im Koran. Verlag H. Lüling, Erlangen (1)1974, (2)1993.

[234] Zu Luxenberg siehe Kapitel 7: *Der Hijab und das islamische Kopftuch.*

[235] Ohlig, Karl-Heinz und Puin, Gerd-R.: Die dunklen Anfänge. Neue Forschungen zur Entstehung und frühen Geschichte des Islam. Schiler, Berlin 2005.

[236] www.ex-muslime.de/de/verein/grundInfos.htm, gelesen 04.03.07.

[237] http://www.ncr-iran.org/de/index.php, gelesen 17.02.06.

[238] Mernissi: Die Angst ..., S. 124.

[239] Fischer, Wolfdietrich: Erklärende Anmerkungen zum besseren Verständnis der Koranübersetzung von Friedrich Rückert, S. 489 f. In: Bobzin, Hartmut: Der Koran. In der Übersetzung von Friedrich Rückert. Ergon, Würzburg 1995.

[240] Bobzin, Hartmut: Friedrich Rückert und der Koran, S. XXVI-XXVII. In: Der Koran, Übersetzung von Friedrich Rückert. Ergon, Würzburg 1995. Siehe dazu auch: Schröter: Arabesken ..., S. 178 f.

[241] FAZ 16.09.2006.

[242] ´Abd ar-Rahim ibn Ahmad al-Qadi: Das Totenbuch des Islam. Das Feuer und der Garten – die Lehren des Propheten Mohammed über das Leben nach dem Tod. Übersetzung aus dem Englischen von Stefan Makowski und Stephan Schuhmacher. Scherz / Gondrom, Bindlach 1991. Orig.: Islamic Book of Dead. Diwan Press, Norwich 1977.

[243] Scholz, O. Piotr: Der entmannte Eros. Eine Kulturgeschichte der Eunuchen und Kastraten. Artemis und Winkler, Düsseldorf/Zürich 1997, S. 29.

[244] Mernissi: Der politische Harem, S. 104.

[245] Scholz: Der ermannte Eros, S. 34. Raddatz: Allahs Schleier. Die Frau im Kampf der Kulturen. Herbig, München 2004, S. 180.

[246] Scholz, S. 110. Raddatz: Allahs Schleier, S. 172.

[247] »Narated ´Abdullah bin Abi Aufa: Allahs Messenger said, ›Know that the Paradise is under the shades of swords.‹ (Jihad in Allahs Cause). Auch in: Sahih al-Buhari, S. 305.

[248] »Narated Anas bin Malik: The Prophet said, ›Nobody who enters Paradise likes to go back to the world even if he got everything on the earth, except a martyr who wishes to return to the world so that he may be martyred ten times because of the honour and dignity he received (from Allah).‹«

[249] Royaume d'Arabie saoudite, Ministère des Affaires Islamiques, S. 26 f.

[250] Khoury, Koran, Anhang, S. 531.

[251] Bouhdiba, A. La Sexualité de l´Islam. Paris 1966, S. 95-96. Zit. nach Ibn Warraq: Warum ich kein Muslim bin, S. 417.

[252] Küntzel, Matthias: Are 500.000 Keys to Paradise Enough? Germany »Confronts« Ahmadinejad. Transatlantic Intelligencer, 27.12.2005. http://www.trans-int.com/blog/archives/114_Are_5000,000-Keys-to-Paradise-Enough-Germany.html , gelesen 02.01.06.

[253] FNP 18.04.2006.

[254] Islaminstitut der Deutschen Evangelischen Allianz. http://www.islaminstitut.de Nachrichten aus dem Ausland: Neue Einheit von Selbstmordattentätern im Iran gegründet. 30. Mai 2006.

[255] Vidino, Lorenzo: Die Eroberung Europas durch die Muslim-Bruderschaft. Middle East Quarterly, Winter 2005. http://www.meforum.org/article/758.

[256] http://gimfl.wordpress.com/2007/03/08/jihad-gedicht-das-paradies-ist-unterm-schwert/, gelesen 10.03.2007.

[257] Bousquet, Georges-Henri: L´Ethique sexuelle de l´Islam. Desclée De Bouwer, Paris 1966, S. 118. Zit. nach Ibn Warraq: Warum ich kein Muslim bin, S. 409. Georges-Henri Bousquet betont in seinem o.g. Werk immer wieder, dass das christliche Konzept der Ehe keine Gemeinsamkeit hat mit dem muslimischen.

[258] Beauvoir, Simone de: Das andere Geschlecht. Sitte und Sexus der Frau. Rowohlt Taschenbuch Verlag, Reinbek bei Hamburg, 1968, S. 587.

[259] Zum Beispiel bei der Fachtagung der Körber-Stiftung und der Bundeszentrale für politische Bildung »Islam im Klassenzimmer« vom 18.05. bis 19.05.06 in Hamburg.

[260] Lau, Jörg: Ministerin mit Schutzweste. DIE ZEIT, 02.03.2006, Nr. 10.

[261] Panorama / Deutsche Welle: Tabuthema Zwangsehe. http://www.dw-world.de/dwelle/cda/detail/dwelle.html, gelesen 9.9.05.

Personen- und Sachregister

Abbasiden, islamische Dynastie 183, 232
Abdullah, Muhammad Salim 20, 36, 43
Abraham 111-113
Abu Bakr, 1. Kalif 189
Abu-Zeid, Ahmed 169
Abu Zaid, Nasr Hamid, (Koran-Hermeneutik) 79, 218, 219
Afghanistan 31, 37, 143, 147, 183, 184
Ägypten 37, 65, 67, 68, 70, 73, 82, 140, 147, 169, 183, 186, 206, 208, 209
Ahadi, Mina 160, 219
Ahmadinejad, Mahmud 137, 201, 204, 206
Ahmadiyya 30, 43, 44, 49, 51
Al-Afghani, Djamaladdin (gest. 1897) 209
Al-Banna, Hassan, Moslembruderschaft, 1928 139, 188
Al-Bukhari 27, 28, 34, 35, 71, 73, 74, 77, 80, 85, 86, 119, 156, 174, 176, 177
Algerien 37, 66, 169, 203, 207, 232
Al-Ghazali, Muhammed, ägypt. Scheich, Al-Azhar, 35, 36, 187
Al-Husri, Sati (1880–1961) 209
Ali, Ayaan Hirsi 168, 251
Al-Khayyat, Sana (Autorin) 169, 172, 173, 175
Allah, nach Selbstdarstellung im Koran 40-48
  Barmherziger u. liebender Gott 40, 52
  Doppelgesicht 53, 214
  Gesetzgeber 16, 17, 53, 69, 76, 79, 80, 86-88, 90-94
  Kampfbefehle Allahs (*qital, qatala*) 19, 214, 215, 232, 233, 241
  Kaufmann 47, 235
  Rächer und Ränkeschmied 40, 45, 47, 53
  Rechtleitung (*al-huda*) und Irrleitung 20, 40, 44, 45, 53, 243
  Schöpfergott 40, 52, 90, 91
  Verleihung und Legitimation von Gewalt 45, 46-48, 53
  Willkür 44-46, 53, 243
Al-Suyuti, islamischer Philologe u. Theologe, gest. 1505 120, 223, 233
Al-Tantawi, Dr. Muhammad Sayyed, Al-Azhar 125, 207, 208
Altes Testament 25, 41, 71, 95, 108-116, 191
Al-Waqidi, Autor: Geschichte Mohammeds, (gest. 823) 31
Amnesty International, ai 162
Amara, Fadela (Autorin) 169, 251
Analogie und Konsens (*qiyas, ijma*), 28, 29
Antes, Peter 172, 173
Apostasie, Abwendung vom Islam, Apostat, 36, 74, 79, 122, 135, 183, 184
Araber, Arabien 24, 32
Aquin, Thomas von 156, 252
Arabische Liga 185, 208
Assassinen 233, 234
Atatürk, Kemal 126, 147
Ates, Seyran (Rechtsanwältin, Autorin) 165, 169, 251
Augustinus von Hippo, Kirchenlehrer (354–430) 103
Ayse (zwei Autorinnen) 166
Baath-Partei 209
Bangladesch 37
Beauvoir, Simone de 242
Belgien 143
Benedikt XVI., Papst 38, 102, 106
Bielefeldt, Heiner 196
Bin Laden 201

BKA, Bundeskriminalamt 158, 159
Bläser, Fatma (Autorin) 166, 177, 252
Blutrache 135
Blutgeld, *diya* 117, 123, 124, 132-135, 240
Bobzin, Hartmut 22
Bourdieu, Pierre 169
Bousquet, Georges-Henri (Jurist, Autor) 60, 106, 238
Bouteflika, algerischer Staatspräsident 207
»Bräute des Korans« 89
Brautpreis (*mahr*), s. Heirat und Ehe
Brunei 37
Büchler, Andrea 65, 74, 82, 83
Busse, Heribert 25, 57
Byzantinisches Reich 31
Ceylan, Selma (Autorin) 166
Charadsch, Grundsteuer 19
Charfi, Mohammed, ehem. tun. Kultusminister 35, 120
Cileli, Serap 158, 162, 166, 167, 177, 194, 251-255
Dekalog 25
Dhimmis, Dhimmitude 19, 20, 229
DITIB, Türkisch-Islamische Union der Anstalt für Religion 172
Dscha'far as-Sadiq, 6. Imam, Schia 30, 86
Dschizya, Tribut 19, 202
Ebadi, Shirin, Friedensnobelpreis 2003 73, 136
Ehre 156-178, 238
  Ehrenkodex 59, 99, 171
  »Ehrenmorde« 156-160, 176, 178, 221
  »Ehrenwäsche« 169, 175, 176, 178, 221
  Frau als Medium der Ehre der Familie und des Mannes 59, 93, 99, 146
El Saadawi, Nawal 73
Elsdörfer, Ulrike 71
Eltern in Bibel und Koran 55, 56, 88
Elyas, Nadeem 139, 144, 213
Endgericht / Jüngstes Gericht 224
Entlassung der Ehefrau (Verstoßungsformel, Rückenformel, Verfluchungsschwur) 76-80
Erziehung 27, 55, 56, 57, 93, 106, 136, 191, 192
Eunuchen 225, 231, 232
Evangelien 25, 40, 42, 43, 50, 71, 95-98, 109, 236
Exegese, islamische 233, 234
Familie nach christlicher Lehre 106, 107
Familie nach islamischer Lehre 54-57, 92-94
Familienplanung 92
Fatwas
  zum Scheidungsrecht 79, 80
  zur Apostasie 36
  zur Religion der Mutter 75
Fischer, Wolfdietrich 225
Flaig, Egon 229
Fötus, Wert des männlichen und des weiblichen 133, 134
Frank, Anne 206
Frankreich 160
Frauenhäuser 162
Freiheit, *širk, jahiliya* 221, 222
Fuda, Faradj, Autor, 1992 ermordet 35
Fünf Säulen des Islam 18
Ganji, Akbar, iran. Journalist 205
Gashi, Hanife (Autorin) 167
Gehorsamsgebot 26, 27
Geschlechterhierarchie 54, 55, 110, 111, 200
Geschlechtertrennung 200
Geschlechtsreife 68
Gesellschaft für bedrohte Völker 206
Gesetzliche Vertretungsmacht (*wilaya*) 64
GIMF, Globale Islamische Medienfront 235
Gleichberechtigung 9-11, 37, 55, 93, 95, 101, 103, 140, 181, 203, 216, 237, 239
Gleichwertigkeit von Frau und Mann 74, 96, 103
Gogh, Theo van 168
Goldziher, Ignaz (1850–1921) 33, 34
Gottesbezug 179, 180

Gottesbild 40-48
Christliches 40-43, 48, 49
Islamisches 40-48
Islamischc Verfälschung biblischer Texte 41, 49-53
Gouges, Olympe de 179, 180, 251
Griechenland 58
Grundsatz der Gleichheit 9, 10, 13, 109, 181, 184, 189, 217, 237
Grundsatz der Verschiedenheit 9, 11-13, 88, 94, 193, 194, 217, 237
Halm, Heinz 34, 172
Haus des Islam (*dar al-islam*) 214
Haus des Krieges (*dar al-harb*) 214
Haus des Vertrages (*dar al-ahd*), Vertragsstatus 37, 90, 213-217
Heiliger Geist (gr.: *parakletos*, lat.: *paraklitos*) 50-52, 41, 42
Heirat und Ehe nach christlicher Lehre 95-107, 239
Ehehindernisse 105
Ehesegen 103
Familienethik 107
Konsens des Brautpaares 102-106, 239
Monogamie 96-99
Reziprozität der Gattenbeziehung 97
Sakrament 100, 102-105, 239
Unauflöslichkeit der Ehe 96, 97, 99, 104, 105, 239
Vollzug humano modo 105
Heirat und Ehe nach Koran und Sunna 57-94, 238, 239
Brautkauf 57-61
Brautpreis (*mahr*), Mitgift, Morgengabe 58, 59-63, 77-81, 195, 238
Ehe auf Zeit (*mut´a*) 63, 84-86
Frau als »Saatfeld« 61, 77, 239
Frauengeber und Frauennehmer 60, 89, 111, 112, 238
Frauengeschenk 86, 87
Frauenraub 57, 86, 87
Frauentausch 54, 57, 58
Gattenbeziehung 55, 61, 62, 99, 192, 193, 239
Heiratsalter 68
Heiratsvertrag 57, 60, 83, 110, 195, 238
Heiratsvollzug 62, 68, 70
Kinderehe 67-69, 239
Polygynie 66, 67, 196, 239
Recht der Ehefrau auf Loskauf (*khul*) 80-83, 194, 196, 239
Scheidungsrecht des Mannes 76-80, 194-196, 239
Scheidung, gerichtliche, *al-faskh* 83, 194
Sexualität und Bezahlung 54, 62, 63, 71, 72, 78, 240
Vormachtstellung und Züchtigungsrecht des Ehemannes 72, 73
HMK, Hilfsorganisation Märtyrerkirche 206
Hexen 101
Hitler, Adolf 206
Hoden 132-133, 240
Hofmann, Murad 11, 12
Hölle 224
Holocaust 137, 206
Homosexualität, Lesbische Liebe 55, 122, 123, 130, 131
Huber, Wolfgang, evang. Bischof 151
Huri (s. Paradies)
Hymen, -kult, -reparatur 62, 70, 111, 132-134, 163, 164, 171, 238, 240
Hymen virginitatis im Kirchenrecht 105, 239
Ibn Hisham (gest. 834) 31, 120
Ibn Ishak (gest. 768) 31, 120
Ibn Taimiyya (Jurist 1263-1328) 192, 237
Ibn Warraq 22, 33, 36, 89, 219
IGFM (Internat. Gesellschaft für Menschenrechte 90, 190, 206, 207
Ijtihad, rationale Auslegung 29
Imam-Ehe 67, 79
Inquisition 101
Irak 37, 173, 206, 208, 209, 234
Iran 28, 30, 37, 68, 84, 85, 118, 125-137, 147, 201, 204, 205, 234, 235
Iranisches Strafrecht 122, 123, 125-133, 211, 240

Islam
Doppelgesicht 53, 189, 214, 233
Herrschafts- und Gehorsamsreligion 19, 26, 27, 192, 242
Politreligion 19, 27, 140, 147, 150, 151, 154, 183-187, 197, 200, 209, 243
Staatsreligion 37, 122, 183
Totalitärer Anspruch 18, 53, 242
Islamische Charta des ZMD 11, 37, 213-219
Islamische Weltliga (*Muslim World League*) 186, 198
Islamisches Zentrum Hamburg 42
Islamisches Zentrum München 83, 186, 190, 192, 198, 212
Islamrat der BRD 172
Islamrat für Europa 186, 212
Islamrat, Internationaler (*Islamic Council*) 186
Ismaeliten 85
Israel 206
Jeffery, Athur, Philologe 32
Jemen 208
Jesus 19, 33, 42, 43, 44, 49, 50, 71, 95-102, 109, 114, 138, 221, 236, 243
Johannes XXIII., Papst 184, 185
Jihad, qital 214, 234, 235
Johannes Chrisostomus, Kirchenlehrer, gest. 407 95, 103
Jordanien 90
Juden: Nadir, Khaibar, Quraiza, Qainuqa 45, 46, 57, 86
Kaaba 32
Kalifat 19
Kalkan, Hülya (Autorin) 165, 167
KAMER, Frauenzentrum in Diyarbakir 170
Kanada / Scharia 38, 184
Kandel, Johannes 213
Käßmann, Margot, evang. Bischöfin 151
Katar 37
Kelek, Necla 39, 157, 165, 167, 168, 251
Kermani, Navid 175
Khadidscha, erste Frau Mohammeds 86
Khamenei, Großayatollah Ali 136, 137, 179, 184
Khomeini, Ayatollah Ruhollah 126, 179, 184, 220
Kinder 82, 85, 90-93, 106, 129
Kirchenrecht 105
König-Fahd-Komplex für den Druck vom Koran 51, 52, 69, 78, 81, 143, 233
Konzil von Trient (1545–1563) 105
Kopftuch, Burka, Hijab, Niqab, Tschador 126, 134, 139-155, 241, 245-250
Argumente / Staatsdienst 151-155
Bedeutung, objektive und subjektive 149-151
Bekleidung im islamischen Strafrecht 133
Bekleidungsvorschrift im Koran 141-146
Gesetzgebung, Chronik 245-250
Koran 20-27, 40-42, 53, 62, 63, 66, 72, 74, 76-80, 88, 89, 109, 116, 118, 119, 121-123, 135, 140-147, 174-176, 188-197, 215, 223-229,
Koran- und Sunnaforschung 30-36
Koren, Judith 31
Körperstrafen 37, 63, 64,118, 124, 125, 136, 189, 207
Abhacken von Händen und Füßen 98, 118, 121, 122, 131, 132, 189
Kreuzigung 118, 121, 122, 131
Peitschenhiebe 55, 56, 63, 77, 113, 118, 119, 121, 123, 130,131, 133, 173, 176
Steinigung 56, 63, 64, 97, 98, 113, 117-121, 129, 130, 160, 173
Todesstrafe, Enthauptung u.a. 55, 117, 118, 121, 122, 130, 131, 211, 212
Kuwait 37
Küntzel, Matthias Anm. 268, 223
Lehmann, Karl Kardinal 252, 253
Leon III., byzantinischer Kaiser 103
Leviratsehe 87
Lévi-Strauss, Claude 60, 238
Lewis, Bernhard 33, 34
Libanon 208

Logik der Anerkennung der Frau als Person 13, 95, 96, 108, 109, 114, 115, 116, 239
Logik des Frauentauschs 13, 57-62, 76, 79, 81, 96, 109-116, 192, 193, 195
»Lokale Rechtsordnung« 90, 213, 217
Lucius III., Papst 104
Lüling, Günter 30, 219
Luxenberg, Christoph 30, 33, 36, 139, 145, 146, 219, 235
Mahfus, Nagib, Nobelpreis f. Literatur, gest. 30.08.2006 261, Anm. 114
Malaysia 37, 204
Maledivien 37
Maria, Mutter Jesu 49
Marokko 37, 65, 66-68, 83, 93, 163, 170, 240
Märtyrer 47, 48, 206, 207, 228, 229, 232-234, 241
Mauretanien 37, 204
Medina 19, 27, 51, 232, 232
Mekka 32, 144, 186, 199, 232
Menschenrechtserklärungen 179-222
  AEMR, Allg. Erklärung der Menschenrechte 160, 179-181, 184
  Allg. Menschenrechtscharta, Universal Bill of Rights 181
  CERD, Rassendiskriminierungskonvention 181
  CRC, Übereinkommen über die Rechte des Kindes 182
  CEDAW, Übereinkommen zur Beseitigung jeder Diskriminierung der Frau 177, 182
  AEMRI, Allg. Erklärung der Menschenrechte im Islam 83, 121, 125, 175, 185-198
  Arabische Charta der Menschenrechte 24, 185, 208-212
  Kairoer Erklärung der Menschenrechte (OIC) 20, 75, 175, 185, 198-208
Menschenrechtsorganisationen 90, 98, 158-162
Merad, Mohammed 18
Mernissi, Fatema 17, 34, 35, 73, 89, 182-184
Missionarischer Auftrag (*da'wa, tabligh*) 187, 198, 199, 204, 214, 215
Missionierungsverbot für Christen u. a. im Islamland 122, 124, 204, 206, 207
Mohammed 26, 27, 31, 33, 35, 47, 50, 51, 57, 60-64, 71, 73, 80, 81, 85, 86, 98, 119, 156, 173-178, 223, 243
Mohammed-Aischa 69, 177, 182
Mohammed-Karikaturen 38, 205
Monotheismus und Polytheismus 41, 49, 52
Muslim ibn al-Hadjjadj 27, 28, 119, 174
Muslimbruderschaft 139, 235
Muslimschwestern 139, 140
Mutter, Mutterschaft 55, 56, 88, 130, 139
Nachahmung (*taqlid*) 29
Nasreen, Taslima 219
Neues Testament 42, 43, 49, 50, 95-102, 116, 137, 138, 236
Nevo, D. Yehuda 31
Niederlande 143
Nigeria 118
Nikolaus I., Papst 103
Ni putes – ni soumises, Migrantinnenorganisation 160
Nöldeke, Theodor 225
NWRI (Nationaler Widerstandsrat Irans) 136, 220
Ohlig, Karl-Heinz 31, 33, 219
OIC (*Organisation of Islamic Conference*) 198, 200, 208
Oman 37
OMCT (*Organisation mondial contre la Torture*) 170
Osmanenreich 232
Pahlavidynastie, Persien 126
Pakistan 37, 89, 143, 160, 186
Palästina, Palästinenser 199, 208
Panarabische Ideologie 200, 201, 209
Panislamische Ideologie 200, 201, 209
Papatya, Berliner Schutzeinrichtung 162
Paradies, islamisches 223-236, 241
  Geläuterte Gattinnen 227, 228, 229
  Huri (Paradiesjungfrauen) 32, 225-227, 229, 230, 231, 235

Privilegierte Zulassung 228, 229, 234, 235
Paradies, nach NT 223, 236
Patriarchat, Patriarchalismus 197, 203, 216, 222
Patrilokalität und Patrilinearität 61, 110, 192, 193
Paulus 96, 99-102, 223
Personensorge (*hadana*) 64
Perser, Persien 31, 125, 126
Puin, Gerd-R. 31, 219
Qajarendynastie, Persien 125
Qutb, Sayyed, Moslembruder 188
Rationale Auslegung (*ijtihad*) 29
Recht, islamisches
Beweisrecht und Zeugenrecht 64, 124, 129, 130, 132, 134-137, 240, 241
Ehe- und Familienrecht 72, 73
Erbrecht 56, 87-90, 196, 197
Strafmündigkeit 117, 121, 129, 211
Strafrecht 117-137, 240
Rechte und Pflichten der Frau 62, 72, 82, 194-198
Rechte und Pflichten des Mannes 72, 82, 191-198
Rechtsschulen 29, 30
Dscha´faritische 30, 92
Hanafitische 29, 65, 66, 91
Hanbalitische 29, 66, 92
Malikitische 29, 66, 83, 92
Schafi´itische 29, 66, 91
Mu´tazilitische 30
Rechtsträgerschaft 180, 212, 242
Reformatoren 104, 105
Reformislam, Reformbewegung 19, 29, 30, 120, 184
Religion des Vaters 62, 75
Religion der Mutter 62, 75
Religionsfreiheit, Religionswechsel 78, 184, 215, 216
Reuter, Bärbel 139
Rituelle Reinheit und Unreinheit 62, 71, 228, 229
Rückert, Friedrich 227, 228
Rushdie, Salman 220
Sahih, die echten Hadith 28
Saudi-Arabien 37, 117, 118, 136, 181, 183, 186, 198-200, 204, 208
Schacht, Joseph (1902–1959) 33, 34
Scharia 16-30, 188, 199, 207, 210
Scharia und Politik 36-39, 183, 184, 189, 200
»Schatz der Familie«, Geschlechtsteil der Frau 59, 60, 81, 82, 237, 238
Schavan, Annette 151, 245
Schiffauer, Werner 170
Schirrmacher, Christine 170, 176
Schiitischer Islam, Schiiten 28, 84-86
Scholz, Piotr O. 232, Anm. 245, 246
Schöpfungsmythen
im Alten Testament 95, 96, 102, 108-111, 116
im Neuen Testament 95, 96, 102
im Koran 74, 96, 193
Schutz des ungeborenen Lebens 90-92, 106
Schwartländer, Johannes 196
Schwarzer, Alice und Zeitschrift EMMA 151, 160
Schweiz 161
Selbert, Elisabeth 9-11, 251
Selbstmordattentäter, -attentäterin 79, 233-235
Sexualität 56, 59-62, 71-72, 119-122, 141, 225-237, 240
Shaikh, Anwar 23
Sharawi, Huda, Ägypterin 147
Sklaven, Sklavinnen, Sklaverei 57, 67, 86, 87
Somalia 37
Souad, Autorin 169
Spuler-Stegemann, Ursula 170, 176
Steiner, Michael 36, 120
Stichentscheid 72, 92, 192
Stillen 194-197, 211, 240
Stolle, Christa 161
Strupp, Elisabeth 101
Sudan 37, 118, 204
Sunna 26-28, 47, 73, 74, 85, 119, 121, 174, 229-233
Sunnitischer Islam, Sunniten 28
Synode von Verona (1181–1185) 104

Syrien 56, 170, 206, 208, 209
Tabari, Korankommentar (838–923) 30
Taha, Mahmud, Koranexeget, 1985 hingerichtet 35, 218
Talbi, Mohammed 18
Taqiya (Täuschung) 190
Tellenbach, Sylvia 126
Terre des Femmes 158, 161, 162
Textsorte Koran 100
Tibi, Bassam 37, 192, 203, 214
Tobit, Buch im AT 113, 114
Toker, Arzu 219
»Töten bei Berechtigung« (Koran) 173-178, 188
Totenbuch des Islam 229, 230
Tötungsverbot, christliche Bibel 173
Traditionalität 171
Transjordanien 208
Trechsel, Stefan, Zürcher Strafrechtsprofessor 161
Trinität, Dreifaltigkeit, Dreieinigkeit 32, 40, 42, 43, 48, 50-52
Tunesien 37, 65, 67, 70, 79, 93, 160, 163, 240
Türkei 65, 67, 79, 93, 148, 159, 165, 170, 181, 206, 240
Um*ma*, *Umma*-Nation 19, 27, 37, 92-94, 147, 200
Umm Salma 60
Umstätter, Achim 216, Anm. 117
UNICEF 161
Uthman, 3. Kalif (644–656) 23, 120
Verbannung 118, 121, 122, 131
Vereinte Nationen, UN 160, 170, 182-184
Verleumdung 64
Vertretung bei der Eheschließung 68
Vormundschaft 64-66
  Altersvormund 65, 239, 240
  Geschlechtsvormund 64-66, 84, 239, 240
Wahabiten, Wahabitischer Islam 144, 200, 216, 233
Wallfahrt nach Mekka (*hadschdsch, umra*) 71, 119
Wechsel der Religion 78
Weber, Max 60
Wenner, Reinhard Anm. 90
Y., Inci (Autorin) 168
Yeor, Bat 229
Yirmibesoglu, Vildan 165
Zeugnis von Frauen 137, 138, 240, 241
ZdE, Zentralrat der Ex-Muslime 160, 219
Zivilcourage 177, 252
ZMD, Zentralrat der Muslime in Deutschland 144, 172, 213
Zwangsverheiratung 161, 162, 172, 177
Zweites Vatikanisches Konzil (*Dignitatis humanae*) 18

Literatur

´Abd ar-Rahim ibn Ahmad al-Qadi: Das Totenbuch des Islam. Das Feuer und der Garten – die Lehren des Propheten Mohammed über das Leben nach dem Tod. Übersetzung aus dem Englischen von Stefan Makowski und Stephan Schuhmacher. Scherz / Gondrom, Bindlach 1991. Orig.: Islamic Book of Dead. Diwan Press, Norwich 1977.

Abdullah, Muhammad Salim: Der Koran. Gottes Wort im Leben der Gemeinde. Einleitung zur Koranübersetzung von Adel Theodor Khoury. GTB Sachbuch.

Abou-Zeid, Ahmed: Honour und Shame among the Beduins of Egypt. In: Peristiany, J.G. (Hg.): Honour and Shame. The Values of Mediterranean Society. University of Chicago Press. Chicago 1966.

Abu Zaid, Nasr Hamid: Ein Leben mit dem Islam. Erzählt von Navid Kermani. Herder, Freiburg 1999.

Afschar, Moussa: Die Stellung der Frau im Islam. Lizenz zur Unterdrückung im Namen Allahs. Martin-Blaich-Verlag, o.O. 2002.

Ahmad, Sheik Nasir: Jesus im Qur-an. Verlag der Islam. Frankfurt 1995.

Al-Banna, Hassan: Al-Mar´a al muslima. Dar at-Tawzi´ wa-n-Našr al Islamiya, Kairo 1940, 1990.

Al-Fadschr, Nr.93/1999.

Ali, Ayaan Hirsi: Ich klage an. Plädoyer für die Befreiung der muslimischen Frauen. Aus dem Niederländischen übersetzt von Anna Berger, Jonathan Krämer. Piper, München (3)2005.

Dies.: Mein Leben, meine Freiheit. Die Autobiographie. Aus dem Englischen von Anne Emmert und Heike Schlatterer. Piper Verlag, München 2006.

Al-Khayyat, Sana: Ehre und Schande. Frauen im Irak. Aus dem Englischen von Elfi Hartenstein. Antje Kunstmann, München 1991. Original: Honour and Shame. Saqi Books, London 1990.

Amara, Fadela: Weder Huren noch Unterworfene. Franz. Originaltitel: Ni Putes ni Soumises. Vorwort von Seyran Ates: Es wird Zeit. Orlanda, Berlin 2005.

Amnesty international: Jahresbericht 2006

Amnesty international: Journal 09/2006

Antes, Peter: Verbrechen im Namen der Ehre – ein religiöses Phänomen? Ehre und Religion. In: Terre des Femmes / Myria Böhmecke (Hg.): Tatmotiv Ehre. Tübingen 2004.

Anwar Shaikh: Faith and Deception. Principality Publishers, Cardiff 1996.

Ders.: Allah – ein Diener des Propheten? Kritische Anfragen eines Dissidenten. In: OJC: Salzkorn, 1/2005.

Ates, Seyran: Große Reise ins Feuer. Rowohlt, Berlin 2003.

Ayse und Renate Eder: Mich hat keiner gefragt. Zur Ehe gezwungen – eine Türkin in Deutschland erzählt. Vorwort: Serap Cileli, Nachwort: Terre des Femmes. Blanvalet, München 2005.

Ayse und Isabella Kroth: Scheherazades Tochter. Von meinen eigenen Eltern zum Tode verurteilt. Ullstein Tb, München 2004.

Bahman, Nirumand: Ahmadinedschad geht zum Gegenangriff über. In: taz 06.01.06.

Bauman, Urs: Die Ehe – ein Sakrament? Benziger, Zürich 1988.

Beauvoir, Simone de: Das andere Geschlecht. Sitte und Sexus der Frau. Rowohlt Taschenbuch, Reinbek bei Hamburg, 1968.

Berman, Paul: Terror und Liberalismus. New York, London 2003. Europäische Verlagsanstalt, Hamburg 2004.

Bläser, Fatma: Hennamond. Mein Leben zwischen zwei Welten. Ullstein Tb, München (2) 2001.

Bobzin, Hartmut: Der Koran. Eine Einführung. C. H. Beck, München 1999.

Ders.: Friedrich Rückert und der Koran. In: Der Koran, Übersetzung von Friedrich Rückert. Ergon, Würzburg 1995.

Bouhdiba, A.: La Sexualité de l´Islam. Edition PUF, Paris 1982.

Bourdieu, Pierre: Entwurf einer Theorie der Praxis auf der ethnologischen Grundlage der kabylischen Gesellschaft. Suhrkamp, Frankfurt/Main 1976.

Bousquet, Georges-Henri: L´Ethique sexuelle de l´Islam. Desclée De Bouwer, Paris 1966.

Breuer, Rita: Familienleben im Islam. Traditionen, Konflikte, Vorurteile. Herder, Freiburg u.a. 2002.

Dies.: Grundlagen der Scharia und ihre Anwendung im 21. Jahrhundert. In: Bundesministerium des Innern (Hg.): Islamismus. Dez. 2003, S. 83-101.

Büchler, Andrea: Das islamische Familienrecht: Eine Annäherung unter besonderer Berücksichtigung des Verhältnisses des klassischen islamischen Rechts zum geltenden ägyptischen Familienrecht. Band 1 der Schriftenreihe zum Familienrecht. Stämpfli Verlag AG, Bern 2003.

Bundesverband der Bürgerbewegungen zur Bewahrung von Demokratie, Heimat und Menschenrechten (BDB) (Hg.): Bedrohte Freiheit. Der Koran in Spannung zu den Grund- und Freiheitsrechten in der BRD sowie zu internationalen Rechtsnormen und Verträgen. (3)2004.

Bundeszentrale für politische Bildung, bpb (Hg.): Menschenrechte und Deklarationen. Bonn (4)2004.

Busse, Heribert: Die theologischen Beziehungen des Islams zu Judentum und Christentum. Wissenschaftliche Buchgesellschaft, Darmstadt (2)1991.

Ceylan, Selma: Irrsinn der Ehre. Hitit, Berlin 1998.

Charfi, Mohamed: Die Menschenrechte in den islamischen Ländern. In: Schwartländer, Johannes (Hg.): Freiheit der Religion. Christentum und Islam unter dem Anspruch der Menschenrechte.

Christ in der Gegenwart. Freiburg, 29/1993.

CIBEDO-Dukumentation, 15/16, Frankfurt, Juni/September 1982.

Cileli, Serap: Wir sind eure Töchter, nicht eure Ehre. Neuthor, Michelstadt (1)1999, (2)2001.

Denziger, Heinrich: Enchiridion symbolorum definitionum et declarationum de rebus fidei et morum. Kompendium der Glaubensbekenntnisse und kirchlichen Lehrentscheidungen. Lateinisch-Deutsch. Verbessert, erweitert, ins Deutsche übertragen und unter Mitarbeit von Helmut Hoping. Hg.: Peter Hünermann. Freiburg u.a. (37) 1991.

Dertinger, Antje: Elisabeth Selbert. Eine Kurzbiographie. Hg.: Bevollmächtigte der Hessischen Landesregierung für Frauenangelegenheiten. Wiesbaden, Nachdruck 1999. Die Bibel. Die Heilige Schrift des Alten und Neuen Bundes. Mit Erläuterungen der Jerusalemer Bibel. Hg.: Diego Arenhoevel, Alfons Deissler, Anton Vögtle. Herder, Freiburg u.a. (2)1969.

Die Hessische Landesregierung (Hg.): »Ein Glücksfall für die Demokratie.« Elisabeth Selbert (1896-1986). Die große Anwältin der Gleichberechtigung. Eichborn, Frankfurt/Main 1999.

Diner, Dan: Versiegelte Zeit. Über den Stillstand in der islamischen Welt. Propyläen, Berlin 2005.

Duncker, Anne: Menschenrechte im Islam. Eine Analyse islamischer Erklärungen über die Menschenrechte. Wissenschaftlicher Verlag Berlin, 2006.

Elsdörfer, Ulrike: Frauen in Christentum und Islam. Dialoge – Traditionen – Spiritualitäten. Ulrike Helmer Verlag, Königstein/Taunus 2006.

Elyas, Nadeem: Familienplanung und Abtreibung aus islamischer Sicht. http://www.enfal.de/famplan.htm

Falaki, Salam: Kampfbefehle Allahs im Koran. Warum Muslime gegen Ungläubige kämpfen müssen. Beilage zu den Ost-West-Nachrichten. Nr. 2, Okt. 2001.

Ferid/Firsching/Dörner/Hausmann: Internationales Erbrecht. C.H.Beck, München, 62. Ergänzungslieferung, März 2006.

Fischer, Wolfdietrich: Erklärende Anmerkungen zum besseren Verständnis der Koranübersetzung von Friedrich Rückert. In: Bobzin, Hartmut: Der Koran. In der Übersetzung von Friedrich Rückert. Ergon, Würzburg 1995.

Flaig, Egon: Der Islam will die Welteroberung. Die Kriegsregeln sind flexibel, das Kriegsziel bleibt. Mohammeds kämpferische Religion. FAZ 16.09.2006.

Gabriel, Mark: Islam und Terrorismus. Was der Koran wirklich über Christentum, Gewalt und die Ziele des Djihad lehrt. Resch, Gräfelfing (1)2004, (2)2005. Original: Islam and Terrorism. Verlag Chrisma House, Lake Mary, Florida, USA.

Gashi, Hanife mit Sylvia Rizvi: »Mein Schmerz trägt deinen Namen.« Rowohlt, Reinbek 2005.

Gerhard, Ute: Verhältnisse und Verhinderungen. Frauenarbeit, Familie und Recht der Frauen im 19. Jahrhundert. Mit Dokumenten. Suhrkamp, Frankfurt/Main 1978.

Goldziher, Ignaz: Muslim Studies. 2 vols. Translated by C. R. Barber and S. M. Stern. London 1967-71.

Halm, Heinz: Der Islam. Geschichte und Gegenwart. Beck´sche Reihe 2145, München 2000.

Ders.: Der schiitische Islam. Von der Religion zur Revolution. Beck´sche Reihe 1047, München 1994.

Heiler, Friedrich: Die Frau in den Religionen der Menschheit. W. de Gruyter, Berlin u.a. 1977.

Hoffmann, Bruce: Terrorismus, der unerklärte Krieg. Bundeszentrale für politische Bildung, Bonn, 2006.

Hofmann, Murad: Der Islam als Alternative. Eugen Diederichs , München (2)1993.

Höll, Rosemarie: Die Stellung der Frau im zeitgenössischen Islam. Dargestellt am Beispiel Marokkos. Peter Lang, Frankfurt u.a. 1979.

Ibn Warraq: A Personelle Look at Some Aspects of the History of Koranic Criticism in 19th and 20th Centuries. In: Ohlig/Puin: Die dunklen Anfänge.
Ders: Warum ich kein Muslim bin. Aus dem Amerikanischen übersetzt von Abu Al-Adjnabi. Matthes & Seitz, Berlin 2004.
IGFM (Hg.): Menschenrechte. Dokumente, Schicksale, Informationen. Nr. 1, 2006 u.v.a.
IGFM-Mitteilungen: Für die Menschenrechte. Nr. 3, Mai/Juni 2005, u.v.a.
Imprimatur, 8/2004. http://www.phil.uni-sb.de/projekte/imprimatur/2004/imp040811.html.
Inci Y.: Erstickt in euren Lügen. Piper, München 2005.
Isensee, Josef: Grundrechtseifer und Amtsvergessenheit. FAZ 08.06.2004.
Jeffery, Arthur: The Foreign Vocabulary of Koran. Oriental Institute Baroda, India 1938.
Kalkan, Hülya: Ich wollte nur frei sein. Meine Flucht aus der Zwangsehe. Ullstein, Berlin 2005.
Kandel, Johannes: Auf dem Kopf und in dem Kopf. Der »Kopftuchstreit« und die Muslime. Friedrich-Ebert-Stiftung. Islam und Gesellschaft, Nr. 3, Berlin 2004.
Ders.: Die islamische Charta. Fragen und Anmerkungen. Friedrich-Ebert-Stiftung, Berlin o.J.
Kebir, Sabine: Die Nacht der Aufklärung. Freitag 15, 15.04.2005.
Kelek, Necla: Der Lernprozess. Anmerkungen zum Fall Sürücü. FAZ 24.04.2006.
Dies.: Die fremde Braut. Ein Bericht aus dem Innern des türkischen Lebens in Deutschland. Kiepenheuer & Witsch, Köln (4)2005.
Dies.: Die verlorenen Söhne. Plädoyer für die Befreiung des türkisch-muslimischen Mannes. Kiepenheuer & Witsch, Köln 2006.
Khoury, Adel Theodor: Christen unterm Halbmond. Religiöse Minderheiten unter der Herrschaft des Islams. Herder, Freiburg u.a. 1994.
Ders.: Religion und Politik im Islam. In: Aus Politik und Zeitgeschichte, Beilage zur Wochenzeitung Das Parlament. B 22/90, 25. Mai 1990.
Klingberg, Max und Schirrmacher, Thomas: Märtyrer 2001. Das Jahrbuch zur Christenverfolgung. Herausgegeben für Internationale Gesellschaft für Menschenrechte (IGFM) und für Arbeitskreis für Religionsfreiheit der Deutschen Evangelischen Allianz und für Arbeitskreis der Schweizerischen Evangelischen Allianz. Idea-Dokumentation 7/2002, Wetzlar.
Dies.: Fortsetzungsbände: Märtyrer 2002. Märtyrer 2003. Märtyrer 2004. Märtyrer 2005.
Knoche, Hansjürgen: Der Vorwurf der Dreigötterei – die Herausforderung des Islam an unseren Glauben. In: Bund für evangelisch-katholische Wiedervereinigung e.V. (Hg.): Bausteine für evangelisch-katholische Kirchengemeinschaft. Gersfeld, Heft 153 / 1999.
Koranausgaben:
— Der Koran. Übersetzung von Max Henning. Einleitung von Ernst Werner und Kurt Rudolph. VMA-Verlag, Wiesbaden o. J. Auch: Reclam-Verlag, Leipzig 1968.
— Der Koran. Übersetzung von Adel Theodor Khoury. Mit Muhammad Salim Abdullah. GTB Sachbuch, Gütersloh (1)1987, (2)1992.
— Der Koran. Übersetzung von Rudi Paret. Kohlhammer, Köln (1)1979, (5)1989. Kommentar und Konkordanz. (4)1989.
— Der Koran. Übersetzung von Friedrich Rückert. Hg. von Hartmut Bobzin mit erklärenden Anmerkungen von Wolfdietrich Fischer. Ergon-Verlag, Würzburg 1995.
— Der Koran. Arabisch-persisch. Verlag Salehi, Teheran 1975.

— Koran. Der heilige Qur´an. Arabisch und deutsch. Hg. unter der Leitung von Hazrat Mirza Tahir Ahmad, Imam und Oberhaupt der Ahmadiyya Muslim Jamaat. (1)1954, (6)1996.
— Die Bedeutung des Korans. SKD Bavaria-Verlag, München 1995.
— Holy Qur´an. Translated by M. H. Shakir. Arabisch und Englisch. Ansariyan Publikations. P.O.B. 37185/187 Qum, Islamic RePublic of Iran, o.J.
— Der edle Qur´an und die Übersetzung seiner Bedeutungen in die deutsche Sprache. Übersetzung: Scheich ´Abdullah as-Samit Frank Bubenheim und Nadeem Elyas. King-Fahd-Komplex zum Druck vom Qur´an. Madinah, KSA, o.J., Arabisch und Deutsch.
— The Noble Qur´an. Übersetzung ins Englische von Muhammad Taqi-ud-Din al-Hilali und Muhammad Muhsin Khan. King Fahd Complex for the Printing of the Holy Qur´an. Madinah, K.S.A., o. J., Arabisch und Englisch.
— At-Tafsir. Eine philologisch, islamologisch fundierte Erläuterung des Quran-Textes von Amir Zaidan. ADIB-Verlag, Offenbach 2000.
Krämer, Gudrun: Geschichte des Islam. C.H. Beck, München 2005.
Küng, Hans: Der Islam. Geschichte, Gegenwart, Zukunft. Piper, München 2004.
Küntzel, Matthias: Are 500.000 Keys to Paradise Enough? Germany »Confronts« Ahmadinejad. Transatlantic Intelligencer, 27.12.2005.
Ders.: Der Verzicht auf Klarheit ist der Beginn der Komplizenschaft. http://www.matthiaskuentze.../der-verzicht-auf-klarheit-ist-der-beginn-der-komplizenschaft?print=, Juli 2005.
Ders.: Die zweite Spaltung der Welt. Die Holocaust-Leugnung des iranischen Präsidenten hat Methode. Internationale Politik. Zeitschrift der Deutschen Gesellschaft für Auswärtige Politik. April 2006, S. 75-83.
Lau, Jörg: Ministerin mit Schutzweste. DIE ZEIT, 02.03.2006, Nr. 10.
Lehmann, Karl Kardinal: Zivilcourage. Vortrag anlässlich der Verleihung des Ludwig-Beck-Preises an Fatma Bläser und Serap Cileli im Festsaal des Rathauses von Wiesbaden am 12. Juli 2006. Manuskript.
Lerch, Wolfgang Günter: Lesarten des Koran. FAZ 27.06.2005.
Lévi-Stauss, Claude: Strukturale Anthropologie I. Suhrkamp Taschenbuch Wissenschaft, Frankfurt/M. 1991. Original: Anthropologie structurale. Librairie Plon, Paris 1958.
Ders.: Strukturale Anthropologie II. Suhrkamp Taschenbuch Wissenschaft, Frankfurt/M. 1992. Original: Anthropologie Structurale deux. Librairie Plon, Paris 1973.
Lexikon für Kirchen- und Staatskirchenrecht. Hg.: Axel von Camphausen, Ilona Riedel-Spangenberger, Reinhold Sebott, Paderborn 2000.
Limbach, Jutta: Elisabeth Selbert und ihre Sternstunde im Parlamentarischen Rat am 18. Januar 1949. In: Die Hessische Landesregierung (Hrsg.): »Ein Glücksfall für die Demokratie«. Elisabeth Selbert (1896-1986). Die große Anwältin der Gleichberechtigung. Eichborn, Frankfurt /M. 1999.
Lüdicke, Klaus, Art. Ehekonsens. In: Lexikon für Kirchen- und Staatskirchenrecht. Band 1.
Lüling, Günter: Über den Urkoran. Ansätze zur Rekonstruktion der vorislamisch-christlichen Strophenlieder im Koran. (Dissertation 1970), (1)1974, Verlag H. Lüling, Erlangen (2)1993.
Ders.: Der christliche Kult an der vorislamischen Kaaba als Problem der Islamwissenschaft und christlichen Theologie. Erlangen 1992.

Ders.: A Challenge to Islam for Reformation. The Rediscovery and reliable Reconstruction of a comprehensive pre-Islamic Christian Hymnal hidden in the Koran under earliest Islamic Reinterpretations. Motilal Banarsidass Publishers, Delhi, India 2003.

Luxenberg, Christoph: Der Koran zum »islamischen Kopftuch«. Zu Sure 24:31. Imprimatur, Mai 2004.

Ders.: Die syro-aramäische Lesart des Korans. Ein Beitrag zur Entschlüsselung der Koransprache. Schiler, Berlin 2000.

Ders.: Neudeutung der arabischen Inschrift im Felsendom zu Jerusalem. In: Ohlig/Puin: Die dunklen Anfänge. S. 124-147.

Majer, Diemuth: Der lange Weg zu Freiheit und Gleichheit. 14 Vorlesungen zur Rechtsstellung der Frau in der Geschichte. WUV-Universitätsverlag, Wien 1995.

Mayer, Ann Elizabeth: Islam and Human Rights. Tradition and Politics. Boulder, San Francisco, Westview Press, 1991.

Meyer-Walser, Reinhard C. und Glagow, Reiner (Hg.). Die islamische Herausforderung – Illusionen und Realitäten. Berichte und Studien der Hanns-Seidel-Stiftung, München, Bd. 85, 2002.

Mernissi, Fatema: Der politische Harem. Mohammed und die Frauen. Dağyeli, Frankfurt/Main 1989.

Dies.: Die Angst vor der Moderne. Luchterhand Literaturverlag, Hamburg u.a. (1)1992.

Dies.: Geschlecht, Ideologie, Islam. Weismann Frauenbuchverlag, München 1987.

Ministerium für Kultur und Information des Königreichs Saudi Arabien (Hg.): Wellkommen. (Sic!) Auslandsinformation, o. J.

Nagel, Tilman: Das islamische Recht. Eine Einführung. WVA-Verlag Skulima, Westhofen 2001.

Ders.: Pragmatische Lösungen? Hans Küng im Dialog mit dem Islam. Neue Zürcher Zeitung vom 28.10.2004.

Oehring, Otmar: Zur Lage der Menschenrechte in der Türkei. Laizismus = Religionsfreiheit? Missio, Aachen 2002, Heft 5.

Ders.: Zur Lage der Menschenrechte – Die Türkei auf dem Weg nach Europa – Religionsfreiheit? Missio, Aachen 2004, Heft 20.

Oestreich, Heide: Der Kopftuch-Streit. Das Abendland und ein Quadratmeter Islam. Brandes & Apsel, Frankfurt/Main (1)2004, (2)2005.

Ohlig, Karl-Heinz und Puin, Gerd-R.: Die dunklen Anfänge. Neue Forschungen zur Entstehung und frühen Geschichte des Islam. Schiler, Berlin (1)2005, (2)2006.

Opitz, Michael: Onkels Tochter, keine sonst. Suhrkamp, Frankfurt 1991.

Pipes, Daniel: Durchsetzung islamischen Rechts in Kanada? In: New York Sun, 27.09.2005.

Popp, Volker: Die frühe Islamgeschichte nach inschriftlichen und numismatischen Zeugnissen. In: Ohlig/Puin: Die dunklen Anfänge. S. 16-123.

Prasske, Bruni: Mögen deine Hände niemals schmerzen. Iran. Eine verbotene Liebe. Lübbe, Bergisch Gladbach (1)2003, (3)2005.

Raddatz, Hans-Peter: Allahs Schleier. Die Frau im Kampf der Kulturen. Herbig, München 2004.

Ratzinger, Joseph: Gott und die Welt. Glauben und Leben in unserer Zeit. Droemersche Verlagsanstalt, München, Neuausgabe 2005.

Reuter, Bärbel: Gelebte Religion. Religiöse Praxis junger Islamistinnen in Kairo. Ergon, Würzburg 1999.

Rotter, Gernot: Die Verfassung von Medina. Mohammed als Prophet und Realpolitiker. Der Begründer des islamischen Staatswesens und des arabischen Weltreichs. In: Bundeszentrale für politische Bildung, bpb, (Hg.): Weltreligion Islam. Bonn 2002.

Royaume d'Arabie saoudite, Ministère des Affaires Islamiques, des Waqfs, de l'Appel et de l'Orientation. Complexe Roi Fahd pour l'impression du Noble Coran à Médine, Secrétariat Général: Traductions des sens du noble Coran parues au complexe Roi Fahd pour l'impression du Noble Coran à Médine, jusqu'à la fin de l'année 1425 AH.

Saadawi, Nawal el: Tschador. Edition CON, Bremen 1980.

Sahih al-Buhari. Nachrichten von Taten und Aussprüchen des Propheten Muhammad. Aus dem Arabischen von Dieter Ferchl. Philipp Reclam, Stuttgart 1991.

Schacht, Joseph: Law and Justice. In: The Cambridge History of Islam. 4 vols. Cambridge 1970, S. 149-163.

Schiffauer, Werner: Die Gewalt der Ehre. Erklärungen eines türkisch-deutschen Sexualkonflikts. Suhrkamp Taschenbuch 894, 1983.

Schimmel, Annemarie: Der Islam. Eine Einführung. Reclam, Stuttgart 1991.

Dies.: Und Muhammad ist sein Prophet. Die Verehrung des Propheten in der islamischen Frömmigkeit. Diedrichs Gelbe Reihe, München (2)1989.

Schirrmacher, Christine und Spuler-Stegemann, Ursula: Frauen und die Scharia. Die Menschenrechte im Islam. Hugendubel / Diederichs, Kreuzlingen/München 2004.

Scholz, O. Piotr: Der entmannte Eros. Eine Kulturgeschichte der Eunuchen und Kastraten. Artemis und Winkler, Düsseldorf/Zürich 1997.

Schröter, Hiltrud: Arabesken. Studien zum interkulturellen Verstehen. Peter Lang, Frankfurt/M. u.a. (1)1997, (3)2005.

Dies.: Mohammeds deutsche Töchter. Ulrike Helmer, Königstein/Ts. (1)2002, (2)2003.

Dies.: Ahmadiyya-Bewegung des Islam. Hänsel-Hohenhausen, Frankfurt/M. (1)2002, 4(2005).

Schulze, Reinhard: Islamischer Internationalismus im 20. Jahrhundert. Untersuchungen zur Geschichte der Islamischen Weltliga. Brill, Leiden 1990.

Schwartländer, Johannes und Bielefeldt, Heiner: Christen und Muslime vor der Herausforderung der Menschenrechte. Hg.: Wissenschaftliche Arbeitsgruppe für weltkirchliche Aufgaben der Deutschen Bischofskonferenz. Bonn (1)1992, (3)1997.

Schwartländer, Johannes (Hg.): Freiheit der Religion. Christentum und Islam unter dem Anspruch der Menschenrechte. Matthias-Grünewald-Verlag, Mainz 1993.

Schwarzer, Alice im Gespräch mit Frank Schirrmacher: Die Islamisten meinen es so ernst wie Hitler. FAZ, 04.07.2006.

Souad: Bei lebendigem Leib. Unter Mitarbeit von Marie-Thérèse Cuny. Aus dem Französischen von Anja Lazarowicz. Blanvalet, München 2004.

Spuler-Stegemann, Ursula: Muslime in Deutschland. Nebeneinander oder Miteinander? Herder, Freiburg u.a. 1998, 2002.

Steiner, Michael: Die islamischen Eroberer. Salam-Verlag, Langen 2001.

Steinvoorth, Daniel und Wiedemann, Charlotte: Die letzte Instanz. DIE ZEIT, 5/2005.

Tellenbach, Sylvia: Strafgesetze der Islamischen Republik Iran. Übersetzt und eingeleitet von Tellenbach. Hg.: Max-Planck-Institut für ausländisches und internationales Straf-

recht. Sammlung außerdeutscher Strafgesetzbücher in deutscher Übersetzung, 106. Walter de Gruyter, Berlin u. New York 1996.
Terre des Femmes e.V./Böhmecke, Myria (Hg.): Tatmotiv Ehre. Tübingen 2004.
Tibi, Bassam: Der neue Totalitarismus. Primus, Darmstadt 2004.
Ders.: Der wahre Imam. Der Islam von Mohammed bis zur Gegenwart. Piper, München 1996.
Ders.: Fundamentalismus im Islam. Eine Gefahr für den Weltfrieden? Wissenschaftliche Buchgesellschaft, Darmstadt 2000.
Ders.: Im Schatten Allahs. Der Islam und die Menschenrechte. Piper, München (1)1996, (2)1999.
Twardella, Johannes: Autonomie, Gehorsam und Bewährung im Koran. Ein soziologischer Beitrag zum Religionsvergleich. Georg Olms Verlag, Hildesheim u.a. 1999.
Umstätter, Achim: Das Testament im ägyptischen Erbrecht. Eine Untersuchung unter Berücksichtigung des klassischen islamischen Rechts. Peter Lang, Europäische Hochschulschriften, Reihe II: Rechtswissenschaft, Frankfurt/Main u.a. 2000.
Weber, Max: Wirtschaft und Gesellschaft – Grundriss der verstehenden Soziologie. Tübingen (4)1956.
Weisses Minarett. Verlag Der Islam, Frankfurt, Ausgabe 2003.
Wenner, Reinhard: Der Koran – Eine göttliche Botschaft? Kritische Anfragen. Manuskript, St. Augustin 2006
Ders.: Kritische Anmerkungen zum 24 Seiten umfassenden Werbe-Heftchen »Die Aufforderung zur Rechtleitung und wahren Errettung.« Manuskript, St. Augustin, 31.03.2005.
Ders.: Stellungnahme aus theologischer und juristischer Sicht zum Buch von Ginaidi, Ahmed und Christa: Die Situation der Frau im Islam und im Christentum. Wenner: Manuskript, St. Augustin, 04.05.2006.
Wunder, Heide: Die »Familiarisierung« von Arbeit und Leben. In: Beck, Rainer (Hg.): Das Mittelalter. Ein Lesebuch zur deutschen Geschichte 800-1500. C.H.Beck, München 1997. S. 235-243.
Ye´or, Bat: Der Niedergang des orientalischen Christentums unter dem Islam. 7. bis 20. Jahrhundert. Zwischen Dschihad und Dhimmitude. Mit einer Einführung von Heribert Busse. Aus dem Französischen von Kurt Maier. Resch, Gräfelfing (1)2002.

HILTRUD SCHRÖTER, Dr. phil., Sozialwissenschaftlerin und freie Autorin. Arbeitete an Schulen in NRW und Hessen, in Forschung und Lehre an der Universität Frankfurt am Main und schrieb mehrere Sachbücher zu Migration und Islam, unter anderem »Mohammeds deutsche Töchter« (Ulrike Helmer Verlag, 2002).